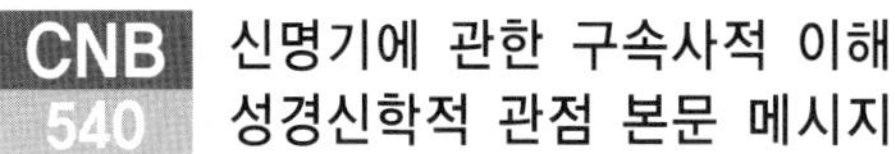

신명기

이 광 호

2021년

교회와성경

지은이 | 이광호

영남대학교와 경북대학교대학원에서 법학과 서양사학을 공부했으며, 고려신학대학원(M.Div.)과 ACTS(Th.M.)에서 신학일반 및 조직신학을 공부한 후 대구 가톨릭대학교(Ph.D.)에서 선교학을 위한 비교종교학을 연구하였다. '홍은개혁신학연구원' 에서 성경신학 담당교수를 비롯해 고신대학교, 고려신학대학원, 영남신학대학교, 브니엘신학교, 대구가톨릭대학교, 숭실대학교 등에서 학생들을 가르쳤으며, 이슬람 전문선교단체인 국제WIN선교회 한국대표를 지냈다. 현재는 실로암교회에서 담임목회를 하면서 한국개혁장로회신학교 교장을 맡고 있으며 부경신학연구원에서 강의하고 있다.

저서

- 성경에 나타난 성도의 사회참여(1990)
- 갈라디아서 강해(1990)
- 더불어 나누는 즐거움(1995)
- 기독교관점에서 본 세계문화사(1998)
- 세계 선교의 새로운 과제들(1998)
- 이슬람과 한국의 민간신앙(1998)
- 아빠, 교회 그만하고 슈퍼하자요(1995)
- 교회와 신앙(2002)
- 한국교회 무엇을 개혁할 것인가(2004)
- 한의 학제적 연구(공저)(2004)
- 세상속의 교회(2005)
- 한국교회의 문제점과 극복방안(공저)(2005)
- 교회, 변화인가 변질인가(2015)
- CNB 501 에세이 산상수훈(2005)
- CNB 502 예수님 생애 마지막 7일(2006)
- CNB 503 구약신학의 구속사적 이해(2006)
- CNB 504 신약신학의 구속사적 이해(2006)
- CNB 505 창세기(2007)
- CNB 506 바울의 생애와 바울서신(2007)
- CNB 507 손에 잡히는 신앙생활(2007)
- CNB 508 아름다운 신앙생활(2007)
- CNB 509 열매 맺는 신앙생활(2007)
- CNB 510 웨스트민스터 신앙고백(2008)
- CNB 511 사무엘서(2010)
- CNB 512 요한복음(2009)
- CNB 513 요한계시록(2009)
- CNB 514 로마서(2010)
- CNB 515 야고보서(2010)
- CNB 516 다니엘서(2011)
- CNB 517 열왕기상하(2011)
- CNB 518 고린도전후서(2012)
- CNB 519 개혁조직신학(2012)
- CNB 520 마태복음(2013)
- CNB 521 히브리서(2013)
- CNB 522 출애굽기(2013)
- CNB 523 목회서신(2014)
- CNB 524 사사기, 룻기(2014)
- CNB 525 옥중서신(2014)
- CNB 526 요한 1, 2, 3서, 유다서(2014)
- CNB 527 레위기(2015)
- CNB 528 스코틀랜드 신앙고백서(2015)
- CNB 529 이사야(2016)
- CNB 530 갈라디아서(2016)
- CNB 531 잠언(2017)
- CNB 532 욥기(2018)
- CNB 533 교회헌법해설(2018)
- CNB 534 사도행전(2018)
- CNB 535 소선지서〈I〉(2018)
- CNB 536 소선지서〈II〉(2019)
- CNB 537 시대 분별과 신학적 균형(2019)
- CNB 538 역대상,하(2019)
- CNB 539 누가복음(2020)

역서

- 모슬렘 세계에 예수 그리스도를 심자(Charles R. Marsh, 1985년, CLC)
- 예수님의 수제자들(F. F. Bruce, 1988년, CLC)
- 치유함을 받으라(Colin Urquhart, 1988년, CLC)

홈페이지 http://siloam-church.org

신명기

CNB 540
신명기

A Study on the Book of Deuteronomy
by Kwangho Lee

Published by the Church & Bible Publishing House

초판 인쇄 | 2021년 1월 7일
초판 발행 | 2021년 1월 11일

발행처 | 교회와성경
주소 | 평택시 특구로 43번길 90 (서정동)
전화 | 070-4894-7722
등록번호 | 제2012-03호
등록일자 | 2012년 7월 12일

발행인 | 문민규
지은이 | 이광호
편집주간 | 송영찬
편집 | 신명기
디자인 | 조혜진

총판 | (주) 비전북출판유통
주소 | 경기도 고양시 일산구 장항동 568-17호 (우) 411-834
전화 | 031-907-3927(대) 팩스 031-905-3927

값은 표지에 있습니다.
파손된 책은 구입처나 출판사에서 교환해 드립니다.
ISBN 978-89-98322-37-3 93230

Printed in Seoul of Korea

CNB 시리즈
서 문

CNB The Church and The Bible 시리즈는 개혁신앙의 교회관과 성경신학적 구속사 해석에 근거한 신 · 구약 성경 연구 시리즈이다.

이 시리즈는 보다 정확한 성경 본문 해석을 바탕으로 역사적 개혁 교회의 면모를 조명하고 우리 시대의 교회가 마땅히 추구해야 할 방향을 제시함으로써 교회의 삶과 문화를 창달하는 것을 그 목적으로 하고 있다.

따라서 이 시리즈는 진지하게 성경을 연구하며 본문이 제시하는 메시지에 충실하고 있다. 그렇다고 이 시리즈가 다분히 학문적이거나 또는 적용이라는 의미에 국한되지 않는다. 학구적인 자세는 변함 없지만 궁극적으로 하나님의 나라를 지향함에 있어 개혁주의 교회관을 분명히 하기 위해 보다 더 관심을 가진다는 의미이다.

본 시리즈의 집필자들은 이미 신 · 구약 계시로써 말씀하셨던 하나님께서 지금도 말씀하고 계시며, 몸된 교회의 머리이자 영원한 왕이신 그리스도께서 지금도 통치하시며, 태초부터 모든 성도들을 부르시어 복음으로 성장하게 하시는 성령께서 지금도 구원 사역을 성취하심으로써 창세로부터 종말에 이르기까지 거룩한 나라로서 교회가 여전히 존재하고 있음을 그 무엇보다도 중요하게 여기고 있다.

아무쪼록 이 시리즈를 통해 계시에 근거한 바른 교회관과 성경관을 가지고 이 땅에 진정한 그리스도인의 삶과 문화가 확장되기를 바라는 바이다.

시리즈 편집인

송영찬 목사, 교회와성경 편집인, 샤로수교회, M.Div.
이광호 목사, 한국개혁장로회신학교 교장, 실로암교회, Ph.D.

신명기

2021년

교회와성경

머리말

하나님의 뜻에 따라 홍해를 건너 출애굽한 이스라엘 자손은 사십 년간의 시내 광야 생활을 마무리하고 요단 강을 건너 가나안 땅으로 들어갈 때를 눈앞에 두고 있었다. 그런 중 모세가 모압 땅에서 이스라엘 백성들을 향해 '신명기'의 말씀을 전했다. 그것은 물론 하나님께서 언약의 자손들을 위해 특별히 계시하신 율법이다.

2020년은 한국 교회가 그 전에 전혀 경험해보지 못한 매우 특별한 한 해였다. '코로나-19'로 인해 다수의 교회가 주일 공 예배를 중단한 채 비회집, 비대면 예배라는 비정상적인 예배 형태를 도입했기 때문이다. 그로 말미암아 절대다수의 한국 교회는 지난 2월 23일 주일부터 공 예배를 중단하기 시작한 이래 지금까지 그 위태로운 영향에서 벗어나지 못하고 있다.

주일날 공 예배에 참석하지 못하는 성도들은 집 안에서 TV나 라디오 등을 통해 대중적인 방송 설교를 듣는 것이 하나의 방편이 되었다. 도시의 큰 교회들과 형편이 되는 교회에서는 인터넷을 통한 독자적인 화상 예배로 대체하는 경우가 많았다. 그와 같은 잘못된 경험을 하게 된 한국 교회는 매우 큰 위기에 봉착할 수밖에 없다.

필자가 목회하는 실로암교회에서는 그동안 주일 회집을 중단하지 않았으며 온라인을 통한 화상 예배를 시도하지 않았다. 지난 2월 23일 많은 교회들이 '코로나-19'로 인해 공적 모임을 중단한 바로 그 주일부터 우리 교회는 신명기 1장을 설교하기 시작했다. 물론 어린아기나 노약자, 혹은 기저질환이 있는 성도들은 집에 머물면서 가장(家長)이 예배를 인도하고 목사의 설교문을 대독하며 공 예배에 참여하도록 했다.

그리고 올해는 교회적으로도 예배당 건축을 위한 매우 특별한 한 해였다. '코로나-19'와 더불어 유달리 강한 태풍과 대홍수를 겪었지만 차질 없이 건축이 진행되었다. 지난 5월부터 예배당 건축을 시작하여 11월에 새 예배당에 입당할 수 있게 되었다. 그리하여 11월 13일부터 사흘간 예배당 이전과 실로암교회 설립 30주년을 기억하는 특별 세미나가 있었다. 대구 산성교회 황원하 목사, 서울 샤로수교회 송영찬 목사, 목포장로교회 전종득 목사, 그리고 필자가 각기 강의를 맡아 수고했다.

공교롭게도 예배당 이전 기념 세미나 기간 마지막 날인 11월 15일 주일 공 예배 시간에 신명기 34장을 마지막으로 설교함으로써 신명기 강설이 끝나게 되었다. 약 9개월에 걸친 신명기 설교는 이땅에 메시아를 보내시기 위한 하나님의 놀라운 섭리와 더불어 우리 자신을 되돌아보는 소중한 기회를 가지는 복을 누리게 했다.

또한 필자 개인에게는 올 한 해가 매우 가슴 아픈 해였다. 사랑하는 아들 준우가 지난 3월 30일 오후 33세의 나이로 영원한 안식처인 주님의 품에 안겼기 때문이다. 아름답고 좋은 천상의 나라에 간 것을 확실히 알고 있음에도 불구하고 이 세상에서 함께 지내며 사랑을 나누던 그 관계를 쉽게 잊을 수 없다. 이 세상이 끝나거나 필자가 주님의 부르심을 받게 되면 반가운 아들의 얼굴을 다시 보게 되리라는 소망이 커다란 위안이 된다.

신명기 강해를 위한 원고를 정리하면서 고마운 분들의 얼굴이 뇌리에 떠오른다. 어려움 중에 위로와 격려를 아끼지 않은 실로암교회 여러 성도들과 한국개혁장로회신학교 학생들에게 감사의 마음을 전한다. 건축위원장 직책을 맡아 고생한 손인락 장로와 실로암교회 설립 30주년 기념위원장으로 수고한 최재호 장로에게도 고마운 마음을 전한다. 이 책의 출간을 위해 도움을 준 송영찬 목사, 고재규 선생, 전병규 선생에게도 깊은 감사의 마음을 전한다.

그리고 필자가 쓴 글의 첫 독자임을 기뻐하면서 원고를 읽고 교정을 본 아내 정정희에게 고마움을 전한다. 동시에 연로하신 부모님이신 이재일 장로님과 김옥금 권사님께 감사드린다. 고령임에도 불구하고 작은 글자들을 읽고 오탈자를 찾아내시는 모습을 보며 다음 세대를 상속해가야 할 우리 자녀들도 그와 같은 신앙 자세를 가지게 되기를 바라는 마음 간절하다.

이 책을 통해 여러 교회와 독자들에게 하나님의 말씀인 신명기를 이해하는 데 자그만 도움이 되었으면 한다. 필자는 성경이 천상에 계시는 하나님으로부터 계시된 절대 진리라는 사실을 추호도 의심하지 않는다. 거룩한 말씀과 더불어 주님의 뜻을 더욱 온전히 깨달아가는 형제들이 많아진다면 더없이 기쁘고 감사할 것이다. "아멘, 주 예수여, 오시옵소서!"

2020년 12월
실로암교회 목양실에서
이광호 목사

차 례

CNB 시리즈 서문 / 5
머리말 / 9

제1부 _ 광야 40년에 대한 회고 (신1-4장)

제1장 _ 가나안 땅 진입을 앞둔 백성들에게 주어진 메시지(신1:1-18) 17
제2장 _ 가데스 바네아 사건과 백성들의 불순종에 대한 회상(신1:19-46) 27
제3장 _ 사해 동남부와 요단 강 동편의 에돔, 모압, 암몬 족속의 땅(신2:1-23) 37
제4장 _ 헤스본 왕 시혼과 바산 왕 옥의 영토를 점령한 모세(신2:24-37; 3:1-11) 47
제5장 _ 요단 강 동편 땅 정복과 강 건너 가나안 땅 진입 준비(신3:12-29) 58
제6장 _ 하나님의 율법과 두 돌판에 기록된 십계명(신4:1-24) 68
제7장 _ 공의와 더불어 자비를 베푸시는 하나님(신4:25-49) 78

제2부 _ 십계명과 율법준수 요구 (신5-11장)

제8장 _ 호렙 산에서 주어진 십계명과 구속사적 의미(신5:1-33) 91
제9장 _ 하나님의 율법과 언약의 자손(신6:1-25) 111
제10장 _ 약속의 땅과 '왕벌' (the hornet)(신7:1-26) 119
제11장 _ 하나님의 백성과 '젖과 꿀' 이 흐르는 땅(신8:1-20) 128
제12장 _ 가나안 땅 진입을 앞둔 이스라엘 자손을 향한 모세의 메시지(신9:1-29) ... 138
제13장 _ 두 번째 받은 십계명 두 돌판과 언약의 자손(신10:1-22) 148
제14장 _ 이스라엘 자손의 생존조건과 저들 앞에 놓인 축복과 저주(신11:1-32) 157

제3부 _ 의식법에 관한 규례 (신12-16장)

제15장 _ 하나님의 특별한 장소와 일반 성읍들의 음식 규례(신12:1-32) ··· 167
제16장 _ 배도자들에 대한 엄격한 자세 유지(신13:1-18) ··· 179
제17장 _ 성결해야 할 언약 백성의 삶의 근간(신14:1-29) ··· 188
제18장 _ '면제 규례' 와 특별한 언약 관계(신15:1-23) ··· 198
제19장 _ 이스라엘 민족과 언약적 절기(신16:1-22) ··· 209

제4부 _ 언약의 자손들에게 부과된 삶의 규례 (신17-26장)

제20장 _ 순결해야 할 자손과 언약의 왕국(신17:1-20) ··· 223
제21장 _ 레위인들의 사역과 '메시아 예언' (신18:1-22) ··· 232
제22장 _ 도피성 제도와 동해보복의 원칙(신19:1-21) ··· 242
제23장 _ 전쟁에 연관된 규칙(신20:1-20) ··· 250
제24장 _ 생명과 이방 혼인에 연관된 규례(신21:1-23) ··· 260
제25장 _ 언약의 백성들이 취해야 할 삶의 근본적인 자세(신22:1-30) ··· 270
제26장 _ '여호와의 총회' 에 속한 백성에게 주어진 다양한 규례들(신23:1-25) ··· 281
제27장 _ 언약의 백성들이 취해야 할 기본적인 삶의 양식(신24:1-22) ··· 292
제28장 _ 이스라엘 자손이 감당해야 할 의무(신25:1-19) ··· 305
제29장 _ 여호와 하나님께 속한 '보배로운 백성' (신26:1-19) ··· 314

第5부 _ 하나님의 뜻과 축복 및 저주 (신 27-30장)

제30장 _ 율법에 대한 기억과 축복 및 저주의 길(신27:1-26) 325
제31장 _ 순종으로 인한 축복과 불순종으로 인한 저주(신28:1-35) 338
제32장 _ 하나님의 율법을 거부하는 자들에게 임하는 저주와 재앙(신28:36-68) ... 348
제33장 _ 모압 언약에서 드러나는 하나님의 뜻(신29:1-29) 357
제34장 _ 하나님의 약속과 이스라엘 자손들(신30:1-20) 366

第6부 _ 모세의 사명 완수 (신 31-34장)

제35장 _ 언약의 자손을 향한 하나님의 특별한 작정 선포(신31:1-30) 377
제36장 _ 모세를 통해 허락된 '특별한 노래' (신32:1-44) 386
제37장 _ 죽음을 앞둔 모세의 유언과 요단 강 건너 가나안 땅(신32:45-52) 397
제38장 _ 이스라엘 자손을 위한 모세의 축복(신33:1-29) 405
제39장 _ 모세의 사명 완수와 죽음(신34:1-12) 419

성구색인 / 429

제1부
광야 40년에 대한 회고
(신1-4장)

제1장

가나안 땅 진입을 앞둔 백성들에게 주어진 메시지

(신1:1-18)

1. 신명기의 배경 (신1:1-5)

신명기는 이스라엘 자손이 사십 년간의 광야 생활을 마쳐갈 때 즈음 계시된 말씀이다. 요단 강 동편 갈대가 많은 숩(Shup) 땅 맞은편인 바란과 도벨과 라반과 하세롯과 디사합 사이 아라바(Arabah) 광야의 모압 땅에서 모세가 이스라엘 백성을 향해 그 말씀을 선포했던 것이다. 출애굽한 이스라엘 자손은 호렙 산에서 출발하여 에돔 족속이 거하는 세일 산을 지나 가데스 바네아에 도착하기까지 열하루가 걸렸다.

모세는 오래전 하나님의 명령에 따라 가나안 땅을 탐지하기 위해 그곳에서 열두 명의 정탐꾼을 보냈었다(민13:1-24). 그들로부터 정탐한 결과를 보고받은 백성들은 모세를 원망하며 애굽으로 되돌아가려고 했다. 이는 가나안 땅에 거주하는 이방인들이 막강한 세력을 가지고 있어서 저들과 맞서 싸울 수 없다는 생각을 했기 때문이다.

결국 그 백성들은 애굽으로 되돌아가고자 하면서 저들을 광야로 인도해 낸 모세를 원망하며 그에게 강한 저항을 하게 되었다. 이스라엘 자손은 그로 말미암아 하나님의 무서운 진노를 사게 되었다(민14:1-4). 그들은 하나님의 형벌을 받아 사십 년이란 짧지 않은 세월을 메마른 땅에서 살아가야만 했던 것이다.

물론 그 가운데는 하나님의 놀라운 섭리와 경륜이 작용하고 있었다. 그 광야 생활을 하는 동안 애굽에서 직접 나온 이스라엘 자손들 가운데 여호수아와 갈렙을 제외한 모든 사람들이 죽게 되었다. 그로 말미암아 애굽의 문명과 문화가 실제적으로 단절될 수 있었다. 그 자손들은 시내광야에서 하나님의 율법과 거룩한 성막을 받아 새로운 모습으로 약속의 땅 가나안으로 들어가게 되었던 것이다.

이스라엘 민족이 출애굽한 지 사십 년 되던 해 십일월 초하루, 모세는 여호와 하나님께서 그들을 위해 자기에게 계시하신 모든 명령을 다시금 선포했다. 그때는 이스라엘 백성이 광야 생활 사십 년을 끝내고 요단 강을 건너 가나안 땅으로 들어가기 직전이었다. 또한 당시는 모세가 헤스본에 거주하는 아모리 왕 시혼을 쳐 죽이고 아스다롯에 거주하는 바산 왕 옥을 쳐 죽인 후였다.[1)]

이와 같은 사건들은 매우 중요한 의미를 지니고 있다. 모세가 당시 막강한 세력을 소유하고 있던 왕국의 통치자들을 죽였다는 것은 보통 일이 아니었다. 그 이방 왕국의 왕들은 칼과 창과 방패 등 충분한 병기뿐 아니라 말과 같은 전투용 동물들이 있어서 전력이 강한 상태였다. 그에 반해 모세에게는 무기가 있었다고 해도 저들과는 비교가 되지 않을 정도로 적었을

---

1) 이에 관한 구체적인 내용은 신명기 2장 24-37절과 3장 1-11절을 참조하라.

것이 분명하다.

그런데 모세와 그와 함께하는 백성들이 그 강한 세력을 격파하고 아모리 왕과 바산 왕을 죽였다. 이는 하나님께서 언약의 백성들을 위해 친히 싸우셨음을 말해주고 있다. 이 말은 이스라엘 자손이 약속의 땅 가나안에 들어가 정복해 나갈 때 하나님께서 직접 싸워주신다는 뜻을 지니고 있다. 그와 같은 형편에서 모세가 요단 강 맞은편 모압 땅에서 백성들을 향해 하나님의 율법을 다시금 선포하기 시작했다.

하나님께서 모세를 통해 다시금 언약의 말씀을 선포하셨던 까닭은 저들의 눈앞에 있는 가나안 땅은 애굽과 전혀 다르지 않은 사악한 지역이었기 때문이다. 그곳에는 하나님의 자녀들을 고통에 빠뜨릴 온갖 무서운 이방종교의 영적 바이러스들이 난무했다.[2] 그 사악한 것들을 잘 방어해 내기 위해서는 하나님의 말씀으로 단단히 무장하지 않으면 안 된다.

2. 약속의 땅을 차지하라는 하나님의 명령 (신1:6-8)

황량한 시내광야는 이스라엘 백성이 영원토록 살아갈 지역이 아니었

2) 그동안 상상하지도 못했던 놀랍고 염려스러운 사건이 오늘(2020년 2월 23일) 한국교회에 일어나고 있다. 특히 우리 성도들이 거주하는 대구와 경산, 영천 지역을 강타하고 있는 <코로나-19> 때문이다. 그 전염성과 파급성으로 인해 각 교단 차원에서 많은 교회들이 예배당 문을 굳게 잠근 채 주일 공 예배를 중단하고 있다. 우리 실로암교회에서는 엊그제(2월 20일) '확대 당회' 를 열어 주일 공 예배를 지속하기로 했다. 공 예배를 보지 않고 각 가정 혹은 개인적으로 예배를 볼 경우 발생하게 될 우려 때문이었다. 어린이들이나 노약자들 혹은 스스로 어떤 증상을 가질 경우 예배에 참석하지 않아도 된다. 하지만 예배에 참여하지 못하는 성도들이라 할지라도 동일한 시간에 공 예배가 진행되는 교회 공동체를 기억하며 자신을 영적으로 연결시켜 두는 것은 매우 중요하다. 이럴 때 교회가 성숙한 자세로 지혜로운 판단과 처신을 하지 않으면 안 된다. 만일 이런 힘든 상황이 몇 달간 지속이 된다면 그 오랜 기간 동안 교회는 공 예배를 중단해야 하는가 하는 심각한 문제가 동반되기 때문이다.

다. 그 땅은 출애굽 한 언약의 자손들이 잠시 머물다가 떠날 곳이었다. 그럼에도 불구하고 하나님께서 저들을 위해 최상의 은총을 베풀어주셨다. 그것은 전적인 하나님의 특별한 배려에 의한 것이었다.

수십 수백만 명이 먹을 수 있는 음식이 충분하지 않거나 거의 없는 상태에서 사십 년 동안 날마다 만나와 메추라기, 그리고 반석을 통해 물을 허락하셨다. 또한 낮에는 구름기둥과 밤에는 불기둥을 통해 그들을 보호하며 안전한 곳으로 인도하셨다.

물론 그들이 궁극적으로 들어가야 할 지역은 하나님께서 저들의 조상에게 약속하신 약속의 땅 가나안이었다. 따라서 하나님께서는 그 전에 모세를 통해, 호렙 산에 머물고 있던 백성들에게 그곳에 거주한 지 이미 오래되었으니 이제 방향을 돌려 아모리 족속이 지배하고 있는 산지로 행진해 가라고 하셨다. 그리고 그 지역을 지나 아라바 사막과 산지와 평지와 네겝과 해변과 가나안 족속의 땅과 레바논과 큰 강 유프라테스까지 가라고 말씀하셨다.

그들이 소유해야 할 영역은 하나님께서 저들의 조상 아브라함과 이삭과 야곱에게 맹세하여 그들과 그 후손에게 주리라고 한 약속의 땅이었다(창 15:18-21, 참조). 이제 그 땅이 저들의 눈앞에 놓여있으니 들어가서 그곳을 차지하라고 명하셨던 것이다. 가나안 땅은 구원사적인 측면에서 볼 때 하나님께서 언약의 자손들에게 허락하신 특별한 선물이었다.

3. 모세가 호렙 산 조직 구성을 확인함 (신1:9-14)

호렙 산에 머물면서 하나님의 명령을 들은 모세는 언약의 백성들을 향해 중요한 말을 했다. 그것은 자기 홀로 이스라엘 자손들의 집에서 발생하는 모든 일들을 담당할 수 없다고 했던 것이다. 이는 하나님께서 요구하신 내용은 혼자서 감당할 수 있는 일이 아니라 공동체 구성원들이 분담해야 한다는 사실에 연관되어 있다.

우리가 여기서 얻을 수 있는 중요한 교훈은, 하나님의 특별한 종인 모세조차 그와 같이 말한 것을 보며, 우리 시대에는 더구나 절대적 권위를 지닌 존재가 없다는 사실과 모든 성도들에게 나름대로 책무가 따른다는 점이다. 누구든지 개인이 혼자서 모든 것을 주도하려는 것은 기독교 지도자의 덕목이라 할 수 없다. 하나님의 교회에 속한 성도들은 주님께서 맡기신 짐을 직분적 질서에 따라 분담하여 져야 한다. 교회 가운데 절대적 지위를 가진 존재가 없다는 사실은 우리가 흔히 말하는 '만인 제사장' 의 원리와 연관되어 있다.

하나님께서는 그동안 이스라엘 민족에 대한 총체적인 계획을 이미 세워 놓고 계셨다. 따라서 언약의 백성은 그 계획에 온전히 순종하는 자들이다. 이는 오늘날 우리 시대의 모든 성도들 역시 동일한 원리 가운데 존재하고 있음을 말해준다. 교회의 교사인 목사, 장로, 집사를 비롯한 지상교회에 속한 성도들은 개인적인 취향에 따라 세속을 바탕으로 한 창의적인 일을 만들어내는 자들이 아니다. 그들은 오직 하나님의 뜻과 계획을 알고 그에 온전히 순종하는 자세를 유지해야만 한다.

모세는 또한 하나님께서 언약의 자손들을 번성케 하셨으므로 하늘의 별 같이 많게 되었노라고 했다. 이는 이스라엘 백성들의 수가 많아진 것이 저절로 되거나 백성들의 노력에 의한 것이 아니라 하나님의 특별한 의도에 연관되어 있음을 말해주고 있다. 즉 그들의 번성은 하나님의 구속사를 진행시켜 나가는 중요한 방편이 되고 있었던 것이다.

그러므로 모세는 저들을 향해 "너희 조상의 하나님 여호와께서 너희를 현재보다 천 배나 많게 하시며 너희에게 허락하신 것과 같이 너희에게 복 주시기를 원하노라"(신1:11)고 했다. 우리는 여기서 몇 가지 중요한 사실을 깨닫게 된다. 그것은 우선 이스라엘 백성의 왕국을 이루게 되면 하나님께서 당시의 백성들보다 천 배나 많게 해주신다는 의미가 담겨 있다는 것이다.

그 가운데는 장차 도래하게 될 하나님 나라와 연관된 지상교회에 관련되어 있다. 또한 그와 더불어 종말론적인 의미를 지니고 있다. 즉 하나님의 모든 언약이 완성되는 날이 이르면 구원받은 성도의 수가 일반적으로 상상할 수 없는 정도가 된다는 것이다.

그리고 그 백성을 존재케 한 '조상의 하나님' 이라고 한 말씀이 가지는 의미이다. 물론 거기에는 아브라함과 이삭과 야곱이 그 언약의 중심에 자리잡고 있다. 그와 더불어 과거의 모든 참된 믿음의 선배들 전체가 포함되어 있다. 이 말은 언약의 백성들은 개인의 독자적인 신앙을 소유하는 것이 아니라 조상들이 가졌던 신앙 곧 그들로부터 상속받은 신앙을 소유해야 한다는 점을 의미한다.

이는 또한 그 백성들이 자기가 상속받은 신앙을 후대의 자손들에게 상속해 주어야 한다는 사실에 연관되어 있다. 따라서 이에 관한 실체는 오늘날 우리의 신앙에 그대로 연결되어 있어야 한다. 즉 참 교회에 속한 성도들의 신앙은 독자적이고 시대적인 특별한 것이 아니라 믿음의 조상으로부터 상속받은 신앙이어야 하는 것이다. 이에서 벗어나 있다면 참된 신앙이라 말할 수 없다.

그리고 모세는 하나님께서 저들에게 복 주시기를 원한다는 언급을 했다. 그 복은 우리가 일반적으로 생각하는 복과 다르다. 그들과 그 후손들인 이스라엘 백성은 그후 따라오는 사사시대부터 일반적인 복을 누린 적이 없다. 오히려 사사시대부터 많은 갈등을 겪으며 악한 세상과 맞서 싸워야만 했다.

따라서 그 복은 하나님으로 말미암아 허락되는 영원한 복에 연관되어 있다. 이는 구약성경에서 하나님께서 보내주시겠다고 약속하신 메시아와 연관되는 것으로 이해하는 것이 자연스럽다. 즉 그가 이땅에 오셔서 아담이 저지른 죄의 문제를 해결하게 되면 그것이 참된 복이 되는 것이다.

또한 모세는 신명기 본문에서 자기 혼자서는 백성들이 당하는 모든 괴로운 일과 힘겨운 일들뿐 아니라 저들 사이에 발생하는 각종 다툼을 해결할 수 없다는 말을 했다(신1:12). 따라서 그에 연관된 여러 일들을 감당하기 위해 이스라엘 각 지파 가운데서 지혜와 지식을 갖춘 자로 인정받고 있는 자들을 선택하라고 했다. 그들을 세워 백성들의 지도자로 임명하겠다는 것이었다.

본문에 언급된 지혜와 지식은 우리가 이해하는 일반적인 것들과는 상당히 차이나는 개념을 지니고 있다. 사람들이 생각하는 바 지혜란 대개 슬기로운 말과 처신을 의미한다. 그리고 지식이란 전문적이거나 특정한 영역의 일들을 많이 아는 것과 연관되어 있다.

하지만 성경에서 말하는 지혜란 하나님을 진정으로 경외하는 것을 기초로 한다. 즉 하나님을 진정으로 경외함으로써 말하고 행동하고 반응하는 것이 참된 지혜이다. 또한 성경에서 말하는 지식이란 하나님으로부터 계시된 진리를 올바르고 풍부하게 알고 있는 것과 연관되어 있다. 그 지식이 세상의 모든 것을 판단하고 해석하는 기능을 하게 된다. 모세는 바로 그와 같은 지혜와 지식을 갖춘 자를 지도자로 세워야 한다는 사실을 말하고 있다.

그리고 모세는 일방적으로 지도자들을 임명하는 대신 백성들에게 그런 자를 택하라고 요구한 사실을 관심 있게 볼 필요가 있다. 이는 오늘날 우리 시대 교회가 목사, 장로, 집사 등 각종 직분자를 선출할 때도 동일한 원리로 적용되어야 한다. 모든 직분자는 지식과 지혜를 갖춘 자들 가운데 교인들이 선택하게 된다. 그것은 세례받은 성도들의 회의체인 교회의 공동의회에서 무기명 비밀투표로 결정되는 것이다.

모세가 전하는 말씀을 들은 백성들은 그가 요구한 대로 순종했다. 그것은 물론 하나님의 율법이 제시하는 교훈 가운데서 순조롭게 진행되었다. 그에 따라 세워진 모든 지도자들은 모세와 함께 이스라엘 민족을 다스리며 인도하는 일을 했다. 따라서 언약의 자손들은 제각각 개인의 판단에 따라 행동한 것이 아니라 모세와 지도자들의 지혜와 지식을 통한 인도에 순종해야 했던 것이다.

4. 재판관의 공정한 판결 (신1:15-18)

모세는 여호와 하나님의 뜻에 따라 이스라엘 백성을 향해 특별한 지도자를 세우도록 요구했다. 각 지파들 가운데 지혜가 있고 백성들로부터 인정받는 자들을 세워 지도자로 삼으라는 것이었다. 그것은 조직적인 체계를 갖춘 것으로서 천부장과 백부장과 오십부장과 십부장과 조장이 있었다.

그것은 이미 오래전 시내 산에서 조직되었던 것이었다. 모세는 그때 세워진 재판관(judges)들에게 정당하고 올바른 재판을 하라는 명령을 내렸다. 장차 이스라엘 백성들 가운데는 많은 갈등과 마찰이 일어날 수밖에 없었다. 대개의 경우에는 서로 자기가 옳다고 주장할 뿐 자기의 잘못을 알지 못한다.

그와 같은 사건이 발생하게 되면 옳고 그름을 명확하게 판단해 줄 수 있는 사람이 필요하다. 그것을 위해서는 단순한 윤리적 중재자가 아니라 법적인 권한을 가진 재판관이 있어야 한다. 그리하여 만일 누구든지 그 재판을 거부하거나 판결에 불복한다면 엄격한 제재가 가해질 수밖에 없다. 여기서 중요한 점은 그 재판의 근거가 개인적인 성향이 아니라 모세가 계시받은 하나님의 율법이어야 한다는 사실이다.

이스라엘 백성 가운데 누가 억울함을 호소할 경우 책임 있는 재판관으로 세워진 지도자는 그 문제를 면밀히 살펴보고 쌍방간에 공평한 판결을 내려야 한다. 개인적인 감정에 의존하거나 편파적인 재판을 내려서는 절대로 안 된다. 그리고 백성들은 그에 온전히 순종해야 한다. 이에 대해서는 이스라엘 자손뿐 아니라 저들 가운데 거하는 타국인 곧 이방인들에 대해서도 동일한 법 적용이 이루어져야 한다는 사실을 말해주고 있다(신1:16).[3)]

이는 사실 오늘날 우리에게 매우 중요한 의미를 지닌다. 모든 성도들은 성경적 원리가 살아있는 한 교회의 법과 교회적 질서에 온전히 순종해야 한다. 또한 이스라엘 자손이라 해서 율법의 근거 없이 이방인들보다 나은 판결을 내려서는 안 된다는 점은 우리에게도 매우 중요하다. 따라서 모세는 어떤 경우에도 편파적인 재판을 하지 말고 공평한 판결을 내리도록 명했던 것이다.

> "재판은 하나님께 속한 것인즉 너희는 재판할 때에 외모를 보지 말고 귀천을 차별 없이 듣고 사람의 낯을 두려워하지 말 것이며 스스로 결단하기 어려운 일이 있거든 내게로 돌리라 내가 들으리라" (신1:17)

모세는 이스라엘 백성이 약속의 땅 가나안으로 들어가기 전 다시금 그에 대한 분명한 교훈을 주고 있다. 그 모든 것은 오래전에 이미 백성들에게 다 명령한 바였지만 다시 한번 확인해야 할 필요성이 있었다. 이스라엘 자손이 가나안 땅에 들어가면 이방인들의 악한 풍조들뿐 아니라 사람들 사이에 많은 분쟁이 생겨날 것이 분명했기 때문이다.

가나안 땅에 들어가면 모든 문제를 하나님의 율법에 따라 정당하게 판결해야만 한다. 만일 누군가 주관적인 사고에 빠져 편파적인 판결을 내린

---

3) 우리는 여기서 매우 중요한 내용을 염두에 두어야 한다. 하나님께서는 이스라엘 자손에게, 가나안 땅에 들어가면 이방인들을 진멸하라고 명하셨다(신7:1,2; 20:16,17, 참조). 이는 이방인들의 잘못된 종교사상과 사악한 관습에 연관된 문제에 대해서는 결코 용납하지 말아야 한다는 사실을 말해주고 있다. 따라서 신명기 1:16에 기록된 타국인이란 곧 이방인 출신으로 언약의 백성에 가입된 사람들을 일컫는 것으로 이해하는 것이 자연스럽다.

다면 하나님께서 요구하시는 정당성을 파괴하게 된다. 그와 같은 부당한 상황이 일반화되면 민족 전체가 심각한 고통에 빠질 수밖에 없다. 물론 언약의 백성들에게 적용되어야 할 이와 같은 원리는 시대를 막론하고 모든 하나님의 자녀들에게 적용되어야 한다.

제2장

가데스 바네아 사건과 백성들의 불순종에 대한 회상

(신1:19-46)

1. 가데스 바네아에서의 명령 (신1:19-21)

모세는 하나님의 명령을 듣고 그 내용을 이스라엘 백성들에게 전달했다. 호렙 산을 떠나 약속의 땅 가나안으로 들어가라는 것이었다. 그렇게 하기 위해 광야를 지나 가나안 땅 남쪽에 위치한 가데스 바네아로 가라고 했다. 그곳에 가기 위해 지나야 할 광야는 매우 두려운 지역이었으며 아모리 족속의 산지로 가기 위해서는 그 길을 지나가야만 했다.

백성들이 힘든 여정을 거쳐 가데스 바네아에 도착했을 때 모세는 그들을 향해, 이제 언약의 자손들이 하나님의 인도에 따라 아모리 족속의 산지에 이르렀다는 사실을 말했다. 또한 하나님께서는 이미 오래전에 그 북쪽에 있는 가나안 땅을 저들에게 주시기로 약속하신 사실을 언급했다. 그 땅을 바로 눈앞에 두고 있으니 이제 들어가 그곳을 차지하라는 것이었다.

그것은 이스라엘 자손이 단순히 영토를 넓히거나 새로운 지역을 확보하고자 하는 단순한 정복욕에 근거하는 것이 아니라 전적인 하나님의 약속으로 인한 것이었다. 따라서 모세는 이제 백성들이 하나님의 약속을 의지하고 그 땅으로 올라가 차지하면 된다고 말했다. 또한 모세는 여호와 하나님께서 친히 그 땅을 언약의 자손을 위해 그 앞에 두셨음을 언급했다. 그 말을 하면서 모세는 이스라엘 조상의 하나님께서 광야에 있는 언약의 자손들에게 진군(進軍)을 명령하고 있다는 사실을 강조했다.

그런데 가나안 땅에 살고 있던 이방인들은 막강한 군사력을 갖추고 있었다. 따라서 하나님에 대한 믿음이 부족한 자들은 상당한 부담을 느낄 수밖에 없었다. 그점을 간파하고 있던 모세는 백성들에게 그 사람들을 두려워하지 말라고 했다. 그리고 그로 말미암아 주저하지 말고 앞으로 진군하여 나아가라는 것이었다.

우리는 여기서 매우 중요한 교훈을 얻게 된다. 그것은 지상 교회에 속한 성도들은 하나님의 말씀에 온전히 순종해야 하며, 무엇이든지 개인적인 사사로운 욕망에 따라 임의로 판단하려 해서는 안 된다는 사실과 연관되어 있기 때문이다. 따라서 하나님의 자녀들은 원리적인 측면에서 볼 때 주변의 환경에 따라 움직이며 종교적인 판단과 행동을 할 것이 아니라 천상의 하나님으로 말미암은 믿음으로써 순종하는 삶을 살아가야 한다.

2. 정탐꾼들의 임무 수행과 그들의 보고 (신1:22-25)

가데스 바네아에 집결한 이스라엘 백성들은 눈앞에 놓인 가나안 땅을 마주하면서 다소 미심쩍은 마음이 들었다. 아직 들어가 확인하지 못한 미지의 세계에 대한 막연한 두려움 때문이었다. 그리하여 각 지파의 대표들이 모세를 찾아가서 저들의 요구사항을 전달했다. 그것은 모든 백성이 함께 가나안 땅으로 들어가기 전에 먼저 정탐꾼을 보내 그곳을 탐지하게 해달라는 것이었다.

그들은 정탐꾼들을 가나안 땅으로 미리 보내 그 지역의 상황을 정확하게 파악하는 것이 지혜라고 여겼다. 첩자들을 보내 그 땅을 주의 깊게 살펴보고 어느 길로 올라가야 할지 어느 성읍으로 들어가야 할지 사전에 정보를 확보하는 것이 옳다고 생각했던 것이다. 지도자들은 그렇게 하는 것이 가장 지혜롭고 안전한 방법이라 믿고 있었다. 하지만 그것은 하나님에 대한 분명한 신앙에 근거한 것이 아니라 오히려 인간의 이성적인 판단에 따른 불신앙에 기인하는 것이었다.

그렇지만 모세는 저들이 주장하는 말을 듣고 그렇게 하는 것이 어느 정도 일리 있는 것으로 받아들였다. 물론 그 가운데는 하나님의 섭리적 요구와 연관된 의미가 담겨 있다(민13:2,3). 그리하여 각 지파마다 족장에 해당되는 자들 가운데 한 명씩을 뽑아 열두 명으로 한 조(組)를 만들도록 했다(민13:2). 그들에게 가나안 땅 여러 지역의 다양한 형편들을 탐지하고 그에 대한 정보를 확보하는 중요한 임무를 맡겼다.

> "그 땅의 어떠함을 탐지하라 곧 그 땅 거민의 강약과 다소와 그들의 거하는 땅의 호 불호와 거하는 성읍이 진영인지 산성인지와 토지의 후박과 수목의 유무니라 담대하라 또 그 땅 실과를 가져오라 하니 그 때는 포도가 처음 익을 즈음이었더라" (민13:18-20)

특수 임무를 부여받은 열두 명의 정탐꾼들은 맡은 바 사명에 따라 몰래 가나안 땅으로 잠입해 들어갔다. 그들은 사십 일 동안(민13:25) 그 지역을 탐지하면서 그 땅의 형편과 그곳 백성들의 강인성 여부, 각 지역의 인구 수, 성읍의 전술적 위치, 토지와 나무 등 모든 환경을 파악하고자 했다.

그러던 중 정탐꾼들은 예루살렘의 남쪽 지역이자 헤브론 북서쪽 5km 정도 거리에 위치한 에스골 골짜기(the valley of Eshcol)에 도착했다. 그곳은 포도나무를 비롯한 수목이 무성한 기름진 지역이었다. 그 땅에는 다양한 과일 나무들이 자라고 있었으며 그곳 백성들은 강력한 힘을 소유한 것으로 보였다.

사십 일 간 가나안 땅 여러 지역을 탐지한 정탐꾼들은 가데스 바네아로 돌아오면서, 모세의 명령에 따라 그 지역에서 난 커다란 포도송이를 꿰어 어깨에 메고 석류와 무화과 열매를 취해 돌아왔다(민13:20,23, 참조). 정탐을 마치고 돌아온 첩자들은 그것들을 백성들에게 보여주었다. 그리고 여호와 하나님께서 저들에게 주시고자 하는 땅이 매우 좋더라는 보고를 했다. 그와 더불어 그 땅을 지배하고 있는 자들이 얼마나 강력하게 보이는지 설명하게 되었다.

3. 두려움에 빠진 이스라엘 자손들의 낙심 (신1:26-28)

각 지파의 족장들 가운데서 선출된 열두 명의 정탐꾼이 임무를 마치고 돌아왔으나 그들 각자의 판단과 견해가 달랐다. 가나안 땅에 대한 탐지내용은 동일했지만 그곳을 정복하기 위해 거기로 올라가야 할지 말아야 할지에 대해서는 서로 생각이 달랐던 것이다. 정탐꾼들 가운데 소수의 사람은 올라가는 것이 옳다고 생각한 반면 다수는 그렇지 않았다.

하지만 당시 이스라엘 자손들은 정탐꾼들의 보고를 들은 후 그 땅으로 올라가기를 원치 않았다. 그 땅이 좋아보이고 탐스럽기는 했지만 그들이 그곳으로 들어가게 되면 막강한 세력을 가진 이방인들의 공격에 의해 패배할 것을 우려했기 때문이다. 이는 그 땅으로 올라가 취하라는 하나님의 뜻과는 정면으로 배치되는 판단이었다.

하나님의 명령을 거역하는 자들은 눈앞에 보이는 민족 지도자 모세를 향해 원망의 말을 쏟아냈다. 그들은 장막에 거하면서 저들이 처한 암울한 형편에 대하여 한탄했다. 모세가 이스라엘 자손을 애굽에서 인도해낼 때만 해도 그들에게는 장래에 대한 큰 소망이 있었다. 애굽의 이방인들에 의해 강제 노역을 당하며 심한 고생을 하던 삶에서 해방되어 젖과 꿀이 흐르는 가나안 땅에서 평안하게 살기를 기대했기 때문이다.

그런데 먼 광야 길을 지나 가데스 바네아에 도착해 그 땅을 살펴본 결과는 낙관할 수 있는 형편이 아니었다. 그렇게 되자 백성들은 엉뚱한 생각을 하기에 이르렀다. 이스라엘 자손을 광야로 인도해내신 여호와 하나님께서 그들을 미워하셨기 때문에 애굽에서 끌어내신 것이 아닌지 의심하게 되었던 것이다. 막강한 세력을 가진 아모리 족속이 이제 자신을 공격하여 패망시키게 되면 그에 대응할 수 있는 아무런 능력이나 대책이 없다는 것이었다.

그러므로 그들은 두려움에 빠져 크게 낙심하는 마음을 가지게 되었다. 그들이 그와 같이 판단하게 된 데는 나름대로 근거가 있었다. 그것은 가나안 땅에 살고 있는 백성이 저들보다 체구가 크고 군사력이 강할 뿐 아니라 그들이 살고 있는 성읍도 견고하며 그 성곽은 매우 높아 하늘에 닿아있는 것처럼 보였기 때문이다. 그리고 그곳에 살아가는 거인들로 알려진 '아낙 자손' 을 보았으므로 그들을 이길 수는 없다고 생각했던 것이다.

4. 모세의 특별한 교훈과 증언 (신1:29-33)

모세는 자기를 원망하며 하나님의 뜻에 저항하는 백성들을 책망하기에 앞서 설득하고자 하는 입장을 취했다. 가나안 땅을 장악하고 있는 이방인들의 세력을 무서워하거나 두려움에 빠지지 말라는 것이었다. 이는 그들이 이미 가나안 땅에 살아가는 그 이방인들의 모습을 보면서 크게 겁을 먹고 있었다는 사실을 말해주고 있다.

하지만 모세는 가나안 땅을 정복하는 주체는 이스라엘 백성이 아니라 여호와 하나님이라는 사실을 강조해 말했다. 이스라엘 민족을 애굽 땅에서 인도하여 홍해를 건너게 하신 하나님께서 그 백성을 위하여 행하신 모든 기적을 보았듯이, 그들이 가나안 땅에 들어갈 때도 하나님께서 그렇게 하신다는 것이었다.

그러므로 여호와 하나님께서 자기 백성을 위해 그 원수들과 친히 맞서 싸우실 것이라는 점을 분명히 언급했다. 따라서 이제 그 백성들은 가나안 땅에 들어가면서 오직 하나님을 의지하고 그의 말씀에 온전히 순종하면 된다는 사실을 강조했다. 하나님의 자녀들에게 가장 중요한 것은 개별적인 능력이 아니라 그의 율법을 따르는 겸손한 자세였던 것이다.

이스라엘 백성은 광야에서 살아가는 동안 하나님의 능력과 다양한 기적들에 대한 충분한 경험을 했다. 부모가 자기 자녀들을 사랑으로 안아주는 것처럼 하나님께서는 자기 자녀들인 언약의 백성들이 광야 길을 걸어오는 동안 그들을 안아 보호해 주셨다. 그래서 그곳에까지 이르도록 하셨던 것이다.

그럼에도 불구하고 이스라엘 백성들은 불신앙에 빠져 놀라운 은총을 베풀어주신 여호와 하나님을 믿지 않고 거부했다. 하지만 하나님께서는 그 동안 백성들보다 앞서 길을 찾아 인도하시면서 장막 칠 곳을 안내해 주셨다. 뿐만 아니라 낮에는 구름기둥 밤에는 불기둥으로 백성들을 인도하시며 항상 그들을 보호하고 계셨다.

이스라엘 백성은 험한 광야 길을 지나왔으나 자신의 인간적인 지혜와 판단에 의해 그 길을 걸어갈 수 있었던 것은 아니었다. 그들이 개인의 능력으로 행할 수 있는 일은 아무것도 없었다. 오직 여호와 하나님께서 앞으로 나아갈 길을 알려주시면 백성들은 그에 순종함으로써 처소를 옮기게 되었던 것이다.

5. 하나님의 분노와 긍휼의 약속 (신1:34-39)

어리석은 이스라엘 백성들은 여호와 하나님 앞에서 원망하는 말을 쏟아냈다. 그러자 하나님께서는 자기의 명령을 듣지 않고 오히려 저항하는 자들에게 크게 분노하셨다. 그리하여 불신앙으로 가득찬 백성들에게 장차 벌을 내리시겠다는 말씀을 하셨다.

하나님께서는 앞으로 일어나게 될 일에 대하여 맹세로 선언하셨다. 그것은 애굽을 떠나 광야에서 살아간 악한 세대에 물든 사람들 가운데 그 조상들에게 약속하신 가나안 땅으로 들어갈 자가 없으리라는 것이었다. 그러나 하나님의 말씀에 온전히 순종한 믿음의 사람인 여분네의 아들 갈렙은 가나안 땅으로 들어가게 되리라고 하셨다. 그는 장차 그 땅을 보게 될 것이며 하나님께서 그가 밟은 땅을 그와 그 자손들에게 주실 것이라고 하셨다.

모세는 또한 하나님께서 그 백성들의 불신앙으로 말미암아 자기도 그 땅에 들어가지 못할 것이라고 말씀하신 사실을 언급했다. 그와 달리 그의 후계자라 할 수 있는 눈의 아들 여호수아는 그리로 들어가게 될 것이라고 했다. 그와 더불어 여호수아로 하여금 담대하게 하여 이스라엘 자손에게 기업으로 준 그 땅을 얻도록 하라는 말씀을 전했다.

또한 사악한 원수들에 의해 사로잡혀 가게 될까 봐 어른들이 염려하던 어린 자녀들과 당시에는 선악을 분별할 만한 연령에 이르지 않았던 아이들은 그 땅으로 들어가게 되리라고 하셨다. 이는 당시 이스라엘 백성이 어린아이들에 대한 염려로 인해 가나안 땅에 들어가는 것을 거부한 측면이 있었음을 시사해주고 있다. 힘없는 아이들이 전투에 걸림돌이 된다고 판단하고 있었던 것이다. 하지만 그것은 믿음이 부족해서 발생한 문제에 지나지 않았다.

이에 대해서는 오늘날 우리 역시 매우 주의깊게 생각해 보아야 한다. 성숙한 성도들은 언약의 자손들에게 하나님의 말씀과 진리와 참된 교회를 상속해 주는 것이 가장 소중한 임무라는 사실을 기억해야만 한다. 그것을 가볍게 여기고 우리 자녀들이 잠시 지나가는 이 세상에서 유능한 인물로 성장하기를 원하며 노력하는 것은 도리어 위험할 수 있다. 하나님께서 친히 언약의 자녀들을 양육하시고 온전히 지켜주시도록 맡기는 것이 가장 중요한 자세라는 사실을 잊어서는 안 된다.

그러므로 하나님께서는 어린아이들조차 장차 그 땅으로 인도하시고자 하는 자신의 분명한 뜻을 드러내 보이셨다. 이는 자기의 능력을 의지하고자 하던 성인들은 약속의 땅을 보지 못하게 되는 반면 아무런 힘이 없는 자들이 약속에 따라 거기로 들어갈 것이라는 의미를 지니고 있다. 하나님께서 저들의 자손에게 그 땅을 주어 거룩한 상속을 이어가도록 하실 것이었기 때문이다.

하나님께서는 그와 더불어 거기 모인 이스라엘 자손이 '사십 년 동안' 시내 광야에서 유리하게 되리라는 사실을 언급하셨다. 그들이 사십 년을 광야에 머물게 되는 것은 열두 정탐꾼들이 '사십 일 간' 가나안 땅을 탐지한 후 돌아와서 하나님의 명을 거역했으므로 하루를 일 년으로 계산하여 그렇게 되었던 것이다(민14:34). 우리는 여기서 구속사 가운데서 치밀하게 관여하시는 하나님을 보게 된다.

6. 이스라엘 민족의 과잉 충성으로 인한 불순종과 패배 (신1:40-46)

하나님께서는 이스라엘 백성들을 향해 이제 방향을 돌려 홍해 길을 따라 광야로 들어가라고 명령하셨다. 하나님의 말씀에 대해서는 어느 누구도 거부할 수 없다. 그것 자체로 무서운 범죄 행위가 되기 때문이다. 이스라엘 자손은 이론적으로는 그 사실을 알고 있었으나 번번이 넘어지고 쓰러지기 일쑤였다.

그러므로 이번에는 그들이 하나님의 말씀에 순종하고자 한다는 말을 했다. 그들은 그 전의 불순종을 기억하고 여호와 하나님께 범죄한 저들의 죄상을 회개하는 듯이 보였다. 하지만 그것은 형식적인 것에 지나지 않았다. 따라서 그들은 그 말과 더불어 이제 하나님께서 저들에게 명령하신 대로 가나안 땅으로 올라가 싸우겠다는 결의를 보였다.

그러나 그것은 하나님과 아무런 상관없는 종교심에 기댄 개인적인 욕망에 근거한 것이었다. 그들은 하나님의 명령에 온전히 순종하고자 하는 의지가 없었다. 따라서 하나님께서는 저들에게 광야로 가라고 명하셨지만(신1:40) 그들은 자기의 생각에 따라 가나안 땅을 향한 산지로 나아가고자 했다(신1:41).

그들은 광야로 돌아가라는 하나님의 말씀을 버리고 적군과 맞서 싸우기 위해 제각각 무기를 준비하여 가나안 산지로 나아가고자 했다. 그들은 하나님의 뜻에 관심을 가지지 않은 채 앞뒤를 가리지 않고 자기 판단에 따라 광야가 아니라 산지를 향하고자 했던 것이다. 앞서 하나님의 명령을 거부한 것도 악한 행위였지만 경솔하게 판단하여 경거망동하게 적극적인 행동을 하는 것도 그와 동일하게 악한 것이었다.

그러므로 하나님께서는 모세를 향해 자기의 뜻을 거부하는 백성들에게 경고하라고 말씀하셨다. 가나안 땅의 산지로 올라가지도 말고 적군과 싸우지도 말라고 했다. 이는 하나님께서 저들과 함께 계시지 않을 것이기 때문에 하나님의 도우심을 받을 수 없다는 점을 말해주고 있다. 그런 상태로 나아간다면 그들은 적군에 의해 완전히 패배할 수밖에 없었다.

하지만 그들은 모세가 전하는 하나님의 말씀을 듣지 않고 저들의 판단에 따른 행동을 시도했다. 따라서 모세는 그들이 자기의 말을 듣지 않았을 뿐 아니라 하나님의 명령을 거역하고 무모하게 산지로 올라갔음을 상기시키며 그 악행을 지적했다. 그들이 하나님의 뜻을 버리고 산지로 올라갔을 때 그곳에 거주하던 아모리 족속이 마주 나와 벌떼같이 저들을 쫓아와서 세일 산에서 쳐서 호르마까지 이른 사실을 이야기했던 것이다.

인간들의 판단에 따라 하나님의 말씀을 거역한 무리는 그때 완전히 패배하여 여호와 하나님 앞으로 나아가 통곡을 했다. 하지만 하나님께서는 저들의 부르짖는 말에 귀를 기울이지 않으셨다. 그런 상태로 그들은 가데스에 여러 날 동안 머물러 있었는데 모세가 당시의 상황을 다시금 저들에게 언급했던 것이다.

우리가 여기서 생각해 보아야 할 점은 두 가지 죄악에 연관된 내용이다. 하나는 하나님의 말씀을 듣지 않음으로써 자기 마음대로 행하는 소극적인 태도이다. 그리고 또 다른 하나는 하나님의 뜻을 부분적으로 적용하여 잘못된 판단을 하면서 과도한 열성으로 개인적인 욕망을 추구하려는 적극적인 행동이다.

이와 같은 두 가지 죄악 가운데 나중의 경우는 그것의 악한 실상이 드러나기 전에는 종교적인 자기 열성으로 인해 상당한 만족감이 주어지기도 한다. 어리석은 자들은 하나님의 뜻에 저항하는 죄악을 저지르면서도 그것이 마치 하나님에 대한 충성을 다하는 것인 양 스스로 착각하게 된다. 우리는 이스라엘 자손이 보여준 잘못된 행동들을 통해 소중한 교훈을 받지 않으면 안 된다.

제3장

사해 동남부와 요단 강 동편의 에돔, 모압, 암몬 족속의 땅

(신2:1-23)

1. 가나안 동부 지역을 향해 나아가는 백성들 (신2:1-3)

하나님께서는 모세를 향해 이스라엘 자손으로 하여금 방향을 정하여 홍해쪽 광야 길로 나아가도록 명하라고 하셨다. 그리하여 백성들은 그에 순종하여 광야로 나아갔으며 사해 동남부에 위치한 세일 산 일대에 도착해 그곳에서 여러 날 동안 배회하며 돌아다녔다. 이는 오래전 그들의 조상이 가데스 바네아에서 하나님의 뜻을 거스른 후 삼십팔 년이 지난 후에 일어난 일이었다.

그 백성들이 세일 산 부근을 맴도는 동안 하나님께서는 모세에게 이제 북쪽을 향해 나아가라는 명령을 내리셨다. 그곳은 사해 남동부 지역을 일컫고 있는데 하나님께서 약속하신 '가나안 땅' 과는 지역적으로 인접해 있으나 그 성격상 분리된 곳이었다. 즉 하나님께서 모세에게 요단 강을 건너지 못하여 가나안 땅을 보지 못하리라고 말씀하신 것을 통해서 볼 때 사해 동남부 지역과 그 위로 연결된 요단 강 동부 지역은 약속의 땅에서 벗어난다는 사실을 알 수 있다(신1:37; 2:29; 34:4, 참조).

그런데 하나님께서는 무엇 때문에 모세를 향해 사해 동남부에서 시작하는 오른쪽 땅과 요단 강 동편 지역의 북쪽으로 올라가라고 말씀하셨는지 생각해 보아야 한다. 엄밀한 의미에서 볼 때 그곳은 하나님께서 약속하신 땅[4]이 아니라 할 수 있는데도 굳이 그렇게 하도록 요구하신 것은 어떤 특별한 이유가 있었을 것으로 보인다. 아마도 그것은 그쪽 지역이 장차 그보다 남쪽이나 동쪽 지역에 있는 이방 세력을 막아주는 방어벽 역할을 하게 되는 것과 연관되는 것으로 이해할 수 있다.

당시는 이스라엘 자손이 아직 요단 강 건너 가나안 땅으로 들어가는 것이 허락되지 않은 상태에서 모세가 전체적인 지휘를 하고 있었다. 그 백성이 가나안 땅에 진입하기 전에 사해 동남부로부터 오른쪽 지역과 요단 강 동쪽을 미리 정리하고자 했던 것이다. 그 지역에는 에돔, 모압, 암몬 족속 등 직접적인 언약의 백성은 아니었으나 그 언저리에 있는 방계 종족들이 거주하고 있었다.

하나님께서는 또한 당시 그들을 궤멸시켜야 할 존재로 여기지 않으셨으므로 공격의 대상으로 삼지 말라고 요구하셨다. 이는 그들이 언약을 소유하고 있거나 온전한 신앙을 가지고 있었기 때문이 아니었다. 거기에는 이제 막 광야 생활을 마친 상태로 아직 충분한 세력을 갖추지 못한 이스라엘 백성이 저들을 적대 세력으로 만들어 더 복잡한 상황에 빠지지 않게 하시려는 하나님의 뜻이 포함되어 있었던 것으로 생각해 볼 수 있다. 그것은 물론 영구한 것이 아니라 지극히 일시적인 형편이었다.

---

4) 신명기 2:29에서 모세는, 요단강을 건너 가나안 본토가 '약속의 땅' 이라는 사실을 분명히 언급하고 있다; "내가 요단을 건너서 우리 하나님 여호와께서 우리에게 주시는 땅에 이르게 하리라"(신2:29).

2. 에돔 족속 (신2:4-7,12)

에돔 족속은 야곱의 쌍둥이 형제인 에서의 자손들이다. 당시로부터 약 5백 년 정도 전에 그들의 아버지 이삭이 살아있을 동안, 야곱은 형 에서의 위협을 피해 가나안 땅에서 북쪽 먼 지역에 위치한 밧단 아람에 있는 외삼촌 라반의 집으로 가서 20년의 세월을 보냈다. 그후 가나안 땅으로 돌아온 뒤에도 많은 문제들이 발생하게 되어 힘든 가운데 근근이 집안을 유지해 갈 수 있었다.

그에 반해 에서는 그동안 가나안 땅에서 탄탄한 기반을 잡고 상당한 세력을 펼쳤는데 그들이 곧 에돔 족속의 조상이 된다. 그들은 야곱의 자손들이 이방인의 땅 애굽에서 나그네 생활을 하며 고난의 세월을 보내고, 그곳에서 탈출하여 메마른 시내 광야에서 유리할 때 이미 안정된 세력을 구축하고 세일 산에서 저들의 영역을 확보하고 있었던 것이다(창36:19).

이제 이스라엘 족속이 요단 강을 건너기 위해 사해 동남부 지역으로 올라가게 되면 그들과 맞닥뜨리게 될 수밖에 없었다. 하나님께서는 모세를 향해 저들에 대하여 취할 중요한 방침을 주셨다. 그들이 북쪽 지역으로 나아가게 되면 세일에 거주하는 저들의 혈연적 동족이라 할 수 있는 에돔 족속이 살아가는 지역을 반드시 통과할 수밖에 없다는 것이었다.

그런데 하나님께서는 에돔 족속이 이스라엘 민족을 보고 두려워하리라는 사실을 말씀하셨다. 하지만 하나님께서는 이스라엘 자손을 향해 저들에게 아무렇게나 대하지 말고 스스로 깊이 삼가라는 당부를 하셨다. 즉 그들을 일방적으로 공격하거나 그 족속들과 다투는 행위를 하지 말라는 것이었다. 이는 하나님께서는 그들의 땅을 이스라엘 자손에게 주시지 않을 것이기 때문이라고 하셨다.

그와 동시에 하나님께서는 이미 오래 전에 에서와 그의 자손들에게 사해 동남부 지역의 세일 산 부근을 삶의 터전으로 주셔서 상속을 이어가게 하셨음을 언급했다. 따라서 그들의 땅이나 소유를 빼앗거나 약탈하는 행위를 하지 말라는 것이었다. 그 대신 저들에게서 돈을 주고 양식을 사서 먹고 그들로부터 물을 사서 마시라고 하셨다.5)

하나님께서는 이스라엘 백성들의 모든 일에 대하여 복을 주신 사실을 언급하셨다. 그들이 시내 반도의 황량한 광야를 두루 다닐 때 항상 저들과 함께 계시면서 모든 것을 공급해 주셨던 점을 언급하셨다. 따라서 지난 사십 년 동안6) 그들에게 부족한 것이 전혀 없지 않았느냐고 말씀하셨다. 이는 이스라엘 민족을 위하여 저들의 필요한 모든 것을 공급하는 분은 하나님 자신임을 밝히시는 의미를 지니고 있다.

그러므로 이스라엘 자손은 이제 사해와 요단 강 동쪽의 북부 지역을 향해 나아가면서도 저들을 인도하신 하나님을 잊지 않았다. 따라서 세일산에 거하던 저들의 먼 동족이라 할 수 있는 에서의 자손들과 마주쳤을 때 아무런 피해를 주지 않았다. 그들은 하나님의 뜻에 순종하기 위해 최선의 노력을 기울였던 것이다. 따라서 당시 이스라엘 자손은 그 땅을 전투 없이 지나갔을 것으로 보인다.7)

에돔 족속은 오래전에 이미 사해 동남부 세일 산 부근에 거주하던 호리 종족을 멸망시키고 그 땅을 점령해 거주하게 되었다. 성경은 하나님께서

---

5) 우리는 여기서 당시 존재하던 화폐경제에 대한 상황을 생각해 볼 수 있다. 물론 오늘날 우리가 생각하는 화폐는 아닐지라도 금이나 은, 동 등이 그 역할을 했을 것으로 보인다. 즉 에돔 족속을 비롯한 여러 종족의 각각의 화폐단위와 이스라엘 민족의 화폐단위가 달랐던 것으로 보기 어렵다. 그럼에도 불구하고 일반적인 교환가치가 있는 매개물이 있었다는 사실은 분명하다.

6) 이는 이스라엘 백성이 홍해를 건넌 후부터 그때까지의 기간 40년을 의미하고 있다. 한편 신명기 2:14에 기록된 38년은 출애굽한 후 초기 가데스 바네아에서 열두 정탐꾼을 보냈던 시기부터 당시까지의 기간을 일컫고 있다.

7) 사사기 11:17에는 사사 '입다'와 연관된 내용으로 에돔과 모압이 길을 내어주지 않은 것으로 언급하고 있다. 이는 아마도 그와 어느 정도 연관이 있으나 다른 경우를 두고 말하는 것으로 보인다.

저들로 하여금 그 땅에 거하도록 해주셨음을 밝히고 있다(신2:12). 즉 에돔 족속이 그 땅을 점령하게 된 것은 저들의 강력한 세력 때문이 아니라 하나님의 은총에 근거했던 것이다.

하나님께서 에돔 족속을 위해 오래전에 친히 그렇게 하신 이유는 장차 일어나게 될 구속사 가운데 특별한 의도가 있었기 때문이었을 것이 틀림없다. 그것은 에서의 자손으로 하여금 풍요로운 삶을 누리도록 배려하신 것이 아니었다. 하나님의 근본적인 의도는 오히려 당시 이스라엘 자손이 가나안 땅으로 진입하는 과정에서 있게 될 상황을 미리 예비하는 성격을 지니는 것으로 이해하는 것이 자연스럽다.

이처럼 하나님께서는 인간들의 일반적인 사고로는 도저히 미칠 수 없는 놀라운 일을 역사 가운데 친히 행하셨다. 이와 같은 일은 성경에 언급된 많은 사건들에서도 동일하게 드러나고 있다. 물론 21세기에 살아가는 우리에게도 하나님의 놀라운 섭리와 경륜은 그대로 진행되어 가고 있다. 모든 하나님의 자녀들은 이에 대한 소중한 깨달음을 가져야만 한다.

3. 모압 족속 (신2:8-11; 13-15)

'모압' 은 '아버지의 소생' 이라는 뜻으로 소돔성이 불로 심판을 받은 후 롯의 맏딸이 아버지와 근친상간하여 낳은 아들이다(창19:37). 그의 후손들이 나중 모압 족속이 된다. 그들은 저들의 조상 롯[8])이 섬기던 여호와 하나님을 버리고, 거짓신인 그모스(Chemosh)를 저들의 종족신으로 섬겼다(민21:29; 렘48:7,13,46). 그들은 나중 사해 동편에 자리를 잡게 되는데 남쪽으로는 세렛 골짜기 북쪽으로는 아르논 강이 경계가 되었다(삿11:18). 그들은 대개 사해 동편의 해발 900m 정도의 고원지대를 중심으로 거주했다(민21:13).

8) 롯은 여호와 하나님을 진정으로 경외하는 의인이었다(벧후2:7, 참조).

하나님의 명령에 따라 이스라엘 자손은 모세와 함께 에돔 족속의 땅을 지나 아라바를 지나며 엘랏과 에시온 게벨 곁으로 지나 행진했다. 그 때 하나님께서는 모세를 향해 모압을 괴롭게 하지 말고 저들과 싸우지도 말라고 하셨다. 이는 그 땅은 이스라엘 자손이 하나님으로부터 얻게 될 땅이 아니며, 하나님께서 롯 자손에게 아르를 기업으로 주셨기 때문이었다.

과거 그 지역에는 에밈 사람들이 거주했는데 그들은 아낙 족속같이 키가 큰 강인한 민족이었을 뿐 아니라 종족의 수가 많았다. 그들은 건장한 족속이었으므로 주변 종족들에 의해 아낙 족속처럼 거인이란 의미를 지닌 '르바임' 으로 불렸다. 하지만 모압 사람들은 그들을 저들의 언어로 '에밈' 이라 불렀다(신2:11).

여호와 하나님께서는 이스라엘 자손으로 하여금 '세렛 시내' 를 건너라고 말씀하셨다. 에돔 족속이 통치하던 영역과 경계를 이루고 있는 그 시내를 넘으면 모압 족속의 땅에 들어서게 된다. 그들이 그 시내를 건널 시기는 오래전 가데스 바네아에서 있었던 사건으로부터 삼십팔 년이 되던 때였다(신2:14).

그 당시에는 오래 전 가데스 바네아에서 하나님께서 맹세하며 말씀하신 대로 그때 있었던 모든 병사들이 다 죽고 없었다. 여호와 하나님께서 직접 자신의 손으로 그들을 치셨기 때문에 진영 중에서 다 멸망당했던 것이다(신2:14,15). 따라서 이제 요단 강 동편 모압 지역으로 나아가는 자들은 출애굽 첫 세대와는 완전히 바뀐 새로운 세대였다. 당시로는 모세와 여호수아와 갈렙만 남아 있었던 것으로 보인다.

4. 암몬 족속 (신2:16-22)

가데스 바네아에서 선포하신 하나님의 심판 아래 있던 병사들이 모두 죽음에 이른 후에 하나님께서 모세에게 말씀하셨다. 당일 모압 변경 아르(Ar)를 지나 암몬 족속의 땅에 이르게 되면 특별히 주의할 사실이 있다는 것이었다. 그 지역을 지배하고 있던 암몬 족속의 직접 조상인 암몬은 오래전 소돔과 고모라가 멸망한 후 소알 근처에서 롯이 그의 작은 딸과 근친상간함으로써 낳은 아들이다(창19:38).

그들이 나중 암몬 족속이 되어 사해와 요단 강 동편쪽에 자리잡고 세력을 펼치게 되었다. 하지만 그들은 모압 자손과 마찬가지로 원래 조상인 롯이 섬기던 여호와 하나님을 버리고 거짓신인 그모스(Chemosh) 신을 섬겼다. 그들은 그 신을 밀곰(왕상11:5)이나 몰록(왕상11:7)으로 칭하기도 했다.

하나님께서는 모세에게 사해 동편에서 북쪽 지역으로 올라가는 동안 암몬 족속을 만나면 그들을 괴롭히지 말라고 했다. 그리고 그들과 다투지도 말라는 당부를 했다. 암몬 족속은 이스라엘의 정복 대상이 아니었기 때문이다. 그 땅은 모세와 이스라엘 자손에게 줄 약속의 땅이 아니었던 것이다.

암몬 족속이 차지하고 있던 사해와 요단 강 동편 먼 지역은 하나님께서 롯의 후손들에게 상속분으로 주신 땅이었다. 그 지역에는 예전에 건장하고 강인한 족속이었던 르바임 사람들이 거주하고 있어서 르바임 땅이라 칭했었다. 암몬 족속은 나중 그 땅을 자기 언어로 삼숨밈이라 불렀다. 당시 르바임 족속은 강력한 세력을 가지고 있었으나 암몬 족속이 침략해 들어가 그들을 멸망시키게 되었다. 하지만 그것은 암몬 족속의 세력이 강력해서가 아니라 여호와 하나님께서 암몬 족속의 편을 들어 그들을 패망시키셨기 때문이었다.

거기에는 인간들이 알지 못하는 하나님의 놀라운 섭리와 경륜이 들어있었다. 암몬 족속을 그곳에 둠으로써 나중 이스라엘 자손이 약속의 땅으로 들어가게 될 날을 준비하는 성격을 지니고 있었기 때문이다. 그리하여 그때부터 암몬 족속이 그 땅의 주인이 되어 거주하게 되었다. 하나님께서는 에돔 족속과 모압 족속을 저들이 거주할 땅으로 인도하셨듯이 암몬 족속에 대해서도 그와 동일하게 행하셨던 것이다.

수백 년 전 하나님께서 세일 산과 그 주변에 거하던 호리(Horites) 족을 멸망시키시고 에돔 족속으로 하여금 그곳에 거하도록 하셨듯이 암몬 자손에게도 동일한 은총을 베풀어 주셨다. 우리는 하나님께서 에돔, 모압, 암몬 족속을 특별히 사해 동남부로부터 요단 강 동편 지역에 정착시키신 이유를 생각해 볼 수 있어야 한다. 그것은 출애굽 후 약속의 땅 가나안 진입을 앞둔 이스라엘 백성들을 위한 하나님의 특별한 섭리로 볼 수 있기 때문이다.

5. 갑돌 사람 곧 크레타 인과 가나안 땅 서부 해안지역에 관한 언급 (신2:23)

에돔, 모압, 암몬 족속과 그들의 땅에 대한 설명과 더불어 이스라엘 자손은 하나님의 모든 명령에 순종했다. 그에 연관된 내용이 기록된 다음 뒤이어 갑돌 사람들(Caphtorims)에 대한 간단한 내용이 나오고 있다. 그것은 앞의 내용들과는 다소 다른 내용으로 갑작스럽게 등장한 것으로 볼 수 있다.

본문에 언급된 갑돌 사람이란 크레타(Creta) 인과 동일한 종족이다.9) 그 사람들이 나중 블레셋 지역으로 이주해 들어가 그 땅을 정복하게 된다.10)

---

9) '갑돌' 이 '크레타 섬' 과 동일한 지역이라는 사실은 성경의 여러 번역본들 가운데서 볼 수 있다(신명기2:23; 예레미야47:4; 아모스9:7, 새번역, 현대인의 성경, 참조).

10) 블레셋인들이 가나안 땅으로 이주한 것은 그보다 앞선 시대에 있었던 테라 섬 화산폭발이 직접적인 원인이었던 것으로 보인다. 테라 섬은 크레타 섬 북쪽에 위치한 지금의 산토리니 섬이다. 크레타 섬 주민들은 역사상 최고 규모로 알

그들은 크레타 섬에서 바다를 건너 가나안 땅 해변으로 올라와 가사(Gaza)와 그 부근 지역에서 살아가던 아위 족속(Avvites)을 멸망시키고 그곳을 차지하고 살게 되었다.

가사(Gaza)는 약속의 땅 서남부 해안 지역에 위치한 도시이다. 그들은 곧 블레셋 사람들로서 크레타 섬으로부터 나와 그 지역을 정복한 후 오랫동안 세력을 펼치게 되었다. 그들은 수백 년 동안 이스라엘 민족 주변에 있으면서 끊임없이 그들을 괴롭히는 악행을 저질렀다.

그런데 우리는 왜 성경 본문 이 부분에서 갑자기 갑돌 곧 크레타 사람들에 대한 기록이 나오는지 생각해 볼 필요가 있다. 요단 강 동부 지역을 장악하게 된 이스라엘 백성은 곧 요단 강을 건너 가나안 땅으로 들어가게 된다. 그들은 요단 강을 기준으로 해서 볼 때 멀리 서쪽 지중해 연안에 존재하는 자들에 대한 정보를 소유함으로써 가나안 땅 전체를 파악하고 있어야만 했던 것으로 보인다.

언약의 자손들이 견제해야 할 가장 강력한 족속인 블레셋인들은 갑돌 사람 곧 크레타인들과 직접 연관된 자들이다. 그들은 처음부터 이스라엘 자손들의 활동을 방해하며 지속적으로 괴롭히게 된다. 그들은 이스라엘 민족에 앞서 가나안 지역의 일부를 정복하고 있으면서 나중에 들어오는 이스라엘 백성을 견제하게 되는 것이다.

본문에서는 갑돌인에 연관된 블레셋 사람들은 가나안 땅에 들어가는 이스라엘 자손이 눈여겨봐야 할 종족이었다. 그들은 크레타 섬으로부터 올라온 바다에 익숙한 사람들로서 다른 종족에 비해 더욱 강인한 자들이었기 때문이다. 하나님께서는 요단 강 동편을 정리해가는 이스라엘 백성에

려진 테라 섬 화산폭발에 의한 직접적인 영향을 받게 되었다. 그로 말미암아 당시 크레타 섬에서 꽃피우던 미노아 문명이 쇠퇴의 길을 걷게 되었으며 결국 그곳 주민들은 여러 지역으로 흩어지게 되었다. 그들 중 팔레스틴으로 이주해 온 자들이 곧 블레셋인들이다.

게 가나안 땅 서부 지역에 관련된 간단한 정보를 주셨던 것이다. 여기서 우리는 이스라엘 자손을 약속의 땅으로 이끌어 가시는 여호와 하나님의 다양한 배려들을 보게 된다.

제4장

헤스본 왕 시혼과 바산 왕 옥의 영토를 점령한 모세

(신2:24-37; 3:1-11)

1. 전적인 이방인들에 대한 하나님의 뜻 (신2:24,25)

이스라엘 자손이 요단 강을 건너 가나안 땅으로 들어가기 전 사해(死海)의 동북부와 요단 강 동편 넓은 지역에는 아모리 족속들이 터를 잡고 있었다.[11] 그들 가운데 헤스본 왕국과 바산 왕국이 강력한 세력을 펼치고 있는 상태였다. 당시 주변의 종족들 가운데 그들에게 군사적으로 대항할 자들은 아무도 없었다.

---

11) 사해(死海) 동북부에서부터 위로 올라가며 요단강 동부 길르앗 지역과 갈릴리 호수 동부의 넓은 지역에는 아모리 족속들이 왕국을 세워 점령하고 있었다. 이스라엘 자손들이 올라갈 당시에는 헤스본 왕 시혼과 바산 왕 옥이 통치하는 왕국이 존재했다. 중요한 사실은 아모리 족속들 가운데 그 두 왕국에 속하지 않는 자들이 요단강 서부 가나안 땅에도 상당수 흩어져 살았다는 점이다.

그런 상황에서 하나님께서는 이스라엘 자손을 향해 '아르논 골짜기'를 건너가라는 명령을 내리셨다. 아모리 족속이 지배하고 있는 영토를 정복하라는 것이었다. 아모리 사람들은 신체가 건장했으며 아무나 쉽게 도전할 수 있는 만만한 상대가 아니었다. 그 백성들은 체형이 크고 체력이 강인했다. 그들은 거짓신들을 섬기는 우상숭배자들이었지만 왜곡된 신앙 태도로 인해 그에 의존한 채 자신감을 가지고 있었다.

그와 같은 상태에서 하나님께서는 아모리 족속인 헤스본 왕 시혼과 그가 지배하고 있는 땅을 모세의 손에 넘기셨노라고 말씀하셨다. 그러니 이제 그곳으로 들어가 저들과 맞서 싸워 그 땅을 차지하라고 명령하셨다. 양 종족이 전투를 시작하기도 전에 이미 하나님께서 이스라엘 민족에게 승리를 안겨주셨다는 것이었다.

하나님께서는 앞서 에돔 족속, 모압 족속, 암몬 족속들에게는 공격하지 말고 오히려 선대하라는 말씀을 하셨다. 그들은 혈통적으로 보아 먼 동족에 해당하기 때문에 그들에게 좋게 대하라는 것이었다. 그와 달리 아모리 족속에 대해서는 피를 흘리는 전투를 벌여 맞서 싸우도록 요구하셨던 것이다.

그에 연관된 모든 것은 하나님의 특별한 섭리와 간섭 아래 놓여 있었던 것이 분명하다. 그들 앞에서 전개되어 갈 상황은 전적으로 하나님의 계획 아래 놓여 있었다. 따라서 하나님께서 모세에게 그 지역 정복에 관한 요구를 하시는 그날부터 천하만국과 만민이 그를 두려워하도록 만들겠다는 말씀을 하셨다. 아무리 막강한 이방인들의 군대라 할지라도 모세의 명성을 듣게 되면 떨 것이며 그로 말미암아 크게 당황하게 되리라는 것이었다.

모세가 여호와 하나님을 신앙하는 이스라엘 민족의 최고 지도자라는 사실은 당시 주변의 많은 나라와 종족에게 널리 알려져 있었을 것이 틀림없다. 노예 생활을 하며 신음하던 이스라엘 자손이 세계 최강국이었던 애굽의 무서운 압제로부터 무사히 탈출해 나온 사실 자체가 대단한 일이었다. 또한 황량한 시내 광야에서 사십 년 동안이나 상상을 초월하는 방법으로 생명을 유지하며 건재했다는 사실도 이방인들에게는 놀랄 만한 사건이었다. 결코 짧지 않은 기간 동안 이스라엘 민족을 인도해 온 모세가 군대를 이끌고 광야에서 올라오고 있다는 사실은 크게 신경쓰일 수밖에 없었던 것이다.

2. 헤스본 왕 시혼을 공격한 이스라엘 군대 (신2:26-37)

(1) 모세가 헤스본 왕에게 사신을 보냄(신2:26-29)

모세는 백성들과 함께 사해 동편 아모리인들의 땅 가까이 이르렀다. 그는 '동방의 땅' 이란 의미를 지닌 그데못(Kedemoth) 광야12)에서 헤스본 왕 시혼에게 사신을 보냈다. 모세는 좋은 말로써 저들과 전쟁하기를 원하지 않는다고 하면서 그 땅을 지나 통과하도록 해 달라는 부탁을 했다. 자기는 큰길로만 진행하여 그 지역을 지나갈 것이며 좌로나 우로 치우쳐 그들의 땅 내부를 기웃거리거나 넘보지 않겠다는 것이었다.

그리고 아모리인들의 재산이나 농작물을 탐하여 약탈하는 일은 절대로 없을 것이라고 했다. 단지 필요하다면 정당하게 돈을 주고 양식과 물을 구하고자 하니 그 생활을 위한 필수품들을 팔아서 생명을 부지할 수 있도록 해 달라고 요구했다. 오직 그 지역을 통과하고자 하는 것이 유일한 목적이니 널리 아량을 베풀어달라는 것이었다.

---

12) 그데못(Kedemoth) 광야는 사해 중부 동편 디본(Dibon)에서 북동쪽으로 16km 정도 떨어진 곳에 위치해 있다. 디본은 사해 동쪽 21km 지점에 있는 모압의 성읍으로서 헤스본 왕 시혼에게 점령당하였으며(민21:30) 나중에 다시 모압 족속이 되찾았다(렘48:18,22, 참조).

그러므로 앞서 세일 지역에 거주하는 '에돔 족속'과 아르 지역에 거주하는 '모압 족속'이 자기에게 예우한 것처럼 해주기를 바란다고 했다. 그러면 요단 강을 건너 여호와 하나님께서 이스라엘 민족의 조상 아브라함과 이삭과 야곱에게 주시겠다고 약속하신 그 땅에 들어가고자 한다는 메시지를 전했다. 이는 그 나라의 땅이나 백성들을 공격하고자 하는 마음이 전혀 없다는 사실을 언급한 것이다.

우리는 여기서 매우 주의 깊은 생각을 해 보아야 한다. 그것은 모세가 요단 강 건너편 즉 강 서쪽 지역을 언급하며 그곳이 여호와 하나님께서 저들에게 주시는 땅이라고 밝혔기 때문이다. 모세는 언약의 백성들이 관심을 가지고 점령해야 할 약속의 땅은 요단 강 동편 지역이 아니라 서편의 땅이라는 점을 분명히 언급하고 있다.

(2) 모세의 요청을 거부하는 헤스본 왕 시혼(신2:30)

헤스본 왕 시혼은 모세가 보낸 사자를 통해 메시지를 전달 받았으나 이스라엘 자손이 자기 땅을 통과하는 것을 허락하지 않았다. 헤스본 왕의 입장에서는 모세의 말을 그대로 신뢰하기가 쉽지 않았을 것이 분명하다. 모세가 말은 그렇게 하지만 그냥 통과하지 않고 자기 영토를 침략하는 일이 발생한다면 어떻게 할 것인가! 그리고 그들이 자기 나라 백성들을 약탈하거나 농작물과 동물을 빼앗아가지 않는다고 장담할 수도 없는 일이었다. 어떤 의미에서는 헤스본 왕이 모세의 요구를 거부하는 것은 당연한 판단이었을지 모른다.

그런데 하나님께서는 헤스본 왕 시혼이 모세와 이스라엘 자손에게 그런 태도를 보이도록 하신 분은 자신이라는 사실을 밝히셨다. 즉 하나님께서 헤스본 왕의 마음을 강퍅하게 하셨으며 그의 주장을 완강하게 하셨다고 했다. 그렇게 함으로써 막강한 세력을 지닌 그 이방인의 왕을 모세의 손에 넘기시고자 한다는 것이었다. 따라서 모세가 군대의 지휘권을 행사하는 동안 그들은 이스라엘 백성을 적대세력으로 간주하지 않을 수 없었다.

(3) 여호와 하나님의 뜻(신2:31-35)

그와 같은 긴박한 상황이 전개되어가는 동안 하나님께서는 모세를 불러 말씀하셨다. 이제 헤스본 왕 시혼과 그가 다스리는 모든 땅을 그에게 넘겨주시리라는 것이었다. 그러니 곧장 그들을 공격하여 저들의 영토를 차지하여 이스라엘의 유산으로 삼으라고 요구하셨다. 이는 모세가 이끄는 이스라엘 백성과 헤스본 왕이 이끄는 군대 사이에 전쟁이 일어나게 된다는 사실을 시사해주고 있다.

그러므로 아모리 족속인 시혼 왕이 모든 병사들을 이끌고 나아와 이스라엘 백성들에 맞서 진을 쳤다. 그 양편 군대 진영은 사해 동편 모압 평지에 있는 야하스(Jahaz)13) 지역에서 맞붙어 생명을 건 전투를 벌였다. 시혼 왕은 자기의 군사력을 총동원하여 그에 의지하여 전투에 임한 반면, 모세는 자기가 이끄는 이스라엘 백성의 군사력이 아니라 천상에 계시는 여호와 하나님을 의지하고 있었다.

결국 하나님께서는 시혼 왕의 군대를 모세가 지휘하는 군대의 세력에 넘기고자 하셨다. 그리하여 이스라엘 백성이 시혼 왕에게 속한 모든 백성들을 공격했다(민21:21-26). 그때 모세와 언약의 자손들은 시혼 왕의 지배 아래 있던 모든 성읍들을 점령하고 그 가운데 있던 남녀 성인들과 어린아이

13) 야하스(Jahaz)는 '타작마당' 이란 의미를 지니고 있으며 사해 동편 모압 평지에 자리잡고 있다. 그곳은 원래 아모리 왕 시혼의 지배 아래 있는 성읍이었다(민21:23). 나중 이스라엘 민족이 그곳을 정복한 후 르우벤 지파에게 분배되었다(수13:18). 그후 모압 족속이 다시금 그 지역을 점령하게 된다(사15:4; 렘48:21,34, 참조).

들까지 하나도 남기지 않고 진멸시켰다(신2:34). 이는 일반적인 관점에서 볼 때 매우 잔인한 일이었으나 하나님의 뜻에 따른 것으로서 앞서 에돔, 모압, 암몬 자손에게 행했던 것과는 전혀 달랐다.

그렇지만 이스라엘 자손은 이방 왕국에 속한 사람들을 진멸한 데 반해 저들이 소유했던 모든 가축은 죽이지 않고 자기의 소유로 삼았다. 그리고 성읍 가운데서 탈취한 모든 전리품들은 자신의 필요에 따라 사용하고자 했다. 그리하여 시혼 왕의 군대는 완패를 당하게 되었으며 이스라엘 자손은 완벽한 승리를 쟁취하게 되었던 것이다.

(4) 이스라엘의 정복과 승리(신2:36,37)

모세와 이스라엘 백성들은 여호와 하나님의 도우심에 힘입어 아모리 족속이 다스리던 지역을 점령했다. 사해 중간 지점의 동부에 있는 아르논 골짜기 주변의 아로엘에 위치한 성읍으로부터 요단 강 동부에 크게 자리잡고 있던 길르앗 지역까지 모든 성읍들을 점령하게 되었다. 그들은 아모리 족속과 싸워 대승을 거두게 되었던 것이다.

모세는 자기의 영도력이나 이스라엘 백성의 군사력에 의해 적군을 진압하여 승리한 것이 아니란 사실을 잘 알고 있었다. 오직 여호와 하나님께서 앞서 싸우셨기 때문에 대승을 거둘 수 있었던 것이다. 모세는 그에 연관된 사실을 모든 백성이 분명히 깨달을 수 있도록 저들 앞에서 선포했다.

우리가 기억해야 할 바는 이스라엘 백성은 그 과정에서 인근에 터를 잡고 왕국을 세워 통치하던 암몬 족속의 땅은 조금도 침략하지 않았다는 사실이다. 얍복강 동부 지역과 주변 산지에 있던 저들의 성읍을 공격하는 행위를 철저히 삼갔던 것이다. 이는 여호와 하나님께서 그들의 영역에는 접근을 금하고 가까이 가서 위협하지 못하도록 명하셨기 때문이다.

3. 바산 왕 옥을 공격한 모세와 이스라엘 백성 (신3:1-11)

(1) 바산 왕 옥의 세력에 맞선 모세의 군대(신3:1,2)

모세를 비롯한 이스라엘 백성은 헤스본 왕 시혼에게 승리를 거둔 후 바산 지역으로 올라갔다. 그러자 이미 모든 정보를 입수한 바산 왕 옥은 자신의 모든 병사들을 이끌고 나와서 저들에게 맞섰다. 양편 군대는 에드레이(Edrei)14)에서 전투태세를 갖추고 서로 맞붙어 싸우고자 했던 것이다.

당시의 전세(戰勢)를 봐서는 바산 군대가 이스라엘 백성에게 상당한 부담이 되었다. 바산 왕 옥이 통솔하는 군대가 막강한 세력을 지니고 있었기 때문이다. 하지만 언약의 자손들이 바라보아야 할 대상은 그곳에 자리잡은 이방 왕국의 강력한 군대가 아니라 천상에 계시는 여호와 하나님이어야 했다.

그러므로 여호와 하나님께서는 이스라엘 군대를 지휘하는 모세를 향해 말씀하셨다. 아모리 족속의 그 이방 군대를 두려워할 필요가 전혀 없다는 점을 강조하셨다. 이는 하나님께서 바산 왕 옥과 그의 모든 군대뿐 아니라 그가 통치하는 넓은 영역을 이미 모세의 손에 넘기셨기 때문이었다.

따라서 모세가 헤스본에 거주하던 아모리 족속의 왕 시혼에게 한 것같이 그에게도 그대로 행하라고 명령하셨다. 그 모든 것은 이미 하나님께서 결정한 바였기 때문이다. 아직 양편 군대가 맞서 전투를 벌이기도 전에 벌써 결과에 연관된 모든 상황은 하나님에 의해 확정된 상태라는

---

14) 에드레이(Edrei)는 갈릴리 호수 동남부에 흐르는 야르묵(Yarmuk) 강 남쪽 분기점이 보이는 지역으로 다메섹 남쪽 약 96km 지점에 위치하고 있다. 또한 요단강의 동쪽 약 48km 정도 떨어진 바산 왕 옥에게 속한 크고 견고한 성읍이다. 이스라엘 백성이 그곳에서 바산을 쳐서 승리를 거둔 후, 그 땅은 므낫세 반 지파에게 분배되었다(민21:33; 신3:1-4; 수13:29-31, 참조).

것이었다.

(2) 바산 땅을 정복한 이스라엘 백성(신3:3-5)

이스라엘 백성은 바산 왕 옥이 지휘하는 군대와 전투를 벌여 대승을 거두었다. 그 이방 군대를 쳐서 완전히 괴멸시킬 수 있었던 것이다. 하지만 이는 이스라엘 군대의 전력(戰力)이나 전술에 근거한 것이 아니었다. 그것은 도리어 여호와 하나님께서 적군을 이스라엘 자손의 손에 넘기셨기 때문에 가능한 일이었다.

그리하여 이스라엘 군대의 병사들은 바산 왕 옥의 영역 아래 있던 모든 성읍들을 다 점령했다. 그 성읍의 수는 육십이나 되었는데 옥의 왕국에 속한 갈릴리 호수 동부의 아르곱(Argob)과 바산 지역에 위치한 성읍들이 포함되어 있었다. 당시 그 성읍들은 하나같이 막강한 위세를 떨치고 있었다.

따라서 각 성읍에는 외부로부터 침략을 방어할 수 있는 높은 성벽으로 둘려 있었다. 그리고 성읍을 드나들게 되는 성문은 견고했으며 튼튼한 문빗장으로 채워져 있었다. 이른바 난공불락(難攻不落)의 막강한 성읍들이었던 것이다. 또한 그 외에도 성벽이 없는 마을들이 여기저기 흩어져 있어서 각 지역마다 많은 사람들이 살아가고 있었다.

(3) 바산 사람들과 가축에 대한 이스라엘의 입장(신3:6,7)

앞에서 이미 언급한 것처럼 이스라엘 백성들은 그 지역 사람들을 칼로 쳐서 죽였다. 본문에서는 하나도 남기지 않고 모조리 죽였다는 표현을 하며 바산의 군인들이 전멸한 사실을 말해주고 있다(신3:3). 나아가 이스라엘 군대가 그 전에 헤스본 왕 시혼이 다스리는 왕국에서 행한 것처럼 바산 왕 옥이 다스리던 그 성읍들을 멸망시키면서 남녀와 어린 유아들까지 살해했다고 했다.

이는 그들에게 어떤 긍휼도 베풀지 않았음을 말해준다. 그런데 우리는 여기서 아무런 판단능력이 없는 어린 유아들을 왜 죽였는가 하는 문제를 생각해 보아야 한다. 아무것도 모르는 어린아기를 죽여야 했을 때는 나름대로 충분한 이유가 있었을 것이 분명하다.

그것은 아마도 다음 세대를 통해 계승되는 불신앙과 배도에 연관된 악을 차단하기 위한 방편으로 이해하는 것이 가장 자연스럽다. 거기에는 오늘날 우리가 받아야 할 매우 중요한 교훈이 들어 있다. 우리 시대에는 유아들을 죽여야 하는 것은 아니지만 악에 대해서는 그 뿌리마저 완전히 뽑아내야만 하는 것이다.

그리고 이스라엘 백성은 헤스본에서 행했던 것과 마찬가지로 바산에 있던 모든 가축들을 자기의 소유로 삼았다. 그 가운데는 다양한 종류의 동물들이 있었을 것이 틀림없다. 그리고 성읍들에서 탈취한 전리품들을 이스라엘 민족의 소유물로 만들었다. 사람들은 죽이고 저들의 가축과 물품들은 남겨두어 용도에 따라 유용하게 사용하고자 했던 것이다.

(4) 아르논 골짜기, 길르앗 땅, 바산 땅(신3:8-11)

이스라엘 백성은 에돔 족속, 모압 족속, 암몬 족속의 지경을 지나 사해 동편으로부터 시작하여 요단 강 동편을 점령해 나갔다. 그곳은 아르논 골짜기에서 헤르몬 산15) 까지 이르는 아모리 족속의 두 왕 곧 헤스본 왕 시혼과 바산 왕 옥이 다스리는 영역이었다.

---

15) 역사적으로 이스라엘 북쪽 경계를 이루고 있는 해발 2,814m의 헤르몬 산은 갈릴리 호수와 요단강의 수원(水原)을 이루고 있으며 만년설로 뒤덮여 있어서 성스러운 산으로 간주되었다. 시돈 사람들은 그 산을 '시룐' 이라고 불렀으며 아모리 족속은 '스닐' 이라 칭했다(신3:9).

이스라엘이 점령한 지역은 평원의 모든 성읍들과 길르앗 온 땅, 그리고 바산의 넓은 지역 곧 옥의 왕국에 속한 살르가와 에드레이까지 포함되어 있었다. 이는 사해 동북부 지역으로부터 요단 강 건너편 길르앗과 갈릴리 호수 동부의 바산 지역을 말하고 있다.

당시 바산의 모든 병사들이 전사한 데 반해, '거인' 이란 의미를 지닌 르바임 족속 가운데 바산 왕 옥이 홀로 생명을 부지할 수 있었다. 그는 키가 매우 큰 장대한 인물이었다. 그가 사용한 침대의 크기는 사람들의 보통 규빗으로 길이가 아홉 규빗이며 너비가 네 규빗이나 된다고 했다.[16] 철로 제작된 그의 침대는 당시 암몬 족속의 랍바에 보관되어 있었다고 한다.

모세는 이스라엘 자손들이 점령한 헤스본 왕 시혼의 땅과 바산 왕 옥의 땅을 이스라엘의 몇 지파에게 분배했다. 남쪽 지역은 르우벤 지파, 중간 지역은 갓 지파, 북쪽의 윗 지역은 므낫세 반 지파에게 분배되었다. 이스라엘 민족이 요단 강을 건너 가나안 땅으로 들어가기 전 그들 가운데 일부 지파가 요단 강 동편 지역을 분배받았던 것이다.

그런데 우리가 여기서 염두에 두어야 할 점은 르우벤 지파, 갓 지파, 므낫세 반 지파가 엄밀한 의미에서 볼 때 약속의 땅 가나안에서 벗어난 지역의 땅을 분배받게 되었다는 사실이다. 그렇다면 왜 일부 지파에게 요단 강 동부의 그 땅을 분배해야만 했느냐 하는 점을 생각해 볼 필요가 있다. 거기에는 매우 중요한 이유가 들어있었을 것이 분명하기 때문이다.

이스라엘 자손이 요단 강 동편 넓은 지역에서 세력을 떨치던 아모리 족속들의 두 왕국을 미리 지배하지 않으면 나중 복잡한 일이 발생할 수 있다. 즉 이스라엘 백성이 요단 강을 건너 약속의 땅 가나안에 들어가서 그

16) 침대의 길이가 아홉 규빗, 너비가 네 규빗이라고 하는 것은, 1규빗을 45cm 정도로 보았을 때 그 길이가 대략 4m 정도, 그 폭은 1.8m 정도 되는 것으로 볼 수 있다. 이 말이 바산 왕 옥의 덩치가 그 치수만큼 크다고 말하는 것은 아닐지라도 보통 사람들에 비해 그의 키가 매우 컸다는 것은 분명한 사실이다.

곳 이방 종족들을 내보내기 위해 본토 회복 전투를 벌일 때 요단 강 동쪽의 아모리 족속이 협공해 온다면 상황이 더욱 어려워질 수밖에 없다. 즉 이스라엘 백성이 가나안 땅으로 진입하여 이스라엘 왕국을 설립해 가는 과정에서 엄청난 괴로움을 줄 수 있는 것이다.

앞에서는 크레타 섬에서 바다 건너 팔레스틴 서부의 육지로 올라온 사람들인 갑돌인들이 블레셋을 이루어 장차 이스라엘을 방해하게 될 것을 시사하는 언급이 있었다(신2:23). 하지만 하나님께서는 저들을 그곳에 남겨두셔서 언약의 자손들로 하여금 늘 긴장하는 마음을 가지도록 하셨다. 그와 달리 하나님께서는 요단 강 동편의 막강한 세력인 아모리인들의 두 왕국을 제거함으로써 이스라엘 민족에 대한 특별한 배려를 하셨던 것이다.

우리는 이 말씀을 통해 구속사(救贖史) 가운데서 언약의 자손들을 위해 빈틈없이 일하시는 여호와 하나님을 보게 된다. 하나님께서는 이스라엘 민족을 도구로 삼아 장차 임하게 될 메시아 사역을 준비하셨다. 우리가 여기서 반드시 기억해야 할 바는, 하나님께서 인간들의 전략이나 노력에 의존하는 것이 아니라 언약의 백성이 하나님의 말씀에 순종해야 한다는 사실이다. 구속사에 연관된 모든 전쟁과 승리는 오직 여호와 하나님께 달려 있기 때문이다.

제5장

요단 강 동편 땅 정복과 강 건너 가나안 땅 진입 준비

(신3:12-29)

1. 르우벤 지파와 갓 지파, 그리고 므낫세 반 지파 (신3:12-17)

모세와 이스라엘 자손은 사해 동쪽 위쪽 지역과 요단 강 및 갈릴리 호수 동편의 이방인들이 다스리던 광범한 지역을 완전히 정복했다. 그곳을 통치하던 아모리 족속들의 세력을 물리치고 그 땅을 접수했던 것이다. 모세는 그 지역을 르우벤 지파와 갓 지파와 므낫세 반 지파에게 분배하여 그곳에 정착하도록 했다.

모세는 정복지 가운데 아르논 골짜기 부근에 위치한 아로엘에서부터 길르앗 산지의 넓은 지역 성읍들을 르우벤 자손과 갓 자손에게 분배해 주었다. 그리고 길르앗의 남은 땅과 옥의 나라였던 아르곱 지방 곧 르바임 거인들의 땅이라 불리던 바산 전체 지역을 므낫세 반 지파에게 분배했다. 므낫세의 자손 야일이 그술 족속과 마아갓 족속의 경계에 이르는 아르곱 지역을 점령하고 자기의 이름을 따서 '야일의 마을' 이라는 뜻인 '하봇 야일' (Havvoth Jair)이라 칭하게 되었던 것이다.

모세는 또한 므낫세 지파의 한 가문에 속한 마길에게 길르앗 지역을 분배해 주었다. 그리고 르우벤 지파와 갓 지파에게는 길르앗 땅에서 아르논 골짜기에 이르는 지역을 주었다. 그 골짜기의 중앙이 양 지파의 경계가 되었으며 얍복 강은 암몬 족속의 일부 경계가 되기도 했다. 그들이 차지한 지역은 서쪽으로는 요단 강까지였으며, 북쪽은 긴네렛 호수 곧 갈릴리 호수로부터 남쪽 아라바 바다 곧 사해와 비스가(Pisgah) 산기슭까지 이르는 지역이었다.

이를 간략하게 정리하자면, 르우벤 지파는 모세에 의해 사해 동북부 지역 곧 헤스본 왕 시혼이 다스리던 땅을 분배받았다. 그리고 갓 지파는 르우벤 지파가 차지한 땅의 북쪽에 위치한 요단 강 동부 지역을 분배받게 되었다. 또한 므낫세 반 지파는 갓 지파가 분배받은 지역의 북쪽에 위치한 바산 지역으로서 갈릴리 호수 동부 지역을 차지하게 된 것이다.

이들 두 지파와 므낫세 반 지파가 요단 강 동부를 분배받은 것은, 나중 요단 강을 건너 약속의 땅을 정복하는 나머지 지파들에 속한 이스라엘 자손들을 위한 일종의 보호막 역할을 하게 된다. 가나안 본토에는 이미 이방인의 여러 종족들이 조상으로부터 물려받아 오랫동안 살아왔으므로 그 땅을 쉽게 내어줄 리 만무했다. 그런 중에 요단 강 동편에서 강력한 외세를 방어함으로써 지원군이 될 수 있었던 것이다.

2. 요단 강 건너 가나안 땅 정복 명령 (신3:18-20)

모세는 그와 같은 상황에서 이스라엘 병사들을 향해 특별한 명령을 내렸다. 그 대상은 요단 강 동쪽 지역을 먼저 분배받은 르우벤 지파와 갓 지파와 므낫세 반 지파에 속한 자들이었다. 모세는 먼저 그들이 요단 강 동쪽에서 소유하게 된 땅을 여호와 하나님께서 저들에게 주어 유산이 되게 하신 점을 언급했다.

그리고 이제 저들에게 매우 중요한 임무가 주어졌다. 그것은 병사들이 무장을 하고 요단 강을 먼저 건너가라는 요구였다. 그것은 동편 지역의 르우벤, 갓, 므낫세 반 지파의 군대가 다른 이스라엘 지파 자손들에 앞서 그들의 선봉이 되어 요단 강을 건너가라는 것이었다. 즉 저들의 가족 가운데 일부를 요단 강 동쪽 지역에 남겨두고, 전투에 나설 만한 자들만 가나안 본토로 들어가 정복을 도와주라고 요구했던 것이다.

모세는 그들에게 가축들과 더불어 많은 재산이 주어진 사실을 상기시켰다. 따라서 그들의 처자를 비롯한 남은 가족들은 저들이 소유하게 된 가축들과 함께 모세가 저들에게 준 성읍에 머물러 있어야만 했다. 그리하면 여호와께서 요단 강 동쪽 지역의 땅과 거처를 저들에게 주셨듯이 장차 그 나머지 이스라엘 지파들에게도 약속의 땅 가나안에 들어가 안식을 누리게 해 주신다는 것이었다.

이처럼 모세는 나머지 이스라엘 지파 역시 요단 강을 건너 여호와 하나님께서 저들에게 주시는 약속의 땅 가나안을 차지하여 유산으로 삼게 된다는 사실을 말했다. 그 일이 완수된 것으로 판단되면 동쪽 지역에 남게 된 지파에 속한 자들은 각기 모세에 의해 분배받아 그 가족들이 머물고 있는 땅으로 되돌아갈 수 있다고 했다. 따라서 언약의 자손들이 가나안 땅에 진입할 때 여성들과 어린아이들 없이 자유롭게 활동하며 약속의 땅 정복에 참여할 수 있는 그들이 이스라엘 민족의 선봉에 서서 정예부대 역할을 하게 되었다.

우리가 여기서 기억해야 할 바는 모세가 살아있을 때 이미 몇몇 지파들이 요단 강 동편 지역을 정복해 그곳에 터를 잡았다는 사실이다. 따라서 모압 평지에 있을 때는 그들이 동부 지역에서의 최종 승리를 거둔 후였으며, 그 지역에 터를 잡은 지파 사람들은 다른 형제들을 위해 선봉에 서서 가나안 땅으로 진입할 수 있게 되었다. 즉 그들은 일부 가족을 요단 강 동부 지역의 각 성읍에 남겨둔 상태에서 전투에 임할 수 있는 남자들만 가나안 땅을 향해 앞장서 나아갔던 것이다.

3. 여호수아를 향한 명령 (신3:21,22)

그와 같은 상황에서 모세는 앞으로 이스라엘 민족을 이끌게 될 여호수아를 향해 말했다. 이스라엘 민족의 하나님 여호와께서 요단 강 동편의 막강한 세력을 지닌 아모리 족속의 헤스본 왕 시혼과 바산 왕 옥 두 사람에게 행하신 모든 일을 두 눈으로 똑똑히 보지 않았느냐는 것이었다. 그처럼 앞으로 이스라엘 자손이 요단 강을 건너 약속의 땅 가나안으로 들어가면 하나님께서 그와 동일하게 행하신다는 점을 강조했다.

그러므로 가나안 땅 정복에 나서는 이스라엘 백성은 그곳에 터를 잡고 살아가는 이방인들의 세력을 두려워할 필요가 없다는 사실을 말했다. 이는 군사적인 우열에 근거해서 그렇게 생각하라는 말이 아니었다. 중요한 사실은 여호와 하나님께서 친히 자기 백성들을 위해 앞서 싸우실 것이므로 그들을 두려워할 필요가 없다는 것이었다.

나중 모세가 죽은 후 이스라엘 백성이 가나안 땅에 들어갔을 때 그와 연관된 매우 중요한 사건이 구체적으로 일어나게 되는 것을 보게 된다. 여호수아와 이스라엘 자손이 요단 강을 건너 여리고 성을 점령하기 전에 신비한 일이 발생했기 때문이다. 여호수아가 여리고 성에 가까이 갔을 때 그 앞에 칼을 든 장군 한 사람이 서 있는 것을 보게 되었다.

> "여호수아가 여리고에 가까왔을 때에 눈을 들어본즉 한 사람이 칼을 빼어 손에 들고 마주섰는지라 여호수아가 나아가서 그에게 묻되 너는 우리를 위하느냐 우리의 대적을 위하느냐 그가 가로되 아니라 나는 여호와의 군대장관으로 이제 왔느니라 여호수아가 땅에 엎드려 절하고 가로되 나의 주여 종에게 무슨 말씀을 하려 하시나이까 여호와의 군대장관이 여호수아에게 이르되 네 발에서 신을 벗으라 네가 선 곳은 거룩하니라 여호수아가 그대로 행하니라" (수5:13-15)

여호수아 앞에 나타난 칼을 든 생면부지(生面不知)의 무장 군인은 사람들이 보기에 뭔가 이상한 신비로운 존재가 아니라 틀림없는 인간이었다. 여호수아가 여리고 가까운 곳에서 손에 칼을 빼 들고 마주 선 그를 보면서 그는 이스라엘 자손이 아닌 특별한 인물이라는 사실을 금방 알아챌 수 있었다. 그는 어디에선가 서서히 걸어온 것이 아니라 갑자기 나타난 것으로 보인다.

그래서 갑작스러운 일에 놀란 여호수아는 그를 향해 왜 그곳에 왔는지 질문했다. 외관상 보기에 그는 힘 있는 군인으로서 누군가를 지원하기 위해 온 것으로 판단되었다. 따라서 여호수아는 그가 자기와 이스라엘 민족을 돕기 위해 온 것인지 아니면 가나안 땅에 있는 적들을 지원하려는지 물어보았다.

그러자 그는 자기가 여호수아가 생각하는 그런 보통 군인 가운데 높은 지위에 있는 자가 아니라 '여호와의 군대장관' 으로서 그곳에 왔다는 사실을 말했다. 그 말을 들은 여호수아는 즉시 그 앞에서 땅에 엎드려 그에게 경배했다. 이는 여호수아에게 임한 하나님의 특별한 도우심으로 인해 곧장 그를 알아보았다는 사실을 말해주고 있다. 여호수아는 그를 주님 곧 하나님으로 부르면서 자기에게 무슨 말씀을 하시려는지 물어보았다.

여호수아의 말을 들은 여호와의 군대장관이 그를 향해 가장 먼저 명령한 것은 저의 발에서 신발을 벗으라는 요구였다.17) 그가 선 자리는 거룩

---

17) 이와 같은 사건은 호렙산에 있던 모세에게 일어났던 사건과 동일하다: "모세가 그 장인 미디안 제사장 이드로의 양무리를 치더니 그 무리를 광야 서편으로 인도하여 하나님의 산 호렙에 이르매 '여호와의 사자' 가 떨기나무 불꽃 가운데서 그에게 나타나시니라 그가 보니 떨기나무에 불이 붙었으나 사라지지 아니하는지라 이에 가로되 내가 돌이켜 가서 이 큰 광경을 보리라 떨기나무가 어찌하여 타지 아니하는고 하는 동시에 '여호와' 께서 그가 보려고 돌이켜 오는 것을 보신지라 '하나님' 이 떨기나무 가운데서 그를 불러 가라사대 모세야 모세야 하시매 그가 가로되 내가 여기 있나이다 '하나님' 이 가라사대 이리로 가까이 하지 말라 너의 선 곳은 거룩한 땅이니 네 발에서 신을 벗으라"(출3:1-5). 출애굽기 본문에 언급된 '여호와의 사자' '여호와' '하나님' 은 여호수아서에 언급된 '여호와의 군대장관' 과 동일한 하나님이며 나중에 이 땅에 오시게 될 그리스도이다.

하다는 것이었다. 물론 여호수아는 그의 말에 순종하여 그대로 따라 행했다. 물론 그곳이 거룩한 것은 땅 자체가 거룩하다는 의미가 아니다. 그곳이 거룩했던 까닭은 그 자리에 여호와의 군대장관으로 오신 하나님의 아들이 계셨기 때문이다. 즉 그 거룩함은 땅에 있는 것이 아니라 여호와의 군대장관에게 달려 있었던 것이다.

우리가 여기서 반드시 기억해야 할 바는 그 군대장관은 장차 인간의 몸을 입고 이 세상에 오시게 될 그리스도의 모습이었다는 사실이다. 특히 여호수아가 그를 향해 '주님' 이라 부른 것은 그가 하나님 곧 삼위일체 하나님 가운데 한 위격(位格, persona)인 성자 하나님에 대한 희미한 개념을 보여주고 있다.

이를 통해 우리는 이제부터 가나안 땅에서 원수들을 맞아 전쟁과 전투를 주도할 분은 여호와 하나님이라는 사실을 알 수 있다. 즉 이스라엘 백성은 저들의 군대 병력이나 전술로써 싸우는 것이 아니라 하나님께서 앞서 저들을 위해 싸우시는 가운데 승리를 얻게 되는 것이다. 따라서 여호수아를 비롯한 이스라엘 백성은 오직 여호와 하나님을 의지하고 그의 말씀에 순종하기만 하면 된다.

이에 대한 명백한 증거가 이스라엘 자손이 요단 강을 건넜을 때 나타났다. 요단 강 건너 첫 성인 여리고는 막강한 세력을 가진 성읍이었다. 하나님께서는 이스라엘 자손으로 하여금 그 성을 정복하도록 요구하시면서 저들의 군사력과 무기를 사용하지 않은 채 궁극적인 승리를 거두게 하셨다. 즉 이스라엘 병사들이 하나님의 말씀에 순종하여 성 주위를 매일 한 번씩 엿새 동안 돌도록 했다. 그때 제사장 일곱 명은 일곱 양각 나팔을 불며 언약궤 앞에서 행하라고 하셨다. 그리고 일곱째 날이 되면 성 주위를 일곱 번을 돌며 제사장들은 나팔을 크게 불라는 명령을 내렸다.

제사장들의 긴 나팔소리가 울려 퍼질 때 백성들이 큰 소리로 외쳐 부르면 성이 일순간에 무너지게 되리라는 것이었다(수6:3-5). 그것은 결코 상식적인 전략에 의한 전투방법이 아니었다. 그보다 이상한 점은 자기의 성읍 밖에서 이스라엘 백성이 칠 일 동안을 평이하지 않은 방법으로 돌 때 여리고 성 안에 있던 군대가 기습공격을 할 수도 있었다는 사실이다. 하지만 그들은 그와 같은 군사적 대응을 하지 않았다.

이는 여리고 사람들이 이미 이스라엘 자손들에 대한 다양한 소문을 듣고 있었으므로 그 두려움으로 인해 아무런 대응을 하지 못했음을 말해준다. 이와 같은 사실은 여호와의 군대장관이 저들 앞서 싸우셨다는 사실을 말해주고 있다. 이 모든 것은 나중 모세가 죽은 후 이스라엘 자손이 여호수아의 지휘에 따라 요단 강을 건넌 후에 일어나게 된 일들이었다.

하지만 안타깝게도 사사시대에는 전반적으로 인본주의에 빠진 사악한 자들이 하나님의 말씀에 불순종하기를 되풀이했다. 그 사람들은 적진 가운데서 앞서 행하는 하나님의 군대장관이 행하는 사역을 방해하는 일을 도모했다. 그들은 하나님의 일을 방해하면서도 그것을 하나님에 대한 충성이라고 오해하는 경우가 많았던 것이다. 오늘날 우리에게는 그와 같은 면이 없는지 반성적으로 생각해 볼 수 있어야 한다.

4. 모세의 기도 (신3:23-25)

모세는 그 자리에서 이스라엘 자손들을 위하는 순수한 마음으로 하나님께 간절히 구했다. 그는 먼저 주 여호와 하나님의 위대하심과 그의 놀라운 권능을 잘 알고 있으므로 그에 관한 자신의 믿음을 고백했다. 하나님께서는 자신의 구속 사역을 위해 그 모든 것을 이미 자신을 통해 나타내기를 시작하신 사실을 언급했다. 그것들은 많은 사람들 앞에서 다양한 기적들로 나타났다.

이 우주 전체와 인간들이 살아가는 세상 가운데서 신적인 존재로 칭해지는 그 어떤 것이라 할지라도 여호와께서 행하신 일을 할 수 있는 존재가 없다는 것이었다. 이스라엘 자손이 홍해 바닷물을 가르고 애굽에서 탈출한 사건과 지난 사십 년 동안 만나와 메추라기를 통해 광야에서 기적으로 살아왔던 일, 그리고 최근 사해 동편 지역으로부터 위로 요단 강 동편과 갈릴리 호수 동편 지역을 지배하고 있던 막강한 세력을 지닌 아모리 족속의 두 왕국인 헤스본과 바산을 함락한 것도 기적이었다.

모세는 그에 연관된 사실들을 언급하며 이스라엘 자손이 요단 강을 건너 약속의 땅 가나안에 들어가게 되면 하나님께서 그와 같은 큰 능력을 베풀어주실 줄 믿는다는 점을 고백적으로 언급했다. 그는 여호와 하나님께 간구하면서 그와 더불어 자기도 요단 강 건너편에 있는 아름다운 땅, 아름다운 산, 그리고 헤르몬 산 가까이 위치한 레바논 지역을 보게 해 달라는 기도를 했다.

모세는 약속의 땅 가나안을 정복하여 자기 눈으로 직접 보고 싶은 마음이 간절했을 것이 분명하다. 또한 그가 요단 강을 건너 그 지역으로 들어가고자 했던 이유 가운데 하나는 이스라엘 백성들을 지휘하기에 자기가 가장 적합하다는 생각을 했을 것이기 때문이었다. 자기가 죽게 되면 후계자가 될 여호수아가 그 중대한 일을 원만하게 감당할 수 있을지 염려가 되었을 것이다. 따라서 그가 가나안 땅으로 들어가고자 하나님께 간절히 기도했던 것은 단순한 개인적인 소원을 넘어 이스라엘 자손에 대한 깊은 사랑과 가나안 땅을 반드시 정복해야만 한다는 절박감에 기인한다는 사실을 알 수 있다.

5. 모세를 향한 하나님의 말씀 (신3:26-29)

모세는 이스라엘 자손을 향해, 하나님께서 가나안 땅으로 들어가기를 원하는 자기의 기도를 받아주시지 않고 그에 반하여 응답하신 내용을 전했다. 앞서 하나님의 말씀에 불순종한 이스라엘 백성으로 인해 하나님께서 자기에게 크게 진노하셨다는 점을 말했다. 따라서 하나님께서 자기의 소원을 들어주시지 않았다는 것이다. 지금까지 이스라엘 백성을 이끌어온 그의 모든 사역으로 족하다고 말씀하셨다는 것이다.

그러므로 이제 다시는 요단 강을 건너 가나안 땅으로 들어가게 해 달라는 간구를 하지 말라고 하신 하나님의 말씀을 전했다. 모세는 하나님의 뜻이 이미 확정되었으므로 하나님 앞에서 자기의 주장을 고집하는 것은 옳지 않다는 사실을 잘 알고 있었다. 그가 백성들에게 그 말을 한 것은 그들 가운데 다수가 자기의 지도력에 의존하며 함께 요단 강을 건너 힘이 되어주기를 바라고 있었기 때문이다. 즉 거기에는 그와 같은 기대를 하는 자들에게 그것을 포기하도록 요구하는 의미가 담겨 있었다.

하나님께서는 또한 모세에게 비스가 산[18] 곧 느보 산 꼭대기에 올라가서 눈을 들어 동서남북을 둘러보라고 하시면서 하나님의 뜻을 기억하는 가운데 요단 강 건너편 땅을 주시해 보라는 말씀을 하셨다. 모세는 요단 강을 건너지 못할 것이기 때문에 그 땅을 밟지 못하리라는 것이었다. 그에 관한 사실은 하나님의 뜻으로서 모세뿐 아니라 모든 이스라엘 자손이 알고 있어야 할 내용이었다.

그러므로 여호와 하나님께서는 모세를 향해 이제 그의 후계자가 되어 이스라엘 민족을 요단 강 건너 약속의 땅 가나안으로 인도하게 될 여호수아에게 요구해야 할 바를 말씀해주셨다. 먼저 여호수아에게 가나안 정복에 관한 명령을 내리라고 하셨다. 그리고 그를 담대하게 하며 강하게 하라는 요구를 하셨다.

여호수아의 입장에서는 그동안 절대적인 지도자 역할을 해오던 모세가 없는 상태에서 이스라엘 민족과 함께 요단 강을 건너고 약속의 땅을 점령

---

18) 비스가 산과 느보 산은 동일한 산을 지칭하는 다른 이름으로 이해하는 것이 일반적이다. 사해 동북부 끝 지점에 높이 솟은 그 산은 해발 789m이지만, 해발 -420m 정도인 사해로부터 약 1,200m가 넘는 높은 산이다.

하는 것이 상당한 부담이 되었을 것이 분명하다. 막강한 세력을 가진 가나안 땅의 원수들에 맞서 싸우는 것은 결코 쉬운 일이 아니었기 때문이다. 뿐만 아니라 모세의 지도력에 순종적인 자세를 보이던 그 백성이 자기에게 잘 순종하게 될지에 대해서도 많은 신경이 쓰였을 것이다.

그러므로 하나님께서는 모세를 향해 여호수아를 담대하고 강하게 하라는 명령을 내리셨던 것이다. 그가 이스라엘 자손을 인도하여 요단 강을 건너 모세가 그토록 들어가고 싶어하던 약속의 땅에 들어가 그곳을 이스라엘 백성의 유산으로 얻게 해야 할 것이었기 때문이다. 그때 이스라엘 자손은 사해와 요단 강의 동편에 위치한 벳브올 맞은편 골짜기에 머물고 있었다. 당시 모든 이스라엘 자손들은 약속의 땅 가나안 진입을 앞두고 매우 긴장된 상태에서 오직 여호와 하나님 한 분만을 의지하는 자세로 대기하고 있었을 것이 분명하다.

제6장

하나님의 율법과 두 돌판에 기록된 십계명

(신4:1-24)

1. 하나님의 율법에 순종해야 할 백성 (신4:1-4)

모세는 요단 강 건너 가나안 땅 진입을 앞두고 있는 이스라엘 자손을 향해 당부했다. 자기가 가르치는 하나님의 규례와 법도를 듣고 그대로 준행하라는 것이었다. 이는 각 개인이나 전체 무리가 주변의 환경에 따라 임의로 행동할 것이 아니라 하나님의 율법에 온전히 순종하라는 의미를 지니고 있다.

어리석은 인간들은 개인적인 성향에 따른 경험적 판단을 중시한다. 마치 자기가 추구하는 대로 시도하면 무언가 성공을 거둘 것처럼 생각하는 것이다. 하지만 하나님의 율법을 떠나 그렇게 하는 것은 도리어 패망에 이르게 할 따름이다.

그러므로 모세는 이스라엘 자손을 향해 하나님의 율법에 따르라는 당부를 했다. 그리하면 그들이 생명을 유지하게 될 것이며 조상들이 믿어온 여호와 하나님께서 약속하신 땅으로 들어가 그곳을 얻게 되리라는 것이었다. 모세는 여기서 그들이 하나님을 믿는 것은 시대적인 특별한 정황이나 개인적인 판단에 따라 그렇게 하는 것이 아니라 언약의 조상이 소유한 믿음을 상속받아 그를 신앙하고 있다는 사실을 강조했다.

누구든지 신실한 조상들이 상속해 준 참된 믿음을 버리고 그로부터 벗어나 주관적인 신앙을 가진다면 그것은 올바른 신앙이라 할 수 없다. 이는 하나님의 자녀들이 소유해야 할 참된 신앙은 주변의 분위기나 인간적인 판단에 달린 것이 아니라 오직 하나님의 말씀에 달려 있음을 말해주고 있다. 따라서 언약의 자손들은 개인의 경험에 따른 잘못된 신앙을 버리고 참된 신앙을 소유해야만 했던 것이다.

그러므로 모세는 백성들을 향해 자기가 저들에게 명령하는 모든 말을 듣고 그에 어떤 것도 더하거나 빼지 말라는 당부를 했다. 이 세상에 살아가면서 형성된 경험과 이성을 배경으로 하여 종교성을 키운 인간들은 항상 자기중심적인 판단을 하기 마련이다. 이는 자기의 주관적인 판단이 옳은 것으로 여기는 어리석음이 그 마음에 존재하기 때문이다.

그런 자들은 하나님의 율법을 대하면서도 그 틀을 벗어나지 못한다. 그 내용 가운데서 자기 마음에 들지 않는 것들은 제거해 버리고 남은 부분들만 끌어안은 채 그것을 따르면서 자기가 마치 훌륭한 신앙인이라도 되는 양 착각하게 된다. 또한 자기가 원하는 바를 그 말씀에 보태어 무언가를 시도하면서 그렇게 하는 것이 하나님 앞에서 충성을 다하는 것인 양 오해를 하게 된다.

모세는 본성적으로 죄에 빠진 인간들이 그와 같은 속성을 지니고 있다는 사실을 잘 알고 있었기에 백성들을 다그쳐 말했다. 자기를 통해 계시로 허락하신 하나님의 규례와 법도에 어떤 것도 가감(加減)하지 말고 오직 주어진 말씀 그대로 지켜 순종하라는 것이었다. 이는 하나님의 율법이 인간의 사고와 조화되는 것이 아닐 뿐더러 어리석은 자들의 판단과는 비교가 되지 않는 위대성을 지니고 있음을 말해주고 있다.

이스라엘 자손들은 시내 광야에서 유리하는 동안 하나님의 놀라운 능력을 끊임없이 직접 경험하며 목도해 온 바였다. 모세는 또한 그점을 상기시키며, 여호와 하나님께서 바알브올(Baal-peor)에 연관된 문제로 말미암아 크게 진노하신 사실을 언급했다. 사악한 자들은 생식(生殖)과 출산(出産)을 관장하는 풍요의 신으로 여기는 바알브올을 섬기며 숭배할 때 음란한 제례의식을 수반했다.

어리석은 백성들 가운데 다수가 그에 미혹되어 이방신을 섬기는 자리에 나아가게 되자 여호와 하나님께서 그들을 엄히 심판하셨다. 광야 생활을 하던 중 엄청난 기적 가운데서도 배도에 빠져 하나님을 욕보였기 때문이다. 그들은 날마다 하늘에서 내리는 만나와 메추라기를 먹고 항상 구름기둥과 불기둥 가운데 살아가면서도 그랬다. 이에 대해서는 오늘날 우리 시대도 별반 다르지 않다. 하나님께서 창조하신 우주 만물과 놀라운 섭리 가운데서도 쉽게 하나님을 배반하는 것이다.

이처럼 당시 하나님께서는 이방의 거짓신인 바알브올을 끌어들여 숭배하며 섬기던 자들을 멸절시키셨다. 하나님의 규례를 떠난 자들은 그와 같이 무서운 심판의 대상이 될 수밖에 없었다. 하지만 오직 여호와 하나님을 믿고 그에게 온전히 붙어 있던 자들은 멸망당하지 않고 생명을 유지할 수 있었다.

모세는 그점을 상기시키면서 이제 약속의 땅 가나안에 들어가서도 하나님의 규례와 법도를 떠나지 말아야 한다는 사실을 강조했다. 이에 관한 원리는 당시뿐 아니라 시대와 장소를 초월하는 의미를 지니고 있다. 인간의 이성과 경험을 통해 형성된 신앙이나 잘못된 풍조에 휘말리는 맹신적 신앙은 극히 위험한 것이다.

2. 모세의 가르침과 하나님께서 세우신 큰 나라 (신4:5-8)

모세는 그동안 여호와 하나님께서 자기에게 명령하신 대로 규례와 법도를 언약의 백성들에게 가르쳐 온 사실을 언급했다. 이 말 가운데는 모세가 자기 개인의 사상이나 주장을 백성들에게 주입한 것이 아니라 하나님의 진리를 가르친 사실을 말해주고 있다. 이스라엘 자손들에게는 하나님의 율법에 따라 순종하는 삶이 가장 중요했다. 우리는 하나님의 이름을 들먹이며 자신의 잘못된 종교 사상을 다른 사람에게 주입시키는 것이 가장 악한 행위란 사실을 기억해야만 한다.

또한 우리가 여기서 반드시 깨달아야 할 점은, 하나님의 율법이 언약의 백성들에게 주어진 이유는 그들이 하나님으로부터 상속받아 유산이 될 약속의 땅에서 그 율법을 지켜 행하게 하기 위해서였다는 사실이다. 이는 그 율법이 단순한 일반적인 규례가 아니라 장차 세워질 언약의 왕국에 밀접하게 연관되어 있다는 점을 말해주고 있다. 즉 율법은 메시아를 보내시고자 하는 왕국과 그에 속한 백성을 위한 것이었다.

그러므로 모세는 약속의 땅 진입을 눈앞에 둔 이스라엘 자손들에게 그 율법을 지켜 행하라는 당부를 했다. 그것이 세상의 여러 민족 앞에서 저들이 가지는 고유한 지혜와 지식이 될 것이었기 때문이다. 성경은 그 이방인들이 하나님께서 허락하신 모든 규례를 듣게 되면 '그 큰 나라' 에 속한 백성은 과연 진정한 지혜와 지식을 소유한 백성이라는 말을 하리라고 했다(신4:6). 여기서 언급된 지혜와 지식은 다른 민족에게는 존재하지 않는 성질의 것으로서 이 세상의 보통 나라들과는 구별되는 본질적인 의미상 특별한 큰 나라에 속한 이스라엘 백성에게만 존재하는 것이다.

언약의 자손들은 항상 그에 대한 분명한 이해를 하고 있어야만 했다. 따라서 저들이 기도할 때마다 저들에게 가까이 임하시는 여호와 하나님과 같은 놀라운 능력을 지닌 신은 어디에도 없다는 사실을 언급했다(신4:7). 하나님으로부터 그와 같은 놀라운 은총을 입은 큰 나라는 이 세상에 달리 존재하지 않는다는 것이었다.

그러므로 모세는 당시 이스라엘 백성을 향해 선포되는 그 율법처럼 완벽한 규례와 법도가 시행되는 공의로운 큰 나라는 없다는 사실을 밝히게 되었다. 이 세상에 존재하는 모든 국가는 저들의 법령을 보면 그 기본적인 속성을 알 수 있다. 즉 그 백성들이 어떤 가치관을 가지고 무엇을 추구하며 살아가는지 또한 어떤 윤리적인 배경을 가지고 있는지 드러나게 된다. 이처럼 하나님께서 언약의 왕국 가운데 특별히 제시하신 율법을 보면 그 나라가 얼마나 공의로운 큰 나라인지 알 수 있는 것이다.

3. 후대에 상속해 주어야 할 교훈과 언약 (신4:9-12)

모세는 가나안 땅 진입을 앞둔 이스라엘 백성을 향해 스스로 삼가며 온 마음을 다해 힘써 율법을 지키라는 요구를 했다. 그리하여 그들이 지금까지 두 눈으로 생생히 목격해 온 바 모든 일들을 절대로 잊어버리지 말라고 했다. 이는 정신을 바짝 차려 그렇게 하지 않으면 안 된다는 사실을 말해주고 있다.

당시 이스라엘 자손들은 약속의 땅 가운데 생존해 있는 동안 하나님께서 행하신 그 모든 일들을 마음속 깊이 간직하고 있어야만 했다. 즉 그들이 직접 목격한 하나님의 구체적인 사역들을 마음에서 떠나지 않도록 신경써야 했던 것이다. 나아가 그 모든 내용들을 자기 아들과 손자들을 비롯한 후손들에게 전달해 주라고 했다(신4:9,10).

이에 대한 모든 내용은 모세가 요구한 대로 수천 년이 지난 오늘날 우리에게까지 그대로 전달되어 오고 있다. 이처럼 우리도 우리 자손들에게 하나님께서 행하신 놀라운 일들을 소상히 알게 해 주어야 한다. 그리고 하나님을 경외하는 삶을 살아갈 수 있도록 모든 진리를 가르쳐 깨우쳐 주어야만 한다.

또한 모세는 과거 이스라엘 백성이 호렙 산 아래 있을 때 여호와 하나님 앞에 섰던 날에 연관된 기억을 떠올리게 했다. 그때 하나님께서 자기에게 모든 백성을 한자리에 모으라고 명령하신 점을 언급했다. 자기에게 주신 계시의 말씀을 이스라엘 자손들에게 들려주어 그들이 세상에 살아가는 날 동안 하나님을 경외하는 삶을 배우게 하라는 것이었다. 그리고 그 자녀들에게도 모든 내용을 가르쳐 지키도록 요구하신 점을 언급했다.

그리하여 온 이스라엘 백성은 호렙 산 아래 있는 모세 앞으로 나아와서 한자리에 모여 섰다. 당시 산은 붉은 불길로 휩싸였으며, 어둠과 구름과 흑암이 그 주위를 뒤덮었다. 그때 여호와 하나님께서 불길 가운데서 저들에게 말씀하셨다. 그곳에 모인 사람들은 그의 소리만 들었을 뿐 하나님의 형상 즉 그의 모습을 보지는 못했다. 그들은 하나님께서 말씀하시는 것만 들을 수 있었던 것이다.

4. 언약의 두 돌판과 십계명 (신4:13,14)

모세는 또한 여호와 하나님께서 이스라엘 백성에게 자신의 언약을 선포하신 사실을 언급했다. 그리고 저들로 하여금 그 모든 내용을 지켜 행하도록 명령하셨다고 했다. 그것은 우리에게 십계명으로 알려진 것으로서 하나님께서 친히 두 돌판에 새겨 기록하신 것이었다.

여기서 하나님께서 두 돌판에 십계명을 쓰셨다는 것은 매우 중요한 의미를 지니고 있다. 십계명 이외의 구약의 모든 율법은 돌판에 기록되지 않았다. 그것들은 붓과 같은 도구에 검은 물감을 묻혀 양피지나 파피루스 같은 것 위에 썼기 때문이다.

우리가 이 중에서 특별히 깊은 관심을 기울여야 할 내용은 두 가지다. 하나는 여호와 하나님께서 직접 돌판 위에 십계명을 기록하셨다는 사실이다. 그리고 또 다른 하나는 하나의 돌판이 아니라 두 개의 돌판 위에 그것이 기록되었다는 점이다. 이 두 가지 사실은 매우 중요한 의미를 지니고 있음이 틀림없다.

모든 성경이 선지자들에 의해 계시로 주어진 데 반해, 십계명은 여호와 하나님께서 직접 기록하셨다. 그리고 다른 모든 성경은 양피지나 파피루스 같은 것에 기록되었지만 유독 십계명만 돌판 위에 새겨졌다. 하나님께서 직접 기록하셨다는 것은 언약의 자손들이 항상 가까이 두고 있어야 할 중요한 내용이라는 사실을 의미한다. 또한 돌판 위에 새겨졌다는 것은 지워지지 않는 고정된 상태로 항상 백성들 가운데 드러나는 성격을 지니고 있음을 말해주고 있다.

나중 성막과 함께 언약궤가 만들어지고 그 안에 두 돌판이 사람들의 눈에 보이지 않게 성소 안 지성소 깊은 곳에 보관되었을 때도 그것은 여전히 개방된 의미를 지니고 있었다. 따라서 이스라엘 자손은 항상 그 십계명을 마음속 깊이 실제로 간직하고 있어야 했다. 즉 언약의 자손들은 그로부터 잠시도 떠날 수 없었던 것이다.

그리고 십계명이 하나의 돌판이 아니라 두 개의 돌판에 기록된 것은 매우 중요한 의미를 지니고 있다. 우리가 생각해야 할 바는 열 개의 계명이 두 돌판의 한쪽 면에 각각 나누어 기록된 것이 아니라 각각의 돌판 하나마다 동일한 내용의 십계명이 전체적으로 기록되었을 것이란 점이다. 즉 똑같은 돌 문서가 두 개가 만들어진 것으로 이해하는 것이 자연스럽다. 출애굽기에는 그에 연관된 기록이 나타나고 있다.

> "모세가 돌이켜 산에서 내려 오는데 증거의 두 판이 그 손에 있고 그 판의 양면 이편 저편에 글자가 있으니 그 판은 하나님이 만드신 것이요 글자는 하나님이 쓰셔서 판에 새기신 것이더라" (출32:15,16)

돌의 앞뒤 양면에 기록된 십계명이 두 개가 만들어진 것은 그것이 곧 계약문서란 사실을 말해주고 있다. 예나 지금이나 모든 계약문서는 두 개가 작성된다. 양쪽 계약 당사자가 각기 하나씩의 계약 문서를 가져야 하기 때문이다. 따라서 그 계약은 일방적으로 파기될 수 없는 성질을 지니고 있다.

그러므로 십계명이 기록된 두 돌판 가운데 하나는 하나님의 것이고 다른 하나는 언약의 백성들을 위한 것으로 이해할 수 있다. 이처럼 하나님께서 작성하신 계약문서는 나중 지성소에 놓이게 되는 언약궤 안에 보관됨으로써 하나님과 인간 사이에 작성된 두 개의 계약문서가 돌판에 새겨져 영구적인 증거 역할을 하게 되었던 것이다.

모세는 십계명에 관한 언급을 하면서 언약의 백성이 약속의 땅 가나안에 들어가서 행해야 할 중요한 일을 제시했다. 하나님의 명령에 따라 자기가 가르쳐 교훈한 규례와 법도를 저들의 마음속 깊이 새겨 두어야 한다는 것이었다. 그래야만 요단 강을 건너 하나님께서 허락하신 약속의 땅 가나안에 들어가면 그에 온전히 순종할 수 있을 것이기 때문이었다.

5. 우상 제작금지 명령 (신4:15-19)

모세는 그와 더불어 여호와 하나님께서 호렙 산에 휩싸인 불길 가운데서 말씀하시던 날을 다시금 그들에게 상기시켰다. 당시 그 자리에 모여 섰던 백성들은 하나님의 어떤 형상도 보지 못했다. 언약의 백성들은 하나님께서 자기의 형상을 저들에게 보여주지 않으신 사실과 그에 대한 이유를 백성들이 깊이 명심해야 했던 것이다.

그러므로 인간들이 부패함으로써 눈으로 보지 못한 하나님을 자기를 위해 어떤 형상이나 우상을 새겨 만들어서는 안 된다. 남자의 형상이든지 여자의 형상이든지 땅 위에 살아가는 짐승의 형상이든지 하늘에 날아다니는 새의 형상이든지 땅 위에 기어다니는 곤충의 형상이든지 물 속에 살아가는 물고기의 형상이든지 그 어떤 형상도 만들어서는 안 된다. 즉 하나님의 형상을 드러내기 위한 목적으로 그런 우상을 제작하여 종교적인 신령한 대상으로 만들지 말라는 것이었다.

뿐만 아니라 하늘에 있는 해와 달과 별 등 천체들을 보고 그것들을 경외의 대상으로 여기지 말라고 했다. 그와 같은 것들은 언약의 자손들의 하나님이신 여호와께서 이 세상에 살아가는 인간들을 위하여 우주 가운데 만들어 두신 것이다. 따라서 그것들에 미혹되어 경배하며 섬기는 일이 없도록 하라는 명령을 내렸다.

그럼에도 불구하고 어리석은 자들은 그와 같은 종교적인 행위를 즐겨했다. 그런 일은 구약시대뿐 아니라 신약시대에도 발생했다. 따라서 사도 바울은 로마에 있는 교회에 편지하면서 그런 우상숭배자들을 강하게 책망했다. 스스로 지혜로운 자인 양 행세하면서 실상은 극한 어리석음에 빠져 썩지 않는 하나님의 영광을 썩게 될 사람과 짐승과 버러지 형상의 우상으로 만들었기 때문이다(롬1:22,23). 그런데 이와 같은 양상은 정신적인 영역과 더불어 오늘날 우리 시대에도 다양한 형태로 나타나고 있다.

6. 소멸하는 불과 질투하시는 하나님 (신4:20-24)

모세는 여호와 하나님께서 저들을 선택하셔서 쇠 풀무 불처럼 강하고 끔찍한 애굽으로부터 인도해 내신 사실을 언급했다. 하나님께서는 그들을 언약의 왕국을 세우기 위한 백성으로 삼고자 하셨다. 당시에도 그 일을 위해 그 백성을 단련시키며 가나안 땅으로 인도해 들이고자 하셨던 것이다.

그럼에도 불구하고 여호와 하나님께서는 그 백성의 악행으로 인해 크게 진노하신 결과 모세로 하여금 요단 강을 건너갈 수 없도록 하셨다. 즉 하나님께서 언약의 백성들에게 유산으로 약속하신 그 아름다운 땅에 모세가 들어가는 것을 허용하지 않으셨던 것이다. 그것은 모세에게 매우 가슴 아픈 일이었을 것이 분명하다.

그러므로 모세는 이스라엘 자손이 요단 강을 건너 가나안 땅으로 들어가기 직전 그곳에서 죽음을 맞을 수밖에 없었다. 대신 그 강을 건너가는 자들이 하나님으로부터 아름다운 약속의 땅을 얻게 되리라고 했다. 새로운 땅에 들어가게 된 백성들은 스스로 삼가 여호와 하나님께서 저들과 세우신 언약을 항상 기억하고 있어야만 했다.

그리하여 그들은 하나님께서 금지하신 어떤 행위라도 하지 말아야 했다. 눈에 보이는 하나님의 형상을 만들고자 하는 욕망을 앞세워 독특한 모양의 우상을 조각하는 일을 해서는 안 된다. 그것들을 만드는 것은 전적으로 인간들의 부패한 종교적인 욕망에 근거한다. 하지만 언약의 자손들이 저지르는 그와 같은 배도 행위를 보면 하나님께서 크게 진노하시게 된다. 여호와 하나님은 악한 것들을 가차 없이 소멸하는 불과 같으신 존재일 뿐 아니라 언약의 백성이라 하면서 더러운 우상을 만들어 섬기는 것을 보면 크게 질투하시는 분이기 때문이다.

이에 대해서는 오늘날 우리 역시 매우 깊은 주의를 기울여야 한다. 오직 예수 그리스도를 통해 영광을 받으시는 하나님께 다른 것들을 동원해 왜곡된 영광을 돌리려 하는 것은 우상숭배 행위에 지나지 않는다. 종교적인 화려한 건축물이나 외양을 추구하면서 성경에서 요구하지 않는 것들을 창안해 냄으로써 자기만족을 추구하는 것은 하나님을 진노케 하는 우상숭배와 동일하기 때문이다.

제7장

공의와 더불어 자비를 베푸시는 하나님

(신4:25-49)

1. 진노의 하나님과 심판 (신4:25,26)

모세는 조만간 가나안 땅 진입을 앞둔 이스라엘 백성들을 향해 간절하게 말했다. 그는 먼저 하나님께서 허락하신 약속의 땅에서 그들이 아들을 낳고 손자를 얻으며 오래 살게 되리라는 사실을 언급했다. 따라서 하나님의 언약을 소유한 백성답게 살아가라는 것이었다. 그와 같은 자세는 처음부터 분명히 가지고 있어야만 했다.

이스라엘 자손들은 그곳에 들어가 살아가면서 자기에게 맡겨진 본분을 버려서는 안 된다. 만일 그들이 스스로 부패하여 하나님을 자기의 욕망을 위한 도구로 삼거나 그에 조화되는 신으로 바꾸려 한다면 그것은 하나님의 무서운 진노를 불러일으키는 악행이 된다. 하나님의 뜻에 순종하면서 살아야 할 인간들이 자기들의 입맛에 맞는 신을 만들려고 한다는 것은 결코 있을 수 없는 일이다.

하나님께서는 자기의 형상을 인간들에게 보여주시지 않았다. 앞에서 언급한 대로 호렙 산 불꽃 가운데서 자신을 계시할 때 음성으로 드러내셨을 뿐 자신의 모습을 보여주지 않으셨다. 이는 인간들로 하여금 하나님의 형상을 만들어 섬기려고 하는 행위를 원천적으로 차단하기 위해서였다.

그런데 사악한 인간들은 자기의 상상력을 동원한 판단에 근거하여 어떤 형상을 만들기를 좋아한다. 그들의 사고 저변에는 하나님이 그와 유사한 모습을 가졌을 것이라는 막연한 심성이 깔려 있기 때문이다. 우주 만물을 창조하신 하나님은 유한한 인간들이 상상할 수 있는 그런 존재가 아니라는 사실을 말씀하시는데도, 부패한 인간들은 자기의 생각의 연장선상에서 하나님의 모습을 떠올리고자 한다.

그러므로 우상을 제작하는 행위는 사악한 죄악이기 때문에 하나님의 진노를 불러일으키게 된다. 이제 이스라엘 자손이 요단 강을 건너 가나안 땅에 들어가면 다양한 이방 종족들이 각기 고유한 우상들을 만들어 섬기는 것을 보게 될 것이 분명하다. 언약의 자손들은 그 허망함을 알고 절대로 그에 현혹되지 말아야 한다.

우리는 여기서 '인간의 악' 과 '하나님의 진노' 가 직접 연결된 사실을 알 수 있다. 어리석은 자들은 인간의 악이 인간 자신에게만 머무는 것으로 여긴다. 우리가 기억해야 할 바는 모든 죄악은 하나님을 진노케 하며 그것이 하나님의 징계나 심판의 대상이 된다는 점이다. 하나님께 속한 언약의 자손들에게는 돌이키기 위한 엄한 징계로 나타날 것이며, 하나님과 상관이 없는 불신자들에게는 무서운 심판이 임하게 된다.

모세는 또한 그 사실을 선포하면서 이제 자기가 '하늘과 땅' 을 증인[19]

19) 여기서 '하늘과 땅' (heaven and earth)을 증인으로 삼는다는 것은 '거룩한 천상의 나라' 와 '죄에 빠진 세상' 이 그 증인 역할을 한다는 의미를 지니고 있다. 이는 단순히 우주 만물이 증인 역할을 한다는 뜻을 넘어 거룩한 천상에 존

으로 삼아 말하건대 그들이 무슨 형상이든지 만들어 우상숭배를 한다면 그들은 그 땅에 오래 머물지 못하고 속히 패망할 것이라고 했다. 즉 그 백성이 요단 강을 건너가서 얻게 되는 약속의 땅에서 전멸하게 된다는 것이었다. 이는 그들이 오직 하나님의 율법에 순종하는 삶을 살아야 한다는 사실을 말해주고 있다.

2. 이방의 포로가 되는 백성에게 자비를 베푸시는 하나님 (신4:27-31)

언약의 자손들이 하나님의 율법을 버리고 욕망에 따른 신앙을 가질 때 하나님께서는 기필코 저들을 패망시키신다. 그리하여 이스라엘 백성은 여러 이방 민족 가운데 흩어지게 된다. 그렇게 되면 그 이방인들 사이에서 살아남을 자들이 많지 않을 것이라고 했다. 이는 그들이 모든 세력을 상실하게 될 것에 관한 언급이다.

약속의 땅에서 살아가다가 이방인들이 다스리는 지역으로 흩어진 이스라엘 백성은 상상을 초월하는 저주의 자리에 놓이게 된다. 그것은 여호와 하나님을 섬기면서 살아가야 할 자들이 우상숭배자로 바뀌게 된다는 사실을 말해준다. 즉 그곳에서 사람들이 만든 우상 즉 보지도 못하고 듣지도 못할 뿐 아니라 먹지도 못하며 냄새도 못 맡는 거짓신들을 섬기게 된다는 것이다.

신명기 본문에서 하나님께서 그들을 열국 중에 흩으실 것이라고 한 말씀은 앞으로 약 천 년 후에 발생할 바벨론 포로와 연관되어 있다. 그때가 이르면 예루살렘 성읍과 거룩한 성전이 완전히 파괴된다. 하지만 당시는

재하는 천사들을 비롯한 선한 하나님의 자녀들과 지구상에 존재하는 타락한 인간들이 그 증인이 된다는 사실을 말해준다.

가나안 정복뿐 아니라 진입조차 이루어지지 않았을 때였다. 그런 상황에서 장차 배도에 빠진 자들이 열국에 흩어질 것에 대한 예언이 주어졌다. 따라서 모세의 말을 듣는 백성들은 그 의미를 실체적으로 이해하거나 받아들이지 못했다.[20]

장차 이스라엘 자손이 그와 같은 처참한 상황에 처하게 되면, 비로소 그들은 그 이방 지역에서 여호와 하나님을 찾게 되리라고 했다. 그런 형편에서 그들이 만일 마음을 다하고 뜻을 다하여 하나님을 찾는다면 그가 저들을 외면하지 않으시리라는 것이었다. 여기서 말하는 '마음을 다하고 뜻을 다한다는 것' 은 주관적인 종교 감정이 아니라 하나님의 말씀에 온전히 순종하는 자세와 연관되어 있다. 그런 중에 하나님을 진정으로 찾게 되면 그것이 저들에게 복이 될 수 있다.

그 위기의 때가 이르러 심한 환란을 당하다가 '그 끝날' 에 이르러서야 그들은 비로소 여호와 하나님께 돌아와 그의 말씀을 청종하리라고 했다. 따라서 그들이 믿는 여호와는 자비로우신 하나님이어서 궁극적으로는 자기 백성을 버리지 않는다고 하셨다. 그는 자기 자녀를 완전히 멸망시키지 않을 것이며 저들의 조상들에게 맹세하신 언약을 절대로 잊지 않으신다는 것이었다.

우리가 여기서 주목해야 할 바는 이 말씀 가운데 메시아 예언적 내용이 들어있다는 사실이다. 본문 가운데 나타나는 '끝 날' 곧 '마지막 날' (in the latter days)은 주님께서 이땅에 오셔서 심판하시는 날과 연관된 것으로 이해된다. 또한 하나님께서 그때 자기 백성을 버리지 않고 구원하신다는 말씀 역시 그와 관련되어 있는 것이다.

---

20) 모세가 하나님의 말씀을 선포할 당시에는 이스라엘 자손들이 그에 대한 구체적인 이해를 할 수 없었을지라도 나중 선지자 다니엘, 에스겔, 예레미야가 예언하던 시대가 되어서는 신명기의 말씀을 기억하며 그 의미를 분명하게 깨달을 수 있었을 것이다.

3. 유일하신 하나님께서 행하신 일 (신4:32-35)

모세는 이스라엘 백성을 향해 저들이 존재하기 전에 이미 하나님께서 사람을 세상 가운데 창조하신 사실을 언급했다. 그때부터 지금까지 지나간 모든 날을 상고해 보라고 했다. 그들이 지나간 날들에 대하여 상고할 수 있는 것은 짐작으로 될 수 있는 일이 아니었다. 오직 하나님께서 계시하신 모든 말씀을 통해 그 사실을 알고 생각할 수 있을 따름이다.

이 세상 어느 누구도 하늘 이 끝에서 저 끝까지 어디서든지 화염불 가운데서 말씀하신 신에 연관된 큰일을 목격하거나 들어본 경우가 없다. 하지만 언약의 백성은 그런 일을 실제로 경험했다. 그들은 타는 불길 중에서 하나님의 음성을 들으며 생존해 있었다. 만일 이방 족속들이었다면 거룩하신 하나님이 계시는 그 자리에서 즉사(卽死)했을 것이다.

모세는 또한 이 세상에서 인간들이 일컫는 어떤 신적인 존재가 내려와서 다양한 시험과 이적과 기사와 전쟁과 강한 손과 편 팔과 크게 두려운 일로써 한 민족을 다른 강력한 세력을 지닌 민족으로부터 인도해 낸 일이 있었느냐고 했다. 하지만 여호와 하나님께서는 애굽의 바로 왕 앞에서와 모든 이방 백성들 가운데서 상상을 초월하는 다양한 이적들을 베푸셨다. 따라서 애굽과 같은 강대국의 압제를 받으며 신음하던 연약한 이스라엘 자손을 강권적으로 이끌어낸 여호와 하나님 이외에 참된 신이 없다는 것이었다.

언약을 세우시고 이스라엘을 택하신 하나님께서는 애굽 땅에서부터 그 백성을 위하여 그들의 눈앞에서 놀라운 기적들을 행하셨다. 그 모든 일을 도모하신 분은 여호와 하나님이시며, 그 외에 다른 어떤 신적인 존재가 있지 않다는 사실을 저들로 하여금 알게 하기 위해 그렇게 하셨다. 이제 가나안 땅 진입을 앞둔 언약의 백성들은 그 사실을 마음속 깊이 새겨두어야만 했던 것이다.

4. 언약의 자손들이 얻게 될 복 (신4:36-40)

여호와 하나님께서 이스라엘 백성들에게 진리를 교훈하시기 위해 천상으로부터 저들에게 자기의 음성을 듣게 하셨다. 그리고 땅에서는 그의 큰 불을 보여주셨다. 그리하여 그 백성들로 하여금 타는 불길 가운데서 나오는 하나님의 음성을 듣도록 하셨다.

우리가 여기서 알게 되는 사실은, 그 놀라운 일이 천상의 나라와 지상에서 동시에 일어난 사건이라는 점이다. 즉 호렙 산의 큰불은 성막이 완성되고 예수 그리스도가 오시기 전 천상과 지상을 연결하는 중요한 통로 역할을 했다. 이는 그 불을 통하지 않고는 하나님의 음성을 들을 수 없다는 의미를 지니고 있다. 따라서 모세의 구속사적 사역과 더불어 여호와 하나님에 의해 나타난 그 화염불은 역사상 특이한 일이지만 그 의미는 그후에도 존속되고 있다. 이는 호렙 산 떨기나무 불과 연관되며 그 가운데 나타나신 성자 하나님과 연관되어 있다. 이 모든 사실은 나중에 이땅에 오실 예수 그리스도와 밀접하게 연결되어 있는 것이다.

모세는 여호와께서 저들의 조상을 사랑하셨기 때문에 그 후손인 저들을 택하신 사실을 언급했다. 따라서 하나님께서는 자신의 구원 사역을 이루시기 위해 큰 권능으로 친히 저들을 인도하여 애굽 땅에서 이끌어 내셨다. 그것은 도저히 생각할 수 없는 일로서 하나님의 직접적인 관여가 있었기에 가능한 일이었다.

이스라엘 백성은 하나님의 적극적인 도우심에 의해 애굽에서 탈출해 나왔지만 눈앞에는 그들보다 훨씬 강력한 세력을 지닌 자들이 버티고 있었다. 군사력으로 대응하려고 한다면 승리할 만한 아무런 보장성이 없었다. 하지만 하나님께서는 이스라엘 백성을 약속의 땅 가나안으로 인도하기 위해 강대한 여러 민족을 저들 앞에서 쫓아내시고 그 땅을 저들의 유산으로 주시기 위해 지금까지 일해 오셨다는 것이다.

그러므로 언약의 백성들은 위로 하늘(the heaven) 21)이나 아래로 땅을 포함한 온 우주에 오직 여호와 한 분만 참 하나님이시라는 사실과 그 외에는 다른 신이 없는 줄 알아 명심하라고 했다. 그와 더불어 모세가 지금 백성들을 향해 명령하는 여호와 하나님의 규례와 명령을 지키라고 했다. 그렇게 할 때 저들과 그 후손이 복을 받아 잘 되어 여호와 하나님께서 저들에게 주시는 땅에서 영원토록 살게 되리라고 했다.

진정한 복에 관한 이 말씀은, 단순히 하나님의 뜻에 순종하면 이 세상에서 큰 복을 받아 잘살게 된다는 의미에 멈추어서는 안 된다. 이땅에서 부유하게 되어 오래 사는 것을 목표로 하는 것은 하나님의 자녀들이 소망할 내용이라 할 수 없다. 이는 메시아 예언과 연관지어 이해하는 것이 자연스럽다. 나중 참된 복이 되시는 메시아가 오시게 되면 그에 속한 백성들은 하나님의 말씀에 순종하며 그가 예비한 땅에서 영원토록 살아가게 된다. 그것이 모든 성도들의 진정한 소망이 되는 것이다.

5. 요단 강 동편 지역의 도피성22) 이 세워짐 (신4:41-43)

모세는 그때 요단 강 동편에 있는 르우벤 지파, 갓 지파, 므낫세 반 지파의 영역에 특별히 세 성읍을 정하여 구별했다. 각 지파의 영역에 한 성읍

---

21) 여기서 '하늘' 이란 단순히 피조 세계인 하늘(sky) 이상의 의미를 지니고 있다. 이는 천상의 나라(the heaven)와 밀접하게 연관되어 있으며 거기로부터 장엄한 하나님의 음성이 나왔던 것이다.

22) 이스라엘 백성들의 도피성은 요단강 동편 지역에서 세 군데, 서쪽 가나안 땅에 세 군데 모두 여섯 개 성읍이 있었다. 도피성은 레위지파의 감독 아래 있었으며 공정한 재판을 받기까지 도피성에서 보호받을 수 있었다. 이는 출애굽기에 기록된 율법에 근거한 것이다: "사람을 쳐 죽인 자는 반드시 죽일 것이나 만일 사람이 계획함이 아니라 나 하나님이 사람을 그 손에 붙임이면 내가 위하여 한 곳을 정하리니 그 사람이 그리로 도망할 것이며"(출21:12,13). 도피

씩을 따로 구별했던 것이다. 그곳은 다른 성읍들과는 달리 일종의 피난처 같은 역할을 하게 되었다.

하지만 그곳은 죄질에 상관없이 모든 범죄자들이 피할 수 있는 영역은 아니었다. 만일 어떤 사람이 원한 관계나 고의성이 없는 상태에서 부지중에 다른 사람을 죽이는 일이 발생했다면 그곳으로 도피할 수 있도록 했다. 그런 자가 도피성 가운데 한 성읍으로 피신함으로써 자신의 생명을 유지할 수 있었다.

비록 살인을 저지른 사람이 고의적이지 않았다고 할지라도 그 유가족은 그로 인하여 원한을 가질 수 있다. 그렇게 되면 그 가족이나 친지들 가운데 누군가가 그에게 동일한 방법으로 보복할 우려가 따른다. 그와 같은 상황을 두려워하여 도피성으로 피하는 자들은 무죄 선언을 받는 것이 아니라 율법에 따라 정당한 재판을 받을 수 있게 된다.

모세는 르우벤 지파의 영역 가운데서는 베셀(Bezer, 수20:8)이 도피성으로 구별되었으며, 갓 지파 중에서는 길르앗 라못(Ramoth in Gilead, 수20:8)이 도피성이 되었다. 그리고 므낫세 반 지파 가운데는 바산 골란(Golan in Bashan, 수20:8)이 특별히 도피성으로 구별되어 지정되었다. 우리가 여기서 주의 깊게 이해해야 할 점은 각 지파에 세워진 도피성이 해당 지파에 속한 사람들에게만 허락된 것이 아니라, 문제가 발생할 경우 지파와 상관없이 누구든지 그 도피성을 이용할 수 있었다는 사실이다.

모세가 죽기 전에 요단 강 동편 지역에 세 군데의 도피성을 구별하여 세운 것은 매우 중요한 의미를 지닌다. 이것은 인간들의 감정에 따라 하나님의 율법을 넘어 다른 사람들에게 해를 끼치지 못하도록 하는 중요한 방편

성으로 향하는 길에는 <도피성>이라 쓴 팻말이 눈에 쉽게 띄는 곳에 설치되었으며 이스라엘 백성이 살아가는 어느 지역에서든지 하룻 만에 도달할 수 있는 정도의 거리인 48km 이내에 위치해 있었다.

이 되기 때문이다. 이는 하나님의 율법에 따른 공의와 공평이 얼마나 중요한가 하는 점을 잘 보여주고 있다.

그리고 요단 강 동편 지역에 세 개의 도피성이 세워짐으로써 이스라엘 자손이 요단 강을 건너 약속의 땅 가나안에 들어가서도 그와 같은 도피성을 세워야 할 것에 대한 메시지가 담겨 있다. 그리하여 여호수아는 나중 요단 강 서편 가나안 땅에도 세 개의 도피성을 구별하여 세우게 되었다. 요단 강 서편 땅에는 납달리 지파의 영역인 갈릴리 산지의 게데스(Kedesh, 수20:7)와 에브라임 지파에 속한 세겜(Shechem, 수20:7), 그리고 유다 지파의 영역에는 기럇아르바 곧 헤브론(Hebron: Kirjatharba, 수20:7)이 특별히 도피성으로 구별되었다.

6. 모세가 선포한 하나님의 율법 (신4:44-49)

모세는 이스라엘 백성들을 향해 하나님의 율법을 선포했다. 요단 강 동쪽 벳브올 맞은편 골짜기에서 진행되었다. 그것은 그들이 애굽에서 탈출해 나온 후 모세가 증언과 규례와 법도를 선포했던 것을 다시금 확인하는 의미를 지니고 있었다. 이는 언약의 자손인 그 백성이 여호와 하나님의 뜻에 온전히 순종해야 한다는 사실을 다짐하고 있다.

벳브올 부근 지역은 원래 헤스본에 사는 아모리 족속의 왕 시혼에게 속한 영역이었다. 모세와 이스라엘 자손은 그곳 사람들을 공격하여 진멸시키고 난 후 그 땅을 차지했다. 그리하여 그 지역을 저들의 유산으로 삼게 되었다. 또한 그들은 나중 바산 왕 옥이 통치하던 땅을 쟁취했다. 헤스본 왕 시혼과 바산 왕 옥은 아모리 족속으로서 요단 강 동편에 큰 세력을 펼치고 있던 자들이었다.

모세와 이스라엘 자손은, 사해 동쪽 아르논 계곡 어귀에 있는 아로엘에서부터 요단 강 동쪽을 지나 갈릴리 호수 이북 지역의 헤르몬 산까지 정복하게 되었다. 그 산은 시온산이라 불리기도 했다. 그리고 사해와 비스가 산 기슭에 미치는 요단 강 동쪽의 아라바 전 지역의 땅을 소유하게 되었다. 이렇게 하여 그들은 약속의 땅 가나안으로 진입하는 모든 준비를 갖추게 되었던 것이다. 이 모든 것은 하나님의 놀라운 섭리와 경륜에 따라 진행된 일이었다.

제2부
십계명과 율법준수 요구
(신 5-11장)

제8장

호렙 산에서 주어진 십계명과 구속사적 의미

(신5:1-33)

1. 호렙 산에서 주어진 하나님의 언약 (신5:1-6)

모세는 온 이스라엘 자손들을 불러 모아 그들에게 명했다. 그가 전하는 하나님의 규례와 법도를 듣고 그것을 배우며 지켜 행하라는 것이었다. 그리고 여호와 하나님께서 호렙 산에서 이스라엘 백성과 특별한 언약을 세우신 사실을 언급했다. 그 언약은 이미 오래전부터 있어왔지만 단순히 저들의 조상과 맺으신 것이 아니라 오랜 세월이 흐른 후 거기 모인 살아있는 백성과 세워진 것이라고 했다.

여기서 우리는 매우 중요한 사실을 엿보게 된다. 그것은 우선 이스라엘 자손들에게 가장 소중한 것은 하나님의 규례와 법도를 배우며 실천하는 것이다. 보통 인간들은 자신의 이성과 경험에 따라 판단하고 행하기를 좋아한다. 그에 반해 하나님의 백성들은 개인적인 이성과 경험이 아니라 하나님의 율법에 따라 행해야 한다.

그렇게 하기 위해서는 하나님의 규례와 법도를 올바르고 정확하게 아는 것이 중요하다. 즉 언약을 소유한 백성들은 개인적인 판단에 따라 살아갈 것이 아니라 하나님의 율법에 순종해야 한다. 그와 같이 실천하는 것이 하나님에 대한 순종적인 삶일 뿐 아니라 자기를 위한 삶이 되기 때문이다.

또한 이 가운데서 우리가 얻어야 할 중요한 교훈은 하나님께서 그 전에 믿음의 조상들과 세우신 언약이 저들과 맺어졌을 뿐 아니라 거기 모인 백성들과 실제로 맺은 유효한 언약이라는 사실이다(신5:3). 즉 과거에 조상들과 맺은 언약이 저들의 것으로 이해하고 후대에 받아들이는 것이 아니라 살아서 그 자리에 있는 백성들과 직접 맺어진 것이라고 했던 것이다.

이는 오늘날 우리에게도 적용되는 매우 중요한 의미를 지니고 있다. 성경에 나타나는 모든 언약은 과거에 맺어진 것을 현재의 우리가 받아 참고로 삼는 것이 아니라 오늘날 우리 시대 교회에 속한 성도들과 직접 그 언약을 맺는 의미를 지니고 있기 때문이다. 즉 하나님의 언약은 시대와 장소를 불문하고 항상 그 자리에 존재하는 성도들과 맺어지는 현실적인 의미를 지니고 있다.

모세는 그와 더불어 여호와 하나님께서 호렙 산 화염불 가운데서 언약의 백성과 대면하여 말씀하신 사실을 언급했다. 당시 이스라엘 자손들은 활활 타오르는 불을 두려워하여 감히 산 위로 올라갈 수 없었다. 그러므로 모세가 여호와 하나님과 언약의 백성들 사이에 서서 그가 주시는 말씀을 저들에게 전해준 사실을 언급했다.

하나님께서는 그때 자기가 이스라엘 백성을 애굽 땅에서 이끌어 내신 여호와라는 사실을 말씀하셨다. 당시 이스라엘 자손은 애굽 땅에서 심한 압제를 받으면서 노예 생활을 하고 있었다. 그들 자신의 힘만으로는 도저히 그 압제에서 벗어날 수 없었다. 그와 같은 상황에서 하나님께서 저들을 인도해 내셨다는 것이다.

우리가 기억해야 할 바는 하나님께서 그들을 애굽으로부터 구출해내신 까닭은, 저들로 하여금 자유롭게 살도록 해주시기 위한 것이 주된 목적이 아니었다는 사실이다. 즉 그들에게 만족스러운 삶을 제공하고자 억압으로부터 해방시켜 주시지 않았다. 하나님께서는 그 민족을 통해 장차 메시아 왕국을 세워 죄에 빠진 자기 자녀들을 구원하시고자 그 일을 행하셨던 것이다.

그러므로 출애굽한 이스라엘 자손은 그에 대한 분명한 이해를 하고 있어야만 했다. 그들은 노예 생활에서 해방되었으나 개인적인 만족이나 욕망을 추구할 수 없었다. 따라서 새로운 삶을 허락받은 그 백성은 하나님의 율법에 온전히 순종해야만 했다. 그것을 위해 하나님께서는 구속사 가운데서 매우 특별한 의미를 지니는 십계명을 두 돌판에 새겨 언약의 자손들에게 주시게 되었다.

2. 십계명 (신5:7-21)

십계명은 성경에 기록된 다른 율법과 달리 매우 독특한 성격을 지니고 있다. 모세 오경 전체가 하나님의 법이지만 십계명은 하나님과 그의 백성 사이에 맺어진 위로부터 허락된 일종의 신령한 계약서 역할을 하기 때문이다. 따라서 하나님의 백성은 항상 돌판에 기록된 그 계약문서를 실제로 삶속에 보관하고 있어야만 한다. 동일한 내용이 새겨진 두 돌판의 십계명은 원칙적으로 지성소 내부에 놓여있는 언약궤 안에 보관되어야만 했다.

지성소는 하나님께서 임재하는 거룩한 영역이자 언약의 백성들을 대표하는 대제사장이 일년 한 차례 대속죄일날 들어갈 수 있는 특별한 영역이다. 그곳에 놓인 언약궤 안에 십계명이 새겨진 두 개의 돌판이 보관됨으로써 하나님과 그의 자손이 그 계약문서를 공유하고 있었던 것이다. 따라서 십계명을 삶 가운데 받아들이는 것은 단순한 순종과 불순종의 문제가 아니라 계약보존이냐 아니면 계약파기냐 하는 문제와 연관되어 있다.

또한 열 개의 계명들이 제각각 완전히 분리해 존재하는 것이 아니라 상호 밀접하게 연결되어 있음을 기억해야 한다. 즉 열 개의 계명 가운데 일부는 지키고 다른 일부는 지키지 않을 수 있는 성질의 것이 아니다. 그 가운데 하나만 어겨도 실상은 하나님과 맺은 십계명 전체를 어기는 것과 마찬가지이기 때문이다.

| 제1계명 |

하나님께서는 첫 번째 계명에서 '나 외에는 다른 신들을 자기 앞에 두지 말라' 고 명하셨다. 여기서 우리가 주의를 기울여야 할 바는 본문의 문맥이 여호와 하나님 이외에 다른 신들이 있다는 사실을 인정하는 것이 아니란 사실이다. 하나님 이외에 다른 신들은 아예 존재하지 않기 때문이다. 그런데 어리석은 자들은 신이 아닌 것들을 마치 신인 양 여기며 그에 연관된 것들을 가지고 들어와 언약의 백성들 가운데 현존하시는 하나님 앞에서 엉뚱한 종교심을 발휘하게 된다.

우리가 여기서 절대로 잊지 말아야 할 사실은 첫 번째 계명이 하나님의 일방적인 명령 이상의 의미를 지닌다는 사실이다. 즉 십계명의 문헌 작성은 하나님께서 하셨으며 언약 가운데 존재하는 백성들은 그 앞에서 주어진 율법을 지키기로 약조한 백성이다. 따라서 이스라엘 자손은 반드시 그 계약을 지켜야 했으며 저들에게는 그것이 순종해야 할 의무사항이었다.

| 제2계명 |

두 번째 계명은 언약의 자손들을 향해 자기를 위하여 새긴 우상을 만들지 말라는 명령이다. 인간들은 자기를 위하여 우상을 만들면서도 그것이 마치 하나님을 위한 것인 양 내세우며 우기기를 좋아한다. 그 가운데 어리석은 자들은 그렇게 하는 것이 정말 하나님을 위한 것이라는 근본적인 오해를 하게 된다.

하나님께서는 본문 가운데서 위로 하늘에 있는 것이나 아래로 땅에 있는 것이나 물 속에 있는 것의 어떤 형상도 만들지 말고 그것들을 경배하거나 섬기지 말라고 명령하셨다. 타락한 인간들은 그런 것들을 만들어두고 눈으로 보고 손으로 만지면서 인간적인 감정을 통해 신을 친화적으로 느끼기를 좋아한다. 하지만 그것은 인간의 종교적인 감정을 충동질하게 될 뿐 하나님을 분노케 하는 사악한 행위에 지나지 않는다.

그러므로 하나님께서는 그런 자들과 그런 것들을 절대로 용납지 않으리라고 말씀하셨다. 또한 하나님은 질투하는 존재라는 사실을 언급하며 그와 같은 우상 제작과 숭배행위는 하나님을 멸시하고 미워하는 것이란 사실을 분명히 하셨다. 배도에 빠진 자들은 우상 숭배를 통해 자기의 종교적인 만족을 꾀하지만 실상은 하나님을 미워하고 욕되게 하는 행위에 지나지 않는다.

하나님께서는 그런 자들의 죄를 반드시 갚으리라고 하셨다. 그 죄값은 아버지로부터 아들에게로 삼사 대까지 이르게 된다고 말씀하셨다. 이는 부모의 죄를 직접 그 자손들에게 묻겠다는 의미라기보다 그 자식들이 부모의 악행을 보고 그대로 답습하게 되리라는 사실에 연관되어 있다. 즉 하나님을 떠나 배도에 빠진 자들의 사악한 행위는 저들에게 뿐 아니라 그 악을 저들의 자손에게 그대로 전해주게 되리라는 것이었다.

한편 하나님을 진정으로 사랑하고 그의 계명을 온전히 지키는 자들에게는 천 대까지 은혜를 베풀어주신다고 하셨다. 그것은 언약의 상속과 밀접하게 연관되어 있다. 부모로 말미암아 이 세상의 복을 넘치게 받는 것이 아니라 하나님으로부터 허락된 영원한 진리를 상속받게 된다. 어른들이 올바른 신앙을 가지고 실행해야 하는 이유는 자기들뿐 아니라 다음 세대의 신앙에 얼마나 중대한 영향을 끼치는지 생각해야 하기 때문이다.

우리가 여기서 각별히 주의해야 할 점은 우상이라고 명명된 종교적인 실체뿐 아니라 다른 가시적인 매개물을 통해 하나님을 섬기려는 잘못된 태도이다. 우리는 오직 하나님의 아들 예수 그리스도를 통해 하나님을 섬기게 되며, 오직 그만 하나님의 진정한 기쁨의 대상이 된다는 사실을 잘 알고 있다. 그런데도 어떤 사람들이 눈에 보이는 예배당 건물이나 가시적인 매체를 동원하여 하나님을 섬기려 한다면 그것은 우상 숭배적인 행위와 다르지 않다. 이는 교회공동체를 위해 필요한 예배당 건물을 비롯한 공적인 물품들을 아끼고 소중히 여기는 것과는 전혀 다른 개념이다.

| 제3계명 |

세 번째 계명에는 개인적인 욕망이나 목적을 위해 함부로 하나님의 거룩한 이름을 빗대어 언급하지 말라는 의미가 담겨 있다. 본문 가운데 '망령되이 일컫지 말라' 는 것은 그의 거룩한 이름을 함부로 사용하거나 헛되게 이용하지 말라는 의미를 내포하고 있다. 그런데 어리석은 자들 가운데는 하나님의 이름을 무분별하게 오용하면서 그것이 마치 신앙의 표현인 양 본질적인 오해를 하는 자들이 많다.

이에 대해서는 역사상 많은 교인들이 그러했으며 오늘날 우리 시대 역시 마찬가지다. 예를 들어 무슨 종교적인 행사를 하거나 건축물을 지으면서 그것이 하나님이 기뻐하시는 일이라고 주장하는 경우가 많이 있다. 해외 선교를 하거나 전도를 하면서도 본질을 벗어난 상태에서 하나님의 이름을 이용한다면 그것 역시 하나님과 상관없는 일이 된다.

만일 어떤 사람이 그렇게 하는 것이 하나님이 기뻐하시는 일이라고 주장하거나 선전한다면 하나님의 이름을 망령되이 일컫는 것이다. 하나님께서는 그것을 기뻐하기는커녕 오히려 자기의 거룩한 이름을 이용하며 더럽히는 자들에게 크게 진노하신다. 역사 가운데는 성경의 본질을 벗어난 이단 사상에 빠져 있으면서 하나님의 이름을 빗대며 참 신앙에 대한 오해를 하는 경우가 많았다. 하나님께서는 그런 자들을 죄없는 자로 인정하지 않고 심판의 대상으로 삼는다는 말씀을 하셨다.

이에 대해서는 교회의 교사인 설교자들이 더욱 조심해야 한다. 목사가 성도들을 가르치고 설교하면서 주관적인 논리를 내세우며 하나님께서 기뻐하실 것이라고 교인들을 설득하려 해서는 안 된다. 기록된 성경 말씀의 분명한 증거와 근거가 없이 그렇게 하는 것은 어린 교인들을 배도의 길로 몰아가는 위선적 주장에 지나지 않는다. 하나님께서 경멸하는 내용을 설교자의 주관적 판단에 의해 교인들을 가르친다면 그것은 곧 무서운 죄악을 저지르는 행위가 될 수밖에 없다.

오늘날 우리는 이에 대해 여간 주의를 기울이지 않으면 안 된다. 모든 것이 실용주의화 되어 있고 목적지향적 번영주의에 빠져 있기 때문에 자기의 종교적인 경험과 이성적 판단이 곧 하나님이 기뻐하시는 것인 양 여길 우려가 있다. 따라서 그와 같은 태도를 자신의 훌륭한 신앙인 양 자랑하며 다른 사람들을 종교적으로 선동할 수 있는 것이다.

| 제4계명 |

네 번째 계명에서 하나님께서는 모세를 통해 여호와 하나님의 명령에 따라 '안식일을 지켜 거룩하게 하라'(keep the sabbath day to sanctify it: KJV)는 요구를 하셨다. 이 말씀 가운데는 매우 중요한 의미를 내포하고 있다. 신명기 본문에서는 안식일 자체가 거룩하다는 의미를 넘어 그날을 지켜 거룩하게 만들도록 요구하고 있기 때문이다.

이는 그 거룩함이 날 자체가 아니라 하나님의 백성들을 통해 나타난다는 사실을 말해주고 있다. 즉 한 주간의 날들 가운데 그날이 특별히 다른 성분을 지닌 것은 아니다. 물론 안식일이 거룩해야 할 근원은 전적으로 여호와 하나님의 언약에 달려 있다. 그날은 하나님께서 허락하신 복된 언약의 날로서 거룩하게 하셨던 것이다.

그러므로 인간은 안식일을 앞둔 엿새 동안은 힘써 자기에게 맡겨진 노동을 해야 한다. 그것이 육체적인 노동이든 정신적인 노동이든 자기에게 맡겨진 직무를 성실하게 감당해야 하는 것이다. 하나님의 뜻 가운데 엿새 동안 성실하게 일한 자들에게 일곱째 날 안식일이 선물로 주어진다. 그날은 집안의 어른들을 비롯하여 아들과 딸들, 그리고 집안일을 돕는 남종이나 여종들도 일하지 말아야 한다.

나아가 그들이 사육하는 가축들에게도 노동을 시켜서는 안 된다. 뿐만 아니라 자기 집에 온 손님이나 잠시 지나가는 객이라 할지라도 일을 하지 말아야 한다. 이는 그날이 이스라엘 백성이 살아가는 약속의 땅 전역이 사실상 노동으로부터 정지된 것과 같은 환경이 되어야 한다는 사실을 말해준다.

하나님께서는 이를 하나님의 창조사역과 직접 연결지어 언급하셨다. 그것은 엿새 동안 하늘과 땅과 바다와 그 가운데 존재하는 모든 것들을 직접 창조하신 사실에 연관되어 있다.[23] 그리고 난 후 일곱째 날 안식하신 사실을 말씀하셨다. 여기서 나타나는 안식과 쉼은 동일한 의미를 지니고 있다. 따라서 우리는 여기서 '하나님께서 쉬셨다' 는 말의 의미를 주의깊게 생각해 보아야 한다.

일반적인 인간들은 며칠 동안 노동을 하게 되면 다음을 위해 쉬어주어야 한다. 하지만 말씀으로 우주만물을 창조하신 하나님께서는 피곤하지 않기 때문에 쉴 필요가 없는 분이다. 그럼에도 불구하고 그가 안식하셨다는 것은 우리가 생각하는 일반적인 휴식이나 쉼이 아니라 하나님의 영광

23) 십계명에는 창세기의 증거와 더불어 하나님께서 엿새 동안 천지 만물과 그 안에 존재하는 인간을 창조하신 사실을 증거하고 있다(출20:11). 그 십계명을 우리는 매 주일 기억하며 확인하고 있다. 그럼에도 불구하고 우리 시대 진화론자들이나 기독교 내부의 유신진화론자들은 과학주의적 주장을 앞세워 그 사실을 부인하고 있다.

에 연관되어 있다. 따라서 안식일의 중요한 의미 가운데 하나는 단순히 일하지 않는 것이 아니라 그의 영광에 참여하는 것이다.

또한 이 세상에 살아가는 모든 인간들은 아담의 타락 이후 노동을 통해 먹고 생활하며 생명을 유지해 가게 된다. 이에 대해서는 언약의 자손들 역시 마찬가지다. 그런데 모세 율법에서 안식일날 노동을 금한 것은 진정한 생명의 공급은 오직 여호와 하나님으로 말미암는다는 사실을 선포하는 의미를 지니고 있다.

그러므로 그날은 인간들의 안식일이 아니라 '여호와 하나님의 안식일'이라는 점을 분명히 밝히고 있다(출20:10). 즉 안식일의 주인은 인간들이 아니라 여호와 하나님이시다. 그러므로 예수님께서는 인간의 몸을 입고 이 땅에 오신 인자이신 자기가 안식일의 주인이라는 사실을 밝히셨다.

> "인자는 안식일의 주인이니라" (마12:8; 막2:28; 눅6:5)

성경은 언약의 백성들로 하여금 그날을 특별히 기억해야 하도록 요구하고 있다. 그것은 본질적으로는 인간들 때문이 아니라 여호와 하나님을 위한 것이었다. 그 의미가 언약의 자손들을 통해 명확하게 드러나지만 전지전능하신 하나님의 권능이 선포되어 드러나는 날이다. 타락한 인간들은 자신의 능력으로써 이 세상을 살아간다고 여기지만 노동력이 작동하지 않는 그 날을 통해 하나님의 섭리를 기억하게 되는 것이다.

또한 언약의 하나님께서는 애굽 땅에서 노예 생활하던 백성을 자신의 강한 손과 편 팔로 그들을 인도하여 내신 사실을 언급했다. 이처럼 오늘날 신약시대에도 죄악 세상으로부터 우리를 구원하신 그 하나님을 기억해야 한다. 구약시대 믿음의 선배들은 일곱째 날을 안식일로 지키면서 하나님을 바라보았다. 이와 달리 신약시대 성도들은 예수님께서 사망을 이기고 부활하신 안식 후 첫날인 주일날 그리스도를 통해 하나님의 영광을 보게 되는 것이다.

| 제5계명 |

다섯 번째 계명은 '부모를 공경하라' 는 명령이다. 그것은 자연 질서나 일반적인 윤리에 연관된 교훈이 아니라 하나님께서 허락하신 신령한 율법을 배경으로 하고 있다. 따라서 이 계명을 일반 윤리적인 개념으로 받아들여서는 곤란하다.

그러므로 이 계명은 먼저 집단적 언약공동체 가운데 적용되어야 할 말씀이다. 즉 자신의 부모가 생존해 있는 경우에만 조건적으로 적용되는 것으로 보아서는 안 된다. 어린아기 때 부모가 돌아가신 경우라면 공경할 수 있는 부모가 존재하지 않는다. 그리고 나이가 들어서 부모님이 돌아가시게 되면 이제는 다섯 번째 계명으로부터 자유로워지는 것처럼 잘못된 인식을 하게 될 소지가 있다.

그러므로 우리는 부모를 공경하라는 이 말씀을 하나님의 공동체에 공적으로 실현되어야 할 언약적 관점에서 이해하는 것이 자연스럽다. 즉 공동체에서 신실한 어른들을 공경하고 그들의 가르침을 공손하게 배우고 받아들여야 한다. 이는 소규모의 집단공동체에서 가장 나이가 많은 연장자라 할지라도 여전히 언약의 조상을 공경하는 마음을 가지고 저들의 신앙을 상속해가는 자세를 유지해야만 한다는 사실을 말해준다.

그리고 이 계명은 부모를 무조건 공경하라는 의미로 해석해서는 안 된다. 하나님을 진정으로 경외하고 그의 말씀에 순종하는 부모와 조상들을 공경해야 한다. 만일 하나님의 율법을 어기도록 강요한다거나 우상숭배를 장려하며 여호와 하나님을 떠나 배도의 길로 가도록 인도한다면 공경할 수 없다. 따라서 다섯 번째 계명은 자녀들에게 부모를 공경하는 가운데 저들의 교훈을 상속하라는 의미가 담겨 있는 것으로 이해해야 한다.

| 제6계명 |

여섯 번째 계명은 인간의 생명과 직접적인 연관이 있다. 타인의 생명을 박탈할 권리는 이 세상 어느 누구에게도 존재하지 않는다. 하나님께서 허락하신 생명을 인간이 마음대로 처분할 수 없는 것이다. 특히 언약의 자손들은 하나님의 형상과 직접 연관되어 있다. 다른 사람을 죽이는 행위는 개인적인 욕망이나 목적 때문에 발생하게 된다. 물론 여기서는 그로 말미암아 타인의 생명을 빼앗는 것에 연관되어 있다.

여기서 우리가 기억해야 할 바는 인간들은 자기의 생명에 대해서도 박탈할 권리가 없다는 사실이다. 즉 자살하는 것은 생명을 주신 하나님에 대한 저항행위로서 무서운 죄에 속한다. 어리석은 자들은 자기 생명이 자신의 소유인 양 착각하고 있다. 하지만 그 생명은 하나님께서 특별히 허락하신 것으로 하나님의 뜻에 따라 살아가야만 한다.

그런데 구약성경의 율법에는 살인을 허용하는 경우가 종종 있다. 이스라엘 자손은 가나안 땅에 들어가 하나님의 뜻을 모르고 그에게 저항하는 이방인들을 가차 없이 죽여야만 했다. 십계명을 주실 때 살인하지 말라고 명령하신 하나님께서 불과 사십 년 정도 후에는 경우에 따라서는 사람을 죽여도 좋다는 말씀을 하시는 것처럼 보인다.

우리가 알고 있는 것처럼 이스라엘 자손은 약속의 땅 가나안에 들어가면서 많은 이방인들을 죽였다. 또한 하나님께 저항함으로써 약속의 땅을 더럽히는 참람한 행위를 하는 자들에게 긍휼을 베풀지 않았다. 우리는 이에 대한 올바른 이해를 하지 않으면 안 된다. 이는 하나님께서 거룩하듯이 그에 속한 언약의 백성들 또한 정결해야 했기 때문에 요구되는 사항이었다.

우리는 여기서 신약시대 성도들은 이에 대하여 어떻게 해야 할지 주의깊은 생각을 해 보아야 한다. 일반 역사 가운데는 전쟁을 정당한 것으로 받아들이는 경우가 많았다. 만일 나라와 나라 민족과 민족 사이에 정당한 전쟁이 인정된다면 적군을 죽여 그 생명을 박탈하는 것이 정당한 행위가 된다. 또한 이와 더불어 생각해 보아야 할 점은 국가의 사형제도이다. 세상의 많은 국가들은 중대한 범죄자가 있을 경우 그의 생명을 박탈하는 것을 적법한 것으로 인정한다. 우리는 여기서 정당한 전쟁과 사형제도에 관해 여간 신중히 생각하지 않으면 안 된다.

전쟁 중에 우리가 무기를 겨누고 있는 상대 병사가 누군가의 아들, 누군가의 남편, 누군가의 아버지라면 쉽게 죽일 수 없다. 기독교인이 군에 입대하여 전투에 가담한다고 할지라도 방어적 성격을 띠게 될 뿐 특정 대상을 정조준해 살해하는 것은 받아들이기 어려운 문제이다. 사형에 대해서도 마찬가지다. 만일 어떤 악한 자가 사형에 해당될 만큼 중대한 죄를 저질렀다면 사형 대신 감형불가(減刑不可) 무기징역을 살게 하는 방법이 있다.

우리가 여기서 주의 깊게 생각해 보아야 할 점은 구약시대 전쟁이나 사형을 통해 특정인의 생명을 박탈하는 행위가 신약시대의 그림자로서 언약의 자손들에 대한 구체적인 순결을 요구하는 것에 연관되어 있다는 사실이다. 그것은 하나님의 무서운 심판을 실제적 상징으로 보여주고 있다. 따라서 신약시대 교회 가운데는 그와 같은 형식의 생명 박탈 행위를 일반화하지 않는다. 따라서 십계명에서 살인하지 말라는 명령은 전체적인 언약을 보여주고 있는 것으로 이해하는 것이 자연스럽다.

| 제7계명 |

일곱 번째 계명은 성적인 간음에 연관되어 있다. 간음은 추한 성적인 욕망에 의한 것으로서 다른 사람을 생각하지 않는 이기적인 욕망의 산물로 말미암는다. 하나님께서는 부부 사이 이외의 어떤 성적인 간음도 용납하지 않으신다.

우리가 여기서 반드시 기억해야 할 바는 간음은 자기 자신뿐 아니라 상대를 파괴하는 행위라는 사실이다. 더러운 욕망으로 말미암는 성적인 감정과 행위는 온당한 분별력을 상실하게 만든다. 타락한 인간이 더러운 성적인 욕망에 사로잡히게 되면 하나님을 두려워하는 마음마저 사라져버리게 된다.

어리석은 자들은 사람들의 눈을 속이면 하나님까지도 속일 수 있을 것처럼 여긴다. 아무도 모르게 더러운 간음을 저지른다고 할지라도 하나님께서는 그 악행을 속속들이 들여다보고 계신다. 따라서 그와 같은 행위는 인간에 대한 범죄 행위를 넘어 여호와 하나님을 욕되게 하는 성격을 지니고 있다. 따라서 온전한 신앙을 소유한 성도라면 그와 같은 간음을 저지르기 어렵다.

그리고 간음은 사랑으로 포장된 사람을 죽이는 살인 이상의 사악한 행위로서 단순한 성적인 문제를 넘어 자신과 타인의 가정을 파괴하는 성격을 지니고 있다. 그런 관점에서 보면 간음이 살인보다 오히려 더 악한 행위가 될 수 있다. 살인은 한 사람의 생명을 박탈하는 행위이지만 간음은 한 가정을 파괴하는 악행이기 때문이다.

그 사악한 행동으로 인해 함께 간음을 저지른 그 상대의 배우자나 자식 등 온 가족이 엄청난 고통을 당하게 된다. 즉 간음을 행하는 사람은 그 더러운 상대의 무고한 가족에 대한 이 세상에서 영구적 성격을 지닐 수 있는 사악한 폭행자가 되는 것이다. 그것은 곧 여호와 하나님을 향한 영적인 폭력을 가하는 것과 마찬가지라 할 수 있다.

| 제8계명 |

여덟 번째 계명은 '도둑질하지 말라' 는 명령이다. 이는 물론 다른 사람의 소유물을 남몰래 자기의 것으로 만들지 말라는 의미가 담겨 있다. 이는 물론 물질적인 것뿐 아니라 정신적인 면까지 포함하는 것이 자연스럽다.

그런데 우리가 여기서 주의 깊게 생각해 보아야 할 바는 '하나님의 것'을 도둑질하는 문제이다. 모든 인간들은 이 세상에 살아가면서 각자가 소유한 것들이 있다. 하나님의 자녀에게 있어서 유무형의 소유물은 전부 하나님으로부터 공급받은 것들이다. 따라서 우리는 하나님께서 우리 각자에게 공급한 것을 소유한 채 삶을 누리고 있음을 고백하고 있다.

하나님의 자녀들이 소유하고 있는 것들 가운데 하나님으로부터 받지 않은 것이 하나도 없다. 따라서 교회에 속한 성도들은 자신이 소유한 유무형의 모든 것들에 대한 신실한 청지기 곧 관리자가 되어야 한다. 즉 하나님의 것을 자기가 관리하는 입장에 서 있으므로 자기 마음대로 쓸 것이 아니라 원주인인 하나님의 뜻에 따라 쓰고자 애쓰는 것이 중요하다.

여기서 우리는 매우 중요한 의미를 파악해야만 한다. 그것은 하나님께서 자기에게 관리를 맡기신 것을 자신의 절대적 소유로 착각할 우려에 연관되어 있다. 만일 어떤 사람이 하나님께서 자기에게 맡겨두신 것 곧 하나님의 것을 자기의 소유물로 여기고 무분별하게 사용한다면 그것은 곧 하나님의 소유물을 도둑질하는 것이 된다. 이는 다른 사람의 물건을 도둑질하는 것보다 훨씬 더 두려운 행위가 될 수 있다.

인간들은 이 세상에 살아가면서 각기 하나님으로부터 부여받은 것들이 많이 있다. 불신자들은 그에 대한 아무런 실제적 인식 자체가 없다. 하지만 하나님의 자녀들은 그에 대한 분명한 깨달음을 가지고 살아가야 한다. 우리 각자가 소유한 육체적 정신적 모든 재능은 하나님으로부터 무상으로 제공받은 것들이다. 그리고 그 재능을 활용할 수 있는 건강과 허락된 기회 역시 하나님께서 우리에게 제공하신 것이다. 그 모든 것들은 흔히 말하는 일반은총에 연관된 내용들이다.

하나님께서 우리 각자에게 그와 같은 것들을 허락하신 것은 자신과 더불어 다른 이웃을 위해서이나. 우리가 이해해야만 할 그보다 선행된 개념은 그것이 하나님의 백성들뿐 아니라 하나님과 그의 나라를 위한 것이란 사실이다. 즉 그것들을 자기 백성들에게 허락하시고 공급하신 하나님의 궁극적인 분명한 뜻과 목적이 있는 것이다.

우리는 이에 대한 분명한 이해를 해야만 한다. 우리가 소유한 모든 것들은 하나님께서 자기 자신을 위해 우리에게 공급하시고 맡겨두셨다는 사실이다. 따라서 우리는 하나님의 선한 청지기 혹은 관리자로서 이 세상을 살아가게 되는 것이다. 십계명에서 명령하고 있듯이 도둑질하지 말라는 것은 하나님께서 자기를 위해 우리에게 맡기신 것을 자기의 개인 소유물인 양 착각하여 스스로 하나님의 것을 도둑질하는 오류에 빠지지 말라는 말씀이다.

| 제9계명 |

아홉 번째 계명은 이웃에 대하여 '거짓 증거' (false witness)를 하지 말라는 명령이다. 이는 일반적으로 생각하는 거짓말(lying)과는 성격이 다르다. 물론 거짓 증거뿐 아니라 거짓말은 해서는 안 될 매우 악한 죄악임이 틀림없다. 하지만 여기서 언급된 '거짓 증거' 는 '증언' (witness)과 연관되는 것으로서 거짓말과는 상당한 차이가 난다.

일반적인 거짓말은 윤리적인 성격을 지니고 있으며 자기를 변호하는 소극적인 행위로서 본인으로서는 궁여지책의 행동이라 할 수 있다. 물론 거짓말에도 다양한 형태들이 있다. 자기의 잘못을 변명하기 위한 단순한 수단으로서 거짓말이 있는가 하면 특별한 의도를 관철시키고자 하는 목적에 따른 적극적인 것일 수도 있다. 그와 같은 거짓말로 인해 아무런 잘못이 없는 누군가에게 상당한 피해를 입히기도 한다.

그에 반해 거짓 증거는 법적인 성격을 지니고 있다. 그리고 그 거짓 증언으로 인해 무고한 타인을 범인으로 몰아갈 수 있다. 그것을 위해서는 단순한 거짓말이 아니라 적극적인 거짓 진술과 행동을 요구한다. 그와 같은 행동은 재판을 흐리게 함으로써 공동체와 사회적인 공의를 무너뜨리게 된다.

십계명에서 요구하고 있는 것처럼 하나님의 자녀들은 어떤 경우에도 거짓 증거를 해서는 안 된다. 그것은 모든 것을 훤히 보고 계시는 여호와 하나님을 멸시하며 그를 대상으로 거짓말하는 것과 마찬가지다. 따라서 그와 같은 악한 행동은 하나님의 공의를 무너뜨리고 언약공동체를 허무는 역할을 하게 되는 것이다.

| 제10계명 |

열 번째 계명은 '이웃의 것을 탐내지 말라' 는 명령이다. 타락한 인간들이 세상에 살아가면서 탐심을 가지는 것은 이 세상에 대한 불안 심리와 연관되어 있다. 다른 사람이 가진 것들 가운데 자기에게 없는 것이 있다면 그것을 취함으로써 자기 만족이나 이 세상에서의 삶을 보증받고자 하는 것이다.

그렇게 되면 이웃과 어리석은 비교를 하는 생활에 빠질 우려가 있다. 하나님을 믿는 성도라면 자기에게 주어진 것으로 만족하는 삶을 살아가야 한다. 그렇게 함으로써 자기보다 어렵고 힘든 열악한 형편 가운데 처한 이웃을 기억하고 저들을 돌아볼 수 있다. 그런 입장에 서지 않는 인간들은 교만하거나 비굴해질 우려가 따른다. 자기보다 더 나은 것으로 판단되는 사람들 앞에서는 쉽게 주눅이 들고 자기보다 못하다고 판단되는 사람들 앞에서는 교만한 태도를 보일 것이기 때문이다.

이 계명에서는 그와 더불어 이웃의 아내를 탐내지 말라고 했다. 또한 이웃의 집이나 밭이나 그의 남종이나 그의 여종이나 그의 소나 그의 나귀나 네 이웃의 모든 소유를 탐내지 말라고 했다. 그와 같은 탐심은 우리가 알 수 없는 초월적인 관점에서 하나님이 허락하신 조건에 불만을 가지고 저항하는 것에 지나지 않는다.

따라서 영원한 천국에 진정한 소망을 두고 살아가는 성도들은 이 세상의 어떠한 것이라 할지라도 탐낼 필요가 없다. 오히려 그것들 가운데는 더러운 쓰레기 같은 것들이 포함되어 있을 수 있기 때문이다. 사도 바울은 빌립보교회에 보내는 편지에서 그에 연관된 중요한 교훈을 남기고 있다.

> "그러나 무엇이든지 내게 유익하던 것을 내가 그리스도를 위하여 다 해로 여길 뿐더러 또한 모든 것을 해로 여김은 내 주 그리스도 예수를 아는 지식이 가장 고상함을 인함이라 내가 그를 위하여 모든 것을 잃어버리고 배설물로 여김은 그리스도를 얻고 그 안에서 발견되려 함이니......"(빌 3:7-9)

사도 바울은 여기서 그전에 자기가 가치 있는 것으로 여기던 모든 것들은 이제 배설물이나 쓰레기 같다는 사실을 언급하고 있다. 과거에는 세상의 것들을 풍족하게 소유함으로써 그것을 통해 인생의 가치를 논하려 했으나 이제 그것들은 아무것도 아니란 사실을 깨달았다는 것이다. 그런 것들을 탐하여 더 소유하고자 하는 것은 지극히 어리석은 판단에 지나지 않는다.

그러므로 오늘날 우리 역시 사도 바울이 교훈한 것처럼 예수 그리스도를 아는 것이 가장 고상한 것이라는 사실과 그 안에 모든 참된 가치가 존재한다는 사실을 기억해야 한다. 그렇게 할 때 비로소 이 세상을 부러워하지 않으며 그에 대한 탐심 자체가 아무런 의미가 없다는 사실을 알게 된다. 이것이 십계명에서 언급한 '네 이웃의 것을 탐내지 말라' 고 한 명령에 직접 연관되어 있는 것이다.

3. 십계명 두 돌판 (신5:22)

여호와 하나님께서는 언약의 백성들을 향한 그 모든 말씀을 짙은 구름과 캄캄한 흑암이 뒤덮인 호렙 산 위 불길 가운데서 큰 음성으로 선포하셨다. 그는 이스라엘 백성의 총회를 향해 전하시고자 하는 모든 내용을 말씀하셨다. 그리고는 십계명을 두 돌판에 기록하여 모세에게 주셨다.

십계명을 양피지나 파피루스가 아닌 돌판에 새겨서 주셨다는 것은 그 내용이 항구적이라는 사실을 말해주고 있다. 따라서 십계명은 구약성경에 기록된 다른 다양한 율법과 달리 신약시대 교회와 성도들에게도 그 효력이 그대로 나타나고 있다. 따라서 우리 시대 교회의 공 예배 중에 그대로 선포되고 있는 것이다.

이미 앞에서 언급한 대로 십계명이 하나의 돌판이 아니라 두 개의 돌판에 기록된 것은 의미심장한 사실을 보여주고 있다. 즉 그 내용이 두 개의 돌판에 새겨진 까닭은 그것이 양 당사자를 위한 계약문서이기 때문이다. 두 돌판에 새겨졌을 뿐 아니라 구약성경에 기록되어 있는 십계명은 하나님과 그의 백성 사이에 존재하는 항구적인 관계를 말해주고 있다.

4. 불타는 호렙 산에서 선포되는 하나님의 말씀과 백성들의 반응 (신5:23-27)

이스라엘 백성의 '총회'는 캄캄한 흑암에 뒤덮여 있으면서 불길에 타오르는 호렙 산으로부터 선포되는 그 소리를 들었다. 그때 이스라엘 열두 지파의 최고 지도자들과 장로들이 따로 모여 모세에게 나아갔다. 그들이 하나님의 음성을 듣고 모세를 통해 하나님께 화답하고자 했기 때문이다.

그들은 여호와 하나님께서 그 영광과 위엄을 저들에게 보여주시므로 불길 가운데서 나오는 하나님의 음성을 들었다고 말했다. 또한 거룩한 하나님께서 부정한 인간들을 향해 말씀하셨으나 그것을 들은 자들이 생존한 사실을 보았다고 했다. 이는 거룩하신 하나님을 대면하는 죄인인 인간은 죽어야 마땅한데 그렇지 않았다는 의미를 지니고 있다.

그런데 그들은 지금 그 큰 불길로 인해 죽임을 당할지 모르는데 그와 같은 모험을 감당해야 하는 까닭을 모세에게 물어보았다. 그들이 여호와 하나님의 음성을 다시금 듣게 된다면 죽음을 피할 수 없을 것이라고 여겼다. 즉 전번에는 죽임을 당하지 않고 무사했지만 이제는 그럴 자신이 없다는 것이었다.

인간의 육신을 가지고 있으면서 타오르는 불길로부터 나오는 살아계신 하나님의 음성을 듣고 생존한 자가 자기들 외에 어디 있느냐는 말을 했다. 이는 그들은 하나님과 특별한 관계 속에 존재한다는 사실을 말해주고 있다. 즉 그들은 하나님의 특별한 은혜를 입은 언약의 백성들이었던 것이다.

하나님에 대한 경외감과 두려움을 지닌 백성들이 모세에게 특별한 당부를 했다. 그가 이스라엘 백성의 여호와 하나님 가까이 나아가서 그의 모든 말씀을 듣고 그 내용을 저들에게 전해달라는 것이었다. 그러면 모세가 전한 하나님의 말씀을 듣고 그에 온전히 순종하여 행하리라는 것이었다.

5. 하나님의 응답과 요구 (신5:28-33)

모세는 이스라엘 각 지파의 지도자들이 자기에게 말할 때 여호와 하나님께서 그 모든 것을 들으셨음을 언급했다. 그리하여 하나님께서는 모세를 향해 한 저들의 모든 말이 옳다고 하셨다는 것이다. 앞으로도 항상 그와 같은 마음을 가지고 하나님을 진심으로 경외하며 그의 모든 명령을 지키면 그들과 그 자손들이 영원토록 복을 받게 되리라는 말을 했다.

그리고 저들을 향해 이제 각기 자기 장막으로 돌아가도록 하라고 했다. 그러나 모세에게는 그 자리를 떠나지 말고 하나님 가까이 있으라는 명을 내리셨다. 이제 하나님께서 자신의 모든 명령과 규례와 법도를 그에게 이르리라고 하셨다. 그것을 이스라엘 자손들에게 가르쳐 하나님께서 유업으로 주시는 약속의 땅 가나안에서 그 모든 것을 지켜 행하도록 하라는 것이었다.

그러므로 언약의 백성은 여호와 하나님께서 명하신 율법에 온전히 순종해야 했다. 그들은 좌로나 우로나 치우치는 삶을 살아서는 안 된다. 모세는 그들을 향해 하나님께서 명하신 모든 도를 지켜 행해야만 한다고 했다. 그리하면 그들이 자신의 생명을 보존할 것이며 참된 복이 저들에게 임하게 된다는 것이었다.

또한 그렇게 함으로써 언약의 자손들이 하나님으로부터 진정한 복을 받게 된다고 했다. 물론 그 복은 사람들이 일반적으로 생각하는 것처럼 이 세상에서 풍족하게 살아가는 것을 의미하지 않는다. 그들은 그 복과 더불어 하나님께서 허락하신 약속하신 땅에서 장구한 삶을 누리게 되는 것이다.

제9장

하나님의 율법과 언약의 자손

(신6:1-25)

1. 여호와의 명령과 규례와 법도 (신6:1-3)

모세는 여호와 하나님께서 언약의 자손들에게 내리신 명령과 규례와 법도를 다시금 언급했다. 그 모든 것은 그들이 약속의 땅 가나안에 들어가 순종하며 행해야 할 것들이었다. 그에 관한 모든 율법은 저들뿐 아니라 장차 그 땅에서 태어나 살아가게 될 자손들에게 동시에 주어진 것이다. 그에 연관된 모든 내용은 장차 태어날 자손들이 깨달아 알도록 신실하게 가르쳐야만 했다.

현장에서 모세의 말을 듣고 있는 백성들과 나중의 그 아들과 손자들은 평생토록 여호와 하나님을 경외하며 모세가 명한 모든 규례와 명령을 온전히 지켜야만 한다. 그리하여 그들은 약속의 땅 가나안에서 장구한 삶을 누리게 된다. 하나님께서 자신의 거룩한 뜻을 이루기 위해 저들을 지켜 보호하실 것이기 때문이다.

그러므로 모세는 그 백성들을 향해 여호와 하나님의 말씀을 듣고 주의를 기울여 그것을 행해야만 한다는 사실을 강조했다. 그에 온전히 순종할 때 저들이 참 복을 받고 저들의 조상들이 믿고 의지하던 여호와 하나님께서 허락하신 땅에서 하나님의 언약을 소유하게 된다. 그로 말미암아 젖과 꿀이 흐르는 가나안 땅에서 저들이 크게 번성하게 되는 것이다.

그들이 약속의 땅에서 번성하게 되는 것은 이 세상에서의 풍요로운 삶에 국한되지 않는다. 그것은 이 세상의 번영을 넘어 영적인 견고함에 연관되어 있다. 하나님께서 저들을 위해 그렇게 해주시는 궁극적인 목적은 그 백성을 통해 이땅에 하나님의 아들 메시아를 보내시고자 하는 뜻 때문이었다. 따라서 이스라엘 자손은 항상 하나님에 대한 순종과 더불어 그에 대한 소중한 약속을 마음에 담고 있어야만 했다.

2. 언약의 백성이 가져야 할 도리 (신6:4-9)

하나님의 언약에 속한 자손들은 이 세상의 어떤 사람들과도 다르다. 이는 삶에 대한 근본적인 가치관이 상이하다는 사실을 말해주고 있다. 여호와 하나님을 알지 못하는 자들에게는 이 세상의 것들이 유일한 목적이 되어 있다. 그에 반해 하나님께 속한 성도들에게는 세상에 존재하는 것들이 궁극적인 의미를 지니지 않는다. 그 대신 하나님과 그의 영원한 나라가 소중한 목적이 될 따름이다.

그러므로 모세는 이스라엘 자손을 향해 그점을 강조하고 있다. 언약의 백성들이 믿는 여호와는 우주 가운데 존재하는 유일한 하나님이라는 것이었다. 그 외에는 어떤 신도 존재하지 않는다. 따라서 세상의 모든 것들은 하나님으로 말미암은 것이며 그로 인해 진정한 존재 의미가 드러나게 된다.

모세는 유일하신 하나님인 여호와를 온전히 섬기라는 교훈을 주고 있다. 마음을 다하고 뜻을 다하고 힘을 다하여 저들의 하나님 여호와를 사랑하라는 것이었다. 이 말은 주관적으로 그렇게 하라는 의미와는 그 근본적인 성격이 다르다. 하나님을 모독하는 이방 종교인들이나 배도에 빠진 이단자들 가운데 그와 같은 태도로 열정적인 거짓 믿음을 표현하는 자들이 얼마나 많은가?

성경의 교훈을 벗어난 그런 주관적인 종교 행위는 구약시대뿐 아니라 오늘날 우리 시대에도 넘쳐나고 있다. 따라서 모세가 전한 그 교훈 가운데는 개인적인 판단이나 경험에 의해서가 아니라 오직 기록된 말씀에 근거하여 하나님을 온전히 섬기며 사랑하라는 의미가 담겨 있다. 성경을 벗어난 상태에서 생성된 종교적인 몰입이나 감성적인 열정으로 신을 섬기는 행위는 집단성을 지닌 주관적 판단의 결과일 뿐 온전한 신앙이라 할 수 없다. 그와 같은 종교 행위는 오히려 하나님을 욕되게 할 따름이다.

그러므로 모세는 자기가 명하는 하나님의 율법을 저들의 마음속 깊이 새기라고 했다. 이는 그 교훈으로부터 잠시도 벗어나지 말라는 의미를 내포하고 있다. 언약의 자손들은 그와 더불어 모든 율법을 자기 자녀들에게 부지런히 가르쳐야만 한다. 조용한 시간이 나고 형편이 될 때 그렇게 하는 것이 아니라 항상 그 일을 행해야 하는 것이다.

따라서 하나님을 믿는 언약의 백성들은 집 안에 앉아있을 때나 길을 걸어갈 때나 혹은 자리에 누워 있을 때나 일어났을 때나 항상 자녀들에게 여호와의 말씀을 강론하여 가르치며 교훈을 베풀어야 한다.24) 이는 그 자녀들은 부모를 공경하는 마음으로 그 모든 가르침을 배워 익혀야 한다는 사실을 말해주고 있다. 그것이 이 세상에 살아가는 저들의 삶의 표준이 되어야 하기 때문이다.

그리고 모세는 하나님을 경외하는 자들에게 주님의 교훈을 손목에 매어

24) 오늘날 우리는 언약의 자녀를 양육하면서 하나님의 말씀에 익숙하도록 교육하는 대신 세상에서 유능한 인물이 되도록 지나친 신경을 쓰며 교육하고 있지 않은지 깊이 반성해 보아야 한다.

기호를 삼도록 요구했다. 또한 미간에 붙여 표로 삼으라고 말했다. 나아가 각 사람들의 집 문설주와 바깥의 대문에 그것을 기록해 두라고 했다. 이는 물론 율법에 기록된 전체 말씀을 그렇게 하라는 의미가 아니라 그 대표적인 글귀의 일부분을 손목과 미간과 집 문설주와 대문에 기록해 두라는 것이었다.

언약의 자손들이 그렇게 하는 것은 자신과 타인에 대하여 매우 중요한 공적인 고백과 선언이 된다. 자기의 몸과 집에 그렇게 함으로써 자신의 정체성을 분명히 드러내게 되기 때문이다. 그와 더불어 주변의 이웃들뿐 아니라 지나가는 객이라 할지라도 자기와 자기 집에 기록된 것을 보며 그 정체성을 파악하게 된다. 따라서 그것을 통해 자신의 삶이 그로부터 벗어나지 못한다는 사실을 내외적으로 선포하는 의미를 지니고 있다.

3. 하나님의 은총과 불순종에 대한 경고 (신6:10-15)

이스라엘 백성이 곧 들어가 얻으려고 하는 젖과 꿀이 흐르는 가나안은 하나님께서 오래전 저들의 조상에게 약속한 땅이다. 하나님께서는 아브라함과 이삭과 야곱을 향하여 그 땅을 저들의 후손에게 주신다는 분명한 언약을 하셨다. 그 가운데는 하나님의 구속사적인 놀라운 뜻이 담겨 있었다.

그들이 가나안 땅에 들어가 궁극적으로 얻게 될 주된 성읍은 하나님의 도성 예루살렘이었다. 그 성은 수백 년에 걸친 사사시대가 끝나고 이스라엘 민족의 왕정시대가 시작된 후 다윗 왕이 비로소 정복하게 된다. 따라서 그 성읍 외에도 하나님께서 약속하신 대로 저들이 건축하지 않은 크고 아름다운 여러 성읍들을 소유하게 된다. 그 성읍들을 건축한 이방인들은 원래의 목적에 따라 자신을 위해 그곳을 누리거나 활용하지 못한 채 다른 민족에 의해 빼앗기게 되는 것이다.

그 성읍의 원주민이던 이방인들은 집집마다 아름다운 물건을 가득 채워 놓은 채 살아갔다. 그들은 또한 주변에 풍족한 물을 얻을 수 있는 많은 우물들을 파두었다. 또한 농장에는 포도나무와 감람나무를 심어 두고 때에 따라 많은 열매를 얻었다. 하지만 이제 그 모든 것들은 자신이 아니라 타인을 위한 것이 되어버리게 된다. 따라서 그곳을 정복한 이스라엘 자손은 저들의 집과 물건을 소유하고 풍부한 물을 마시며 음식과 과일을 풍족하게 먹을 수 있게 된다. 그로 인해 넘쳐난 모든 것들은 이스라엘 자손의 능력이 아니라 전적인 하나님의 약속과 은혜로 말미암아 주어지게 되는 것이다.

장차 언약의 자손들에게 그와 같이 모든 것이 풍족한 상황에 놓이게 되면 더욱 조심하여 겸손한 자세를 유지해야만 한다. 즉 그들은 애굽인들의 노예가 되어 고생하던 땅에서 이스라엘 백성을 인도해 내신 여호와 하나님을 절대로 잊어서는 안 된다. 그동안 하나님께서 베풀어 주신 은혜를 항상 기억하고 있어야만 하는 것이다.

그러므로 특별한 은혜를 입은 백성으로서 여호와 하나님을 경외하는 가운데 그를 섬겨야 하며 오직 그의 이름으로 맹세해야 한다. 이는 하나님이 저들의 유일한 인도자라는 사실을 말해주고 있다. 따라서 이스라엘 자손으로서 주변의 이방인들이 섬기는 거짓신들을 따르는 일이 있어서는 안 된다. 그들이 아무리 화려한 종교 생활을 하는 것처럼 보일지라도 그것은 하나님을 진노케 하는 일에 지나지 않기 때문이다.

모세는 이스라엘 민족 가운데 살아계시는 여호와는 질투하는 하나님이라는 사실을 강조했다. 하나님께서는 자기 이외에 다른 신들을 따르거나 그를 섬기는 자들을 결코 용납지 않으시며 크게 진노하신다. 그렇게 되면 그 배도자들을 지면에서 멸절시켜버릴 것이라고 했다. 따라서 이스라엘 백성은 가나안 땅에 들어가서도 항상 질투의 하나님이신 여호와의 진노를 두려워하는 마음을 가져야 하는 것이다.

4. 선한 삶을 요구하시는 하나님 (신6:16-19)

모세는 이스라엘 자손이 '맛사' 에서 여호와 하나님을 시험한 사건에 관하여 언급했다. 맛사(Massah)는 므리바(Meribah)의 다른 이름으로서 동일한 장소를 지칭하고 있다(출17:7). 그곳의 원래 지명은 므리바로 알려져 있었는데 거기서 하나님을 시험했기 때문에 '시험' 이란 의미를 지닌 맛사라는 별칭이 붙여졌다.

맛사 혹은 므리바 사건은 출애굽기에 소상히 기록되어 나타나고 있다. 이스라엘 백성이 호렙 산 인근 르비딤에 도착했을 때 목이 매우 말랐지만 마실 물이 없었다. 그러자 백성들은 모세를 원망하면서 마실 물을 달라고 대들며 저항했다. 왜 자기들을 애굽 땅에서 사막으로 끌어내어 목말라 죽게 만드느냐는 것이었다.

그 백성들이 대들면서 따지는 대상은 겉보기에 모세였지만 실상은 여호와 하나님께 원망하며 저항하는 것과 마찬가지였다. 백성들의 그와 같은 태도를 보신 하나님께서는 모세를 향해, 호렙 산 반석 위에 서서 그 반석을 쳐서 물이 나게 하라고 명령하셨다. 모세가 하나님의 말씀에 순종하여 반석을 치자 그곳에서 물이 솟아나 목말라하던 백성들이 그 물을 마시고 갈증을 해소할 수 있었다. 사람들은 그곳을 맛사라 부르게 되었다(출17:1-7).

그런데 모세는 백성들을 향해 이제는 맛사에서 하나님을 시험한 것처럼 하지 말라고 했다. 그 대신 하나님께서 명하신 명령과 증거와 규례를 삼가 지키라는 것이었다. 율법에 순종하며 여호와 하나님 보시기에 정직하고 선량한 삶을 살아가는 것이 성도들의 근본 도리였기 때문이다. 그렇게 함으로써 그들이 진정한 복을 받을 것이며, 약속의 땅에 들어가면 하나님께서 친히 저들의 모든 대적을 물리쳐 주실 것이라고 했다. 그로 말미암아 하나님께서 저들의 조상에게 약속하신 아름다운 땅을 차지하게 되리라는 것이었다.

우리는 여기서 현대에도 유효한 매우 중요한 교훈을 얻게 된다. 어떤 어려움을 만나게 될 때 교회의 지도자를 비롯한 다른 사람들을 향해 먼저 그에 대한 원망을 쏟아내는 것은 온당한 신앙 자세라 말할 수 없다. 그에 관한 문제를 해결하기 위해서 누군가를 원망하거나 불만을 쏟아낼 것이 아니라 자신과 소속된 교회가 하나님의 말씀에 온전히 순종하는지 반성적으로 살펴보아야 한다. 진리를 벗어난 잘못이 있을 경우 그것을 회개함으로써 하나님의 뜻에 순종하는 자리로 돌아서야 하는 것이다.

5. 세대를 통해 전달되어야 할 역사적 사건 (신6:20-25)

모세는 언약의 백성들을 향해 후대에 보여야 할 관심에 대한 언급을 했다. 나중 저들의 자손이 여호와 하나님께서 명령하신 증거와 규례와 법도가 무슨 뜻인지 묻거든 그에 대한 온전한 답변을 하라는 것이었다. 부모가 하나님에 연관된 자식의 질문을 듣고 그에 올바른 답변을 해주는 것은 매우 중요하다.

자식이 하나님에 관하여 질문한다면, 오래전 이스라엘 백성이 애굽 땅에서 바로 왕의 노예가 되어 고통스러운 삶을 살았던 사실을 언급하라고 했다. 물론 그 가운데는 왜 그들이 애굽 땅으로 내려가 이방인들의 노예가 되어야만 했는가에 대한 설명을 덧붙여야만 했을 것이다. 거기에는 하나님의 구원 사역을 위한 놀라운 섭리와 경륜이 들어있었기 때문이다.

하나님께서는 이스라엘 자손이 애굽 땅에서 고통당하던 중 권능의 손으로 저들을 인도해 내셨다. 바로 왕이 그에 대하여 강력하게 저항했으나 하나님은 모든 사람들이 보는 가운데 크고 두려운 이적과 기사를 행하셨다. 그 이적들은 바로의 궁궐과 온 애굽 지역에 베풀어졌다. 그가 베푸시는 기적들은 사람들이 일찍이 경험하지 못한 놀라운 것들이었다.

하나님께서 그렇게 행하신 까닭은 믿음의 조상들에게 약속하신 대로 언약의 자손들을 가나안 땅으로 인도해 들이시기 위해서였다. 그것은 저들에게 단순한 노예 신분에서 해방시키고자 하는 것이 주된 목적이 아니었다. 그 가운데는 창세 전에 선택하신 하나님의 자녀들을 구원하시기 위해 이땅에 메시아를 보내시고자 하는 놀라운 뜻이 담겨 있었다.

그러므로 하나님께서는 이스라엘 백성들을 향해 가나안 땅에 들어가게 되면 자유를 만끽하며 살아가라는 말씀을 하시지 않았다. 나아가 단순히 성실한 삶을 살라고 요구하신 것도 아니었다. 그 대신 하나님의 율법과 그의 뜻에 따라 살아가도록 명령을 내리셨다.

하나님께서 그렇게 요구하신 것은 그들이 약속의 땅에 들어가 항상 여호와 하나님을 경외하며 살아가도록 하기 위해서였다. 그와 같은 삶을 살아가는 것이 저들에게 참된 복이 주어지는 방편이 되었기 때문이다. 당시 모세는 하나님의 말씀을 청종하며 진지한 신앙인의 자세를 유지하고 있던 백성들이 그와 같다는 사실을 언급했다.

그러므로 여호와 하나님께서 명하신 규례와 법도를 지켜 순종하라고 했다. 하나님 앞에서 모든 것을 주의하는 가운데 그의 율법을 지키면 그것이 곧 저들에게 진정한 의로움이 된다는 것이었다. 언약의 자손들에게 있어서 가장 소중한 것은 하나님의 율법에 순종하여 그것을 온전히 지키는 삶이다.

이에 대해서는 오늘날 우리 역시 그와 동일한 형편에 처해 있다. 이 세상에서의 풍요로운 삶이나 성공 여부가 아니라 하나님의 말씀에 온전히 순종하는 삶의 자세가 소중하기 때문이다. 겉보기에 아무리 그럴듯한 종교적인 모습을 보인다고 할지라도 하나님의 교훈에서 벗어나 있다면 그것은 하나님께서 허락하신 진정한 복이 아니라 오히려 저주가 될 수도 있다. 오직 하나님의 말씀에 온전히 순종하는 것이 우리의 의가 된다는 사실을 기억하는 것은 매우 중요하다.

제10장

약속의 땅과 '왕벌' (the hornet)

(신7:1-26)

1. 약속의 땅을 위한 하나님의 사역 및 이스라엘 자손 (신7:1-5)

모세는 여호와 하나님께서 이스라엘 자손을 인도하여 그들에게 약속한 땅으로 인도하시리라는 사실을 언급했다. 그들이 가나안 땅에 들어가면 하나님께서 친히 이미 그곳에 터를 잡고 살아가는 강력한 이방 족속들을 저들 앞에서 쫓아내시리라고 했다. 그들은 헷 족속과 기르가스 족속과 아모리 족속과 가나안 족속과 브리스 족속과 히위 족속과 여부스 족속 등 일곱 족속으로 이스라엘 자손보다 수가 많고 세력이 강한 자들이었다.

여호와 하나님께서는 그 이방 족속들을 이스라엘 군대에 넘겨주심으로써 저들을 치게 할 것이라고 했다. 그렇게 되면 그들을 진멸하게 된다는 것이었다. 따라서 이스라엘 자손은 약속의 땅에서 그 이방인들과 어떤 언약도 맺어서는 안 되며 그들을 불쌍하게 여겨 약한 마음을 먹어서도 안 된다.

또한 언약의 자손들은 이방인들과 혼인을 하지도 말아야 했다. 그들의 딸을 이방인의 아들에게 아내로 주지 말아야 하며 이방인의 딸을 며느리로 삼아서는 안 된다. 두 집안 사이에 혼사가 이루어진다는 것은 확대된 하나의 집안을 이루게 된다는 의미를 내포하고 있다.

그렇게 되면 이방인의 가정에서 종교적인 교육을 받고 그 의례를 실행해 왔던 자들이 이스라엘 자손에게 그 사상과 행위를 전할 것이 틀림없다. 그것이 적극적이거나 소극적이거나를 막론하고 이스라엘 민족의 신앙 정서에 심각한 문제를 야기할 것은 분명한 사실이다. 결국 이방인으로서 언약의 자손과 혼인을 하게 된 며느리나 사위는 자기 배우자와 가족을 유혹하게 될 것이다.

그로 말미암아 어리석은 언약의 자손이 여호와 하나님을 떠나거나 그의 율법을 멀리하는 일이 발생하게 된다. 그들 가운데 이방인들의 거짓신을 섬기며 의지하는 자들이 생겨나는 것이다. 그와 같은 상황은 결국 이스라엘 민족의 참된 신앙을 혼합주의 종교로 만들어 버릴 우려가 따르지 않을 수 없다.

그 광경을 지켜보시는 여호와 하나님께서는 그로 인해 크게 진노하시게 되어 이스라엘 백성을 멸망시켜 버리신다. 그와 같은 하나님의 심판을 면하기 위해서는 이방인들이 만든 참람한 제단을 헐어버려야 한다. 그리고 그들이 만든 주상(柱像)을 깨뜨리며 아세라 목상을 찍어내야 하고 그들이 조각한 우상을 불살라야 한다.

이에 대해서는 오늘날 우리 시대 교회와 성도들이 특별히 주의를 기울여 그 교훈을 받아들여야 한다. 현대는 전반적으로 종교 타협주의 시대라 해도 과언이 아니다. 종교적인 통합 운동이 일어나는가 하면 이방 종교에 대한 관용주의가 만연해 있다.

복음을 제대로 알지 못하는 어리석은 자들은, 복음의 절대성을 믿고 성경에 기록된 모든 진리를 그대로 받아들이는 성도들을 독선적인 근본주의자로 몰아붙이기도 한다. 하지만 성경은 하나님의 자녀들에게 어떤 경우에도 이방 종교인들과 타협하지 말라는 요구를 하고 있다. 모세가 이스라엘 자손에게 이방인들과 혼사도 하지 말고 그들과는 어떤 언약도 맺지 말라는 것은 그런 의미를 내포하고 있다.

오히려 참된 신앙을 가진 성도들은 교회 내부에 침투해 들어오는 이방인들의 사상과 종교적인 양상을 철저하게 배제하며 물리쳐야 한다. 모세가 이스라엘 백성들에게 이방인들의 주상을 깨뜨리고 아세라 목상과 그들이 조각한 우상을 불사르도록 명령한 것은 그런 의미를 지니고 있다. 참된 복음을 소유한 자들은 이방 종교인들의 사상을 배척해야 하며 교회 내부에 다양한 모습으로 스며든 모든 것들을 찾아내 단호히 척결해야만 한다. 현대 교회를 위협하는 타협주의와 포용주의와 관용주의는 철저하게 배격되어야만 하는 것이다.

2. 이스라엘 민족의 정체성 (신7:6-11)

모세는 이스라엘 민족이 하나님께 속한 거룩한 백성이라는 사실을 언급했다. 이는 여호와 하나님께서 지상 만민들 가운데서 그들을 특별히 하나님의 상속을 위한 백성으로 선택하셨기 때문이다. 따라서 이스라엘 백성은 세상 다른 어떤 백성들과도 본질적으로 구분되는 고유한 지위를 소유하고 있다.

여호와 하나님께서 그들을 기뻐하시고 저들을 선택하신 이유는 그들이 다른 민족보다 수효가 많아서가 아니었다. 오히려 그들의 수가 적기 때문이었다. 이는 하나님께서는 특별한 백성들의 수와 그들의 세력에 의존하는 것이 아니란 사실을 말해주고 있다.

그리고 하나님께서 이스라엘 자손들에게 관심을 가진 까닭은 오직 저들에 대한 사랑 때문이었다. 그로 인해 저들의 조상들에게 하신 맹세를 지키고자 하여 권능의 손으로 저들을 압제 세력으로부터 인도해 내셨다. 그들을 애굽 왕 바로에 의해 억압당하여 노예 생활하던 상태에서 구출해 내셨던 것이다.

그러므로 하나님의 크신 은혜를 입은 자들은 그에 대한 올바른 깨달음을 가지고 있어야만 했다. 그는 여호와로서 약속에 신실하신 하나님이기 때문에 그를 진정으로 사랑하고 그의 모든 계명을 지켜 순종해야 했다. 그렇게 할 때 하나님께서는 저들의 자손을 위하여 천 대까지 그 언약을 이행하시며 인애를 베푸시게 된다.

하지만 하나님께서 요구하신 계명을 어기고 그에 불순종하며 하나님을 미워하는 자들에 대해서는 결코 방치하시지 않고 반드시 보응하며 멸망시키신다. 그런 자들에게는 어떤 긍휼도 베풀지 않으시는 것이다. 따라서 이스라엘 자손은 모세가 명하는 모든 명령과 규례와 법도를 지켜 행해야만 한다. 그것이 하나님의 뜻이며 긍휼과 은혜를 받는 소중한 방편이 되기 때문이다.

3. 하나님의 율법에 순종하는 자들에게 허락될 참된 복

(신7:12-16)

모세는 이스라엘 백성을 향해 하나님의 모든 법도를 지켜 행하면 여호와 하나님께서 저들의 조상에게 맹세하신 언약을 지켜 인애를 베풀어 주실 것이라고 했다. 하나님의 율법을 지켜 순종한다는 것은 하나님과 소중한 관계가 유지된다는 사실을 의미한다. 그에 반해 그 율법을 버린다는 것은 하나님과 무관하게 된다는 말과 같다.

하나님께서는 자기의 뜻을 따르는 백성들을 사랑하시고 저들에게 복을 주어 번성케 해주신다. 장차 그들을 통해 약속하신 메시아를 이땅에 보내시므로 최상의 복을 성취하게 되는 것이다. 따라서 저들에게 주어진 모든 언약은 그 자손들에게 온전히 상속되며 놀라운 은혜가 베풀어진다. 그들은 현실적으로도 약속의 땅에서 나는 다양한 생산물과 곡식 그리고 포도주와 기름을 풍성하게 얻을 뿐 아니라 저들 가운데 사육되는 소와 양 등 가축들도 많은 번식을 하게 된다.

그러므로 그 백성이 받게 되는 복은 이 세상의 어떤 종족들보다 훨씬 크다. 그것은 단순한 산술적인 비교가 불가능하다. 따라서 그들 가운데 가축의 생식과 생육이 중단되거나 막히지 않을 것이다. 우리는 여기서 언약의 자손들에게 소와 양 등의 동물이 번성하게 된다는 것이 단순한 부의 축적이나 일반적인 번성을 말하는 것 이상의 의미를 지닌다는 사실을 이해해야 한다.

이는 그 동물들이 항상 번성해야 하는 가장 중요한 이유는 그것이 하나님에 대한 제사와 제물에 직접 연관되어 있기 때문이다. 따라서 소와 양 등의 가축의 생식과 생육이 원활하게 보장된다는 것은 하나님을 경배하는 일이 충실하게 지속될 수 있음을 말해주고 있다. 사실 이스라엘 자손들에게 있어서 가장 중요한 것은 바로 그와 밀접하게 연관되어 있는 것이다.

그리고 하나님께서는 자신의 율법에 온전히 순종하는 자세를 유지하는 백성들의 건강을 지켜 주신다. 그가 모든 질병이 저들에게 가까이하지 못하도록 보호해 주신다. 이스라엘 자손이 애굽에서 노예생활을 하고 있을 때 그 가운데서 목격하며 경험했던 무서운 악질에 걸리지 않게 하시리라는 것이다. 그에 반해 하나님께 저항하며 그의 뜻에 순종하는 백성을 미워하는 모든 자들로 하여금 악질에 걸리게 하실 것이라고 했다.

그러므로 이제 약속의 땅에 들어가면 강력한 세력을 가지고 있지만 여호와 하나님께서 저들에게 넘겨주시기로 작정하신 모든 민족을 두려워하지 말라고 했다. 그리고 그들에게 어떤 긍휼도 베풀지 말고 철저하게 진멸하라고 했다. 그리고 이방인들이 섬기는 거짓신들을 따라 섬기지 말라는 당부를 했다. 그것이 저들에게 위험한 올무가 될 것이었기 때문이다. 이는 그들이 들어가 얻게 될 약속의 땅을 하나님의 거룩한 영역으로 만들어 보존하라는 의미를 지니고 있다.

4. 하나님과 그가 보내시는 '왕벌'(the hornet) (신7:17-21)

모세는 이스라엘 백성들을 향해 하나님을 의지하고 참된 용기를 가지라고 했다. 혹시라도 이방 종족들의 외양을 보고 지레 겁먹을 필요가 없다는 것이었다. 즉 이방인들의 수와 세력을 보고 그들의 수가 많고 병력이 막강해 보일지라도 마음속으로 걱정하지 말라는 것이었다.

언약의 자손들은 그들의 겉모습을 보고 두려워할 것이 아니라 오히려 여호와 하나님께서 애굽 땅에서 행하신 일을 잘 기억하라고 했다. 그들은 여호와 하나님께서 이스라엘 자손을 애굽으로부터 이끌어 내실 때 행하신 큰 시험과 이적과 기사와 강한 손과 편 팔을 기억하라는 것이었다. 거기 모인 백성들 가운데 대다수는 현장을 직접 목격하지 않았으나 조상들로부터 그 이야기를 들어 왔으므로 그 역사적 사실에 대하여 잘 알고 있었다.

하나님께서는 가나안 땅에 들어가면 이스라엘 백성이 두려워할 만한 상대가 완고히 버티고 있을지라도 애굽에서 다양한 기적을 행하신 것처럼 하시리라는 것이었다. 이는 이방인들의 세력에 맞서 싸우는 주된 전쟁은 여호와 하나님께서 감당하신다는 의미를 지니고 있다. 따라서 그들은 자신의 부족한 모습이 아니라 전능하신 하나님을 의지하고 그만 바라보아야 한다.

그것을 위해 하나님께서 '왕벌'(the hornet)을 그들 중에 보내실 것이라고 했다. 그 왕벌이 이방인들의 남은 자와 언약의 군대를 피하여 숨은 자들을 멸하시리라는 것이었다. 따라서 이스라엘 백성은 그들을 두려워할 필요가 전혀 없다. 크고 두려운 그들의 하나님 여호와께서 저희 중에 계시기 때문이다. 이는 막연한 상상이나 관념이 아니라 실제로 저들 가운데 계시는 하나님에 대해 말해주고 있다. 이에 대해서는 출애굽기와 여호수아에 더욱 구체적으로 기록되어 있다.

> "내가 내 위엄을 네 앞서 보내어 너의 이를 곳의 모든 백성을 파하고 너의 모든 원수로 너를 등지게 할 것이며 내가 왕벌을 네 앞에 보내리니 그 벌이 히위 족속과 가나안 족속과 헷 족속을 네 앞에서 쫓아내리라"(출 23:27,28);
>
> "너희가 요단을 건너 여리고에 이른즉 여리고 사람과 아모리 사람과 브리스 사람과 가나안 사람과 헷 사람과 기르가스 사람과 히위 사람과 여부스 사람들이 너희와 싸우기로 내가 그들을 너희의 손에 붙였으며 내가 왕벌을 너희 앞에 보내어 그 아모리 사람의 두 왕을 너희 앞에서 쫓아내게 하였나니 너희 칼로나 너희 활로나 이 같이 한 것이 아니며"(수 24:11,12)

우리가 여기서 기억해야 할 바는 성경에 기록된 '왕벌' 이 일반적인 왕벌이 아니라 구체적으로 지목된 바로 '그 왕벌' (the hornet)이라는 사실이다. 따라서 여기서 왕벌이란 메시아와 밀접하게 연관된 개념으로 받아들여야 한다. 당시 이스라엘 자손에 앞서 나가 싸웠던 그 왕벌은 실제적이었으나 인간들의 눈에 가시적으로 보이지는 않았다.

이에 대해서는 오늘날 우리 시대에도 동일하게 적용되어야 한다. '그 왕벌' 은 지금도 우리보다 앞서 싸우고 계신다. 이 세상에는 우리보다 훨씬 강해 보이고 훌륭하게 보이는 수많은 세상의 적대세력이 존재하지만 우리는 그들을 두려워할 필요가 없다. 외형을 가지고 견주어 비교할 이유도 없다. 우리는 오로지 하나님께서 보내신 '그 왕벌' 이 우리를 위해 싸우고 계신다는 사실을 항상 기억하고 있어야 한다. 즉 우리의 힘이 강력해서가 아니라 하나님께서 보내신 왕벌을 의지하여 악한 세상을 정복해 갈 수 있는 것이다.

어리석은 자들은 앞서 싸우는 그 왕벌의 존재를 잊어버리고 자기의 능력을 배양하기에 힘쓴다. 그들은 자기의 병력과 무기와 전술을 통해 적군에게 승리를 쟁취할 수 있는 것인 양 착각한다. 하지만 우리는 무능하지만 우리 앞서 싸우는 하나님께서 보내신 왕벌의 권능이 우리를 승리로 이끈다는 사실을 기억해야만 하는 것이다.

5. 거짓된 것들을 추방하는 일과 참된 지혜 (신7:22-26)

모세는 여기서 매우 중요한 교훈을 주고 있다. 그것은 하나님께서 약속의 땅 가나안을 점령하고 있는 이방 족속들을 한꺼번에 쫓아내시지 않고 조금씩 순차적으로 쫓아내실 것이라고 했기 때문이다. 따라서 이스라엘 자손들 역시 자기 판단이 아니라 하나님의 사역에 보조를 맞출 수 있어야 한다.

그러므로 이스라엘 백성을 향해 그곳에 살고 있는 자들을 급히 멸하지 말라는 당부를 했다. 만일 그렇게 하면 저들이 원하는 일부를 얻게 될지 모르지만 또 다른 중요한 것을 잃어버릴 우려가 따르게 된다. 즉 그 지역에 살아온 이방인들은 당시 환경에서 익힌 방식으로 살아왔는데 그들을 일시에 전멸해 버리게 되면 오히려 들짐승이 번성하여 언약의 자손들을 해할 우려가 따른다는 것이었다. 이 말은 하나님께서 행하시는 일을 잠잠히 바라보며 그에 순종하는 자세로 참여함으로써 그 땅을 얻으라는 의미를 지니고 있다.

따라서 여호와 하나님께서 때에 맞추어 그 이방인들을 저들의 손에 넘기시고 그들을 크게 혼란하게 하여 진멸하신다는 것이었다. 그로 인해 그 이방인들의 왕들과 그들의 이름을 천하에서 제거하여 버리라고 했다. 그리하여 세상에 하나님의 백성을 당해낼 자들이 아무도 없을 것이며 궁극적인 승리를 거두게 되리라는 것이었다.

그와 더불어 언약의 자손들이 행해야 할 중요한 일은 이방인들이 조각한 신상들을 철저히 불사르는 일이다. 우리가 여기서 반드시 기억해야 할 점은 그것에 입힌 은이나 금을 탐내거나 취하지 말라는 것이었다. 즉 입술로는 하나님의 말씀에 순종한다고 주장하면서 그것을 자기를 위한 이익의 재료로 삼지 말아야 한다. 그렇게 하면 그것이 위험한 올무가 될 수 있다. 이방인들의 신상이나 조각을 통해 얻은 이익의 잔존물들은 여호와 하나님께서 가증히 여기시는 것이다.

그러므로 모세는 가증한 것들을 저들의 집 안에 들이지 말라고 했다. 그것을 자기 집에 들여놓는 것은 욕망에 따른 자기의 이익을 위해서일 것이 분명하다. 하지만 그로 인해 저들이 진멸 당하게 될까 두려워하라고 했다. 따라서 하나님의 백성은 그것들을 멀리하고 심히 미워하는 자세를 가져야 한다. 그런 것들은 아무리 탐스러워 보일지라도 진멸당할 것에 지나지 않기 때문이다.

이에 대해서는 오늘날 우리 역시 각별한 관심을 기울여 이해해야만 한다. 하나님의 몸된 교회에 속한 성도들은 성경의 교훈에 반하거나 하나님을 모독하는 모든 것들을 단호히 불살라 버릴 수 있는 용기를 가져야 한다. 물론 그것들은 영적인 것들을 포함하고 있다. 겉보기에 아무리 좋아 보이고 타락한 인간의 취향에 맞을 것 같을지라도 그것은 하나님을 모독하는 방편이 될 수 있기 때문이다. 따라서 그런 것들을 과감하게 버리고 그와 단절할 수 있는 용기와 지혜를 가지는 것이 중요하다.

제11장

하나님의 백성과 '젖과 꿀'이 흐르는 땅

(신8:1-20)

1. 하나님의 말씀으로 살아가야 할 백성 (신8:1-4)

모세는 이스라엘 백성을 향해 자기가 명하는 모든 내용을 지켜 행하라고 요구했다. 그것이 저들의 삶을 보장하는 소중한 방편이 되기 때문이다. 따라서 그에 온전히 순종하면 여호와 하나님께서 믿음의 조상들에게 맹세하신 땅을 차지하여 자손 대대로 언약의 백성으로서 번성하게 되는 것이다.

그들이 소유해야 할 가장 소중한 것은 지난 사십 년 동안 여호와 하나님께서 저들을 인도하여 험악한 광야 길을 통과하게 하신 사실을 기억하고 마음에 새기는 것이다. 하나님께서는 백성들 가운데서 행하시는 모든 과정 중에 놀라운 이적들을 일으켜 자신의 의도를 선명하게 드러내 보여주셨다. 언약의 자손들은 그것을 통해 하나님의 전능하신 능력과 자신의 연약함을 깨달아 알게 되었던 것이다.

그러므로 하나님께서는 이스라엘 자손들로 하여금 자기가 행하신 모든 사역을 마음속에 간직하도록 명하셨다. 그와 더불어 백성들을 낮은 자리에 처하게 하여 많은 고생을 견뎌내도록 하셨다. 거기에는 또한 매우 중요한 하나님의 뜻이 담겨 있었다. 그 과정에서 저들을 시험하여 그 마음 자세가 어떠한지 살피고자 하셨기 때문이다. 즉 어려운 시련을 겪으며 그들이 하나님의 계명을 온전히 지키고자 하는지 그렇지 않은지 시험해 보고자 하셨던 것이다.

또한 하나님께서는 저들을 심히 어려운 처지에 두어 굶주리게 하시다가 저들뿐 아니라 그 조상들도 알지 못하던 기적의 만나를 허락하셨다. 저들에게 그 놀라운 양식을 제공하여 먹임으로써 생명을 보존하도록 해주셨다. 하지만 그것은 단순히 육체적인 생명을 이어가는 의미에 국한된 것이 아니었다.

하나님께서 저들에게 하늘로부터 내려오는 만나를 먹이신 근본적인 까닭은 따로 있었다. 거기에는 사람이 입으로 먹는 떡으로만 사는 것이 아니라 여호와 하나님의 입으로부터 나오는 모든 말씀으로 사는 줄을 저들로 하여금 깨달아 알게 하려는 소중한 목적이 있었다(신8:3). 그들은 사십 년 광야 생활 동안 저들의 의복이 해어지지 않고 신발이 닳지 않는 것을 경험하며 보다 중요한 의미를 동시에 체득했던 것이다.

그러므로 오늘날 우리는 여기서 그에 연관된 본질적인 의미를 명확하게 이해할 수 있어야 한다. 이스라엘 백성은 시내 광야 사십 년 동안 인간 역사 가운데 전무후무한 기적적인 방법으로 음식을 먹고 생존하면서 항상 그와 연관된 영적인 의미를 소유하고 있어야만 했다. 즉 날마다 하늘에서 내리는 만나를 먹으면서 육체적인 건강을 위한 것으로만 알고 그 영적인 의미를 간과하는 자들은 그에 관련된 영적인 의미에 대한 무지로 인해 더욱 소중한 것을 놓칠 수밖에 없었다.

신약시대 주님의 몸된 교회에 속한 성도들 역시 항상 그와 동일한 깨달음 가운데 살아가야만 한다. 예수님께서는 그의 공사역을 시작하시면서 사십 일 동안 사탄에 의해 시험을 당하실 때 신명기의 말씀을 인용하며 그에 연관된 말씀을 하셨다. 복음서에는 그에 대한 분명한 증거가 기록되어 있다.

> "예수께서 대답하여 이르시되 기록되었으되 사람이 떡으로만 살 것이 아니요 하나님의 입으로부터 나오는 모든 말씀으로 살 것이라 하였느니라 하시니" (마4:4).

신명기를 인용한 이 말씀은 모든 언약의 자손들이 받아들여야 할 매우 중요한 원리와 연관되어 있다. 즉 이 세상에서 하나님의 은총으로 말미암아 먹고 마시며 육체적인 삶을 살아가는 성도들은 그 모든 것들을 통해 영적인 의미를 깨달아야 한다. 즉 그와 같은 형편 가운데서 존재하는 자들은 하나님께서 날마다 공급하시는 음식 자체에 머무를 것이 아니라 하나님의 말씀으로 인해 진정한 삶을 살아간다는 사실을 알아야 하는 것이다.

2. 하나님의 진정한 사랑 (신8:5,6)

모세는, 하나님은 자기 백성을 엄히 징계하시는 분이라는 사실을 언급했다. 이는 사악한 불신자들에 대한 궁극적인 심판과는 차이가 나는 것으로서 하나님의 근원적인 사랑에 연관되어 있다. 즉 부모가 자기의 사랑하는 아들을 징계하는 것처럼 하나님께서도 자기 백성에 대하여 그렇게 하신다는 것이다.

이에 관해서는 신약성경에 분명하게 잘 기록되어 있다. 하나님께서 자기의 사랑하는 자를 징계하는 것은 이상한 일이 아니라 지극히 당연한 일이라는 것이다. 히브리서 기자는 참 아들과 사생자에 관한 내용을 비유로 들어 설명하고 있다.

> "주께서 그 사랑하시는 자를 징계하시고 그의 받으시는 아들마다 채찍질 하심이니라 하였으니 너희가 참음은 징계를 받기 위함이라 하나님이 아들과 같이 너희를 대우하시나니 어찌 아비가 징계하지 않는 아들이 있으리요 징계는 다 받는 것이거늘 너희에게 없으면 사생자요 참 아들이 아니니라" (히12:6-8)

자식에 대한 부모의 사랑은 단순한 감정에 그치지 않는다. 자식을 사랑하는 마음은 항상 동일하지만 자식을 올바르게 양육하기 위해서는 징계와 채찍이 동반될 수밖에 없다. 즉 부모가 자식을 키우면서 징계가 전혀 없는 경우는 아예 존재하지 않는 것으로 이해하는 것이 자연스럽다.

부모가 사랑하는 자식을 올바르게 양육하기 위해서는 때에 따라 적절한 채찍이 뒤따르게 된다. 어린 자식들은 주관적인 욕망을 추구하기에 급급하므로 객관적인 원리에 대한 안목이 부족할 수밖에 없다. 어린아이가 장성하게 자라기까지는 본능적인 욕망과 환경의 유혹에 쉽게 넘어가는 것이 그다지 이상하지 않다. 따라서 자식을 하나님의 말씀에 따라 양육하기 위해 징계하는 그와 같은 일은 부모가 자식을 진정으로 사랑하기 때문에 생겨나는 필연적인 과정이라 할 수 있다.

하지만 참된 가치관이 허물어져 가는 우리 시대에는 부모와 어른들조차 그에 관한 올바른 인식을 하지 못하는 경우가 많다. 그런 자들은 자기 자녀들의 잘못을 나무라고 책망하기보다 오히려 감싸 안으려 한다. 특히 학교에서 선생님이나 주변 이웃의 어른들이 자기 자녀의 잘못을 지적하면 그것을 감사하게 받아들여야 하지만 실상은 그렇지 못하다. 만일 누구든지 자식의 잘못을 방관하거나 대책 없이 눈감아준다면 그것은 사랑하는 자식을 어두운 파멸의 길로 몰아가는 것과 마찬가지다.

이에 관해서는 우리 시대 하나님의 몸된 교회 가운데서 가장 잘 드러나야 한다. 따라서 교회의 필수적인 표지 가운데 하나는 '권징 사역' 이다.

여기서 말하는 권징이란 단순히 교인들 중에서 잘못하는 자를 찾아 벌주는 것에 그치지 않는다. 그것은 도리어 잘못을 깨달아 그로부터 돌이키도록 하기 위한 '교육적 수단' (discipline)이 되어야 한다.

만일 교회라는 이름을 가지고 있으면서 올바른 권징 사역이 시행되지 않는다면 참된 교회라 말할 수 없다. 물론 모든 권징은 개인이나 집단적 감정 혹은 시대적 해석에 근거하는 것이 아니라 하나님의 계시된 말씀 곧 성경의 총체적인 교훈이 그 배경이 되어야 한다. 그로 말미암아 지상에 올바른 교회가 세워져 갈 수 있는 것이다.

3. '젖과 꿀' 이 흐르는 약속의 땅 (신8:7-10)

이스라엘 자손이 요단 강을 건너 가나안 땅을 정복하게 되는 것은 인간들의 자력(自力)에 의한 것이 아니었다. 여호와 하나님께서 자신의 약속에 따라 그 백성을 아름다운 그 땅으로 이르도록 해주시는 것이다. 그곳은 산지와 골짜기들이 있어서 지하수와 더불어 많은 샘물이 솟아나며 시내가 흘러내리고 있다. 이는 그 땅에 들어가게 될 이스라엘 자손이 황량한 시내 광야에서 경험해보지 못한 새로운 환경이었다.

젖과 꿀이 흐르는 땅으로 묘사된 그곳은 비옥한 지역이었다. 들판에는 계절에 따라 밀과 보리가 자라나고 포도와 무화과와 석류와 감람나무들이 가득하며 입에 단 꿀들이 생산된다. 하나님께서는 그것들을 통해 이스라엘 자손들이 풍족하게 먹고 살아갈 수 있는 양식을 공급하신다. 시내 광야에서 사십 년 동안 날마다 하늘로부터 공급하시던 만나와 메추라기 대신에 이제는 젖과 꿀이 흐르는 땅에서 온갖 곡물과 다양한 과일들을 공급하시는 것이다.

이처럼 조만간 그들이 가나안 땅에 들어가면 시내 광야의 사막에서는 전혀 경험하지 못했던 새로운 환경이 전개된다. 그들은 다양한 종류의 양식을 얻으며 그것을 통해 이 세상에서의 삶을 이어가게 되는 것이다. 중요한 점은 하늘에서 내려오는 양식이든 땅에서 나는 양식이든 공히 하나님의 은총으로 말미암는 것이란 사실이다.

그러므로 우리는 여기서 성도들의 현실에 연관된 매우 중요한 실제적인 의미를 생각해 볼 수 있어야 한다. 그것은 오늘날 우리가 날마다 먹고 살아가는 다양한 음식들이 비록 땅에서 나지만 과거 시내 광야에서 하늘로부터 양식을 공급하신 하나님께서 그와 동일한 관점에서 우리에게 공급하고 계신다는 사실이다. 이스라엘 자손이 가나안 땅에 거할 때도, 주변의 많은 사람들은 겉보기에 동일한 방식으로 땅의 소산을 먹었다. 하지만 언약의 자손들에게 허락되는 음식은 외형상 동일했지만 그 본질적 의미는 전혀 달랐던 것이다.

이처럼 오늘날 하나님의 자녀인 우리가 먹는 음식은 자연 발생적이거나 단순한 인간의 노동력에 의한 산물로 이해해서는 안 된다. 하나님을 알지 못하는 사람들에게는 그럴 따름이겠지만 우리에게는 그렇지 않다. 하늘에서 만나와 메추라기를 보내신 하나님께서 땅에서도 자기 자녀들에게 특별히 그 음식을 직접 공급하고 계신다. 따라서 우리가 먹는 일용할 양식은 전적으로 하나님의 은혜에 근거하는 것이다.

모세는 또한 그 약속의 땅에는 많은 중요한 자원들이 보관되어 있다는 사실을 언급했다. 그곳에는 철과 동이 풍부하게 매장되어 있다는 것이다. 이는 그것들을 통해 이 세상에서 하나님을 위하여 지혜롭게 살아가라는 의미가 내포된 것으로 이해해야 한다.

그러므로 모세는 이스라엘 자손을 향해 먹을 것이 풍성한 곳이자 지하자원이 풍부한 약속의 땅으로 인도하신 하나님의 뜻을 기억하라고 했다. 언약의 자손들이 그 모든 것들과 더불어 거기서 감당해야 할 중요한 구속사적 사명이 있다는 사실을 잊어서는 안 된다. 따라서 옥토(沃土)가 간직한 그 모든 여건 가운데서 여호와 하나님을 찬양하는 것이 저들의 삶의 중심에 놓여 있어야 하는 것이다.

4. 항상 여호와를 기억하는 신앙 자세 (신8:11-16)

모세는 가나안 땅 진입을 앞둔 이스라엘 백성을 향해 간곡하게 당부했다. 여호와 하나님의 명령과 법도와 규례를 반드시 지켜 준수하라는 것이었다. 그리고 지금까지 저들을 인도해오신 하나님을 절대로 잊어버려서는 안 된다는 사실을 강조했다.

하나님의 율법과 그의 인도하심을 잊어버린다는 것은 그 자체로서 위태로운 일이 아닐 수 없다. 어리석은 자들은 자기의 환경이 좋아지고 부족함이 없으면 오만한 태도를 취하는 것이 보통이다. 그러나 언약의 자손은 하나님께서 허락하신 풍요로운 형편에 처할 때 그것을 자기를 위한 욕망의 도구로 삼는 일이 발생해서는 안 된다.

그러므로 모세는 저들을 향해 간절히 부탁하고 있다. 그들이 가나안 땅에 들어가 맛있는 음식을 배불리 먹고 아름다운 집을 지어 그 안에 거주하게 될 때 더욱 주의해야 한다는 것이었다. 그들에게 소와 양들이 많아지고 은과 금이 풍부하여 소유가 넘칠 때 더욱 겸손한 자세를 가지라고 했다. 그런 것들로 말미암아 마음이 교만해져서 여호와 하나님을 잊어버려서는 절대로 안 된다는 것이었다.

우리가 여기서 기억해야 할 점은, 하나님께서 이스라엘 자손에게 안전하고 풍요로운 삶을 허락하시고자 한 근본적인 이유는 이땅에 메시아를 보내시기 위한 통로로서 그 백성을 보호하시기 위해서였다는 사실이다. 즉 그 백성들이 풍족한 삶을 누리며 즐거운 삶을 살아가도록 하는 것이 일차적인 목적이 아니었다. 따라서 그들은 풍부한 곡식과 자원으로 인해 주어지는 만족스러운 생활 자체에 얽매이지 말아야 했으며, 동시에 생존으로 인한 지나친 염려에 빠져서도 안 되었다.

그리고 하나님께서는 저들 가운데 소와 양들이 번성하게 하심으로써 자기를 향한 제사가 끊어지지 않게 하시고자 했다. 이스라엘 민족에게 있어서 소와 양은 백성들의 양식이기에 앞서 하나님을 위한 거룩한 제물로서의 성격이 강했다. 또한 은과 금을 풍부하게 허락하심으로써 나중 거룩한 성전을 지을 때 필요한 재료를 준비하게 하셨다. 하지만 어리석은 자들은 그 모든 것들이 하나님을 위한 것이었음에도 불구하고 자기 자신을 위한 것으로 착각하며 오용하게 되었다.

오늘날 우리도 이를 통해 중요한 교훈을 얻을 수 있어야 한다. 교회에 속한 성도들에게 각기 필요한 양식을 허락하시고 적절한 지식을 주시며 이 세상에서 살아갈 만한 환경을 허락하신 것은 우리 자신의 그럴듯한 인생살이를 보장하기 위한 것이 일차적인 목적이 아니다. 따라서 오히려 그 모든 것들이 하나님의 몸된 교회와 그 가운데 진행되는 하나님의 구원 사역을 위한 것이라는 사실을 기억하고 있어야만 한다.

그러므로 모세는 이스라엘 백성을 향해 저들을 애굽의 노예가 되어 살아가던 조상들을 강권적으로 이끌어 내신 여호와 하나님을 잊어버려서는 안 된다는 사실을 강조했다. 하나님께서는 사람이 살아가기 어려운 광대한 광야를 지나게 하시면서 저들을 안전하게 인도하셨다. 불뱀과 전갈들이 득실거릴 뿐 아니라 마실 물이 귀한 건조한 사막을 지날 때 단단한 반석에서 물을 내셔서 저들의 생명을 이어가게 하셨다.

또한 광야에서 생활하는 동안 이 세상 모든 사람들은 물론 믿음의 조상들조차 상상하지 못했던 특별한 방식으로 하늘에서 만나와 메추라기를 공급하여 살아가게 하셨다. 하나님께서 저들에게 그렇게 하신 것은, 그 험난한 과정을 지나는 동안 인간의 능력을 버리고 겸손하게 낮아지도록 하시는 가운데 저들의 신앙을 시험하시기 위해서였다. 그로 말미암아 결국 저들에게 영원에 맞닿은 신령한 복을 주시고자 했던 것이다.

5. 교만과 배도행위에 대한 경고 (신8:17-20)

모세는 그 교훈과 더불어 이스라엘 백성들을 향해 강한 경고의 메시지를 주었다. 어리석은 자들은 저들의 삶이 풍요로워지고 많은 것을 소유하게 되면 그것이 마치 개인의 능력으로 인한 것인 양 착각하게 된다는 것이었다. 그런 자들은 자기의 판단과 노력을 통해 그 모든 것들을 쟁취하게 된 듯이 여길 우려가 따르게 된다. 그리고는 다른 사람들 앞에서 자기의 형편을 자랑하는 심각한 오류에 빠지는 것이다.

하지만 그들이 반드시 기억해야 할 바는, 항상 자기를 인도하시는 여호와 하나님을 기억해야 한다는 사실이다. 하나님께서 저들로 하여금 넘치는 양식과 많은 재물을 얻을 수 있는 소중한 기회를 허락하셨다. 그 모든 것들은 오직 하나님으로 말미암은 것일 뿐 인간의 능력에 근거한 것이 아니었다.

하나님께서 저들에게 그와 같이 놀라운 은총을 베푸신 것은 그들의 조상들에게 맹세하신 언약 때문이었다. 신실하신 하나님께서는 스스로 맺으신 언약을 결코 파기하거나 버리시지 않는다. 따라서 그 언약을 이루시기 위해 자기 자녀들을 순탄한 길로 인도해 가시는 것이다.

이에 대해서는 오늘날 우리를 포함한 이 세상에 살아가는 모든 하나님의 자녀들이 마음속에 담아 두어야 할 진리이다. 하나님께서 항상 자기 자녀들을 지키시며 저들을 위해 모든 것을 공급하고 계시기 때문이다. 비록 불신자들은 개인의 능력에 따라 원하는 것들을 쟁취할지 모르지만 하나님의 자녀들에게는 그렇지 않은 것이다.

따라서 모세는 저들에게 주의와 더불어 강한 경고를 하고 있다. 여호와 하나님을 잊어버리거나 멀리한 채 부정한 이방인들의 신들을 따라가서는 안 된다는 것이었다. 만일 그들이 이방신들을 섬기며 그에 경배하면 하나님께서는 저들의 죄악을 결코 가볍게 여기지 않으신다는 것이다. 모세는 그 사실을 언급하면서 하나님의 율법을 받은 선지자로서 자기가 증거하건대 그렇게 행하는 자들은 반드시 멸망하게 되리라고 말했다.

장차 그런 일이 발생하면 하나님께서는 저들을 부정한 이방인들같이 여기시게 된다. 하나님께서 배도에 빠진 이스라엘 백성을 심판하시는 것은 그들이 이방인들과 다르지 않게 부정한 존재가 되어버렸기 때문이다. 혈통적으로 유대인을 자처하면서 하나님의 말씀에 순종하지 않는 것은 부정한 이방인이 되어 패망을 불러오는 것과 마찬가지다.

이에 대해서는 현대 교회에 속한 교인들 역시 마찬가지다. 하나님의 말씀을 귀담아듣지 않고 그에 불순종한다면 하나님의 심판을 재촉하는 것이 된다. 하지만 어리석은 인간들은 과거 이스라엘 백성들이 그랬던 것처럼 하나님의 말씀을 올바르게 듣기를 거부한 채 자신의 종교적인 경험과 이성을 내세우며 그것이 하나님의 뜻인 양 착각하며 다른 사람들 앞에서 자랑하기를 좋아한다. 그럴 경우 그들이 비록 거짓 가운데 어느 정도 종교적인 만족감을 느낄지라도 실상은 죽음의 길을 가는 것과 같다. 참된 하나님의 자녀들이라면 항상 이에 관하여 여간 깊은 주의를 기울이지 않으면 안 된다.

제12장

가나안 땅 진입을 앞둔 이스라엘 자손을 향한 모세의 메시지

(신9:1-29)

1. 전쟁을 주도하시는 여호와 하나님 (신9:1-3)

모세는 이스라엘 백성이 곧 요단 강을 건너 가나안 땅을 차지하게 되리라는 사실을 말했다. 그 지역에는 이미 오래전부터 강대한 나라들이 지배하고 있었다. 그들의 성읍은 크고 견고했으며 성벽은 하늘에 닿을 만큼 높이 치솟아 그 위용을 보여주기에 충분했다.

그 백성은 강력한 힘을 가진 아낙 자손이었다. 그들에 대해서는 오래전부터 이미 들어온 바였다. 그들은 주변의 아무도 당할 수 없을 만큼 막강한 전투력을 소유한 종족이었다. 따라서 이스라엘 자손들에게도 아낙 자손은 두려움의 대상이 되지 않을 수 없었다.

하지만 그 모든 것들은 주변에 살아가던 사람들의 한결같은 판단이었다. 그들은 성읍들의 견고성과 성벽의 높이를 보며 세력을 가늠하고자 했다. 또한 군대와 병력의 수와 전력을 비교하며 승패를 미리 짐작하고자 했던 것이다.

그러나 하나님 앞에서는 그런 조건들이 아무런 의미가 없었다. 따라서 모세는 이스라엘 자손을 향해 이제 하나님께서 어떻게 역사하시는지 목격하게 될 것이라고 했다. 그가 맹렬한 불과 같이 언약의 백성들에 앞서 나아가시게 되면 상황이 완전히 달라지게 된다는 사실을 선포했다.

여호와 하나님께서 가나안 땅을 지배하고 있는 이방 종족들을 멸망시킬 것이며 그 병사들이 이스라엘 자손들 앞에서 쓰러지도록 만드신다고 했다. 이는 그동안 비밀리에 감추어졌던 내용이 아니라 이미 저들에게 말씀하신 바였다. 그리하여 요단 강을 건너가는 언약의 백성들이 막강한 세력을 보유한 그곳의 지배자들을 쫓아내고 속히 멸망시키게 되리라는 것이었다.

우리가 여기서 기억해야 할 바는 이스라엘 자손이 가나안 땅에 거주하는 강대한 종족들에게 승리를 거두는 것이 저들의 요구에 의한 것이 아니었다는 사실이다. 또한 그들의 훈련된 군사력이나 치밀한 전략 때문도 아니었다. 그것은 전적인 하나님의 계획과 섭리에 따른 결과로 말미암아 주어지게 된다. 이 말은 거기에는 장차 이땅에 메시아를 보내시기 위한 하나님의 놀랍고 원대한 뜻이 존재한다는 사실을 말해주고 있다.

2. 전적으로 무능한 언약의 자손들 (신9:4,5)

모세는 이스라엘 자손에게 특별한 경고의 메시지를 전했다. 그것은 그들이 가나안 땅에 들어가 여호와 하나님께서 이방 종족들을 쫓아내신 후에 취할 저들의 마음 자세에 관한 내용이었다. 언약의 자손들이 그 땅을 차지하게 되는 것은 전적인 하나님의 약속과 그의 놀라운 사역에 달려 있었다.

그럼에도 불구하고 어리석은 자들은 그들이 가나안 땅을 정복하게 된 것이 자신의 능력 때문이라는 착각을 하게 된다. 그들이 스스로 공의롭게 행하고 슬기롭게 대처한 결과 그 땅을 얻게 된 것인 양 생각한다. 이스라엘 백성이 그 땅을 얻게 된 것은 그들이 하나님의 뜻에 순종했기 때문에 이루어진 것으로 판단한다. 즉 거기에는 저들의 공로가 어느 정도 존재하는 것으로 여기는 것이다.

모세는 백성들을 향해 이제 곧 가나안 땅을 정복하게 되면 절대로 그와 같은 오만한 생각을 하지 말라는 당부를 했다. 하나님께서 저들을 그곳에서 쫓아내신 것은 이스라엘의 선행이 아니라 여호와 하나님을 알지 못하는 자들의 사악한 태도 때문이라는 것이었다. 즉 특별한 약속의 땅을 지배하고 있으면서 하나님을 욕되게 하는 그 이방인들을 결코 용납하지 않으신다는 것이다.

성경은, 그 백성이 약속의 땅 가나안을 차지하게 되는 것은 저들의 공의로 인해 주어진 것이 아닐 뿐더러 저들의 마음이 정직하기 때문도 아니라는 사실을 분명히 말하고 있다. 이스라엘 자손의 삶이 그에 미치지도 못했거니와 설령 정직하고 의로웠다 할지라도 그것이 승리의 조건이 될 수 없었다. 여호와 하나님께서는 이방 종족의 사악함으로 인해 저들을 언약의 자손 앞에서 멸망시키시게 된다.

그 모든 일은 전적으로 하나님의 약속과 결단에 근거하여 이루어진다. 하나님께서는 이미 오래전에 저들의 조상인 아브라함과 이삭과 야곱에게 그 일을 행하리라고 맹세하셨다. 그것은 하나님께서 장차 자신의 특별한 왕국을 세우시고자 하는 뜻에 연관되어 있었다. 그 왕국은 메시아 왕국의 그림자 역할을 했으며 나중 다윗이 세우게 되는 그 왕국을 통해 이땅에 메시아를 보내시고자 했던 것이다.

3. 목이 곧은 고집 센 백성 (신9:6-8)

모세는 이스라엘 백성을 향해 하나님께서 젖과 꿀이 흐르는 그 아름다운 땅을 저들에게 기업으로 주신 것은 저들의 공로 때문이 아니라는 사실을 분명히 알아야 한다는 사실을 강조하여 말했다. 그러나 그 백성은 목이 곧아 고집이 세고 교만한 자들이었다. 그런 자들은 자기의 판단에 의지하여 모든 것을 평가하고 받아들이기를 되풀이한다.

그러므로 그들에게 경고와 권면의 메시지를 전했다. 과거에도 시내 광야에서 여호와 하나님을 격노케 한 사실을 잊지 말고 기억하라는 것이었다. 당시에는 백성들이 총체적으로 되풀이되는 놀라운 기적의 상황 가운데 거하면서도 하나님의 뜻을 따르기를 거부했던 것이다.

그 백성의 거역은 이스라엘이 홍해 바다를 건너 애굽을 탈출한 후부터 당시 느보 산에 이를 때까지 되풀이되었다. 이는 특별한 조건 때문에 그렇게 한 것이 아니라 하나님을 거역하는 것이 저들의 속성이었음을 말해주고 있다. 심지어 그들은 호렙 산에서 하나님의 십계명이 주어지는 시점에도 여호와 하나님을 거역했다.

그로 말미암아 하나님께서는 저들에게 크게 진노하셨다. 그리하여 그 백성을 멸망시키고자 하셨으나 하나님께서는 끝까지 인내하셨다. 그가 인내하신 까닭은 자기가 하신 약속에 신실하신 분이기 때문에 그의 궁극적인 사역을 완수하시기 위해 끝까지 참고 저들을 약속의 땅으로 인도해 가셨던 것이다.

4. 아론의 금송아지와 모세의 십계명 두 돌판 (신9:9-17)

모세는 과거 그 당시 여호와 하나님께서 이스라엘 자손과 세우신 언약의 두 돌판을 받기 위해 호렙 산에 올라가서 밤낮 사십 일을 그곳에 머문 사실을 언급했다. 그는 그때 떡도 먹지 않고 물도 마시지 않은 채 하나님 앞에 있었다. 그가 금식했다는 것은 이 세상의 일반 법칙을 벗어난 상태를 유지했음을 말해주고 있다.

사십 일이 지난 후 하나님께서는 모세에게 두 개의 돌판을 주셨다. 그 돌판에 새겨진 글은 하나님께서 직접 기록하신 것이다. 양피지나 파피루스가 아닌 돌판에 새겼다는 것은 사람들이 절대로 변개하지 못하도록 하시는 목적일 뿐 아니라 특별히 보관해야 할 문서라는 점을 의미하고 있다.

그 내용은 당시 온 이스라엘 자손들이 모인 '총회 날' 에 여호와 하나님께서 호렙 산의 불길 가운데서 이미 저들에게 말씀하신 내용이었다. 우리가 여기서 알게 된 사실은 하나님께서는 그것을 돌판에 기록하심과 동시에 그 내용을 백성들에게 선포하셨다는 사실이다. 이는 다른 성경은 문자로 계시되어 기록되었지만 그 내용 자체가 언어적으로 하나님에 의해 선포된 것은 아니란 점을 말해주고 있다.

당시 하나님께서는 모세가 밤낮 사십 일을 금식한 후에 모세에게 언약의 두 돌판을 주셨다. 그리고는 그에게 빨리 산 위에서 내려가라고 명하셨다. 이는 애굽 땅에서 인도하여 낸 이스라엘 백성이 스스로 부패했기 때문이라는 것이다. 그들은 하나님께서 명하신 도를 속히 떠나 자기를 위하여 우상을 부어 만들었다.

하나님께서는 모세에게 그 백성이 하나님의 뜻을 저버린 채 자기 주장을 일삼는 고집이 센 목이 곧은 백성이라고 말씀하셨다. 그러므로 그 백성을 멸하여 그들의 이름을 천하에서 도말하고자 하니 막지 말라고 하셨다. 그 대신 모세 개인으로 하여금 그 백성들보다 강대한 나라가 되게 하리라고 하셨다.

우리가 여기서 보게 되는 중요한 사실은 하나님께서는 자신의 뜻을 거부하는 이스라엘 백성을 멸망시키는 대신 '모세' 개인을 강력한 나라로 만들고자 하신다는 것이다. 언약의 자손들인 집단공동체가 아니라 하나님의 십계명을 직접 받은 모세를 근간으로 삼아 언약의 왕국을 세우겠다고 하셨다. 이는 이스라엘 백성 자체가 아니라 모세 곧 하나님의 율법과 십계명이 중요하다는 사실을 말해주고 있다.

하나님의 명령과 말씀을 들은 모세는 즉시 십계명이 새겨진 두 돌판을 손에 들고 산에서 속히 내려왔다. 그때 산에는 맹렬한 불길이 타오르고 있었다. 그 불은 우리가 생각하는 불인 동시에 하나님으로 말미암은 신령한 불이었을 것이 분명하다.

모세가 산에서 내려와 보니 이스라엘 백성이 여호와 하나님께 범죄하여 자기를 위하여 송아지 형상을 부어 만들고 그 앞에서 제사하고 있었다. 그 악행은 놀랍게도 백성들의 요구에 따라 모세의 형 아론이 주도한 행위였다(출32:1,2). 당시 일반 백성들은 최고 지도자 가운데 한 사람인 아론이 그것을 주도했기 때문에 상당한 신뢰감을 가졌을 것이 분명하다.

당시 금으로 만들어진 그 송아지는 우리가 일반적으로 생각하는 송아지 형태가 아니었다. 그것은 도리어 사람의 몸통을 가진 채 머리는 송아지 모양을 한 애굽의 우상신들 가운데 하나였다. 이스라엘 자손들은 눈으로 볼 수 있는 가시적이고 손으로 만질 수 있는 송아지 형상을 만들어 눈에 보이지 않는 여호와 하나님의 자리를 대치시켰다.

그들은 이렇게 우상을 만들어두고 마음 속으로는 그것이 여호와 하나님이라 생각하며 그에게 제사를 지냈다. 그 백성들은 하나님께서 요구하신 진리의 도를 속히 떠나 자기들의 경험에 의존하는 종교 생활을 하고자 했다. 그러므로 그 백성들은 우상을 만들어 섬기면서도 우상을 섬긴다는 생각 대신에 여호와 하나님을 섬긴다고 여기며 종교적인 만족을 얻었다.

언약의 자손이라 일컬어지는 그들은 하나님을 배반하고 욕되게 하면서도 그것이 마치 하나님을 위한 것인 양 여기며 정성을 다해 우상을 섬겼다. 하나님은 그와 같은 행위를 가증스런 것으로 여기셨지만 그들은 그것이 하나님을 위한 것이라 여겼던 것이다. 그리하여 모세는 호렙 산 정상에서 받은 십계명의 두 돌판을 던져 그 금송아지 형상의 우상을 깨뜨렸다.

우리는 여기서 몇 가지 중요한 점을 기억하게 된다. 하나는 우상을 파괴하는 일을 위해 하나님으로부터 받은 십계명의 두 돌판이 같이 부숴졌다는 사실이다. 이는 우상파괴를 위해서는 하나님의 말씀이 치열하면서도 적극적인 역할을 하게 된다는 사실을 말해주고 있다.

또한 우리 시대에도 어리석은 기독교인들은 우상을 섬기면서 그것이 여호와 하나님을 섬기는 것인 양 착각하고 있는 경우가 많다. 그런 자들은 종교적인 행위로 인해 하나님을 욕되게 하면서도 그것이 마치 하나님을 섬기는 것으로 여긴다. 즉 하나님을 능멸하는 종교적인 행위를 하면서 스스로 만족을 느끼는 가운데 신앙을 근본적으로 오해하고 있는 것이다. 이에 대해서는 우리 역시 계시된 성경의 교훈을 좇아 여간 민감한 주의를 기울이지 않으면 안 된다.

5. 대표성을 지닌 모세의 사역과 간구 (신9:18-22)

모세는 십계명이 기록된 두 돌판을 던져 금송아지 우상을 파괴했다. 그때 십계명의 돌판도 함께 깨어졌으나 그것은 여전히 언약의 자손들을 위해 절대로 필요한 것이었다. 모세는 다시금 십계명이 기록된 두 개의 돌판을 하나님으로부터 받아야만 했다. 그리하여 또다시 밤낮 사십 일 동안 음식과 물을 먹지 않은 채 여호와 하나님 앞에 엎드려 간구했다.

여호와 하나님을 반역하고 그의 존전에서 악을 저지른 것은 심각한 문제가 될 수밖에 없었다. 따라서 그 죄악으로 인해 하나님께서 크게 진노하셨으므로 이스라엘 백성을 멸망시키고자 하셨다. 이에 모세는 하나님의 두려운 뜻을 알게 되자 즉시 하나님을 향해 간구했으며 하나님의 은혜로 말미암아 그 기도를 응답받을 수 있었다.

또한 하나님께서는 언약의 자손을 사악한 자리로 끌고 간 아론에게 크게 진노하셨으므로 아론을 위해서도 간절히 기도했다. 결국 하나님을 떠나 인간의 종교적인 감정으로 만든 금송아지를 가져다가 불사르게 되었다. 그리고는 그것을 찧고 가루같이 만들어 산 위 반석으로부터 흘러내리는 시내에 뿌렸다.

당시 이스라엘 자손은 각기 거하는 다베라와 맛사와 기브롯 핫다아와에서도 하나님을 격노케 했다. 이는 모든 이스라엘 백성이 동시에 배도에 빠진 사실을 말해주고 있다. 모든 언약의 자손들이 전 지역에서 악을 행하다 보니 어리석은 자들은 죄를 두려워하지 않은 채 무지한 용기를 가지고 하나님을 욕되게 했던 것이다.

이에 대해서는 오늘날 우리 역시 매우 깊은 주의를 기울여 생각해 보아야 한다. 현대 기독교는 하나님의 말씀을 버린 채 신학적 자유주의, 혼합주의, 신비주의, 세속주의, 기복주의, 물량주의 등 사악한 사조로 인해 하나님에 대한 반역을 행하고 있다. 그러면서도 그들은 마치 훌륭한 종교인이라도 되는 듯 행세하는 경우가 많다.

더구나 주변의 많은 사람들이 그와 같은 불신앙 행위를 보고 위태로운 위안을 삼으며 배도행위를 지속하게 된다. 그들은 악을 행하면서도 종교적인 선을 행하고 있는 것인 양 착각하며 일시적인 만족감을 가지는 것이 일반적이다. 따라서 성숙한 성도들은 항상 이와 같은 시대적 조류에 강한 저항을 하지 않으면 안 된다.

6. 사악한 백성들을 위한 모세의 간구 (신9:23-29)

모세는 삼십팔 년 전 가데스 바네아에서 이스라엘 자손이 불순종했던 사건을 상기시키고자 했다. 당시 하나님께서는 저들에게 가나안 지역으로 들어가 약속하신 땅을 차지하도록 명령하셨다. 그러나 그들은 하나님의 말씀을 믿지 않고 그 명령을 거역했다. 모세는 여기서 이스라엘 백성이 입술로는 하나님의 언약의 자손이라 주장하면서 처음부터 항상 여호와 하나님을 거역하며 그의 뜻에 저항해 왔다는 사실을 언급했다.

우리는 여기서 이스라엘 자손은 원래부터 하나님의 말씀에 불순종하는 자들이었음을 증거한 모세의 말을 귀담아들어야 한다. 이는 하나님께서 특별히 선택하신 이스라엘 자손들이 그와 같다면 그 이외의 인간들에 대해서는 두말할 나위가 없음을 말해주고 있다. 이 세상에 살아가는 모든 인간들은 철저한 죄인일 뿐 의인은 단 한 사람도 없다(롬3:10). 죄의 몸을 입은 인간이면서 스스로 자신을 의인이라 여기는 자가 있다면 그는 참된 실상을 깨닫지 못한 채 그것을 통해 하나님 앞에 더러운 죄인이라는 사실을 그대로 드러내고 있는 것과 마찬가지다.

모세가 언급했던 그때도 하나님께서는 불순종하는 자들을 멸망시키고자 하셨다. 그리하여 모세는 또다시 밤낮 사십 일을 여호와 하나님 앞에 꿇어엎드려 간구했다. 하나님께서 큰 능력으로 애굽에서 구출해 내신 주님께 속한 백성들을 멸하는 손길을 멈추어달라고 간구한 것이다. 모세는 그 백성을 통해 이 세상에 하나님의 구원 섭리가 이루어지며 저들 가운데서 메시아가 오신다는 사실을 깨달아 알고 있었다.

모세가 하나님께 그렇게 간구했던 것은 일차적으로 이스라엘 백성을 위해서라기보다 하나님과 그의 궁극적인 구원 사역을 위해서였다. 따라서 저들의 조상이자 하나님의 종들인 아브라함과 이삭과 야곱에게 하신 약속을 기억해 달라고 간청했던 것이다. 하나님께서 저들에게 하신 약속을 기억하고, 백성들의 완악한 태도와 저들의 죄를 보지 말아 달라는 것이었다.

그러므로 모세는 자기의 간구가 전적으로 하나님의 영광을 위해서라는 사실을 언급했다. 만일 하나님께서 그 백성을 광야에서 죽이신다면 주변의 많은 이방인들이 생각하기에 이스라엘 민족의 하나님 여호와는 자기 백성을 저들에게 약속하신 땅으로 인도할 만한 능력이 없다고 하리라는 것이었다. 또한 그들은 하나님이 이스라엘 자손을 애굽에서 끌어내신 것은 결국 그들을 광야에서 죽이기 위한 것이 아니냐고 비아냥대리라는 것이었다.

모세는 거룩하신 하나님의 이름이 그런 식으로 더러워지는 것을 원치 않는다는 사실을 말했다. 따라서 하나님께서 반역한 그 백성을 죽이지 말아 달라고 간청했다. 비록 하나님께서 큰 능력의 팔로 인도하여 내신 이스라엘 자손이 반역할지라도 주님께 속한 백성으로서 저들을 통해 이땅에 메시아가 오시게 되어 최종적으로 이루어지는 하나님의 승리와 그로 인한 영광이 중요하다는 사실을 말했던 것이다. 따라서 이스라엘 자손은 약속의 땅 가나안에 들어가서도 그 사실을 항상 마음속에 기억하고 있어야만 했다.

우리는 모세가 죄에 빠진 백성들을 대표하는 자로서 사역하며 기도했다는 사실을 기억해야 한다. 하나님께서는 만백성의 죄악을 경멸하셨으며, 한 사람 모세의 사역과 간구를 받아들이셨다. 이는 나중에 도래하게 될 예수 그리스도의 사역에 대한 예표적 성격을 지니고 있다. 언약의 백성이라 할지라도 이 세상에 살아가는 자들은 예외 없이 모두가 죄인이다. 예수님께서 그들의 구원을 위해 사역하며 간구할 때, 하나님께서는 그 모든 것을 받아들여 자기에게 속한 자들의 죄를 용서해 주시는 것이다.

제13장

두 번째 받은 십계명 두 돌판과 언약의 자손

(신10:1-22)

1. 십계명 두 돌판과 언약궤 (신10:1-5)

모세가 호렙 산에서 내려와 아론의 주도 아래 만들어진 금송아지를 파괴하면서 하나님으로부터 받은 십계명의 두 돌판도 함께 깨어져 버렸다. 물론 돌판이 깨어졌다고 해서 십계명이 무효화 된 것은 아니었다. 하지만 그 십계명이 기록된 두 개의 돌판은 하나님과 인간 사이의 계약문서로서 반드시 특별히 보관되어야만 했다. 그 사실에 대해서는 하나님께서 가장 확실하게 알고 계셨다.

그러므로 하나님께서는 모세를 향해 처음과 같은 두 돌판을 다듬어 가지고 다시금 산 위로 올라오라고 명하셨다. 사람들의 거주 장소가 아닌 그곳에서 만나 또다시 그에게 십계명의 두 돌판을 주시리라는 것이었다. 이는 반드시 그렇게 해야 하는 매우 중요한 필연적인 의미를 지니고 있다.

또한 하나님께서는 모세에게 나무로 된 특별한 언약궤를 만들라는 요구를 하셨다. 하나님께서 처음 주셨던 십계명의 두 돌판과 동일한 내용을 기록해 주시면 그 돌 문서를 언약궤에 담아두라는 것이었다. 모세는 하나님의 말씀에 순종하여 아카시아(Acasia) 나무25) 곧 조각목 혹은 싯딤나무로 궤를 만들어 놓고, 처음 것과 같은 돌판 두 개를 다듬어 손에 들고 산 위로 올라갔다.

우리가 여기서 눈여겨보아야 할 점은 하나님께서 모세에게 십계명을 주실 때 존재했던 모세의 역할에 관한 문제이다. 모세는 하나님의 명령에 따라 두 돌판을 다듬고, 조각목으로 언약궤를 제작했다. 이는 하나님과 인간 사이에 계약이 성립되는 과정에서 하나님의 종 모세의 중요한 역할이 있었음을 말해 준다.

하나님께서는 그와 더불어 언약의 백성들의 '총회 날' (the day of the assembly) 산 위의 불길 가운데서 저들에게 선포하신 십계명을 처음과 같이 두 돌판에 기록하여 모세에게 주셨다. 모세는 호렙 산 위에서 힘든 기간을 보낸 후 그 두 돌판을 받아 산으로부터 내려왔다. 그리고는 하나님께서 명하신 대로 그것들을 자기가 만든 언약궤 안에 넣어 보관했다. 이것은 신명기의 말씀을 선포하던 당시에도 백성들이 모여있던 그 자리에 있었다.

2. 아론의 죽음과 제사장직 계승 및 레위 지파 (신10:6-9)

이스라엘 백성이 브에롯 브네야아간에서 출발해 모세라(Mosera)에 도착했을 때 아론이 그곳에서 파란만장한 생애를 마감하게 되었다. 그리하여 모세를 비롯한 많은 사람들이 그 땅에 그의 시신을 묻어 장사지냈다. 아론이 죽자 그가 감당하던 제사장 직무와 연관하여 해결 지어야만 할 중요한 일이 남았다. 아론이 제사장이었으므로 그의 직분이 그 자녀들에게 상속

25) 성경에서 언급된 아카시아 나무는 우리나라 산이나 들판에서 흔히 볼 수 있는 나무와는 다소 다르다. 이는 성경에 기록된 뽕나무가 우리가 쉽게 볼 수 있는 뽕나무와 상당한 차이가 나는 것과 같다.

되어야 했기 때문이다.

제사장의 직분은 일반적인 관점에서 보아 종교적으로 신실하거나 유능한 자들에게 계승되는 것이 아니라 혈통적 계보를 따라 상속되어야만 했다. 따라서 아론이 죽은 후 그의 제사장 직무는 그의 아들 엘르아살에게 상속되었다. 그런 상황에서 이스라엘 자손은 그곳을 떠나 굿고다에 도착했다가 다시금 욧바다로 갔는데 그 땅은 시내가 많은 비옥한 지역이었다.

그때 여호와 하나님께서는 레위 지파를 특별히 구별해 세우셨다. 저들로 하여금 여호와 하나님의 언약궤를 메도록 하셨으며 여호와 앞에서 그를 섬기는 제사장 직무를 감당하게 하셨다. 여호와의 이름으로 공적으로 백성들을 축복하는 일을 허락하셨다. 그 일은 구약시대에 지속적으로 행해져야 할 중요한 규례가 되었다.

그러므로 레위인들에게는 다른 지파와 달리 가나안 지역에서 별도로 땅을 분배받거나 특별히 차지할 만한 유산이 주어지지 않았다. 따라서 그들은 거룩한 성막과 성전에 관련된 일들을 감당했으며 각 지파들 가운데 흩어져 그에 연관된 사역을 했다. 이는 하나님께서 말씀하신 것처럼 여호와가 친히 저들의 유산이 되었기 때문이었다.

3. '가데스 바네아 사건' 회고 (신10:10,11)

모세는 아론 지파 제사장과 레위인들에 대한 언급을 한 후, 오래 전 자기가 처음과 같이 밤낮 사십 일을 호렙 산에 머문 사실을 언급했다. 당시 이스라엘 백성은 하나님의 율례를 버리고 자신의 이성과 경험적 판단에 의존하는 배도의 길에 빠져 있었다. 하나님께서는 자기를 멸시하는 그 백성을 심판하여 죽이고자 하셨다.

하지만 모세는 그 상황을 알고 가만히 앉아 있을 수 없었다. 따라서 또 다시 하나님께 간구하여 이스라엘 자손을 멸망시키지 말아 주시도록 간구했다. 그것은 모세 자신을 위한 것이 아니었으며 일차적으로 이스라엘 백성을 위한 것도 아니었다. 그가 그렇게 간절히 기도했던 까닭은 여호와 하나님의 영광과 그의 사역을 위한 것이었다.

그러므로 하나님께서는 모세의 간절한 기도를 들으시고 생각을 돌이키셨다. 즉 사악한 이스라엘 자손들을 죽이고자 한 진노를 누그러뜨리고 참으시게 되었다. 그 결과 하나님을 모독하는 일에 열중했음에도 불구하고 그 백성들은 멸망을 피할 수 있었다.

그와 같은 상황에서 하나님께서는 또다시 모세에게 명령을 내리셨다. 자리에서 일어나 백성들에 앞서 길을 떠나 약속의 땅 가나안을 정복할 준비를 갖추라는 것이었다. 그리하면 그들이 하나님께서 저들의 조상에게 맹세한 땅으로 들어가 그곳을 차지하게 되리라는 것이었다. 이 말씀은 오래전 이스라엘 자손이 호렙 산을 떠나 가데스 바네아에 이르러 행한 사건에 연관된 것으로 보인다.

당시 하나님께서는 모세를 지도자로 삼아 이스라엘 자손을 가나안 땅으로 인도해 들이고자 하셨다. 그러나 다수의 백성들은 하나님의 계획과 뜻을 온전히 받아들이지 않았다. 그 대신 저들의 세력과 전술에만 의존하려 한 결과 약속의 땅에 들어가지 못했다. 그로 말미암아 이스라엘 자손은 삼십 년이 훨씬 넘는 긴 세월 동안을 험난한 광야에서 헤매며 유리하게 되었다. 모세는 옛날에 있었던 그 사건을 상기시키며 백성들에게 하나님 말씀에 온전히 순종하도록 요구했던 것이다.

4. 이스라엘 자손을 향한 하나님의 요구 (신10:12-15)

모세는 이스라엘 백성을 향해 중요한 질문을 던졌다. 그것은 하나님께서 저들에게 요구하시는 것이 과연 무엇이겠냐는 것이었다. 어리석은 자들은 하나님께서 저들에게 종교적인 열정과 성과를 요구하고 계시는 양 착각하고 있다. 그런 자들은 하나님과 사람들 앞에서 자신을 과시하며 종교적인 능력을 인정받고 업적을 내세우기를 좋아한다.

하지만 하나님께서 언약의 자손들에게 요구하시는 것은 그와 같은 종교적인 성과가 아니다. 근본적으로 소중한 점은 먼저 여호와 하나님을 진정으로 알고 경외하는 신실한 신앙 자세이다. 그리고 하나님의 율법과 모든 도를 행하는 삶을 이어가는 것이다.

따라서 참된 성도들은 하나님을 사랑하고 마음을 다하며 뜻을 다하여 여호와 하나님을 섬겨야 한다. 나아가 언약의 자손들은 자신에게 허락된 영원한 복을 유지하기 위해서 성경에 기록된 여호와의 율법과 규례를 지키는 것이 매우 중요하다. 이는 하나님의 자녀들이 누리는 복은 개인의 능력이나 종교적인 성과가 아니라 하나님께 달렸음을 말해주고 있다.

모세는 이 세상의 모든 것들이 여호와 하나님께 속한 것이란 사실을 언급했다. 하늘과 그 안에 존재하는 수많은 천체들과 땅과 거기에 존재하는 만물은 본래 여호와 하나님께 속한 것들이라는 것이었다. 그런데 하나님께서는 자기가 친히 창조하신 웅대하고 오묘한 그런 피조물들보다 자기 자녀들을 크게 기뻐하신다.

그들은 창세 전부터 선택받은 하나님의 백성이었다. 하지만 그들은 아담의 범죄로 말미암아 악에 빠져 더러운 죄인이 된 상태에 놓여 있었다. 그런데 하나님께서는 만민 중에서 특별히 자기가 택하신 그들의 조상들을 기뻐하시며 사랑하신다고 했다. 그와 더불어 믿음의 조상들로부터 언약을 상속받은 그 자손들 역시 하나님께 속해 있다는 사실을 분명히 언급했다.

5. 언약의 자손이 취해야 할 삶의 자세 (신10:16-19)

하나님의 요구가 무엇인가에 대한 사실을 언급한 모세는 이제 백성들을 향해 마음에 할례를 행하라고 했다. 그리고 다시는 목을 곧게 하여 고집

센 태도를 취하지 말라는 당부를 했다. 우리는 여기서 매우 중요한 문제를 만나게 된다. 물론 이기적이며 주관적인 고집을 버려야 한다는 말은 쉽게 이해할 수 있다.

그런데 마음에 할례를 행하라는 말은 과연 무엇을 의미하고 있는가? 이미 잘 알고 있듯이 육체의 할례를 받는다는 것은 남성의 생식기의 표피 일부를 잘라내는 것에 연관되어 있다. 그것은 인간의 태생에 연관된 중요한 의미로서 언약의 백성으로서 거듭 태어나는 것과 새로운 인간 자체의 변화된 상속과 관련된다.

그리고 그 할례는 할례받는 당사자인 개인뿐 아니라 가족과 민족에 연관된 집단적 성격을 지니고 있다. 즉 여성들은 직접 할례를 받지 않지만 그 의미에 예속되어 있다. 모든 이스라엘 백성은 각 가정에 태어나는 남자 아기와 나중 이방인들 가운데 언약공동체에 들어오는 남성들에게 할례가 베풀어짐으로써 하나님의 소유가 되는 표를 받게 된다. 즉 할례가 언약의 공동체 안으로 들어오게 되는 관문의 역할을 하게 되는 것이다.

그런데 모세는 이스라엘 백성을 향해 마음에 할례를 행하라는 명령을 내렸다. 이 말 가운데는 육체의 할례는 그것 자체로서 모든 것이 온전하다고 말할 수 없다는 사실을 지적해주고 있다. 형식적인 것은 취하면서 본질이 존재하지 않거나 멸시당한다면 오히려 훨씬 더 큰 해악과 오해를 불러일으킬 수 있기 때문이다.

그러므로 언약의 자손들이 마음의 할례를 받아야 하는 것은 실제적인 본질의 변화에 밀접하게 연관되어 있다. 그것은 개인적인 결단에 머무는 것이 아니라 언약공동체에 예속된 자들이 소유해야 할 분명한 삶으로 나아가야 할 것을 요구한다. 따라서 하나님의 자녀들은 마음의 할례를 통해 자기를 부인하고 여호와 하나님께 온전히 의지하는 삶을 영구적으로 확인할 수 있어야만 하는 것이다.

모세는 또한 여호와 하나님은 이 세상에서 인간들이 내세우는 어떤 신적인 존재들과도 비교가 되지 않는 전지전능한 하나님이라는 사실을 강조했다. 이방인들이 다양한 형태의 여러 신들을 만들어 두고 그것을 섬기고 있지만 그것은 실재(實在)하지 않는 거짓된 허상에 지나지 않는다. 즉 하나님은 여러 신들 가운데 비교 우위에 존재하는 것이 아니라 우주 만물 가운데 존재하는 유일한 분이시다.

그 하나님은 인간들이 결코 상상할 수 없는 초월적인 거대한 능력의 소유자이며 사악한 인간들에게는 두려움의 대상이 되신다. 그의 판단은 타락한 인간들과는 본질적으로 상이하다. 그는 사람을 외모로 보고 취하시는 분이 아니다. 이 말은 하나님께서는 각 개인 인간들이 소유한 유무형의 조건에 따라 구원 여부를 결정하는 분이 아니란 사실을 말해주고 있다.

그에게는 인간들로부터 제공되는 어떤 뇌물도 통하지 않는다. 즉 그에게 뇌물을 바침으로써 무언가 더 나은 것을 얻으려 한다면 그것은 도리어 하나님을 능멸하는 모독행위가 될 수 있다. 그럼에도 불구하고 어리석은 인간들은 그에게 유무형의 뇌물을 바치고자 안간힘을 쓰고 있다. 그런 자들은 자기가 값어치 있게 판단하는 것을 하나님께서도 자기와 동일한 판단을 하시는 것으로 오해한다.

이에 대해서는 현대 교회에 속한 우리 역시 냉철하게 자신을 돌아보아야 한다. 신앙이 없거나 어린 자들은 하나님 앞에 연보를 하면서 자기도 인식하지 못하는 사이 그것을 뇌물로 여긴다. 즉 그 종교적인 행위를 통해 하나님 앞에 더 잘 보이려고 하는 것이다. 그러나 하나님은 겉으로 드러나는 그런 것들을 통해 사람을 평가하는 분이 아니다.

하나님은 오히려 사람들이 은근히 멸시하며 거들떠보지 않아 외롭게 살아가는 고아와 과부들을 위해 공의를 행하시는 분이다. 그리고 나그네를 사랑하며 저에게 먹을 음식과 입을 옷을 공급해 주신다. 따라서 모세는 이스라엘 자손을 향해 오래전 저들의 조상이 애굽에서 나그네가 되어 고생하던 때를 기억하고 저들을 사랑하라고 했다.

이는 물론 일반적인 관점에서 이해하려 해서는 곤란하다. 즉 일반 윤리적으로 저들을 불쌍히 여기는 것에 만족할 것이 아니라 하나님의 언약 가운데 받아들여야 한다. 신앙적인 원리로 생각한다면 그들은 오직 여호와 하나님 한 분만을 의지할 수 있을 따름이다.

그들에게는 이 세상의 것들을 자랑하거나 의지할 만한 것들이 아무것도 없다. 따라서 하나님을 진정으로 경외하는 자들은 자기의 판단이 아니라 오직 하나님의 섭리를 기억하는 가운데 이 세상을 힘겹게 살아가야 한다. 즉 불신자들은 자기의 기준에 따라 모든 것을 평가하고 스스로 교만에 빠진 삶을 자랑하겠지만 하나님의 자녀들은 하나님의 뜻에 따라 순종하며 살아가게 되는 것이다.

6. 소규모의 가족(家族)을 거대한 민족(民族)으로 키우신 하나님의 의도 (신10:20-22)

언약의 자손들은 당연히 여호와 하나님을 경외해야 한다. 율법과 규례에 따라 그를 진심으로 섬기며 그의 이름으로 맹세해야 하는 것이다. 모세는 요단 강을 건너 가나안 땅에 진입하기 직전 백성들을 향해 그에 관한 명령을 내렸다. 그 모든 것들은 이스라엘 자손들이 반드시 지켜야만 했다.

나아가 여호와는 저들의 찬송의 대상이 되는 유일한 하나님이시다. 지난 사십 년간 시내 광야에서 유리하는 동안 이미 백성들이 두 눈으로 목격하고 경험한 것처럼 그는 크고 두려운 많은 일들을 행하셨다. 그것은 이스라엘 민족을 위한 하나님의 사역이었다. 거기에는 그 백성을 통한 하나님의 놀라운 계획이 담겨 있었음을 말해주고 있다.

모세는 이스라엘 자손이 처음 애굽으로 내려갈 때 겨우 칠십여 명밖에 되지 않았던 사실을 언급했다. 이는 당시 그들은 소규모 가족 집단에 지나지 않았음을 말해주고 있다. 하나님께서 갈대아 우르에서 아브라함을 불러 가나안 땅으로 인도하신 후 그의 아들 이삭과 손자 야곱을 통해 비록 수적으로 많지 않았으나 안정된 한 가족을 형성하셨던 것이다. 그로 인한 하나님의 근본적인 의도는 그들을 하나의 거대한 민족으로 조성하는 것이었다. 창세기에는 하나님께서 아브라함에게 하신 그에 연관된 약속의 말씀이 기록되어 있다.

> "여호와의 사자가 하늘에서부터 두 번째 아브라함을 불러 가라사대 여호와께서 이르시기를 내가 나를 가리켜 맹세하노니 네가 이같이 행하여 네 아들 네 독자를 아끼지 아니하였은즉 내가 네게 큰 복을 주고 네 씨로 크게 성하여 하늘의 별과 같고 바닷가의 모래와 같게 하리니 네 씨가 그 대적의 문을 얻으리라" (창22:15-17)

성경에 기록된 하나님의 약속처럼 야곱의 자식들은 하나의 가족 집단을 형성하여 거대한 민족을 이루는 기초적인 역할을 하게 되었다. 즉 그들은 한 가족을 이루는 것으로 만족할 공동체가 아니라 하나의 민족을 형성해야 했던 것이다. 그것은 물론 이스라엘 백성들의 소원이나 노력에 의해 성취될 수 있는 성질의 것이 아니었다. 오히려 그 모든 것들은 전적인 하나님의 섭리와 경륜에 달려 있는 문제였다.

하나님께서는 그 일을 위해 인간들의 일반적인 상식을 초월하는 많은 문제들과 다양한 과정들을 개입시키셨다. 그리하여 야곱의 집안은 낯선 이방인들의 세력이 존재하는 애굽땅으로 내려가게 되었다. 애굽은 야곱의 가족을 잉태하여 민족으로 성장시키는 구속사적인 태(胎)의 역할을 했다. 그리하여 사백삼십 년의 세월이 흐른 후 그들이 애굽을 탈출할 때는 하나의 거대한 민족을 이루고 있었다. 하나님께서 그들을 하늘의 별 같이 바닷가의 모래와 같이 많게 하셨던 것이다.

제14장

이스라엘 자손의 생존조건과 저들 앞에 놓인 축복과 저주

(신11:1-32)

1. 이스라엘 백성이 항상 마음에 새겨두어야 할 역사적 교훈

(신11:1-7)

모세는 가나안 땅으로 들어가게 될 언약의 자손들을 향해 저들의 하나님 여호와를 사랑하라고 당부했다. 그 사랑은 사람들이 보통 생각하는 단순한 감정의 문제가 아니었다. 하나님을 진정으로 사랑한다면 그가 주신 모든 책무와 법도와 규례와 명령을 순종하여 지키는 것과 연관되어 있다.

그 백성들 가운데 나이가 어린 자녀들은 과거에 있었던 하나님의 놀라운 기적에 관한 올바른 이해를 하지 못했다. 하지만 깨달음을 가진 성인들은 그와 더불어 여호와 하나님께서 허락하신 율법과 교훈을 반드시 기억하고 있어야 했다. 또한 하나님의 위엄과 그의 강한 손과 펴신 팔로 행하신 놀라운 일들을 마음속 깊이 새겨두고 있어야 한다.

그리고 그들은 애굽의 왕궁에 거하는 바로 왕과 애굽 전역에서 행하신 하나님의 놀라운 이적과 기사를 기억해야 하며, 여호와께서 애굽 군대와 저들의 말과 병거들 위에 행하신 일들을 잊어서는 안 된다. 그리고 애굽으로부터 탈출하는 과정에서 애굽의 병사들이 이스라엘 민족을 뒤쫓아 공격해 올 때 홍해 바닷물로 그들을 뒤덮어 멸망시킨 사실을 기억해야 한다. 그 모든 것들에 연관된 결과가 당시 언약의 자손들에게 그대로 드러나고 있었다.

뿐만 아니라 이스라엘 백성은 시내 광야에서 하나님께서 행하신 모든 일들을 항상 머리에 담고 있어야 했다. 긍정적이고 좋은 일들뿐 아니라 르우벤 지파에 속한 엘리압의 자녀들에게 행하신 하나님의 무서운 심판도 잊어서는 안 된다. 즉 그 백성들은 하나님께서 배도에 빠져 악을 행하는 자들을 심판하신 일을 항상 기억하고 있어야만 했다.

여호와 하나님께서는 수많은 이스라엘 자손이 지켜보는 가운데 땅이 입을 벌려 그들과 그들의 가족과 처소와 종들과 짐승들까지 모두 삼켜버리도록 하셨다. 이에 대해서는 그것을 직접 목격한 사람들뿐 아니라 전해 들은 모든 언약의 자손들이 그에 관한 교훈을 받아들여야만 했다. 이제 이스라엘 자손이 가나안 땅에 들어가면 그 모든 사건들을 기억하여 하나님의 율법과 그의 뜻에서 벗어나지 말아야 하는 것이다.

2. 가나안 땅에서 생존하기 위한 조건 (신11:8-12)

모세는 그에 관한 말씀을 전하면서 자기가 저들에게 명령하고 있는 모든 내용을 지키라고 했다. 그렇게 하면 저들이 강성하게 될 것이며 이제 곧 요단 강을 건너 가나안 땅을 차지하리라는 것이었다. 이는 그 약속의 땅을 소유하게 되는 조건이 이스라엘 민족의 전투력이 아니라 오직 여호와 하나님의 뜻에 달려 있음을 말해주고 있다. 따라서 그들이 하나님의 말씀에 온전히 순종하는 것이 승리를 위한 최선의 방책이 될 수 있었다.

그러므로 모세는 이스라엘 자손을 향해 하나님의 율법을 준수하여 지키면 하나님께서 저들의 조상들에게 맹세하여 주시겠다고 약속하신 땅으로 저들을 인도하실 것이라고 했다. 그리고 그 후손들은 젖과 꿀이 흐르는 그곳에서 오랜 기간 풍성한 삶을 누리게 되리라는 사실을 말했다. 이는 그 땅을 통해 메시아가 오시기까지 언약의 자손들이 그곳에서 살게 될 것이라는 의미와 연결되어 있다.

이제 곧 이스라엘 백성이 요단 강을 건너 들어가서 차지하게 될 가나안 땅은 그 조상들이 살았던 애굽의 땅과 전혀 다르다고 했다. 애굽에는 큰 나일강이 흘러서 곡식이나 채소를 파종한 후에 쉽게 물을 댈 수 있었다. 이를테면 사람들이 어느 정도 근면하고 부지런한 성품만 있으면 농사짓기 쉬운 지역이었다.

하지만 이스라엘 백성들이 요단 강을 건너가 차지하게 될 땅은 그와 달랐다. 거기에는 산과 골짜기가 많이 있어서 하늘에서 내리는 비를 흡수해야만 기경할 수 있었다. 즉 천수답이었기 때문에 하늘의 비가 모자라면 농사짓기가 매우 어려울 수밖에 없었다.

모세는 그 말을 전하면서 가나안 땅은 여호와 하나님께서 친히 돌보시는 땅이라고 했다. 연초부터 연말까지 일 년 열두 달 동안 여호와 하나님의 눈이 항상 그 위를 내려다보고 계신다는 것이었다. 이는 하나님의 은혜가 없다면 그 땅은 살아가기 매우 어려운 지역이라는 사실을 말해주고 있다.

이와 같은 사실은 이스라엘 백성들에게 중요한 교훈을 주고 있다. 이스라엘 백성이 약속의 땅 가나안에서 생존하기 위한 기본 조건은 오직 하나님을 바라보는 신앙 자세였다. 백성들의 능력이나 인간적인 성실함 자체로 생명을 부지할 수 있는 것이 아니었다. 그들에게 요구되는 것 가운데 가장 중요한 것은 저들의 생명이 오직 하나님께 달려 있다는 사실을 기억하고 그의 말씀에 온전히 순종하는 것이었다.

3. 하나님의 약속과 권면 (신11:13-17)

모세는 가나안 땅 진입을 눈앞에 둔 이스라엘 백성들에게 다시금 당부하고 있다. 그것은 자기가 명령하는 모든 내용을 귀담아듣고 여호와 하나님을 진정으로 사랑하여 마음을 다하고 뜻을 다하여 섬기라는 요구였다. 그렇게 할 때 하나님께서 저들에게 은총을 베풀어 주시리라는 것이었다.

여호와 하나님께서는 자기의 율법과 규례를 따르며 순종하는 자들의 일상적인 삶을 돌보신다. 저들이 살아가는 가나안 땅에 때에 따라 이른 비와 늦은 비를 적당하게 내려주신다. 그리하여 그들이 풍부한 곡식과 포도주를 거두고 많은 기름을 얻게 된다. 또한 들판에는 가축들이 뜯어먹을 풀들이 돋아나게 하신다. 그로 말미암아 이스라엘 백성들이 그 땅에서 배불리 먹을 수 있게 되는 것이다.

언약의 자손들에게 가장 중요한 것은 하나님의 율법에 온전히 순종하는 삶이다. 따라서 그들은 그점을 기억하고 스스로 절제하고 삼가는 자세를 유지해야 한다. 만일 미혹되는 마음이 생겨 다른 신들을 가까이한다면 불행을 자초하는 것과 마찬가지다. 그들이 이방신들을 섬기며 그것들을 숭배하는 것은 죽음의 길을 택하는 것과 다르지 않기 때문이다.

따라서 만일 그와 같이 이방신을 따르게 되면 여호와 하나님께서 크게 진노하지 않을 수 없다. 그리하여 하늘의 문을 닫아 비를 내리지 않게 하실 것이며, 땅이 곡식과 과일과 채소 등의 소산을 낼 수 없게 된다. 그 결과 이스라엘 자손이 하나님께서 허락하신 아름다운 땅에 들어갈지라도 속히 멸망할 수밖에 없다는 것이다.

4. 고백을 소유한 언약의 백성과 하나님의 가나안 정복 (신11:18-25)

모세는 이스라엘 자손을 향해 자기가 전한 모든 말씀을 저들의 머리와 마음에 담아두고 살아가라는 요구를 했다. 또한 그것을 기록하여 저들의 손목에 매어 기호로 삼고 미간(眉間)에 붙여 표가 되도록 하라고 했다. 이는 하나님의 말씀에 순종하며 살아가는 자로서 가시적인 표를 통해 항상 그 정체성을 유지하라는 것이었다. 이는 곧 그 표가 주변의 이웃과 자기를 보게 되는 모든 사람들에게 신앙의 정체성을 드러내며 살아가라는 의미를 지니고 있다.

그와 같은 모든 것은 단순히 형식적인 모양만 취할 것이 아니라 실제적인 삶을 동반해야 했다. 따라서 그들은 집 안에 앉아 있을 때나 길을 걸어갈 때 혹은 방 안에 누워있을 때나 잠자리에서 일어날 때 항상 그 말씀을 자녀들에게 가르치고 강론해야 했다.[26] 그것이 곧 신앙인의 삶을 위한 근간이 되어야 했기 때문이다.

그리고 그들이 살고 있는 집의 문설주와 바깥 대문에도 그 말씀을 기록

---

26) 이스라엘 백성의 나이 어린 자녀들이 가나안 땅에 들어가 새로운 문명과 문화를 접하게 되면 그것을 무비판적으로 받아들일 우려가 따른다. 하지만 성숙한 신앙인들은 그것을 철저히 막아내야만 한다. 어른들은 율법에 대한 지식과 더불어 자신의 직접적인 체험을 기억하며 이방인의 풍조에 맞서고자 하는 힘이 상대적으로 강하지만 어린 자녀들은 그렇지 못하다. 그래서 모세는 그 부모들에게 항상 자녀들을 하나님의 규례로 철저히 교육하도록 요구했다. 이에 대해서는 오늘날 우리 시대 교회에 속한 성숙한 성도들 역시 마음에 깊이 새겨야 한다. 현대에도 어린 자녀들이나 젊은 청년들은 교회 밖 세속적인 달콤한 문명, 문화, 사상, 풍조와 유행을 받아들이기 십상이다. 문제는 그들을 말씀으로 가르치고 방지해야 할 어른들이 세상의 것들을 교회 안으로 끌어들이는 젊은이들의 태도를 허용할 뿐 아니라 그에 동조하며 지지하고 있다는 사실이다. 하지만 참된 교회의 성숙한 성도들은 자녀들로 하여금 그와 같은 것을 본받거나 수용하지 못하도록 철저히 교육할 수 있어야만 한다.

하도록 요구했다. 그 집 앞을 지나다니며 오가는 사람들이 그 가정이 어떤 신앙과 고백으로 살아가는지 드러내 보이라는 것이다. 그리하여 그들은 개인적인 고백뿐 아니라 집 안에서나 바깥에서나 항상 그 신앙의 정체성을 드러내고 지키며 살아가야 했다.

그렇게 하면 여호와 하나님께서 저들의 조상 아브라함과 이삭과 야곱에게 주시겠노라고 맹세하신 그 땅에서 저들의 삶이 형통하게 되리라고 했다. 즉 저들이 그곳에서 사는 날과 그 자손들이 살아가게 될 날들이 오랫동안 지속된다는 것이었다. 이는 마치 땅 위에 펼쳐진 하늘이 한없이 지속되듯이 길이길이 삶을 누리게 되리라는 점을 말해 준다.

즉 그 백성이 모세가 전하는 모든 명령을 온전히 지켜 행하며 여호와 하나님을 진정으로 사랑하고 그의 모든 도를 실천하여 그를 의지하면 하나님께서 그곳을 지배하고 있는 이방 나라 족속들을 저들 앞에서 다 쫓아내 주신다는 것이었다. 그리하여 도리어 군사적인 세력이 약한 이스라엘 자손이 그 강대한 이방인들의 나라를 물리치고 그 땅을 차지하게 된다. 그것은 이스라엘 백성의 능력이 아니라 오직 하나님께서 행하실 일이었다.

모세는 그와 더불어 이스라엘 자손들의 발바닥이 닿아 밟게 될 모든 땅이 저들의 소유가 될 것이라고 했다. 따라서 장차 그 백성들이 소유할 땅의 경계는 남쪽 광야에서부터 레바논까지와 유프라테스 강에서부터 서쪽 지중해까지 이르게 된다고 했다. 그것은 아직 이스라엘 백성이 가나안 땅을 정복하기 위해 요단 강을 건너기도 전에 주어진 하나님의 약속이었다.

당시 광야에서 유리하던 이스라엘 자손으로서는 그 말씀이 엄청난 의미를 지닌 것이 아닐 수 없었다. 하지만 앞으로 그와 같은 일이 실행되면 그들이 거쳐 지나가는 지역의 모든 이방 사람들이 그들을 두려워하고 무서워하게 된다. 그것은 이스라엘 군대의 강력한 전투력 때문이 아니라 하나님께서 그 이방인들의 마음을 약하게 만드시기 때문에 가능한 일이다. 따라서 그 광대한 지역 가운데 언약의 백성들을 능히 당해낼 사람들이 아무도 없을 것이라고 했다.

5. 그리심 산과 에발 산 : 축복과 저주 (신11:26-32)

모세는 이스라엘 자손들을 향해 하나님께서 저들 앞에 복과 저주를 두시리라는 사실을 언급했다. 그 복과 저주는 사람들이 일반적으로 생각하는 것과는 달리 하나님의 작정에 연관된 것이었다. 이는 이제 그 백성으로 하여금 복을 선택하든지 저주를 선택하든지 알아서 하라는 의미를 담고 있다. 그것은 물론 하나님의 말씀을 중심에 둔 실제적이면서도 상징적인 의미를 지닌다.

그 백성이 모세가 전하는 하나님의 명령을 듣고 그에 순종하는 쪽을 선택하면 복을 누리게 된다. 그와 달리 만일 그의 명령을 거부하고 참된 도에서 돌이켜 떠나게 되면 무서운 저주를 받게 된다. 또한 이방인들이 섬기는 거짓신들을 따르며 섬긴다면 무서운 저주를 피할 수 없다.

그러므로 이스라엘 자손은 하나님께서 저들을 가나안 땅으로 인도해 들이실 때 진정한 복과 저주에 관한 분명한 깨달음을 가지고 있어야만 했다. 그것은 항상 저들의 삶의 현장 가운데 구체적으로 존재하고 있었기 때문이다. 그에 대한 실체적인 교훈을 간직하도록 하기 위해 하나님께서는 그리심(Gerizim) 산과 에발(Ebal) 산을 구별하여 그 의미를 부여하셨던 것이다.[27]

이스라엘 자손은 그리심 산에서 축복을 선포해야 했으며 에발 산에서는 저주를 선포해야 했다. 즉 임의로 아무 산에서나 그렇게 해서는 안 되었

27) 그리심 산은 세겜의 남쪽에 위치한 해발 867m 높이의 산이며, 에발 산은 세겜의 북쪽에 위치한 해발 925m 높이의 산이다. 나중 여호수아는 모세의 명에 따라 그리심 산과 에발 산에서 각각 축복과 저주를 선포했다(수8:30-35, 참조).

다. 거기에는 인간들의 의도가 가미된 것이 아니라 전적인 하나님의 일방적인 명령이 들어 있었다. 이는 축복과 저주는 오직 하나님에 의해 결정되는 것으로서 함께 뒤섞이거나 혼재하지 않는다는 명백한 사실을 말해주고 있다.

그리심 산과 에발 산은 당시 이스라엘 백성의 입장에서 볼 때 요단 강 건너편에 있었다. 그 산들은 길갈(Gilgal) 맞은편 모레 상수리나무 가까이 거주하는 가나안 족속의 통치 영역 가운데 있었으며, 아브라함이 아내 사래와 조카 롯과 함께 도착하여 하나님의 계시를 받아 제단을 쌓았던 지역이었다(창12:5-7, 참조). 모세는 이스라엘 백성이 이제 곧 하나님의 인도하심에 따라 그 땅을 차지하게 되면 반드시 그곳에 거주하라고 요구했다. 이는 저들이 그리심 산과 에발 산 곧 축복과 저주가 선포되는 가운데 존재한다는 사실을 항상 구체적으로 기억하라는 의미를 지니고 있다.

이에 대해서는 오늘날 지상 교회에 속한 모든 성도들 역시 주의 깊게 생각해 보아야 한다. 우리 앞에는 항상 하나님의 축복과 저주가 놓여 있다. 그 둘 사이에는 공유되는 속성이 전혀 없다. 따라서 둘 중 하나를 선택할 수밖에 없다. 하지만 어리석은 자들은 축복과 저주를 적절하게 뒤섞어 혼합시키려 하고 있다. 그런 자세로 왜곡된 신앙을 추구하는 것은 절대 있을 수 없는 일이다.

우리는 예수 그리스도와 그를 대적하는 모든 세력이 혼재할 수 없다는 사실을 기억해야 한다. 주님의 축복과 사탄으로 말미암은 저주는 공유될 수 있는 성질의 것이 아니기 때문이다. 모세가 가나안 땅 진입을 앞둔 이스라엘 자손들에게 엄중히 명령했듯이 영원한 천국의 진입을 눈앞에 둔 우리 역시 그에 관한 분명한 깨달음을 가지지 않으면 안 된다. 이는 여호와 하나님을 진정으로 경외하는 성도들이 깊은 주의를 기울여 받아들여야 할 내용이다.

제3부
의식법에 관한 규례
(신 12-16장)

제15장

하나님의 특별한 장소와 일반 성읍들의 음식 규례

(신12:1-32)

1. 예루살렘과 모리아 산

하나님께서는 수백 년 전 아브라함과 이삭과 야곱에게 약속한 대로 이스라엘 백성을 가나안 땅으로 인도해 들이시게 된다. 당시 그 땅은 이방 종족들에 의해 불법으로 장악당하고 있었으나 하나님께서 회복하여 언약의 자손들에게 상속해 주신다. 그로 말미암아 조상들에게 허락하신 일차적인 언약이 성취된다.

그러므로 그 땅은 하나님 보시기에 순결하고 거룩한 땅이 되어야만 했다. 그 땅이 순결해야 한다는 것은 일반 윤리적인 의미라기보다 종교적인 의미를 지니고 있다. 즉 사람의 눈으로 보기에 윤리적인 성결한 지역으로 만든다는 것이 아니라 이방 족속의 우상숭배에 연관된 모든 악을 완전히 제거한다는 의미를 지니고 있다.

이방신들에 연관된 모든 더러운 것들을 제거한 그 땅에는 하나님께서 특별히 택하신 장소가 존재하고 있다. 그곳은 아브라함이 독자 이삭을 하나님 앞에 제물로 바친 모리아 산으로 장차 거기에 시내 산에서 제작된 성막을 정착시켜 예루살렘 성전을 건립하게 된다.

신명기 12장의 본문에서는 당시로부터 수백 년 전에 아브라함과 그의 자손들에게 약속하셨던 내용이 성취될 것을 예언하고 있다. 그리고 그것은 역사적으로 보아 300여 년의 사사시대를 거쳐 진행될 일을 미리 알려주는 성격을 지니고 있다. 이제 이스라엘 자손이 요단 강을 건너 가나안 땅에 들어가면 특별히 세우시게 될 예루살렘 성전이 하나님께 제사드리기 위한 유일한 장소가 된다는 사실을 말해주고 있다.[28)]

2. 우상 척결 촉구 (신12:1-3)

모세는 하나님의 말씀에 따라 이스라엘 자손에게 간곡히 당부했다. 아브라함과 이삭과 야곱 등 조상의 하나님이신 여호와께서 저들이 들어가 차지하게 될 땅 가나안으로 인도하시면 평생 그의 뜻에 순종하는 삶을 살아야 한다는 것이었다. 저들에게 가장 중요한 것은 하나님의 율법에 순종하는 삶이다.

모세가 이스라엘 자손에게 언급한 규례와 법도는 반드시 지켜야만 할 내용이었다. 본문에 언급된 그 내용은 하나님을 적극적으로 제사하며 섬기는 규례나 생활에 연관된 규례와는 그 성격이 달랐다. 그것은 가나안 땅 전역에 존재하는 이방신들과 그에 연관된 다양한 우상들에 관련된 것들이었다.

하나님께서는 그 백성을 향해 가나안 땅에서 행해야 할 파괴 운동에 관한 명령을 내리셨다. 이스라엘 자손은 가나안 땅에 들어가면 그곳에서 우

---

28) 이 말씀은 신약시대에도 매우 중요한 교훈을 주고 있다. 하나님의 백성들은 종교적인 신념에 따른 자의적인 판단에 따라 하나님을 섬길 수 없다. 오직 십자가에 달리신 예수 그리스도와 그의 피로 값 주고 사신 참된 교회를 통해 하나님을 섬겨야 한다. 모세가 오직 예루살렘 성전을 통해 하나님을 경배해야 한다고 하는 의미는 우리 시대에도 그에 연관된 소중한 교훈을 주고 있는 것이다.

상을 섬기며 살아가던 이방 종족들을 반드시 쫓아내야만 했다. 이스라엘 백성은 그 땅에서 이방 족속들과 평화롭게 좋은 관계를 이루며 살아갈 것이 아니라 저들을 아예 가까이하지 말아야 했기 때문이다.

그러므로 하나님께서는 그 이방 종족들이 거짓신들을 섬기기 위해 만들어둔 모든 것을 철저히 파괴하도록 명령했다. 그들은 높은 산과 낮은 산등 여러 곳에 우상의 전당을 만들어두고 있었다. 또한 푸른 나무 아래와 울창한 숲속에도 이방신들을 섬기는 장소가 마련되어 있었다.

모세는 이스라엘 자손들이 그 땅에 들어가면 여러 곳에 설치된 모든 산당들을 파괴하도록 명했다. 그들이 만들어 둔 제단을 헐고 주상을 깨뜨리도록 요구했다. 그리고 아세라 상을 불사르고 그들이 조각한 신상들을 찍어내 버리라고 말했다. 신들의 이름으로 불려지는 모든 것들을 완전히 제거해 버리라는 것이었다.

우리가 여기서 주의를 기울여 생각해 보아야 할 점은 이스라엘 백성들이 과거 애굽 땅에 살고 있을 때 그곳의 이방신당들과 우상을 파괴하라는 요구를 받지 않았다는 사실이다. 그리고 그들이 요단 강 동편 땅을 미리 차지했으나 그곳에서도 지금 모세가 요구하는 것과 동일한 명령을 받지 않았다. 하지만 그들이 약속의 땅 가나안에 들어가서는 그 모든 명령에 순종해야만 했다.

이에 대해서는 오늘날 우리 시대 교회가 귀담아들어야 한다. 하나님의 백성은 교회 밖에 존재하는 세상의 우상을 비롯한 잘못된 풍조들을 물리적으로 파괴하도록 요구받지 않았다. 그러나 타락한 세상으로부터 교회 가운데 들어와 존재하는 우상적 성격을 지닌 악한 것들이 있다면 그것을 철저히 가려내어 파괴해야만 한다. 그래야만 어린 성도들을 지켜 보호할 수 있기 때문이다.

모세가 이스라엘 백성에게 이와 같은 요구를 한 것은 가나안 땅에 들어가면 그곳 이방 종족들과 교류하지 못하도록 하는 의미가 담겨 있다. 하나님의 규례와 법도대로 하게 되면 그 이방 족속들과 원수가 될 수밖에 없다. 그것은 단순한 불화와 갈등이 아니라 생명을 담보로 하는 전쟁이 발발하게 될 것을 말해주는 것이다.

가나안 땅에서 살아가는 여러 종족들의 입장에서 볼 때는, 그들이 조용히 들어와 화친하고 좋은 관계를 가지고자 한다고 해도 그들을 쉽게 용납하기 어렵다. 하물며 그들이 조상 때부터 살아오고 있는 자기 땅에 들어와 가장 중요한 신앙의 중심지 역할을 하는 제단과 신상을 파괴한다는 것은 결코 용납할 수 없기 때문이다.

하지만 모세는 그와 같은 파괴를 하도록 명한 하나님의 규례와 법도를 이스라엘 자손에게 전했다. 이는 그렇게 하는 것이 여호와 하나님의 뜻이며 이스라엘 자손이 하나님을 경외하며 살아갈 수 있는 유일한 방편이 된다는 사실을 말해주고 있다. 즉 여기에는 정결한 영역으로 변한 약속의 땅과 율법에 순종하는 백성들을 통해 메시아를 보내고자 하는 하나님의 뜻이 선명하게 드러나고 있다.

이에 대해서는 오늘날 우리 역시 깊은 주의를 기울여 귀담아들어야만 한다. 지상 교회와 그에 속한 참된 성도들은 무분별하게 세상과 우호적인 관계를 유지하기를 원해서는 안 된다. 우리 시대에도 거짓신과 우상에 대한 파괴 운동이 지속적으로 일어나야 한다. 이는 물론 실제적 물건 파괴가 아니라 우리의 마음과 생각에 존재하는 이방 사상을 철저히 파괴해야 하는 것을 의미한다.

그렇게 하면 지상 교회는 결국 세상과 갈등을 빚게 되며 그로부터 많은 오해를 살 수밖에 없게 된다. 하지만 하나님의 자녀들은 성경에 기록된 진리에 따라 영원한 천상의 나라에 소망을 두고 살아가는 자들이다. 저들의 삶의 모체가 되는 교회는 항상 하나님 앞에서 순결한 자세를 유지해야 한다. 이는 윤리적인 순결이라기보다 이방신 사상과 타락한 세상의 부정한 풍조로부터 보호되어야 하는 것을 의미하고 있다. 모든 성도들이 이에 대한 올바른 이해를 하는 것은 매우 중요하다.

3. 하나님께서 택하신 장소와 참된 제사

(1) 특별히 선택될 예루살렘의 모리아 산(신12:4-7)

여호와 하나님께서는 언약의 백성들이 가나안 땅에 들어가면 이방 족속들이 우상 신을 섬기듯이 자기를 섬기지 말라고 당부하셨다. 즉 인간들이 보기에 그럴듯한 곳에 하나님을 섬기는 산당들을 세우지 말라는 것이었다. 그리고 여호와 하나님을 인간들의 눈으로 보고 손으로 만질 수 있는 존재인 양 우상을 만드는 행위를 엄히 금하셨다.

그 대신 여호와 하나님께서 자기의 이름을 두시기 위해 이스라엘 열두 지파 중에서 택하실 곳에 관하여 언급하셨다. 우리가 이 말씀 가운데서 각별한 주의를 기울여 생각해 보아야 할 점은 이스라엘 백성들이 스스로 하나님을 섬길 곳을 찾는 것이 아니라 하나님께서 직접 자기를 위하여 그 장소를 정하셨다는 사실이다. 그곳은 상징적인 의미만 지니는 것이 아니라 하나님께서 계실 특별한 영역이었다.

그러므로 하나님께서는 그곳에서 이스라엘 자손을 향해 번제와 제물을 바치고 십일조를 드리라고 명하셨다. 또한 손으로 들어 드리는 거제(擧祭)와 서원제와 낙헌 예물을 바치도록 요구했으며 소와 양의 처음 태어난 것들을 그리로 가져가서 제물로 바치라고 했다. 즉 언약의 백성들이 여호와 하나님께 바치게 될 모든 제사 행위는 그 특별한 장소에서 이루어져야만 했던 것이다.

그리고 백성들은 하나님께 제물을 바치는 그곳에서 규례에 따라 그 음식을 먹고 마실 수 있었다. 저들을 가나안 땅으로 인도하시는 하나님께서는 저희 손으로 수고한 모든 일에 참된 복을 주시게 된다. 이는 이스라엘 자손에 속한 가족들은 그로 말미암아 진정한 즐거움을 누릴 수 있어야 한다는 사실에 연관되어 있다. 이는 우리 시대 성도들이 예수 그리스도의 모든 사역과 그의 몸된 교회를 통해 하나님을 섬기는 가운데서 진정한 즐거움을 누리게 된다는 의미와 통하는 개념이다.

(2) 하나님의 율법과 규례 가운데 드려야 할 제사(신12:8-14)

모세는 이스라엘 백성 앞에서 당시 저들의 상황에 연관된 언급을 했다. 그들은 언약의 자손이었음에도 불구하고 그곳에서 각기 자기 소견에 따라 판단하며 행동했다. 이는 하나님을 섬기면서 율법과 규례를 온전히 따르지 않은 사실을 말해주고 있다.

그들은 아직 여호와 하나님께서 허락하시는 안식과 유산으로 상속받을 땅에 도착하기 전이어서 모든 것이 완성된 것이 아니었다. 따라서 하나님을 섬기기 위하여 특정한 곳으로 나아갈 수 없었다. 그 당시에는 아직 생활 영역이 정착되지 않았으므로 이동 중인 성막에서 하나님을 섬기며 제사를 드렸다.

이제 그 백성이 하나님의 인도하심을 받아 요단 강을 건너 약속의 땅에 들어가면 하나님께서 그 대적들을 정복하여 승리를 거두게 하신다. 또한 그들이 그 땅에 거주하게 될 때 안식을 주어 평안히 거하도록 해주신다. 하나님께서는 자기의 뜻에 온전히 순종하는 자들을 그곳에서 지켜 보호해 주시는 것이다.

그러므로 이스라엘 자손은 약속의 땅을 허락하신 하나님의 뜻을 올바르게 알아 그에 순종해야만 한다. 여호와 하나님께서는 자기의 거룩한 이름을 두시기 위해 이미 작정하신 대로 특별한 한 장소를 택하시게 된다. 따라서 백성들은 모세가 규례에 따라 명하시는 모든 것들을 가지고 거기로 가야만 했다. 그것은 곧 번제물과 희생 제물과 십일조와 거제물과 하나님께서 자기 자녀들로부터 받으시기를 원하는 모든 아름다운 서원물들이다.

이스라엘 백성은 그 모든 제물과 예물들과 더불어 그들의 자녀와 노비들과 함께 여호와 하나님 앞에서 즐거워해야 했다. 하나님께 바치는 제사와 함께 기뻐하는 데는 신분의 차이나 지위고하(地位高下)가 문제 될 수 없었다. 또한 성중에 거하는 레위인들도 그와 같이 즐거움에 참여해야만 했다. 레위 지파에 속한 사람들은 특별한 직무를 맡았으나 언약의 백성들 가운데서 차지할 몫이나 땅의 유산이 없었다.

모세는 그에 관한 언급을 하면서 저들을 향해 인간들의 눈에 그럴듯하게 좋아 보이는 아무 곳이나 선택하여 거기서 번제를 드리는 일을 하지 못하도록 했다. 그 대신 오직 저들의 지파 가운데 하나인 유다 지파의 영역 가운데서 택할 그곳 모리아 산 성전에서 번제를 드리도록 요구했다. 거기서 모세 율법에 기록하여 명한 제사에 관련된 모든 일을 순종하여 행하라는 것이었다.

4. 각 성읍에서 먹을 음식과 여호와가 택하신 곳에서 먹을 음식

(1) 백성들이 각 성읍에서 먹을 수 있는 고기(신12:15-16; 20-25)

모세는 이제 이스라엘 자손이 여러 지역에 흩어진 각 지파들의 성읍에서 고기를 먹을 수 있다는 사실에 연관된 언급을 하고 있다. 이는 소나 양의 모든 고기가 하나님 앞에 바쳐지는 제물로서 거룩한 동물이 아니라는 사실을 말해준다. 즉 동일한 동물이라 할지라도 하나님께 바쳐지게 되는 동물은 거룩한 제물이 되지만 사람들이 잡아먹는 동물의 고기는 그렇지 않다는 것이다.

그러므로 여호와 하나님께서 저들에게 주신 복에 따라 각 성읍에서 저들이 원하는 대로 가축을 잡아 그 고기를 먹어도 된다고 말씀하셨다. 그 고기는 모세의 율법과 규례에 따라 정결한 자만 먹을 수 있는 것이 아니라 정한 자나 부정한 자를 막론하고 누구든지 먹을 수 있었다. 즉 일반적으로 먹을 수 있는 고기인 노루와 사슴과 같이 그 가축의 고기를 먹어도 좋다는 사실을 하나님께서 언급하셨다. 하지만 그 백성들이 동물의 피를 먹어서는 안 되며 그것을 물같이 땅에 쏟아버려야 한다.

언약의 자손들은 그럴 만한 형편이 되고 원할 경우에는 규례에 따라 고기를 자유롭게 먹을 수 있었다. 하나님께서 이스라엘 자손에게 약속의 땅을 허락하심으로써 그들이 그 영역을 확보한 후에 고기를 먹고자 원한다면 언제든지 원하는 만큼 고기를 먹을 수 있다는 것이었다. 즉 하나님 앞에 고기를 제물로 바치는 것과는 별도로 백성들에게 고기를 먹는 것이 허용되었던 것이다.

그러므로 여호와 하나님께서 자기의 거룩한 이름을 두시기 위해 특별히 택하신 곳인 예루살렘으로부터 먼 거리에 있는 자들도 흩어져 거주하는 각 성읍에서 소와 양을 잡아 원하는 대로 먹을 수 있다. 율법상 문제가 없는 정결한 자들만 그 고기를 먹을 수 있는 것이 아니라 규례로 인해 부정한 자로 간주된 자들도 사슴과 노루를 먹듯이 소와 양고기를 먹는 일에 제재를 받지 않는다.

단지 생명의 근원에 연관된 동물의 피는 먹을 수 없다는 사실을 확실하게 강조하고 있다. 따라서 그 피는 당연히 먹지 말고 땅에 쏟아버려야만 했다. 그것은 여호와 하나님의 규례이며 그가 원하시는 뜻이다. 따라서 이스라엘 자손이 그와 같이 하나님께서 의롭게 여기시는 일을 행하면 저들과 그 후손들이 참된 복을 누릴 수 있게 된다는 것이었다.

(2) 특별히 택하신 성읍에서 먹어야 할 음식과 그 범위(신12:17-19; 26-28)

모세는 이스라엘 자손을 향해 중요한 명령을 내렸다. 그것은 여호와 하나님 앞에 예물과 제물로 바쳐진 곡식과 포도주와 기름의 십일조와 소와 양의 처음 난 것과 서원을 갚는 예물과 낙헌 예물과 거제물은 각 지파에 속한 성읍에서 먹어서는 안 된다. 이는 예루살렘 성전에서 제사를 위해 사용된 제물의 고기를 비롯한 예물을 예루살렘 성 밖으로 가지고 나가지 말라는 의미를 지니고 있다.

그 특별한 음식은 오직 하나님께서 택하실 그 장소에서 여호와 하나님 앞에서 먹어야만 했다. 하지만 제사에 사용된 일반적인 음식을 먹기 위해서는 특별한 자격을 요구하는 것이 아니었다. 백성들의 자녀와 노비와 성중에 거주하는 레위인과 함께 그것을 먹을 수 있었다. 거기에는 빈부귀천(貧富貴賤)이나 신분적 차이가 없었다. 우리가 여기서 볼 수 있는 사실은 노비라 할지라도 그 특별한 음식을 먹을 수 있다는 사실이다.

모세는 백성들을 향해 그 음식을 먹으면서 그 예물과 제물을 얻기 위해 수고한 모든 일로 인해 여호와 하나님 앞에서 즐거워하라고 했다. 백성들이 하나님께 바치기 위한 식물들을 얻을 수 있었던 것은 전적인 하나님의 은총 때문에 가능한 일이었다. 하나님으로 말미암아 얻게 된 그 곡식과 동물의 고기를 레위인들의 사역과 더불어 하나님께 제물로 바칠 수 있었다. 따라서 모세는 각 지파들의 땅에 거주하는 레위인들을 저버리지 말라는 특별한 당부를 했던 것이다(신12:19).[29]

모세는 그와 더불어 하나님 앞에 제물로 바쳐진 거룩한 성물과 서원물을 다른 곳으로 가지고 나가지 말고 반드시 여호와 하나님께서 택하신 곳

---

29) 우리는 레위인들에 관한 올바른 이해를 할 수 있어야만 한다. 하나님께 제사하고 율법을 백성들에게 전하고 지도하는 측면에서는 매우 중요한 직임을 가진 것이 분명하다. 하지만 그들에게는 땅에 연관된 다른 유산이 주어지지 않았다. 이는 저들에게 고정된 사유재산이 없었다는 의미와 통하는 개념이다. 그러다 보니 그들은 나그네가 아니었지만 마치 나그네와 같이 취급받는 경우가 많았다. 백성들이 하나님을 경외하며 그의 율법에 순종하는 시기에는 그들이 예우를 받았으나, 배도에 빠진 자들은 오히려 저들을 멸시하는 경우가 많았다. 따라서 모세는 본문 가운데서 레위인들을 저버리지 말고 올바르게 예우하여 그 기쁨에 참여시키도록 요구했던 것이다.

으로 가지고 가라는 요구를 했다. 그들이 하나님 앞에 번제를 드릴 때는 그 고기와 피를 예루살렘 성전에 있는 여호와 하나님의 제단에 드리라고 했다. 즉 제물의 피를 하나님의 제단 위에 붓고 그 고기는 규례에 따라 먹으라는 것이었다.

우리가 여기서 주의 깊게 이해해야 할 바는 여호와 하나님께 바쳐지는 제물을 통해 하나님과 그의 백성 사이에 공동식사가 제공된다는 사실이다. 물론 그 음식은 일반적인 것이 아니라 하나님의 제단에 바쳐진 특별한 성스러운 음식이다. 이로 인해 하나님께 속한 인간과 하나님 사이에 공동식사에 연관된 성격이 드러남으로써 화해가 이루어지는 것이다.

그런데 이 사실 가운데는 그보다 더욱 중요한 의미를 담고 있다. 그것은 예루살렘 성전에서 직접 그 음식을 먹는 자들뿐 아니라 가나안 땅 여러 지역에 흩어져 살아가고 있는 언약의 자손들에게도 그 효력이 발생한다는 사실이다. 이는 예루살렘에 있는 성전 한 곳에서 진행되어 이루어지는 제사 사역이지만 전체적으로 그 효력이 발생하게 됨을 말해주고 있다.

물론 제사장들을 통해 하나님께 바치는 백성의 제물은 장차 인간의 몸을 입고 이땅에 오실 메시아와 완벽한 제물이 되어 하나님께 바쳐지게 될 그의 희생에 밀접하게 연관되어 있다. 따라서 모세는 언약의 백성들을 향해 자기가 명령하는 모든 말씀을 듣고 순종하여 지키라고 요구했다. 그리하면 여호와 하나님 앞에서 선과 의를 행하는 자들과 그 후손들은 영구히 복을 받게 되는데 그것은 메시아를 통한 참된 복과 연관된 것이었다.

5. 이방신들에 관한 주의 경고 (신12:29-32)

하나님께서는 이스라엘 자손을 요단 강을 건너 약속의 땅으로 인도하여 들어가실 때 그곳을 불법으로 장악하고 있던 이방 종족들을 저들의 눈앞에서 멸망시키시게 된다. 언약의 백성은 하나님의 그 놀라운 사역에 참여하게 된다. 따라서 하나님께서 저들로 하여금 그 땅을 차지하여 거주하게 하실 때 올바른 처신을 해야만 했다.

그 가운데 가장 중요한 것은 하나님께서 멸망시키신 그 이방 종족들의 잘못된 종교행태와 자취를 따르지 말아야 하는 신앙 자세이다. 그에 대하여 민감한 자세를 유지하지 않으면 그들의 이방신 사상과 종교 행위가 저들의 올무가 될 수 있다. 인간적인 욕망으로 이방신들의 능력이라고 주장되는 바를 긍정적인 눈으로 살피는 것은 위험천만한 일이다. 그 이방인들을 따르는 것이 이땅에서 복을 가져오는 방편이 되는 양 여겨 그 거짓신을 섬기는 행위를 하지 말아야 했던 것이다.

그 이방 족속들의 종교 행위는 여호와 하나님께서 보시기에 매우 가증한 일이었다. 그들은 심지어 자기 자녀들을 불살라 저들의 신에게 바치는 끔찍한 일을 행하기도 했다. 그들은 우상신 앞에서 그렇게 하는 것이 자기의 모든 것을 포기하고 열정적으로 신을 섬기는 것인 양 착각하고 있었다. 그것을 통해 남들보다 더 큰 복을 받을 수 있을 것처럼 생각했기 때문이다.

하지만 이스라엘 백성들은 가나안 땅에 들어가 이방 족속들이 저들의 거짓신을 섬기듯이 하나님을 섬겨서는 안 된다. 그들에게 중요한 것은 인간들의 종교적인 열정이 아니라 하나님의 말씀에 온전히 순종하는 신앙 자세이다. 신명기 12장의 맨 마지막에는 그에 연관된 중요한 내용이 강조되고 있다.

> "내가 너희에게 명령하는 이 모든 말을 너희는 지켜 행하고 그것에 가감하지 말지니라" (신12:32)

우리는 이 말씀이 주는 교훈을 올바르게 이해하여 받아들일 수 있어야 한다. 하나님을 진정으로 경외하는 언약의 자손들은 항상 하나님의 모든 규례를 지키고 행해야 한다. 그 말씀 위에 자기의 생각을 더하거나 빼서는 절대로 안 된다.

죄에 빠진 사악한 인간들은 자기의 욕망을 채우기 위해 계시된 하나님의 말씀에 더하거나 빼고자 하는 유혹에 빠지기 십상이다. 하지만 중요한 것은 하나님의 뜻과 그에 순종하는 온전한 신앙 자세이며 인간들의 종교적인 열정이 그보다 앞서서는 안 된다는 사실이다.

제16장

배도자들에 대한 엄격한 자세 유지

(신13:1-18)

1. 경계해야 할 잘못된 능력을 소유한 종교인들 (신13:1-3)

모세는 이제 곧 가나안 땅에 들어갈 이스라엘 백성에게 매우 중요한 명령을 내리고 있다. 그것은 거짓 선지자들이 행하는 종교적인 현상이나 열정에 속지 말라는 것이었다. 이는 앞으로 하나님의 말씀을 왜곡하고 인간들의 감정을 자극하는 거짓 선지자들이 많이 나타날 것에 대한 예언이다.

이는 약속의 땅 가나안에서 언약의 자손들을 통해 일하시는 하나님의 사역을 방해하는 세력이 등장한다는 사실을 말해주고 있다. 그것은 근원적으로 하나님의 사역을 훼방하는 사탄의 역사에 의한 것이라 볼 수밖에 없다. 따라서 하나님께 속한 백성들은 그에 철저하게 대비하지 않으면 안 되었다.

이스라엘 자손이 이방 종족들이 거주하는 가나안 땅에 들어가면 언약의 자손이라 칭하면서 하나님의 계시를 멸시하고 귀신으로 말미암은 종교적인 현상을 통해 어린 백성들을 기만하는 자들이 많이 생겨나게 된다. 그들 가운데서 꿈꾸는 자들이 일어나 자기가 본 거짓된 환상이 마치 하나님으로부터 온 것인 양 선전하는 자들이 많이 생겨난다.

그런 자들은 일상적이지 않은 다양한 기적과 징조들을 나타내 보이며 신앙이 연약한 자들을 미혹하게 된다. 그들은 신비한 기적과 여러 징조들을 보이면서 그것이 장차 이루어질 사실을 보여주는 것이라고 선전한다. 그러면서 여호와 하나님이 절대적인 존재가 아니라 가나안 땅에 있는 다른 신들을 섬기는 것이 오히려 저들에게 더 큰 유익을 줄 것이라고 미혹한다는 것이다.

모세는 장차 그런 일이 발생할지라도 언약의 백성들은 꿈을 꾸며 환상을 본다고 주장하는 거짓 선지자들의 말을 들어서는 안 된다는 사실을 강조했다. 그것은 사탄의 세력에 넘어간 악한 자들이 자기를 위하여 종교적으로 포장하는 거짓 술수에 지나지 않기 때문이다. 그에 미혹되어 넘어가게 되면 가장 소중한 하나님의 율법을 잊어버림으로써 치명적인 손실을 입을 수밖에 없다.

그러므로 모세는 이스라엘 자손을 향해 오직 마음을 다하고 뜻을 다하여 여호와 하나님만을 섬겨야 한다는 점을 언급했다. 또한 하나님께서 이스라엘 자손들 가운데서 그런 자들이 나오는 것을 허용한 까닭은 그것을 통해 이스라엘 백성이 진심으로 자기를 사랑하는지 시험해보는 의미와 연관되어 있다고 했다. 이는 언약의 자손들을 위해 매우 중요한 의미를 지니는 것으로서, 그런 힘든 유혹의 과정을 이겨냄으로써 가나안 땅에 살아가는 저들의 신앙을 더욱 굳건히 하고자 하는 하나님의 의도를 보여주고 있다.

2. "오직 여호와를 따르라" (신13:4,5)

모세는 또한 하나님을 섬기는 자들이 취해야 할 엄격한 신앙적인 태도에 관한 언급을 하고 있다. 그들이 여호와 하나님을 따를 때 먼저 하나님을 진정으로 경외하는 마음을 가지라고 했다. 항상 하나님 앞에서(Coram Deo) 조심조신(操心操身)하는 자세를 취하고 경거망동(輕擧妄動)하지 말라는 것이다.

그리고 하나님의 율법과 명령을 지키고 그의 말씀을 귀담아들어 순종하여 오직 그를 섬기며 의지하라고 요구했다. 이는 인간적인 사사로운 생각이나 판단에 따른 행동을 하지 말라는 의미를 담고 있다. 죄에 빠진 인간들은 항상 이성과 경험에 따르기를 좋아하며 언약의 자손들이라 할지라도 종교적인 이성과 경험을 앞세우기 십상이다.

성숙한 신앙인들은 마땅히 하나님의 말씀을 통해 종교적인 관행에 대한 정당한 해석을 내리게 된다. 그리고 자신의 종교적인 이성과 경험을 극소화하고자 애쓴다. 그렇게 함으로써 언약공동체 가운데 하나님의 말씀이 드러나도록 하는 일에 적극적으로 참여하게 되는 것이다. 이에 대해서는 구약시대 성도들뿐 아니라 오늘날 우리 시대 교회와 성도들에게 그대로 적용되어야 할 소중한 원리이다.

모세는 또한 이스라엘 백성을 향해 하나님의 계시를 왜곡하는 거짓 선지자들과 엉터리 환상과 꿈을 내세우며 어린 백성을 미혹하는 자들을 죽이라고 명령했다. 당시에도 사람을 죽인다는 것은 끔찍한 일이 아닐 수 없었다. 그럼에도 불구하고 저들에게 어떤 긍휼도 베풀지 말고 죽이라는 극단적인 명령을 내렸다.

그렇게 해야만 하는 중요한 이유는, 애굽 땅에서 종살이하던 이스라엘 자손을 이끌어내신 여호와 하나님을 배반하도록 그 거짓 선지자들이 미혹하기 때문이다. 또한 그들은 이스라엘 백성이 하나님의 율법과 그에 순종하는 길을 가지 못하도록 꾀어내고자 한다. 그런 자들은 그렇게 함으로써 자기의 더러운 욕망을 채우고자 했던 것이다.

모세가 그 거짓 선지자들을 가차 없이 죽이라고 명령했던 것은 그들의 미혹이 언약의 자손 전체로 퍼져나가는 것을 방지하고자 하는 목적에 연관되어 있었다. 이에 관해서는 오늘날 우리 시대에도 유효한 교훈으로 남아 있어야 한다. 그것은 물론 지금도 그런 자들을 찾아내 죽여 생명을 박탈하라는 의미로 받아들이는 것이 아니다. 하지만 그들의 사악한 종교 사상을 엄히 배격하고 철저하게 단절해야 하는 것은 매우 중요하다.

현대 기독교의 가장 심각한 폐단 가운데 하나는 무분별한 관용주의와 수용주의적인 신앙 태도이다. 그것은 결국 참된 진리를 파괴하는 혼합주의로 나아가게 할 수밖에 없다. 특히 기독교 지도자임을 자처하는 자들 가운데 사악한 자들은 비신앙적인 이방 종교사상을 교회 가운데 끌어들여 접목시킴으로써 어린 교인들을 기만하고자 한다. 우리는 이에 대하여 여간 민감하게 반응하지 않으면 안 된다.

3. 엄히 대응해야 할 '가족과 친구'의 배도 행위 (신13:6-11)

모세는 이와 더불어 이스라엘 백성을 향해 일반적인 상식으로는 도저히 이해하기 어려운 명령을 내리고 있다. 그것은 친형제나 자녀를 포함한 가족 혹은 생명을 함께하는 친구라 할지라도 하나님을 멸시한 채 거짓신앙을 퍼뜨린다면 냉정하게 대할 뿐 아니라 심지어는 죽이기까지 하라는 요구를 하고 있기 때문이다. 그 이유에 대한 이해가 부족한 자들은 그것이 인륜에 어긋난다고 주장할 것이 분명하다.

성경은, 만일 누구든지 그 부모 형제나 자녀나 아내나 친구가 가만히 꾀어 하나님을 등지고 배도의 길로 이끌어 가고자 할 경우 냉철한 자세를 가지라고 요구했다. 그들이 조상 때부터 알아 오던 여호와 하나님을 떠나 가나안 땅에 살고 있던 여러 이방 종족의 신들에 대하여 긍정적인 말을 하더라도 절대로 받아들이지 말라는 것이다. 이스라엘 자손을 둘러싸고 있는 가까운 종족이 섬기는 신들이든 혹은 먼 지역에 떨어져 살아가는 자들이 믿는 신들이든 그 모든 신적인 것들은 악한 존재에 지나지 않는다.

한 집에 살고 있는 가장 가까운 가족이나 혹은 가장 친한 친구가 그 신들을 섬기자고 말할지라도 절대로 그에 따르지 말 것을 당부했다. 이스라엘 민족 가운데 존재하는 가족과 가까운 이웃이 다른 신들을 섬기자고 할 때는 여호와 하나님을 완전히 버리고 이방신을 섬기자고 한 것은 아니었을 것이다. 그들은 여호와도 섬기면서 이방신의 좋은 면을 같이 섬기면 더 많은 복을 받게 되리라는 생각을 하고 있었을 것이 틀림없다. 이는 그 유혹하는 자들에게는 나름대로 어느 정도의 진정성이 있었음을 말해주고 있다.

그럼에도 불구하고 모세는 그들의 말을 따르지 말며 듣지도 말고 긍휼히 여기지도 말고 애석하게 여기지도 말라고 당부했다. 오히려 그 악행을 덮어 숨겨주려고 하지도 말라는 요구를 했다. 이는 배도에 빠진 저들의 이방신 사상에 연관된 행동을 만방에 드러내어 그 사악함을 드러내 보이라고 하는 의미를 지니고 있다.

그와 같은 태도는 자기 가족에 대한 사랑이 전혀 없는 냉혹한 태도로 비쳐질 수 있었다. 하지만 모세는 그렇게 대처하라고 했다. 나아가 그들이 그런 사악한 행위를 지속할 경우 용서없이 그들을 죽이라고 명했다. 배도에 빠진 그런 자를 죽이되 죽일 때는 가족인 그가 가장 먼저 그에게 손을 대고 그 이후에 이스라엘 뭇 백성이 손을 대 그를 죽이라고 했다. 이는 하나님의 말씀에 대한 절대적인 순종의 마음 없이는 불가능한 일이었다.

그런 엄한 명령이 내려졌던 까닭은 이방 종교사상과 행위를 퍼뜨리는 자는 애굽 땅에서 종살이하던 백성을 인도하여 내신 여호와 하나님을 배신하도록 종용한 사악한 죄를 책임져야 했기 때문이다. 그는 순진한 자들을 꾀어 여호와 하나님을 떠나게 한 자이기 때문에 돌로 쳐 죽이도록 했다. 그렇게 함으로써 온 이스라엘 백성이 그에 관한 모든 것을 듣고 두려워하여 다시는 그런 악을 백성들 가운데 행하지 못하게 하고자 했던 것이다.

그런데 우리는 여기서 앞서 주어진 십계명에 기록된 말씀을 떠올리게 된다. 그 가운데서 '부모를 사랑하라'는 십계명에 비추어볼 때 가족을 죽이라는 요구는 서로 상충되는 것으로 보일 수 있기 때문이다. 어떤 경우라 할지라도 사람이 자기 부모나 형제 자식을 죽인다는 것은 받아들이기 어렵다.

하지만 우리는 성경이 강조하고 있는 것은, 한 가족보다 중요한 것이 집단적 언약의 백성이라는 사실임을 알 수 있다. 민족을 가족보다 중시했던 까닭은 그 민족을 통해 메시아를 이땅에 보내실 것이기 때문이었다. 따라서 언약의 민족에 속한 모든 가족은 전체적인 언약을 위해 존재한다는 사실을 명확하게 깨달아야만 한다.

이에 대해서는 오늘날 우리도 개념상의 교훈을 그대로 받아들일 수 있다. 가족은 지상 교회에 예속되어야 하며 주님의 몸된 교회의 소중함을 알고 그 가운데 거해야 한다. 따라서 그 의미에 온전히 참여하는 것이 참된 성도들의 기본적인 신앙의 덕목이 될 수 있는 것이다.

4. 불손한 자들에 대한 엄한 경계 (신13:12-16)

장차 이스라엘 백성이 가나안 땅에 들어가 지파에 따라 각기 성읍들을 차지하게 되면 다양한 일들이 일어나게 된다. 모세는 그점을 염두에 두고 앞으로 그들이 들어가 살게 될 어떤 성읍에서 특별한 소문이 들릴 수 있다는 사실을 말했다. 그것은 좋은 소문이 아니라 부정적인 종교행위에 연관되어 있다.

그들 가운데 하나님께 저항하는 불손한 잡류(雜類)가 일어나서 그 성읍 주민을 미혹하는 일이 발생할 수 있다. 그는 성읍 백성들을 미혹하여 지금까지 알아 오던 여호와 하나님과는 다른 이방 족속의 신들을 찾아 섬기자는 요청을 하게 된다. 이는 하나님께서 저들을 위해 실제적 삶 가운데 베풀어주는 것들이 만족스럽지 않으니 다른 방법을 찾아보자는 의미를 내포하고 있다.

하나님을 모독하는 그와 같은 위태로운 소문을 듣게 되거든 그 형편을 자세히 알아보라는 요구를 했다. 과연 하나님을 버리고 배도 행위를 장려하는 그런 일이 저들 가운데 구체적으로 존재하는지 면밀히 살펴보라는 것이었다. 그 소문이 실제로 발생하고 있는 것이 확실하다면 그에 대하여 분명한 자세를 취하라고 했다.

올바른 신앙을 가진 성숙한 신앙인들은 마땅히 신앙이 불손한 잡류를 칼날로 쳐 죽이라는 명령을 내렸다. 그리고 그로부터 미혹을 받아 하나님을 떠난 주민들도 칼로 쳐 죽이라고 했다. 뿐만 아니라 그 성읍 안에서 악한 자들이 사용한 모든 것들과 그들의 가축까지도 칼로 진멸하라는 요구를 했다.

나아가 그 성읍 가운데서 빼앗은 저들의 물건들을 거리 가운데 모아 놓고 더러워진 성읍과 함께 전부 불태우라고 했다. 그리하여 그 악행에 가담하지 않은 모든 주민들이 그 광경을 지켜보도록 했다. 그런데 모세는 그 더러운 것들을 불살라 태우면서 그것을 여호와 하나님께 드리라는 언급을 하고 있다.

우리는 여기서 그 사악한 것들을 불태워 하나님께 바친다는 말을 올바르게 잘 이해할 수 있어야 한다. 그것은 하나님을 배도한 자들과 그 성읍과 악한 물건과 더러워진 가축을 하나님의 영광을 위해 드린다는 의미가 아니다. 이는 하나님의 말씀에 따라 그렇게 행하는 이스라엘 백성들의 순종하는 마음과 순전한 태도를 여호와 하나님께 바치는 것으로 이해하는 것이 자연스럽다.

그러므로 모세는 그와 더불어 불살라진 성읍은 영구히 폐허가 되어 다시 건축되지 않을 것이라고 했다. 이는 백성들이 하나님의 요구에 따라 모든 것을 철저히 제거해야 하나 그들이 살아가야 할 중요한 삶의 터전을 잃어버리게 되는 상황을 말해주고 있다. 중요한 점은 일상생활을 위한 모든 것을 잃어버릴지라도 하나님에 대한 순종과 올바른 신앙을 지키는 것이 우선적인 신앙의 도리라는 사실이다.

오늘날 우리도 이 교훈을 마음속에 잘 새겨들어야 한다. 구약시대의 엄격하신 하나님의 성품은 신약시대에도 동일하다. 물론 그 가운데는 그리스도를 통한 자기 자녀들에 대한 진정한 사랑과 은혜가 존재한다. 우리 역시 진리를 수호하기 위해 배도자들의 악한 것들을 완전히 제거하면서 세상의 모든 것을 잃어버린다고 할지라도 하나님의 말씀에 순종함으로써 얻게 되는 진정한 보화를 소유할 수 있어야만 하는 것이다.

5. 은혜에 대한 하나님의 약속 (신13:17,18)

하나님께서는 모세의 입술을 통해 이스라엘 백성들에게 엄히 말씀하셨다. 그것은 그 성읍 가운데서 진멸하게 될 물건들에 조금도 손을 대지 말라는 것이었다. 이는 그 물건을 소유하고자 하는 탐심을 가지지 말라는 의미를 내포하고 있다. 신앙이 어린 자들은 그런 상황 가운데서 자기의 일상적인 삶을 염려하며 자기를 위해 그 가운데 일부를 챙겨두려는 마음을 가지기 십상이다.

어리석은 자들 가운데는 값진 물건을 태워 없애기보다 그것을 잘 사용하는 것이 오히려 건설적인 지혜인 양 떠벌리기도 한다. 하지만 그와 같은 사고나 행동은 지극히 미련한 것으로서 하나님에 대한 신뢰가 부족하기 때문에 나타나는 양상에 지나지 않는다. 하나님께 속한 백성들의 삶과 근거는 인간적인 판단과 계산에 달린 것이 아니라 오직 하나님의 공급하심에 달려 있을 따름이다.

그러므로 모세는 하나님의 요구대로 사악한 배도자들과 그런 자들에게 속한 모든 것을 완전히 불태워 순종하면 하나님께서 진노를 그치시게 된다는 사실을 언급했다. 그로 말미암아 자기 백성을 긍휼히 여기시며 자비를 베풀어 주신다는 것이다. 즉 그 조상들에게 맹세하신 대로 저들을 번성케 해 주시겠다고 하신 약속이 이루어진다고 했다.

그러므로 약속의 땅에 들어가게 될 언약의 백성들이 취해야 할 가장 중요한 것은 인간들의 지혜나 능력이 아니라 하나님의 말씀을 듣고 그에 순종하는 삶이다. 그것은 모세를 통해 저들에게 주신 율법과 그의 명령을 온전히 지키는 것이다. 그렇게 하여 여호와 하나님 앞에서 정직하게 행하면 하나님의 은혜를 누리게 된다. 그로 말미암아 언약의 백성들은 천상으로부터 허락된 참된 평강을 누리게 되며, 하나님께서는 저들을 통해 약속한 메시아를 이땅에 보내시게 되는 것이다.

신명기 13장에는 전반적으로, 하나님의 자녀들을 이방신 사상에 물들게 하여 배도의 길로 이끄는 자를 반드시 죽이라는 명령을 내리고 있다. 거짓 선지자들과 꿈꾸는 자들, 가족이나 가까운 친구라 할지라도 신앙을 미혹하는 자들, 성읍 가운데서 사악한 배도 행위를 종용하는 자들을 찾아 죽이라고 명했다. 그런 자들에게는 누구라고 할지라도 자비를 베풀지 말라는 것이었다.

하지만 나중 가나안 땅에 들어가 거하는 이스라엘 백성은 그렇게 하지 못했다. 그들이 사사시대 300여 년 동안 극한 혼란의 시기를 보내야 했던 중요한 원인 가운데 하나는, 사사로운 인정과 개인적인 욕망에 빠져 그런 악한 자들을 죽이지 않았기 때문이다. 이에 대해서는 오늘날 우리 역시 그에 연관된 원리적 교훈을 귀담아듣고 마음속 깊이 새겨야만 한다.

제17장

성결해야 할 언약 백성의 삶의 근간

(신14:1-29)

1. 여호와 하나님의 성민(聖民)으로서 경계해야 할 점 (신14:1,2)

모세는 이스라엘 백성을 향해 그들이 여호와 하나님의 자녀란 사실을 강조하여 언급하고 있다. 이는 특별한 정체성을 지닌 그 신분을 기억하며 그에 조화되는 삶을 살아야 한다는 의미를 지니고 있다. 즉 '하나님을 위하여' '그의 뜻에 따라' 살아가야 할 백성으로서 이방인들의 악한 행실을 받아들이지 말아야 했던 것이다.

이방인들에게 편만한 죄악들 가운데 하나는 죽은 자에 연관된 잘못된 풍습이다. 그들은 '죽은 자를 위하여' (신14:1) 자기 몸에 상처를 내며 눈썹 사이 이마 위에 있는 머리털을 미는 경우도 있었다. 여기서 우리는 하나님을 믿는 언약의 백성으로서 이방인들의 그런 사특한 관습을 받아들여서는 안 된다는 사실을 분명히 깨달아야만 한다.

여기서 우리가 절대로 간과하지 말아야 할 점은 이방인들이 죽은 자를 위하여 애도하면서 자기의 신체 일부를 훼손하거나 외모를 별스럽게 단장하면서 그런 식으로 죽은 자에 대한 예를 차리는 것이 잘하고 있는 것인 양 착각하고 있다는 사실이다. 하나님께 속한 자들은 자기 자신을 남에게 보여주기 위해서 그런 행위를 하지 말아야 한다. 또한 죽은 자를 위한 그런 애도 관행을 장려해서도 안 된다. 언약의 자손들은 오직 여호와 하나님의 이름과 그의 영광을 위하여 살아가게 될 따름이다(시79:9, 참조).

이처럼 모세는 가나안 땅 진입을 눈앞에 둔 언약의 자손들에게 장차 이방인들의 그와 같은 참람한 관습을 볼지라도 그것을 본받지 말라고 했다. 그들은 이방인들과 달리 여호와 하나님으로부터 특별히 선택받은 성민(聖民)이기 때문이다. 하나님께서는 그들을 세상의 많은 종족들 가운데 구별하여 자기의 상속을 이어가는 백성으로 삼으셨던 것이다.

여호와 하나님은 영원토록 살아계시는 분이며, 그에게 속한 언약의 백성은 항상 그 하나님과 거룩한 교제를 이루어 가는 가운데 존재하게 된다. 따라서 죽은 자를 위하여 자기의 신체 일부를 훼손하거나 머리털을 미는 것은 이방 종교인들의 악한 관행이므로 하나님의 백성들은 죽은 자를 애도하기 위하여 그런 식의 단장을 해서는 안 된다. 그것은 하나님의 자녀들에게는 반드시 금지되어야 할 악습이다.

하나님의 백성에게 있어서 신체에 칼을 대어 그 일부를 잘라내는 유일한 법은 할례만 있을 따름이다. 구약시대 성도들에게 있어서 그것은 선택사항이 아니라 반드시 실행해야 할 필수요건이었다. 물론 그 할례는 죽은 자를 위한 것이 아니라 살아계신 하나님에 대한 고백적 의미를 담고 있다. 할례 이외에 종교적인 목적이나 그와 같은 의미를 내포한 신체 일부의 훼손 행위는 절대로 용납되지 않는 것이다.

2. 정결한 동물과 부정한 동물

(1) 정결한 짐승과 부정한 짐승(신14:3-8)

하나님께서는 이스라엘 자손들에게 정한 짐승과 부정한 짐승을 구분해

주셨다. 그것은 다양한 짐승의 육질의 다른 성분으로 인한 것이 아니라 하나님께서 특별한 의도에 따라 그렇게 정하신 것으로 이해해야만 한다. 또한 그것은 인간들의 문화적 관습이나 사회적 풍습에 의해 정해진 것이 아니었다.

그것은 전적으로 하나님의 판단에 따른 것으로서 하나님께서 허락하신 모세 율법에 명시적으로 기록되었다. 정결하고 부정한 동물은 단순히 그 상태에 머무는 것이 아니라 하나님을 경배하기 위하여 희생 제물을 바치는 제사 행위를 위해 매우 중요했다. 또한 그 거룩한 제사에 참여하는 언약의 백성들을 위해서도 매우 중요한 의미를 지니고 있다. 뿐만 아니라 언약의 자손들이 짐승의 고기를 먹는 문제에서도 그러했다. 정결한 동물의 고기는 백성들이 먹을 수 있었지만 부정한 동물의 고기는 먹지 말아야 했다.

그러므로 모세는 이스라엘 백성을 향해 가증한 것은 무엇이든지 먹지 말라고 명했다(신14:3). 언약의 자손으로서 먹을 수 있는 짐승의 고기는 소, 양, 염소, 사슴, 노루, 야생 염소와 다양한 종류의 사슴과 산양 등이다. 짐승들 가운데 굽이 두 쪽으로 갈라진 쪽발이면서 되새김질하는 동물의 고기는 먹어도 된다.

이 가운데 사람도 먹을 수 있고 하나님께 제물로 바칠 수 있는 동물은 소, 양, 염소이다. 그 이외의 동물은 사람은 먹을 수 있으나 하나님 앞에 제물로 바칠 수는 없었다. 또한 굽만 갈라졌거나 새김질만 하는 짐승의 고기를 먹어서는 안 된다. 그리고 낙타, 토끼, 사반 곧 오소리 등은 먹지 말아야 한다고 하는데 그것들은 되새김질은 하지만 굽이 갈라지지는 않은 동물이기 때문이라고 한다.[30)]

---

30) 우리는 여기서, 오소리 곧 사반과 토끼가 과연 되새김질하는 동물인가 하는 점에 대하여 의문을 가질 수 있다. 왜냐하면 사반과 토끼가 되새김질하는 동물이 아니라고 보기 때문이다. 그렇다면 이 문제를 어떻게 이해해야 할 것인가에 대한 문제에 봉착하게 된다. 우리는 성경에 기록된 사반과 토끼가 오늘

따라서 그 동물은 언약의 자손들에게 부정하기 때문에 먹을 수 없다. 나아가 그 부정한 짐승의 죽은 사체도 만지지 말아야 한다. 이를 통해 하나님께 속한 백성들은 모든 짐승을 인간들의 관행이나 습성에 따라 동일한 관점에서 볼 것이 아니라 하나님께서 제시하신 기준에 따라 정하고 부정한 짐승을 분별할 수 있어야 했던 것이다.

(2) 정하고 부정한 어류와 조류(신14:9-20)

정하고 부정한 것에 대한 구분은 짐승뿐 아니라 어류와 조류에 있어서도 그 원리가 동일하게 적용되었다. 그것은 인간들의 판단이 아니라 하나님의 절대적인 규준에 따른 것이다. 물 속에 살아가는 지느러미와 비늘 있는 것은 정결한 어류로 분류되었다. 그런 물고기는 언약의 자손들이 먹을 수 있었다. 하지만 지느러미와 비늘이 없는 모든 어류는 부정한 것으로서 먹어서는 안 된다. 물론 정결하다고 해서 그 물고기들이 하나님께 제물로 바쳐질 수 있는 것은 아니었다. 중요한 점은 하나님께 제물을 바치는 백성들에게도 그에 상응하는 정결이 요구된다는 사실이다.

하늘을 나는 조류에 있어서도 이와 마찬가지로 정결하고 부정한 것들이 따로 분류되었다. 정한 새들은 언약의 자손들이 먹을 수 있으나 부정한 새는 먹지 말아야 한다. 독수리, 솔개, 물수리, 매 종류, 까마귀 종류, 타조, 타흐마스(올빼미류), 갈매기, 부엉이, 당아(펠리칸), 올응(흰물오리), 노자(가마우지), 학, 황새, 대승(물떼새, 오디새), 박쥐 등은 부정한 것들이므로 먹어서는 안 된다. 그리고 날기도 하고 기어 다니기도 하는 것들 곧 날개 달린 곤충 등은

날 사람들이 일반적으로 생각하는 그 동물과는 상당한 차이가 날 수 있다는 점을 염두에 두어야 한다. 식물의 경우 성경에 기록된 뽕나무, 갈대, 잣나무 등이 우리가 알고 있는 그 나무들과 상당한 차이가 나는 것처럼 짐승의 경우에도 그럴 수 있다. 즉 사반과 토끼가 외형상 우리가 익히 알고 있는 그 동물과 완전히 일치하는 것이 아니라 상당한 차이가 날 수 있는 것이다.

부정하기 때문에 먹지 말아야 한다.

그 대신 비둘기, 참새(눅12:6), 닭(느5:18) 등 정한 조류들은 언약의 백성들이 먹을 수 있다. 하지만 하나님께서 고유한 뜻에 따라 정결한 조류로 규정지은 것이라고 해서 무조건 하나님 앞에 제물로 바쳐질 수 있는 것은 아니었다. 이는 인간들을 위한 것이자 인간들에게 필요한 것이라고 해서 하나님께도 동일하게 적용되는 것은 아니라는 사실을 보여주고 있다. 즉 하나님과 인간 사이에는 근본적인 차이가 있음을 말해주고 있는 것이다.

(3) 죽은 동물의 고기(신14:21)

이스라엘 자손은 이 세상 곳곳에 존재하는 일반적인 다양한 종족과는 근본적으로 다른 성격을 지니고 있다. 그들은 여호와 하나님께서 구원 사역을 이루시기 위하여 특별한 목적을 가지고 택하신 백성이기 때문에 성민 곧 거룩한 백성이다. 이는 그들 자체가 아무런 흠이 없이 거룩하다는 뜻이 아니다. 그들은 하나님 앞에서 여전히 죄인이었으나 거룩한 백성으로 인정받았다. 그것은 거룩하신 여호와 하나님께 속한 백성이기 때문에 거룩하다는 의미를 지니고 있음을 말해주고 있다.

그러므로 언약의 자손들은 동물의 고기를 먹을 때도 그에 연관된 특별한 규례가 주어졌다. 사람이 잡지 않은 채 동물이 스스로 죽은 경우라면 어떤 것도 먹어서는 안 된다.31)

설령 정결한 동물이 스스로 죽은 경우라 할지라도 그것을 먹지 말아야 한다. 그렇다고 해서 그 죽은 고기를 무조건 부정한 것으로 단정짓지도 않았다. 따라서 언약의 자손들이 스스로 죽은 고기를 먹는 것이 금지되어 있

31) 동물이 늙어서 저절로 죽은 경우나 병이 들어 죽은 경우를 생각해 볼 수 있다. 그리고 동물이 홀로 길을 가다가 구덩이에 빠져 죽는 경우도 있을 것이다.

지만 성 중에 거류하는 객들이 먹도록 줄 수는 있었다. 또한 그 고기를 이방인들에게 팔 수도 있었다.

이는 스스로 죽은 정결한 동물의 고기가 언약의 자손들에게는 식용이 금지되었으나 객이나 이방인들에게 팔 수 있도록 허용된 것은 그것이 완전히 부정한 것은 아니란 사실을 말해주고 있다. 여기서 보이는 중요한 개념 중에 하나는 언약의 자손들과 이방인들 사이에 존재하는 묘한 경계점이다. 정결하고 부정한 다른 동물과는 달리 동일한 짐승의 고기로서 언약의 자손들에게는 부정한 요소가 있는 것으로 설명되는데 반해 이방인들에게는 그렇지 않기 때문이다. 이는 역시 하나님을 제사하는 백성들의 거룩성을 유지하기 위한 방편에 연관된 것으로 이해할 수 있다.

그러므로 언약의 자손들이 먹기 위한 목적으로 잡은 동물의 고기일 경우 식용으로 사용할 수 있다. 즉 사람들이 동물을 죽일 때는 식량으로 삼기 위한 분명한 목적이 있어야만 했다. 그러나 사람들이 먹을 수 있는 고기라고 해서 하나님께 제물로 드릴 수는 없었다. 그것을 위해서는 또 다른 율법적 규례가 있었던 것이다.

그리고 새끼 염소를 잡은 후 그 고기를 어미의 젖에 삶아서는 안 되었다. 왜 그런가에 대해서는 여러 가지 일반적인 의미를 부여할 수도 있다. 예를 들어 염소 새끼를 죽여 삶으면서 그 어미의 젖에 삶는 것은 너무 잔인하다고 생각할 수 있다. 하지만 그것 자체만으로 근원적인 해석을 하기는 어렵다. 중요한 것은 하나님께서 이스라엘 자손에게 율법을 주시면서 그렇게 규정하셨다는 사실이다.

3. 삶의 고백적 십일조와 초태생에 관한 규례 (신14:22-29)

모세는 또한 언약의 자손들이 토지의 소산물 가운데 거룩한 성전에서 십일조를 드려야 한다는 사실을 언급했다. 그것은 일차적으로 하나님 앞에 바치는 의미를 지니고 있다. 즉 그 가운데는 고백적 의미가 담겨 있는 것이다. 예루살렘 성전은 하나님의 이름을 두시는 특별한 장소로서 언약의 출발점이 되기 때문이다.

그러므로 하나님께 바치는 십일조가 장차 세워지게 될 예루살렘 성전에 연관되어 있음을 밝히고 있다. 모세는 백성들에게 막연하게 하나님께 십일조를 바친다는 관념적인 생각을 하라는 것이 아니라 하나님이 계시는 성전에서 실행되는 구체적인 의미를 가진다는 것을 강조했다. 그래서 그곳에서 곡식과 포도주와 기름의 십일조를 먹어야 된다고 했다.

또한 사람이 기르는 가축의 경우에는 처음 태어난 초태생을 하나님께 드려야만 했다. 그것은 곡물의 십일조와 동일한 의미를 지니고 있었다. 따라서 그 동물의 고기도 하나님의 이름을 두는 예루살렘 성전에서 먹어야 했다. 이는 하나님과 그의 백성 사이에 형성된 매우 중요한 원리를 보여주고 있다.

모세는 곡물이나 과실의 십일조와 동물의 초태생을 예루살렘 성전에서 하나님께 바치면서 그것을 통해 항상 여호와 하나님을 경외하는 것을 배우라고 했다. 이는 매우 중요한 의미를 지니고 있다. 즉 십일조를 바침으로써 종교적인 의무를 다한 것으로 여길 것이 아니라 하나님께서 모든 것의 주인이라는 사실과 생명 공급의 원천이 된다는 사실을 실제적이며 구체적으로 깨달아야 한다는 것이었다.[32]

---

32) 우리는 여기서 신약시대의 '십일조'에 관한 의미를 생각해 볼 수 있어야 한다. 신약시대의 성도들은 구약의 십일조 개념과 동일한 율법적 관점에서 십일조를 하는 것이 아니다. 그것은 고백적 성격을 지니는 은혜와 감사에 대한 공적인 표현이다. 이는 신약시대에는 구약 율법에 따른 안식일을 지키지 않지만 그 언약적 의미를 기억하는 가운데 안식의 개념과 더불어 주일을 지키는 것과 통하는 개념이다. 따라서 웨스트민스터 신앙고백서에서도 그에 관한 교훈을 기록으로 남기고 있다(웨신, 제21장, 예배와 안식일 참조; 이광호, 웨스트민스터신앙고백, 교회와성경, 2009, 2018, pp.289-309, 참조)

그러나 하나님께서 언약을 기억하도록 그의 거룩한 이름을 두시는 예루살렘 성전으로부터 멀리 떨어져 살아가는 백성들은 그렇게 하기 힘들었거니와 모든 백성이 그 모든 요구에 따르기 매우 어려웠다. 그러므로 곡물이나 과실의 십일조나 소나 양의 초태생을 가지고 예루살렘을 방문하기 어려운 사람들은 하나님께서 허락하신 곡물과 과실의 십일조나 동물의 초태생을 직접 성전으로 가지고 갈 것이 아니라 그에 상응하는 액수의 돈을 가지고 예루살렘으로 가도록 요구했다.

그 돈을 예루살렘 성전에 바치는 것이 아니라 그것으로 다시 곡물이나 포도주나 소나 양 등 원하는 것을 사야만 했다. 그것을 하나님의 이름이 있는 성전에 바치고, 그곳에서 여호와 하나님 앞에서 그와 그에게 속한 모든 권속이 함께 마시고 즐거워하라고 했다. 우리가 여기서 기억해야 할 바는 언약의 자손들의 모든 기쁨과 즐거움은 하나님이 계시는 성전이 그 원천이 된다는 사실이다. 즉 하나님이 성도들을 위한 모든 참된 기쁨의 근원이 되는 것이다.

그와 같은 신앙 정신은 언약의 자손에게 매우 중요한 의미를 지니고 있다. 따라서 하나님으로 말미암는 그 기쁨은 단순한 감정을 넘어서는 것으로서 모든 언약의 자손들이 공유할 수 있어야만 했다. 가나안 땅의 여러 성읍에 거하는 자들은 그 의미를 하나님 앞에서 구체적으로 실현해야 했던 것이다.

그러므로 모세는 본문 가운데서 특별히 레위인에 관한 언급을 했다. 각 성읍에 거하는 레위인들은 야곱의 아들들의 다른 지파 사람들과 달리 상속분이나 땅을 통한 소출이 없었으므로 특별히 챙겨주어야만 했다. 그것을 위해 모든 이스라엘 자손에게 매 삼 년마다 그 해 수확한 소산의 십 분의 일을 따로 취하여 성 중에 거하는 연약한 자들을 위해 비축해 두도록 명령했다. 하나님의 율법을 가르치고 그에 따른 신앙 행위를 지도하는 레위인들을 저버리는 행위를 해서는 절대로 안 된다.

레위인들의 삶과 위상은 시대와 형편에 따라 크게 상이한 양상으로 나타났다. 즉 신앙이 성숙한 좋은 시대에는 그들이 존경과 존중을 받았지만 그렇지 않은 시대에는 도리어 멸시와 고통을 당했던 것이다. 또한 레위인들뿐 아니라 각 성읍에서 일시적으로 거주하는 객들과 노동력이나 생활능력이 없는 고아와 과부들도 굶주리게 하지 말아야 한다. 그들도 다른 언약의 백성들과 마찬가지로 동일하게 배불리 먹을 수 있도록 해 주어야만 했다. 그렇게 하면 하나님께서 저들의 모든 삶에 복을 주어 형통하게 해 주신다는 것이다.

우리는 여기서 구약시대 이스라엘 민족 가운데 존재해야 할 '균등케 하는 삶의 원리'를 생각하게 된다. 언약의 자손들에게는 혼자만 이 세상에서 잘 사는 것이 목적이 될 수 없다. 각자의 능력과 재능은 개인을 위한 이기적인 목적과 욕망을 추구하기 위한 수단에 그치는 것이 아니다. 그것은 하나님께서 맡기신 다양한 능력과 재능을 통해 함께 살아가는 방편이 되어야 했다. 신약시대 사도 바울은 고린도교회에 보내는 두 번째 편지에서 그에 대한 중요한 교훈을 주고 있다.

> "이제 너희의 넉넉한 것으로 그들의 부족한 것을 보충함은 후에 그들의 넉넉한 것으로 너희의 부족한 것을 보충하여 균등하게 하려 함이라 기록된 것 같이 많이 거둔 자도 남지 아니하였고 적게 거둔 자도 모자라지 아니하였느니라"(고후8:14,15)

바울이 고린도교회를 향해 언급한 이 말씀의 원리는 구약시대부터 있어왔다. 이를 통해 언약의 공동체가 함께 하나님을 섬기며 그 기쁨을 소유할 수 있게 되었던 것이다. 물론 이를 위해서는 강하든지 약하든지 유능하든지 그렇지 못하든지 부유하든지 가난하든지 간에 모든 성도들이 하나님과 사람 앞에서 근면하고 성실한 삶을 살아가야 하는 의무가 전제된다는 사실을 기억해야만 한다. 즉 게으르고 성실하지 못한 자들에게는 이 원리적 의미가 적용되는 데서 어느 정도 제외되는 것이다(살후3:10, 참조). 우리는 이 말씀이 주는 교훈의 원리적 의미를 항상 잘 기억해야만 한다.

제18장

'면제 규례' 와 특별한 언약 관계

(신15:1-23)

1. '면제 규례' 와 여호와께서 주신 유산 (신15:1-6)

인간들이 소유한 모든 것들은 전부 하나님의 것이다. 하나님의 일반적인 은총에 근거하지 않은 것은 단 하나도 없다. 그럼에도 불구하고 어리석은 인간들에게는 그에 대한 인식이 전혀 없다. 하지만 하나님의 자녀들은 그에 대한 분명한 깨달음과 더불어 삶 가운데 그 의미가 뚜렷하게 드러나야만 한다.

모세는 그에 연관된 사실이 '면제 규례' 에서 나타나야 한다는 사실을 언급하고 있다. 그것은 채권자가 채무자에게 반드시 이행해야 할 내용이다. 누군가가 이웃에게 무엇을 꾸어주거나 빌려주었다면 그로부터 칠 년이 되는 해 모든 것을 면제해 주라는 것이다. 그것은 채권자에게는 당연한 의무이자 채무자에게는 하나님께서 허락하신 권리에 해당되는 규례였다. 여기서 칠 년은 '안식년' 과 연관된 개념으로 이해할 수 있다.

문제는 하나님의 선한 율법을 악용하는 자들이 그 규례를 알고 일부러

면제년을 기다리며 부채를 갚지 않고 버티는 경우가 생겨날 수 있다는 사실이다. 그와 같은 일이 발생한다면 그것이 오히려 위험한 상황을 초래하게 된다. 악한 자들이 하나님의 규례를 이기적인 목적으로 부당한 적용을 하고자 하기 때문이다.

하지만 모세는 그점에 대하여 지나친 염려를 하지 말고 오직 이스라엘 민족 가운데 주어진 면제 규례가 온전히 시행되어야 한다는 사실을 언급하고 있다. 이는 남에게 무언가를 빌려준 사람이 소유했던 것은 원래부터 하나님께 속한 것이었음을 강조하는 의미를 지니고 있다. 따라서 채무자의 빚을 면제해 주는 것이 채권자의 아량이나 선행이 아니라 하나님의 명령에 근거하게 된다.33)

모세는 그와 더불어 채권자들을 향해 무언가를 꾸어준 이웃에게 빨리 갚도록 독촉하지 말라고 했다. 형편이 되어 그가 빌린 것을 갚을 때까지 기다리라는 것이었다. 그렇게 해야만 했던 이유는 하나님께서 '면제 규례' 를 제정하셨을 뿐 아니라 제 칠 년이 되면 모든 것을 면제하도록 선포하셨기 때문이다.

그러므로 이 규례는 언약의 백성들 가운데서 지속적으로 적용되어야 할 내용이다. 하지만 그것이 이방인들에게도 그대로 적용되어야 하는 것은 아니었다. 따라서 이방인들에게는 빨리 빚을 갚도록 독촉할 수 있었으나 형제인 언약의 자손들에게는 그 빚을 독촉하지 말아야 할 뿐더러 규례에 따른 때가 되면 모든 부채를 면제해 주어야 했다. 이는 이스라엘 백성 가운데 항상 실천되어야만 할 규례였다.

이스라엘 자손이 여호와 하나님의 말씀을 듣고 모세가 명령하는 규례를

---

33) 일반적인 관점에서 본다면 여기서 복잡한 질문들이 생겨날 수 있다. 예를 들어, 채무자가 채권자보다 더 풍요로운 삶을 살 경우에도 면제년이 되면 그 부채를 갚지 않아도 되느냐 하는 문제가 그렇다. 하나님을 경외하지 않는 자들 가운데 규례를 악용하는 예가 생겨날 수 있지만 그런 일은 매우 특별한 예외적인 경우로 볼 수밖에 없다.

온전히 지켜 순종하면 하나님께서 저들에게 주신 약속의 땅에서 넘치는 복을 누리게 된다. 그리하여 저들 가운데 극한 가난으로 인해 고통당하는 자가 없을 것이라고 했다. 그것은 하나님께서 조상 때부터 이미 약속하신 바와 같다.

또한 그것은 개인뿐 아니라 언약의 왕국 전체에 적용되는 약속으로 이해해야 한다. 하나님으로부터 받게 되는 넘치는 복으로 인해 그들은 다른 여러 나라들에게 꾸어줄지라도 그들이 이방 나라들로부터 꾸지 않아도 된다. 그리고 언약의 백성이 다른 나라들에 대하여 강력한 세력을 펼칠 것이며 저들의 지배를 당하지 않는다고 했다.

우리는 여기서 매우 중요한 원리적 의미를 깨달을 수 있어야 한다. 그 약속은 하나님께서 허락하신 복이 개인과 왕국의 풍요로움으로 인해 이 세상에서 만족을 누릴 것이란 말과는 상당한 차이가 난다. 그것은 백성들이 그와 같은 형편에서 여호와 하나님을 온전히 섬길 수 있게 된다는 점을 말해준다. 즉 거룩한 성전에서 희생제물을 하나님께 바치며 곡물을 통한 예물을 넉넉히 바치게 되는 것에 연관되어 있다.

이는 또한 희미하게나마 장차 임할 하나님 나라의 도래에 관한 예언적 의미를 지니고 있다. 실제 역사상 이스라엘 왕국이 주변 나라들에 대한 그와 같은 강력한 권세와 무한한 풍요를 누린 적이 없다. 따라서 하나님의 말씀에 순종하는 언약의 백성들에게 이 세상의 왕국들과 비교가 되지 않는 강력한 세력을 지닌 하나님 나라가 허락되는 것이다.

2. '가난한 형제' 에 대한 근본 자세 (신15:7-11)

모세는 여기서 특별히 생활이 궁핍한 형제에 대한 언급을 하고 있다. 언약의 자손들이 하나님께서 허락하신 가나안 땅 어느 성읍에서 살아가든지 주변에 가난한 이웃이 있다면 그를 위해 부드러운 마음을 가져야만 했다.

생활의 여유가 있는 자들은 그들에 대하여 완악한 태도를 보이지 말아야 한다.

하나님께서 언약의 자손들 가운데 다양한 여건들을 통해 부유하게 해준 사람들은 개인적으로 만족한 삶을 누리도록 하기 위해서가 아니다. 그것은 가난한 자들을 포함한 모든 언약의 백성들을 위한 공공의 성격을 지니고 있다. 따라서 여유로운 삶을 살아가는 자들은 주변의 가난한 이웃을 외면해서는 안 된다.

부유한 자들은 자기가 소유한 모든 것들을 자신의 손에 움켜쥐고 있음으로써 가난한 이웃을 향해 그것들이 흘러가는 것을 소홀히 하지 말아야 한다. 그것은 개인적인 온화한 품성으로 인해 이웃에게 긍휼을 베풀게 되는 것이 아니라 하나님의 명령이기 때문에 그렇게 하지 않으면 안 되는 당연한 의무이자 책임이라는 사실을 말해주고 있다. 즉 참된 언약의 자손이라면 반드시 그렇게 해야만 하는 것이다.

그러므로 극심한 가난으로 인해 필요한 것을 꾸고자 하는 이웃이 있다면 그들이 쓸 것을 넉넉히 꾸어주라고 했다. 끼니를 잇기 어려운 가난한 자들에게는 먹을 것을 주어야 하며 겉보기에 그 정도가 아니라 할지라도 무언가 꼭 필요한 것이 있어서 꾸고자 하는 자들이 있다면 반드시 저들을 돌봐 주어야 한다는 것이었다. 그리하여 하나님을 경외하는 언약의 자손들 가운데 생존에 관련된 공평케 하는 삶의 원리가 적용되어야 했다.

나중 예수님께서도 가난한 자들에 대한 구제를 강조하시면서 그것을 절대로 자신을 드러내기 위한 수단으로 삼지 말라고 하셨다. 구제는 하나님의 요구에 따른 것으로서 이웃을 위한 순종적 삶의 표현일 따름이다. 따라서 산상수훈에서는 구제를 하면서 사람들로부터 영광을 얻을 목적으로 드러나게 하지 말라는 교훈을 주고 있다(마6:2, 참조).

뿐만 아니라 모세는 언약의 자손들이 이기심에 근거한 악한 마음을 품어서는 안 된다는 사실을 말했다. 그것은 자신과 이웃뿐 아니라 하나님과 그의 명령에 연관되어 있다. 그 악한 마음이란 우리가 일반적으로 생각하는 도덕적인 나쁜 마음이라기보다 이웃을 진정으로 생각하지 않는 약은 마음이라 할 수 있다. 무엇인가를 꾸어준 사람에게 일곱째 해가 되는 면제년이 가까워지면 그에게 도움을 주지 않은 채 저의 궁핍한 상태를 눈앞에 보면서도 모르는 척 외면하는 것은 이기적인 악한 마음 때문이다.

만일 갖가지 핑계를 대며 궁핍에 빠진 이웃을 도와주지 않는 삶은 윤리적인 흠결에 그치는 것이 아니다. 그것은 하나님 앞에서 저지르는 사악한 죄가 된다. 그 궁핍한 사람이 하나님께 간구하면서 생활에 여유가 있는 이웃이 자기를 도와주기를 바라며 간청한다면 그것이 곧 그 사람의 죄를 드러내게 된다는 것이었다.

그러므로 모세는 여유가 있는 사람들을 향해 그런 자들을 외면하지 말라는 당부를 했다. 나아가 도움을 줄 때는 아끼는 마음을 품지 말고 풍성히 나누어 주라는 말을 했다. 주변의 가난한 이웃을 돌아보는 그와 같은 일을 감당하도록 하나님께서 저에게 풍요로운 삶을 허락하셨기 때문이다.

모세는 언약의 자손들이 주어진 규례에 따라 그런 삶을 실천할 때 저들의 모든 일을 형통케 해 주시리라는 사실을 언급했다. 그리고 하나님께서는 자기를 경외하며 율법에 따라 순종하는 백성들의 손이 닿는 모든 일에 복을 주실 것이라고 했다. 그것은 물론 언약의 백성인 이스라엘 민족공동체와 장차 세워지게 될 언약의 왕국을 지켜 보호하는 의미를 지니고 있으며 그 가운데는 이땅에 이루어지게 될 메시아 예언적 성격이 내포되어 있다.

이 세상에는 항상 가난한 약자들이 끊어지지 않고 존재한다. 하나님의 자녀들 가운데서도 마찬가지다. 따라서 여유로운 삶을 살게 되는 성도들은 항상 이에 대한 사실을 염두에 두고 있어야 한다. 모세는 이스라엘 자손을 향해 언약의 지경 안에 거하는 형제들 중에 형편이 곤란한 자와 궁핍한 자들을 살펴 저들을 거두어 주는 손을 펼치도록 요구했다. 우리는 그것이 선택적인 사항이 아니라 반드시 실천해야 할 성도들의 기본적인 삶의 자세라는 사실을 기억해야만 한다.

3. 언약에 연관된 '속박 규례' (신15:12-15)

언약의 자손들에게 있어서 이 세상에서의 신분은 그다지 중요하지 않다. 최고권력을 가진 통치자이든 일반 평민이든 하인이나 종으로 간주 되는 사람이든 그것 자체로서 근본적인 삶의 의미를 판단하는 가치 기준을 생성해내지 않는다. 사람들은 외모로 평가하지만 하나님은 결코 그렇지 않은 것이다.

하지만 이 세상에서 겪게 되는 성도들의 삶은 천양지차(天壤之差)가 날 수 밖에 없다. 그로 인해 당사자뿐 아니라 빈부귀천(貧富貴賤)에 대한 왜곡된 사회적 인식이 고착되기 십상이다. 그렇게 되면 당연히 특정 부류의 사람들은 명예와 더불어 풍요로운 부를 누리게 되지만 다른 어떤 사람들은 힘겨운 삶을 살아가게 된다.

그러므로 모세는 모든 언약의 백성들이 이 세상에 살아가면서 감당해야 할 나름대로의 소중한 몫이 존재한다는 사실을 언급했다. 하지만 그것이 진리에 의해 규정된 인생이 아니란 점을 말하면서 하나님의 특별한 규례를 전했다. 따라서 일시적으로 비천하게 보이는 자리에 처해 다른 사람들의 지배를 받는다고 할지라도 그것을 영원한 것으로 받아들여서는 안 된다는 것이었다.

모세는 또한 만일 언약의 자손인 히브리 남성이나 여성 가운데 누군가가 자기에게 팔려왔다면 어떻게 해야 할 것인가에 대하여 언급하고 있다. 누구든지 다른 사람에게 갚아야만 할 유무형의 빚이 있는데 그것을 갚지 못하면 그에 대한 책임을 지게 된다. 그 빚을 탕감해주지 않고 반드시 받으려고 생각하는 사람은 갚을 능력이 없는 그를 다른 사람에게 팔아넘기게 되는 것이다.

물론 우리가 여기서 주의 깊게 생각해 보아야 할 점은 사람을 사고판다는 것이 사람 자체가 아니라 그의 노동력을 사고파는 것으로 이해해야 한다는 사실이다. 누구든지 이에 대한 명확한 이해를 하지 않으면 안 된다. 특히 돈을 주고 사람을 산다고 생각하는 사람은 분명한 개념을 확립하고 있어야만 한다.

그러므로 만일 언약의 자손이 동족인 히브리인 남자나 여자를 돈을 지불하고 사게 되었다면 무제한적으로 그를 지배하며 노동시킬 수 없다. 팔려온 그가 육 년 동안 자기에게 요구된 노동을 하며 주인으로 간주된 사람을 성실하게 섬긴다면 제 칠 년이 되는 해에는 그를 해방시켜 자유롭게 해주어야만 한다.

그런데 그를 해방시킬 때 단순히 자유만 허락할 뿐 아니라 그에게 빈손으로 돌아가게 하지 말아야 한다. 즉 주인이 소유한 동물들 가운데 있는 일부와 타작마당에서 거둔 곡물과 포도주 등을 후히 주어서 보내야 한다. 그것들은 단순히 주인의 절대적인 소유가 아니라 하나님께서 허락하신 은총의 결과였기 때문이다. 이는 그 주인이 소유한 모든 것들이 하나님으로부터 주어진 것으로서 하나님의 것이란 사실을 말해주고 있다.

그래서 비록 남을 섬기는 종의 신분을 가지게 되었으나, 하나님께서 허락하신 것으로서 하나님이 사랑하시는 그 언약의 자손인 종이었던 사람에게 돌려주어야 했다. 그것은 주인이 개인적인 선심을 쓰는 것이 아니며 종에 대한 특별한 배려로 인한 것도 아니었다. 그것은 하나님께서 엄히 명하는 규례로서 반드시 지켜야만 할 내용이었다.

모세는 그에 관한 규례를 언급하며 이스라엘 백성이 애굽에서 종의 신분으로 살았던 때를 기억하라고 요구했다. 따라서 그 후손들은 힘든 고통 가운데서 조상들을 속량하여 이끌어 내신 하나님의 은혜를 잊지 말아야 했다. 종의 신분이 되어 자기에게 팔려온 언약의 자손을 보며 그에 관한 역사적 사실을 기억해야만 했던 것이다.

이에 대해서는 오늘날 우리 역시 올바르게 이해하여 자신의 삶에 적용할 수 있어야 한다. 우리 시대에도 겉보기에 사람들의 삶의 형태가 엄청난 차이를 보이고 있다. 어떤 사람은 물질적으로나 정신적으로 많은 것을 소유하여 큰 부러움의 대상이 되는가 하면 그와는 정반대의 형편에 놓인 사람들도 많이 있다.

하지만 우리는 어떤 경우라 할지라도 세상의 것을 기준으로 삼아 자기보다 못해 보이는 사람들을 멸시하거나 경멸해서는 안 된다. 하나님께서 사랑하시는 하나님의 자녀라면 그가 외견상 아무리 미천해 보일지라도 하나님의 시각에서 그를 볼 수 있어야 하며 그에 걸맞은 대우를 해야만 한다. 우리 역시 믿음의 조상들이 애굽에서 종살이하던 중 하나님의 은총을 입어 그곳을 탈출한 사실을 항상 기억하고 있어야 하는 것이다.

4. 종의 '자발적 작정'과 특별 규례 (신15:16-18)

모세는 또한 여기서 다소 특이한 규례를 언급하고 있다. 그것은 만일 종이 주인과 그 집을 사랑하므로 그와 동거하기를 좋게 여겨 이제 주인을 떠나지 않겠다고 할 경우 취해야 할 내용이다. 종이 그와 같은 사실을 고백하면 주인은 그것을 받아들여 송곳을 가지고 와서 그의 귀를 문에 대고 뚫으라고 했다. 남자든 여자든 공히 그렇게 하라는 것이었다. 그런데 그렇게 하면 '영원히' 그의 종이 되리라는 이해하기 어려운 말을 했다(신15:17).

그리고 나서 그 종된 자의 신실한 삶의 자세에 대한 언급을 했다. 그가 육 년 동안, 다른 품꾼들이 받는 삯의 배나 받을 만큼 성실하게 저를 섬겼다는 것이다. 그러니 이제 그를 해방시켜 자유롭게 해주는 것을 어려운 것으로 여기지 말라고 했다. 이는 그를 해방시켜주라는 말과 동일한 의미를 지니고 있다. 그렇게 하면 모든 일에 하나님께서 저에게 복을 내려주시리라는 것이다.

이 규례는 우리가 매우 주의를 기울여 이해해야 할 내용들을 담고 있다. 그것은 우선 종이 된 사람이 주인을 사랑하여 그와 동거하기를 원한다는 것은 절대적인 신뢰를 기초로 하고 있다는 사실이다. 즉 그 종의 사랑은 단순한 감정이 아니라 하나님 안에서의 믿음에 기초한 신뢰와 연관되어 있는 것이다.

그리고 주인과 종 사이에 맺어진 새로운 언약 관계를 확인하는 증거로서 그 종의 귀를 집 문에 대고 주인이 그 귀를 뚫어야 한다는 것은 공개적인 언약의 실행에 연관되어 있다. 즉 아무도 모르는 곳에서 비밀리에 행하는 것이 아니라 많은 사람들이 볼 수 있는 곳에서 그에 대한 확인을 하라는 것이었다. 그렇게 하면 그가 '영원히' 그 주인의 종이 된다고 한 것은 그 신실한 관계가 영원히 지속된다는 사실에 대한 확인이다.

또한 귀를 뚫는다는 것은 주인과 종 사이에 형성된 불변의 공개적인 관계를 말해주고 있다. 그 관계를 절대로 허물지 말아야 한다는 사실이 누구나 볼 수 있는 신체 부위에 항상 남아 있게 되는 것이다. 우리가 여기서 기억해야 할 바는 귀를 뚫는 그 행위가 형편에 따라 되풀이되는 것이 아니라 단회적이란 점이다. 즉 이 사람 저 사람과 동일한 관계를 중첩적으로 맺을 수 없다는 것이다.

그리고 주인에 대한 종의 고백에 근거하여 이루어진 그 사랑의 확증으로 말미암아 영원히 저의 종이 되었음에도 불구하고 칠 년째가 되면 그를 해방시키라고 한 것은 육체적인 지배 관계는 완료가 되었어도 맺어진 그 언약 관계는 영원히 남게 되는 것에 연관되어 있다. 종이 되었던 그 사람의 귀에 뚫린 흔적이 누구나 보고 알 수 있도록 항상 남아 있을 것이었기 때문이다.

이는 물론 구약시대에 허락된 특별한 규례였지만 오늘날 우리가 그로부터 얻을 교훈이 매우 크다. 우리는 원래 영원한 하나님의 종으로 간주된 상태였으나 예수 그리스도를 통해 하나님을 '아버지' 라 부르게 되었다. 십자가에 달린 예수 그리스도의 피와 살의 흔적을 가지고 있는 우리는 죄의 상태에서 해방되었으므로 하나님과의 관계는 영원히 존재하여 불변하는 성격을 지니고 있다. 그것은 주인으로 말미암은 언약으로 인해 그의 자녀들에게 존재하는 참된 복이 된다.

5. 소와 양의 초태생에 관한 규례 (신15:19-23)

모세는 또한 소와 양의 처음 태어난 수컷은 구별하여 여호와 하나님께 바치라고 명령했다. 소의 첫 새끼는 일을 시키기 위해 부리지 말아야 하며 양의 첫 새끼의 털은 깎지 말아야 한다. 하나님께서는 이를 통해 언약의 백성들이 소유한 동물 가운데 소와 양의 수컷 새끼를 자신의 것이라고 선포하시는 가운데 자기가 모든 것의 주인이 되신다는 사실을 드러내 보여주셨다.

그 동물들은 장차 언약의 땅 중앙에 세워지게 될 예루살렘 성전 곧 하나님께서 택하신 거룩한 곳에서 잡아 바치고 백성들은 하나님 앞에서 그 고기를 먹어야 한다. 그것은 개별적인 의미를 넘어 민족적 집단공동체에 연관된 의미를 지니는 것으로 이해해야 한다. 즉 각 개인이 집에서 동물이 첫 새끼를 낳을 때마다 예루살렘 성전을 찾아가 그렇게 해야 하는 것이라기보다 승화된 개념으로 이해할 수 있다.

즉 소와 양의 새끼가 태어나게 되면 각 성읍에서 규례에 따라 실제로 그 동물을 잡아먹고 나중에는 절기에 따라 그 의미를 살려 확인한 것으로 보인다. 중요한 사실은 하나님께 제물로 바쳐질 수 있는 소와 양의 처음 태어난 수컷이 여호와 하나님께 속한 것으로 확인하는 것이다. 그리고 그 고기를 하나님 앞에서 먹는다는 것은 하나님과 그의 백성 사이에 거룩한 성전을 통한 실제적인 생명이 존재한다는 사실을 말해주고 있다.

그러므로 거기에는 인간들의 판단이나 정성이 일차적인 의미를 발산시키는 것이 아니다. 아무리 정성을 기울인다고 할지라도 암컷이라면 절대로 그렇게 해서는 안 된다. 또한 어린 수컷이라 해도 처음 난 것이 아니라면 그렇게 할 수 없다.

물론 하나님께 바쳐져야 할 그 짐승은 정해진 규례에 근거하여 건강하고 정결한 것이어야 했다. 그 동물의 몸에 어떤 흠이 있거나 눈이 멀었거나 무슨 흠결이 있으면 여호와 하나님께 바쳐서는 안 된다. 그것은 하나님께 드릴 만한 것이 되지 못할 뿐 아니라 하나님께 심각한 욕이 되기 때문이다.

그런데 비록 흠이 있는 동물이라고 할지라도 그로 말미암아 부정한 동물이 되는 것이 아니라는 점을 규정하고 있다. 거룩한 성전에 계시는 하나님 앞에 바치면서 그것을 먹지는 못할지라도 흩어진 각 성읍에서는 잡아먹어도 된다. 즉 그 짐승을 성읍 안에서 먹되 정한 자나 부정한 자 모두가 먹을 수 있다. 이는 마치 노루나 사슴을 하나님께 바칠 수 없으나 사람들이 자유롭게 먹을 수 있는 것과 같다. 하지만 그 동물의 피는 생명과 연관되어 있으므로 먹지 말아야 하며 반드시 땅에 쏟아버려야 한다고 했다. 모세는 이를 통해 소와 양의 초태생에 연관된 분명한 규례를 전하고 있다.

제19장

이스라엘 민족과 언약적 절기

(신16:1-22)

1. 이스라엘 민족의 언약의 날과 절기

이스라엘 민족에 있어서 각각의 날과 연중 이어지는 모든 기간은 동일한 의미를 지니고 있지 않았다. 오늘날로 얘기 한다면 스물네 시간과 열두 달에 속한 동일한 기간이지만 경우에 따라 그 기본적인 의미가 달랐다. 물론 각 날의 성분 자체에 어떤 차이가 났던 것이 아니었음은 당연하다. 그럼에도 불구하고 보다 중요한 것은 언약적 의미의 존재 여부였다.

이스라엘 백성에게 매주 어김없이 돌아오는 안식일은 다른 육 일과는 다른 특별한 날이었다. 그 날은 하나님께서 하나님의 형상을 닮은 인간을 비롯한 우주만물을 창조하신 후 안식한 날을 기억하기 위한 언약적 방편이 되었다. 매주 되풀이하여 마주하게 되는 그 날을 통해 하나님의 언약에 밀착된 삶을 확인하게 되었던 것이다.

그와 같은 특별한 날은 매주간의 안식일 외에도 매달 초하루 곧 월삭이 있었다. 그 날은 달(moon)이 차고 기우는 것을 기준으로 하여 매월 되풀이

하여 맞게 되었다. 즉 한 달이 시작되는 음력 초하룻날을 특별히 기억하여 하나님의 율법에 따라 월삭을 지켰던 것이다. 그 월삭은 매월 어김없이 찾아왔으므로 피할 수 없었다. 그리하여 이스라엘 백성은 항상 하나님의 언약의 울타리 안에 거해야만 했다.

뿐만 아니라 출애굽한 이스라엘 자손에게는 매년 되풀이되는 정례적인 다양한 절기들이 있었다. 그 절기는 단순히 사람들이 만들어낸 종교적인 축제가 아니라 하나님께서 언약의 백성들에게 요구한 것들이었다. 그 절기들 가운데 대표적인 것은 유월절, 칠칠절(맥추절, 오순절), 초막절(장막절, 수장절)이다. 물론 각 절기들에 연관된 절기들이 따르기도 했다.

전체적으로 본다면 율법시대 이후 초기 단계에는 유월절, 무교절, 초실절, 칠칠절, 나팔절, 속죄절(일), 초막절 등이 있었다.[34] 이는 애굽의 생활에 익숙해진 백성들의 삶을 통째로 새롭게 하여 규정짓는 언약적 의미를 지니고 있었다. 이 절기들은 나중 이스라엘 모든 백성이 성막을 정착시켜 예루살렘에 건립하는 성전을 중심으로 지켜야만 했다. 그곳에서 모든 절기들과 절기 제사를 통해 민족적 정체성에 연관된 다양한 의미를 확인하며 이어갔던 것이다.

앞에 언급된 절기들은 이스라엘 백성이 출애굽한 후 시내 광야에 있는

---

34) 유월절은 유대력으로 1월 14일로서 이스라엘 백성이 애굽에서 탈출하기 전 '어린 양'의 죽음을 통해 생명을 구하게 된 사실에 연관된다. 그리고 무교절은 유월절 다음날부터 한 주간 동안 누룩 없는 떡을 먹으면서 출애굽의 긴박한 상황을 기억하는 절기이다. 초실절은 유월절 및 무교절과 밀접하게 연관되어 있으며, 유월절 다음 첫 안식일 다음 날 그해 수확한 곡식의 첫 열매를 하나님께 바쳐야 한다. 칠칠절은 초실절로부터 오십일이 되는 날이다. 나팔절은 유대력으로 7월 곧 당시 유대인들의 새해 첫날이 되는 날을 선포하는 절기이며, 모든 죄의 용서와 연관된 속죄절(일)은 그달 10일이다. 그리고 같은 달 15일부터 한 주간 동안을 초막절 혹은 수장절로 지키면서 광야에서의 생활을 기억하는 가운데 동시에 추수한 곡식과 포도주 등을 저장하며 즐거워하기도 했다; 레위기 23장 참조.

동안 아무도 상상하거나 예측하지 못하고 있을 때 하나님께서 일방적으로 제정하여 모세를 통해 계시한 것들이었다. 그 외에도 남북 이스라엘 왕국이 완전히 패망한 후에는 에스더 시대 페르시아에서 제정된 부림절과, 재건된 예루살렘 성전이 헬라인들에 의해 더럽혀지자 유대 백성들이 그것을 정화한 후 생겨난 수전절(修殿節)35)이 있었다. 그 절기들은 물론 하나님의 언약 가운데 제정된 절기들이었다.

그 절기들 외에도 다소 다른 개념이지만 안식년, 면제년, 속박규례, 희년 등의 특별한 해가 있었다. 그 모든 것은 인간들이 만든 것이 아니라 하나님께서 제정하여 언약의 자손들에게 지키도록 명령하셨다. 그 절기들과 특별한 날들은 장차 오실 메시아를 바라보며 그를 기다리는 의미가 내포되어 있다.

따라서 각각의 절기들과 특별한 날들 그리고 특별한 해들은 전체적으로 하나로 통합된 언약적 의미를 지니고 있다. 그리하여 예수 그리스도께서 이땅에 오셔서 그의 사역을 감당하심으로써 모두 성취되어 완성된다. 그것은 또한 신약시대의 '주일'(主日)과 공 예배에 집약되어 나타나는 것으로 이해할 수 있다.

그러므로 신약시대에는 주일 이외에 별다른 절기가 존재하지 않으며 공 예배를 중심으로 한 경배 이외에 다른 형태의 절기 제사가 없다. 현대 기독교회가 언젠가부터 지켜오기 시작한 부활절, 추수감사절, 성탄절 등은 특별한 언약적 의미를 지니지 않는다. 단지 역사적 기독교 가운데 형성된

35) 수전절은 성전을 정화하여 봉헌한 날을 기념하는 절기(the Feast of Dedication)이다. 안티오쿠스 4세 에피파네스(Antiochus Epiphanes)는 예루살렘 성전에 제우스 신상을 세우고 그것을 신의 현현이라 주장하며 성전을 더럽히는 일이 발생했다. 그로 인해 BC164년 유다 마카비가 군사를 일으켜 성전을 정화하게 되었는데 그날을 기념하는 절기가 수전절이다. 그 절기를 봉헌절 혹은 하누카라고 하기도 하며 유대력 9월에 8일간 지켜졌다. 예수님께서도 수전절에 예루살렘을 방문하셨는데 이는 그 절기가 구속사적 의미를 가진 사실을 증거하고 있다(요10:22,23).

편의적 개념으로 받아들일 수 있으나 반드시 지켜야 할 절대적인 개념을 지니고 있지 않다.

2. 유월절 규례 (신16:1-8)

모세는 언약의 백성들을 향해 아빕월 곧 유대력으로 첫 달에 해당되는 정해진 날에 유월절을 지키라고 했다. 유월절은 하나님께서 이스라엘 자손들을 애굽 땅에서 구출하신 날부터 시작하여 계산되었다. 이는 출애굽이 해방된 민족의 모든 삶의 시작이란 사실을 선포하는 의미를 지니고 있다.

유월절은 유대력 첫째 달 곧 아빕월 14일에 지켜졌는데 그날은 하나님으로부터 새로운 생명을 공급받는 의미를 지니고 있다. 하나님께서 애굽의 모든 인간들의 첫째와 모든 동물의 초태생을 죽이면서 이스라엘 백성들에게는 죽임을 피하여 생명을 보존할 기회를 주셨다. 그날 어린 양을 죽여 그 고기를 먹고 피를 문설주에 바르게 함으로써 저들의 생명을 지켜 보호해 주셨기 때문이다.

이는 장차 임하게 될 하나님의 심판과 구원에 관련된 실상을 보여주며 장차 이땅에 임하게 될 궁극적인 심판에 연관되어 있었다. 하나님께서는 인간과 동물의 처음 태어난 것들을 죽이면서 세상의 모든 생명이 자기로 말미암는다는 사실을 선포하셨으며 유월절 어린 양을 대신 죽여 언약의 자손들의 생명을 지켜주셨다. 이처럼 궁극적으로는 하나님의 어린 양이신 예수 그리스도로 하여금 그 역할을 담당하게 하심으로써 창세 전에 선택하신 백성들의 생명을 구해 주시게 된다.

그러므로 이스라엘 백성은 가나안 땅에 들어가서도 그 특별한 날을 기억하고 그에 대한 명확한 깨달음을 가지고 실천하는 삶을 살아야만 했다. 따라서 모세는 그들에게 장차 세워지게 될 하나님의 집인 예루살렘 성전에서 소와 양으로 여호와 하나님께 유월절 제사를 드리라고 명했다(신16:2). 그런데 그것은 인간들의 종교적 판단에 근거하는 것이 아니었으며 거기에는 하나님의 율법이 요구하는 많은 특별한 조건들이 있었다.

해마다 유월절 제사를 지내며 그 절기를 지키는 백성들은 누룩을 넣어 만든 떡인 유교병을 먹지 말아야 했다. 그 대신 칠 일 동안 누룩을 넣지 않은 떡인 무교병을 먹어야 했다. 뿐만 아니라 그 칠 일 동안은 그들의 주변 모든 지경 가운데 누룩이 보이지 않게 해야만 했다. 이는 백성들 가운데 유혹거리를 완전히 제거하라는 의미로 보인다.

모세는 유월절 때 먹는 무교병을 '고난의 떡' 이라 칭하고 있다(신16:3). 즉 그것은 맛있고 즐겁게 먹는 음식이 아니라 먹기 곤혹스럽게 먹을 수밖에 없다는 것이었다. 이는 그들이 유월절 무교병을 먹음으로써 인간들이 세상에서 즐거움을 취하며 살아가는 자세를 버리고 생명의 본질을 되돌아보라는 의미를 지니고 있다. 어리석은 인간들은 맛있는 음식을 먹는 것을 통해 자기 인생의 의미를 부여하고자 하며 세상에 안착하고자 하는 마음을 품게 된다. 거기에 자기를 위한 삶의 모든 것이 달려 있는 것으로 착각하고 있기 때문이다.

또한 유월절 날 해질녘에 제사를 드린 양고기를 밤을 지새워 남겨서는 안 된다. 즉 그 다음날 먹기 위해 아침까지 양고기를 보관해 두지 말라고 했다. 이는 유월절 제사에 사용된 양과 소의 고기나 그것을 먹는 것의 의미가 항상 동일하게 누구에게나 효력이 있는 것이 아니라 오직 하나님의 언약 가운데 존재한다는 사실을 말해주고 있다.

그리고 유월절 제사는 각 지파 자손들이 살아가는 성읍에서 제각각 드릴 것이 아니라 오직 여호와 하나님의 이름을 두시기 위해 택하신 예루살렘 성전에서 드리도록 했다. 그 제사는 아무 때 아무 곳에서나 드릴 수 있는 것이 아니라 반드시 애굽에서 탈출해 나오던 시각인 초저녁 해질 때 예루살렘 성전에서 유월절 제물을 드리라고 했다.

또한 그곳에서 유월절 희생으로 바쳐진 고기를 구워먹어야 했다. 그것은 밤새도록 이어지는 의로운 축제의 역할을 했다. 그날은 누룩없는 무교병으로 인해 고난을 맛보는 동시에 유월절 동물의 고기로 인해 진정한 기쁨과 즐거움을 누리는 날이었기 때문이다. 그 밤이 지나 아침이 되면 각기 자기의 거처로 돌아가게 된다.

그리하여 육 일 동안은 무교병을 먹고 제 칠 일에는 여호와 하나님 앞에 거룩한 성회로 모이고 아무 일도 하지 말아야 했다. 백성들의 모든 관심은 전적으로 유월절 어린 양을 통해 생명을 구해주신 여호와 하나님께 맞추어져 있어야 했다. 그리고 저들의 생명은 인간들의 노동에 달려 있는 것이 아니라 오직 하나님께 달려 있음을 고백하는 성격을 지니고 있다.

이에 대해서는 오늘날 우리 역시 그와 동일한 성격의 교훈을 얻게 된다. 우리의 생명은 개별 인간의 능력이나 사회적 환경이 아니라 오직 하나님으로 말미암은 예수 그리스도의 십자가 사역에 달려 있다. 우리는 이를 기억하여 매주일 언약의 주일에 시행되는 공 예배 시간에 나누어지는 성찬을 통해 예수 그리스도의 피와 살을 우리의 영혼이 영적으로 실제로 섭취함으로써 그 생명을 유지하게 되는 것이다.

3. 칠칠절 규례 (신16:9-12)

칠칠절은 오순절이라 하기도 하고 맥추절이라 하기도 한다. 이 날은 유월절 후 49일이 지난 다음 날이기도 하고 초실절 이후 49일 다음 날이기도 하다.[36)]

---

36) '유월절' 이후의 '오순절'과, '초실절' 이후의 '칠칠절' 곧 '맥추절' 사이에는 며칠간 차이가 나는 것으로 이해할 수 있다. 우리가 일반적으로 알고 있는 신약시대 성령께서 강림하신 오순절은 '하나님의 어린 양'이신 예수님께서 십자가에 달려 돌아가신 사건 이후 50일째로 이해하는 것이 자연스럽다.

유월절이 하나님으로 말미암은 영원한 생명 공급에 연관되어 있다면 칠칠절 곧 맥추절은 육적인 생명을 위한 보리를 거두는 의미를 기억하는 절기로서 이 세상에서 살아가는 성도의 실질적인 삶에 연관되어 있다.

이는 또한 예수 그리스도의 십자가 사역 이후 오순절 성령이 오심으로써 성취되는 언약적 결실에 연관되어 있다. 즉 예수님의 십자가 사역이 유월절의 성취와 연관되어 있으며 오순절 성령께서 오신 것은 칠칠절의 성취와 연관되어 있는 것이다. 이를 통해 구약의 절기들이 가지는 언약적 의미를 확인하게 된다.

모세는 이스라엘 자손에게 곡식에 손을 대는 첫날부터 일곱 주 곧 49일을 세라고 했다. 곡식에 손을 대는 초실절은 유월절과 밀접하게 연관되어 있다. 그로부터 일곱 주를 지난 날 '여호와 하나님 앞에서' 칠칠절을 지키라고 했다. 또한 그날에는 하나님께서 저들에게 복을 주신 대로 힘을 다해 자원하는 예물을 드리라고 했다.

백성들이 거두어들이게 되는 모든 곡식은 하나님으로 말미암아 주어진 것들이었다. 인간들이 애써 농사를 지은 결과 때문이 아니었으며 저들의 계획이나 능력이 탁월했기 때문도 아니었다. 그 모든 것들은 하나님께서 하늘에서 햇빛을 주시고 때에 따라 비를 내리시고 바람을 불게 하셨기 때문에 허락된 것들이었다. 그러므로 모세는 저들을 향해 하나님 앞에 힘써 자원하는 예물을 드리라는 요구를 하고 있다.

그러나 어리석은 자들은 그 모든 곡식들이 하나님의 선물인 줄 깨닫지 못하고 전적인 자기의 노력에 의한 것이라는 어처구니없는 착각을 하고 있다. 그러니 그 모든 곡식은 자기의 것이라고 여긴다. 따라서 그런 자들은 하나님 앞에 예물을 드리면서도 자기의 것을 하나님께 드리는 것으로 착각한다. 하지만 성숙한 성도들은 하나님으로 말미암은 하나님의 것을 자기가 보관하고 있다는 사실을 깨달아 하나님 앞에 자원하는 마음으로 하나님의 것을 하나님께 드리면서 그에 대한 감사와 기쁨의 마음을 가지게 되는 것이다.

그러므로 모세는 모든 이스라엘 백성과 그 자녀들과 노비와 성 중에 거하는 레위인과 저들 가운데 있는 객과 고아와 과부가 함께 그로 말미암아 즐거워하라고 했다. 그렇지만 아무데서나 그에 연관된 인식만으로 기뻐할 것이 아니라 여호와 하나님께서 친히 자기의 이름을 두시려고 택하신 곳 곧 장차 세워지게 될 예루살렘 성전에서 그리하라고 했다. 즉 저들이 먹고 살아갈 수 있는 곡식을 얻게 된 백성들은 반드시 여호와 하나님 앞에서 즐거워하라는 것이었다. 하나님의 은혜를 입은 언약의 자손들은 그 조상들이 애굽에서 종살이하던 때를 기억하고 반드시 그 규례를 지켜 행하라고 했다.

오늘날 우리 시대에도 이 원리는 동일하게 해석되고 적용되어야 한다. 즉 하나님의 자녀들은 불신자들과 달리 모든 열매가 하나님으로 말미암는다는 사실을 기억해야 한다. 어리석은 인간들이 자기 능력과 노력에 의해 모든 것을 취했다는 생각으로 허탄한 자부심을 가지지만, 하나님의 자녀들은 그 모든 것들이 하나님으로 말미암아 허락된 선물이라는 사실을 잘 알고 있다. 그것이 하나님을 향한 우리의 고백이자 진정한 기쁨의 근원이 되는 것이다.

4. 초막절 규례 (신16:13-15)

초막절 곧 수장절은 타작마당에서 모든 농작물의 곡식을 거두고 포도주틀에서 소출을 거둔 후에 창고에 채우고 칠 일 동안 지켜야 하는 절기이다. 거기에는 크게 두 가지 의미가 내포되어 있다. 하나는 하나님 앞에서 소출에 대한 감사를 되새기는 것이며 또 다른 하나는 이 세상에서 나그네로 살아가는 의미를 상기하는 것이다.

모세는 그 절기를 지키는 동안 칠칠절과 마찬가지로 모든 이스라엘 백성과 그 자녀들 그리고 노비와 성 중에서 개인적인 유산이나 상속이 없는 레위인과 저들 가운데 있는 객과 고아와 과부가 함께 그로 말미암아 즐거워하라고 했다. 이는 초막절이 기득권자나 많이 가진 자들만의 절기가 아니라는 사실을 말해주고 있다.

또한 그 절기는 하나님께서 특별히 택하신 예루살렘 성전에서 칠 일 동안 지키도록 했다. 그리고 반드시 여호와 하나님 앞에서 그 절기를 지켜야만 한다고 했다. 그처럼 하나님의 율법에 온전히 순종하면 저들의 모든 소출과 저들이 행한 모든 일에 복을 주신다고 했다. 따라서 그 절기 동안 하나님으로 말미암는 진정한 즐거움을 누릴 수 있게 되는 것이다.

나아가 초막절은 또한 돌이나 흙으로 지은 집이 아니라 칠 일 동안 마른 나뭇가지나 풀섶 등으로 만든 초막에 기거하면서 나그네인 자신의 삶을 돌아보게 하는 절기이다. 그것을 통해 여호와 하나님께서 예비하신 영원한 집인 천국을 바라보게 된다. 이 세상에 살아가는 인간은 나그네에 지나지 않는다는 사실을 알고 그에 대한 올바른 깨달음을 가지고 살아갈 때 이 땅에서도 진정한 복을 누릴 수 있게 되는 것이다.

이에 대한 의미는 예수 그리스도와 그의 사역을 통해 오늘날 우리에게도 그대로 적용되어야 한다. 우리가 살아가는 이 세상은 잠시 지나가게 될 따름이며 인생은 나그네에 지나지 않는다. 타락한 인간의 육체도 영원을 위한 일시적인 장막에 지나지 않는다.

하나님의 자녀들은 자신이 이 세상에 살아가지만 타락한 세상이 아니라 영원한 천국에 소망을 두고 살아가는 나그네라는 사실을 기억하는 것은 매우 중요하다. 어리석은 자들은 이 세상의 것에 집착한다. 그들은 세상에서의 부와 명예와 권세를 누리는 삶을 최상으로 여긴다. 하지만 그것들은 머지않아 사라지게 되고 오직 하나님과 그의 약속만 남아 우리를 영생으로 인도하게 된다.

5. 언약의 백성과 세 절기 (신16:16,17)

모세는 언약의 백성들을 향해 모든 남자는 일 년에 세 번 무교절과 칠칠절과 초막절에 반드시 하나님께서 택하신 예루살렘 성전에서 여호와 하나님을 뵈라고 했다. 그때 빈 손으로 나아가지 말고 반드시 예물을 준비하도록 했다. 지나치게 무리하지도 말고 인색하지도 않게 여호와 하나님께서 허락하신 복에 따라 그 힘대로 예물을 바치라는 것이었다.

하나님의 구원 사역을 위한 유월절 언약, 인간들의 삶과 이 세상에서 허락되는 하나님의 은총 언약인 칠칠절, 추수에 대한 감사와 더불어 허락되는 나그네로서 살아가야 할 교훈을 지닌 장막절의 의미는 오늘날 우리의 삶 가운데서도 그대로 드러나야 한다.

하나님을 알지 못하는 자들은 인생의 성공과 부귀영화가 개인적인 능력과 사회적 환경에 달려 있으며 그것이 성공한 삶을 제공하는 것인 양 생각한다. 하지만 하나님의 백성들은 그와 같은 사고를 버려야 한다. 구약시대 언약의 백성들이 각 절기마다 자신을 돌아보았듯이 오늘날 우리도 하나님의 언약과 은혜를 기억하는 가운데 겸손한 자세로 이 세상을 살아가야 한다. 그런 순종의 삶을 살아가게 될 때 하나님 안에서 진정으로 기쁘고 감사한 삶을 살 수 있게 되는 것이다.

6. 공의의 재판 (신16:18-22)

모세는 이스라엘 자손을 향해 이제 가나안 땅에 들어가면 하나님께서 허락하시는 각 성에서 각 지파별로 재판장들과 지도자들을 두라는 명령을 내렸다. 그들이 공의로 백성을 재판하게 되리라는 것이었다. 이는 각 사람이 어떤 행위를 하면서 자기 스스로 자기에 대한 평가를 내리지 말라는 의미를 지니고 있다.

인간들은 각기 나름대로 형성된 이성과 경험에 따른 주관적인 판단을 하는 것이 일반적이다. 그런 자들은 항상 자기가 옳다고 여기게 된다. 따라서 다른 사람의 의견과 충돌하게 되면 무조건 자기가 옳다고 믿는다. 각자에게는 그것이 진심이 될 수 있을지 모르나 모든 사람들이 그와 같은 태도를 가지게 되면 무엇이 옳고 그른지 판정이 나지 않는다.

성숙한 인간들은 자기의 사고나 주장 가운데 잘못된 생각이 내포되어 있을 것이란 사실을 기억한다. 그래서 항상 성경을 통해 하나님의 뜻을 확인하며 객관적 교훈을 얻고자 한다. 그런데 문제는 성경을 근거로 삼는다고 하면서도 주관적인 관점에서 해석하기가 쉽다는 사실이다. 결국은 성경을 보면서 하나님의 말씀조차 자기가 옳다는 사실을 입증하기 위한 도구로 사용하게 되는 것이다.

모세가 이스라엘 백성에게 재판장과 지도자를 두라고 한 것은 바로 그 점 때문이다. 이는 백성들 각 사람의 생각이 옳은 것이 아니라 재판장과 지도자들의 가르침이 옳다는 점을 말해주고 있다. 따라서 옳고 그름을 판단하는 재판장과 지도자들은 개인적인 사사로운 견해가 아니라 반드시 '하나님의 공의' 로 재판해야만 한다.

그러므로 백성들은 재판장과 지도자들을 신뢰할 수 있어야 하며 재판을 담당하도록 공적으로 임무를 부여받은 자들은 하나님의 율법과 기록된 말씀을 절대적 근거로 삼아야 한다. 믿을 만한 재판장이 없거나 신뢰할 수 있는 재판장을 두지 않은 사람들은 안타까운 자들이다. 따라서 재판장은 절대로 주관적인 판단에 의해 재판을 굽게 하는 일이 없어야 하며 사람을 외모로 보지 말아야 한다. 옳고 그름을 따져 재판해야 할 사람이 사전에 편견을 가져서는 안 된다.

또한 사람들의 옳고 그름을 판단해야 하는 재판장은 절대로 뇌물을 받지 말아야 한다. 그것은 공의로운 재판을 담당해야 할 재판장의 생각을 흐리게 만들 것이기 때문이다. 모세는 그에 관한 언급을 하면서 뇌물은 지혜

자의 눈을 어둡게 하고 의인의 말을 굽게 한다고 했다.

하나님의 백성들 가운데서는 그와 같은 일이 결코 일어나서는 안 된다. 따라서 모세는 공의를 담당한 자들이 오직 하나님의 공의만을 따라야 한다는 사실을 강조했다. 그렇게 할 때 언약의 자손이 참된 생명을 유지할 수 있게 된다. 그와 동시에 하나님께서 허락하신 약속의 땅을 차지하여 그가 맡기신 언약의 백성으로서 그 임무를 다 할 수 있는 것이다.

그것을 위해서는 하나님의 율례를 벗어나지 않도록 애써야 한다. 오직 여호와 하나님께서 택하신 곳에서 온전히 그에게 제사하며 섬겨야 하는 것이다. 그 제단 부근에는 어떤 나무로든지 아세라 상을 비롯한 우상을 만들어 두는 행위를 해서는 안 된다. 그리고 인간들 자신을 위해 풍요를 추구하며 주상을 세우는 행위도 금지되어야 한다.

그와 같은 행위는 하나님께서 미워하는 사악한 것일 뿐더러 하나님의 무서운 진노를 유발하게 된다. 어리석은 자들은 그에 쉽게 미혹될 가능성이 있을지라도 백성들 가운데 세워진 재판장들과 지도자들은 그에 대한 명확한 입장을 견지하고 있어야 한다. 따라서 항상 백성들을 살피는 가운데 그런 사악한 일이 발생하지 않도록 가르치며 지도하는 일을 게을리하지 말아야 한다.

제4부
언약의 자손들에게 부과된 삶의 규례
(신 17-26장)

제20장

순결해야 할 자손과 언약의 왕국

(신17:1-20)

1. 가증한 행위와 그 죄를 제거해야 할 의무 (신17:1-7)

하나님께 제물로 바쳐야 할 소와 양은 흠이 없어야 한다. 만일 흠이 있거나 나쁜 질병이 있는 동물을 하나님 앞에 제물로 바친다면 그것은 하나님께 기쁨을 끼치는 것이 아니라 도리어 하나님을 심각하게 모독하는 행위가 된다. 그런 흠 있는 것들은 여호와 하나님께서 절대로 받으시지 않기 때문이다.

우리는 여기서 장차 하나님의 어린 양으로 이땅에 오셔서 거룩한 제물로 바쳐지게 될 예수 그리스도를 떠올리게 된다. 하나님께서는 인간들의 죄를 사하시기 위해 완벽한 희생 제물, 곧 흠이 전혀 없는 존재를 원하신다. 예수님은 인간의 몸을 입으신 완벽한 하나님의 아들로서 흠과 티가 없으셨기 때문에 그를 기쁘게 받으신 것이다(벧전1:19).

이에 대해서는 하나님의 자녀들인 우리 역시 동일한 관점에서 이해되어야 한다. 우리가 하나님께서 기뻐하시는 대상이 될 수 있는 것도 흠이 없는 존재가 되었기 때문이다. 물론 그것은 현재의 윤리적 형편이 아니라 예수님의 십자가 사역을 통해 원래 가졌던 인간의 근본적인 죄가 완전히 사해졌음을 말해주고 있다. 즉 이 세상에 살아가는 성도들은 여전히 타락한 현상 가운데 끊임없이 죄를 묻히며 살아가고 있으나 십자가에 달리신 예수 그리스도 안에서 정결한 상태로 존재하고 있는 것이다.

그러므로 하나님께서는 신명기 본문에서 언약의 자손들을 향해 항상 정결한 상태를 유지하도록 요구하고 있다. 모세는 이스라엘 자손이 가나안 땅에 들어가 각 지파에 따라 어느 성읍에서 살아가든지 하나님의 언약을 지키라고 명령했다. 또한 남자든 여자든 여호와 하나님 앞에서 악을 행하는 것을 결코 용납해서는 안 된다는 사실을 강조했다.

만일 하나님의 율법에서 엄히 금하는 이방 지역의 참람한 신들을 섬기며 경배한다든지 하늘의 해와 달과 별들을 숭배하는 자들이 있다면 결단코 그냥 두어서는 안 된다고 했다. 그와 같은 소문을 듣게 된다면 절대로 그냥 흘려버리지 말고 반드시 그 사안에 대하여 자세히 조사해 보라고 했다. 그 결과 가증한 일을 행한 자들에 관한 소문이 사실로 드러난다면 그들을 엄중히 처벌해야 한다는 것이었다.

따라서 남자든 여자든 그런 사악한 자들을 성문으로 끌어내 돌로 쳐 죽이라고 했다. 이는 많은 사람들이 보는 앞에서 그들을 공개 처형하라는 의미를 지니고 있다. 그때 백성들 중에 그 사실을 입증하는 두세 사람의 증언이 반드시 있어야 하며, 한 사람의 증언으로는 그를 처형할 수 없다. 또한 여러 증인들의 증언을 기반으로 하여 그를 처형해 죽일 때는 증인이 먼저 그에게 손을 댄 후 뭇 백성이 손을 대어 그를 죽이도록 했다.

성문 앞 그 자리에 모인 사람들은 그 광경을 직접 목격하게 될 것이며 그후에는 모든 백성들이 그에 관한 사실을 전해 듣게 된다. 그리하여 언약의 자손들은 가증한 악행에 대한 경각심을 가지고 그와 같은 악행을 저지르는 것을 경계하게 된다. 하나님께서는 그렇게 함으로써 언약의 백성 가운데 악을 철저히 제거하라고 요구하셨다.

이 말씀에 연관된 원리는 신약시대의 권징 사역에 그대로 적용된다. 하나님의 교회는 예수 그리스도의 정결한 신부로서 그 상태를 유지하도록 힘써야 한다. 교회 가운데서 가증한 행위를 용납하게 되면 악한 누룩이 속히 전체로 퍼져나가게 될 우려가 따른다. 따라서 예수님께서는 제자들을 향해 그에 연관된 분명한 명령을 내리셨다.

> "네 형제가 죄를 범하거든 가서 너와 그 사람과만 상대하여 권고하라 만일 들으면 네가 네 형제를 얻은 것이요 만일 듣지 않거든 한두 사람을 데리고 가서 두세 증인의 입으로 말마다 증참케 하라 만일 그들의 말도 듣지 않거든 교회에 말하고 교회의 말도 듣지 않거든 이방인과 세리와 같이 여기라" (마18:15-17)

오늘날 우리는 이 말씀이 주는 교훈에 대하여 주의를 기울여 듣고 순종해야 한다. 21세기 타락한 기독교의 특색 가운데 하나는 절대 진리를 포기한 관용과 포용이다. 어리석은 자들은 모든 것들에 대하여 관대한 것이 기독교 정신인 양 착각하고 있다. 하지만 주님께서는 결코 그렇게 가르치지 않으셨다.

만일 누구든지 교회 내에 형제라 주장하는 자가 남모르게 은밀한 죄를 범한 사실을 알게 되거든 그에게 권면하라고 말씀하셨다. 그것은 주관적이거나 감정적인 반응이 아니라 진리를 기초한 분명한 권면이어야 한다. 그런데 그가 그 권면을 받아들이지 않는다면 두세 사람의 증인이 찾아가 그에 대한 구체적인 확인을 한 후 그 악으로부터 돌이키도록 촉구하라고 했다. 그래도 듣지 않는다면 교회에 말하고 교회의 말도 듣지 않는다면 하나님을 알지 못하는 이방인과 세리와 같이 여겨 출교하라고 했다.

이를 통해 예수 그리스도의 신부로서 교회의 순결을 유지할 수 있게 된다. 사람들이 저지르는 죄는 대개 은밀하게 이루어지므로 겉으로 드러나지 않는 경우가 많다. 교인 가운데 누구든지 그런 사실을 먼저 알게 되면 질서에 따라 그에게 권면해야만 한다. 그에 분명히 대처하지 않으면 나중에는 사람들이 공개적으로 악을 행하면서도 그것은 일반적인 삶의 결과일 따름이라며 고집을 피우는 환경이 조성될 수밖에 없다.37)

2. 판결에 대한 절대 순종과 재판장의 권위 (신17:8-13)

각 사람이나 사안의 옳고 그름을 판단하는 재판장들의 직무는 매우 중요하다. 그들이 하나님의 율법을 근거로 하여 올바른 판결을 함으로써 하나님의 공의를 실현해 갈 수 있기 때문이다. 언약의 백성들이 약속의 땅에서 순결을 유지하기 위해서는 그에 대한 치우침 없는 재판을 통해 악을 제거하고 참된 선을 장려할 수 있어야 하는 것이다.

그러므로 이스라엘 자손이 살아가는 각 성읍 안에서 사람들이 서로 피를 흘리며 다투거나 폭행 사건이 일어날 경우 법정에 고소해야만 한다. 그런 상태에서 스스로 해결하도록 방치한다면 더욱 심한 갈등과 폭력이 유발될 우려가 따르게 된다. 따라서 서로 자기가 정당하다고 주장할 경우 재판장에게 고소하여 판결을 맡겨야 한다.

모세는 언약의 자손들이 쉽게 판단하기 어려운 문제를 만나게 될 경우 그것을 해결하기 위해 여호와 하나님께서 특별히 선택하실 곳 즉 예루살렘 성전으로 올라가라고 했다. 거기서 레위 지파 제사장과 당시 재판장 직무를 맡은 자에게 나아가서 물어보도록 했다. 그리하여 재판 직무를 맡은

37) 안타깝게도 현재 우리 시대 교회는 그와 같은 상황이 되어 버렸다. 교회 안에서 동성애와 동성결혼을 악이 아니라고 옹호하거나 하나님의 말씀을 배척한 채 진화론을 옹호해도 권징을 할 수 없는 지경에 놓여 있다. 앞으로는 이와 같은 상황이 더욱 기승을 부릴 것이 분명하다.

책임자들이 제시하는 판결의 원리에 따라 행하는 가운데 그들이 가르치는 대로 모든 일을 시행해야 한다는 것이었다.

해결해야 할 문제를 가지고 있거나 그것을 처리해야 할 사람은 재판장이 가르치는 율법의 교훈에 따라야 한다. 각 사람들은 자기의 주관적인 판단이 아니라 재판장이 말하는 판결대로 행해야만 한다. 그들은 재판장들이 제시하는 판결을 어기고 개인적인 생각에 의해 좌로나 우로나 치우쳐서는 절대로 안 된다.

만일 사람들 가운데 율법을 무시한 채 행하면서 여호와 하나님 앞에서 그를 섬기는 제사장이나 재판장의 판결을 따르기를 거부하는 자가 있다면 반드시 그를 죽여야 한다. 그렇게 함으로써 언약의 백성들은 하나님께서 제시하신 질서를 통해 악을 제거할 수 있기 때문이다. 그와 같은 사악한 것들을 완전히 제거하여 버리지 않는다면 그것이 악을 조장하여 고착시키는 근원이 될 것이 분명하다.

그러므로 하나님의 율법을 멸시하고 악을 조장하며 행하는 자들은 많은 사람들이 보는 가운데 공개적으로 처형되어야 한다. 그렇게 함으로써 일반 백성들이 그로 말미암아 경각심을 가지게 된다. 따라서 그 광경을 현장에서 직접 목격하는 자들이나 그에 대한 소문을 듣는 자들은 두려워하지 않을 수 없다. 상식을 갖춘 백성들은 그 두려움으로 인해 하나님의 율법을 버린 채 악행을 저지르는 일을 하지 않게 되리라는 것이다.

우리는 여기서 개인에 앞서 전체 언약공동체가 소중하다는 사실을 깨닫게 된다. 개별 성도들이 온전한 신앙을 가질 수 있게 되는 것은 개인적인 판단이나 결심 때문이 아니라 건전한 신앙공동체에 속해 있기에 가능한 일이다. 따라서 올바르고 순결한 교회를 세워가기 위해 최선을 다하는 것은 매우 중요하다. 그렇지 않으면 악한 누룩이 교회 가운데 급속히 퍼져나가 엄청난 혼란을 초래할 우려가 따르게 된다.

3. 언약의 왕국과 왕을 위한 요구조건 (신17:14-17)

모세는 본문에서 장차 이스라엘 민족 가운데 왕이 세워질 것에 관한 언급을 하고 있다. 그들이 하나님께서 허락하신 약속의 땅 가나안에 들어가면 그 모든 지역을 차지하게 된다. 하나님께서는 그 백성이 거기서 거주하는 동안 주변의 여러 이방 족속들처럼 왕을 세우고자 하는 판단을 하게 될 것인데 그때 시행해야 할 중요한 지침을 주셨다.

그럴 경우 우선 백성들이 원하는 자를 택하여 왕으로 세우려 해서는 안 된다는 사실을 말씀하셨다. 그 대신 여호와 하나님께서 특별히 택하신 자를 백성들 위에 왕으로 세워야 한다는 것이었다. 따라서 언약을 벗어난 타국에 속한 이방인을 저들의 왕으로 세워서는 안 된다. 반드시 이스라엘 민족에 속한 저들의 형제들 가운데 한 사람을 왕으로 세워야만 하는 것이다.

그런데 사무엘서에는 그와 상이한 내용처럼 보일 수 있는 특별한 기록이 나타나고 있다. 사사시대 말기가 되었을 때 이스라엘 민족의 모든 장로들이 모여 사무엘을 찾아가서 저들에게도 왕을 세워달라는 요구를 했다. 주변에 전개되는 세계정세 가운데 사무엘 이후 시대를 염려했기 때문이었다. 사무엘은 장로들의 요구를 듣고 나서 하나님께 물어보았다. 그러나 하나님께서는 그에 대하여 부정적인 말씀을 하셨다.

> "이스라엘 모든 장로가 모여 라마에 있는 사무엘에게 나아가서 그에게 이르되 보소서 당신은 늙고 당신의 아들들은 당신의 행위를 따르지 아니하니 열방과 같이 우리에게 왕을 세워 우리를 다스리게 하소서 한지라 우리에게 왕을 주어 우리를 다스리게 하라 한 그것을 사무엘이 기뻐하지 아니하여 여호와께 기도하매 여호와께서 사무엘에게 이르시되 백성이 네게 한 말을 다 들으라 그들이 너를 버림이 아니요 나를 버려 자기들의 왕이 되지 못하게 함이니라" (삼상8:4-7)

사사시대에 이스라엘 백성들이 왕을 원했던 까닭은 이방 왕국의 형식적인 조직을 본받고자 하는 입장 때문이었다. 그들은 하나님 한 분만을 절대로 의지해야 할 사람들이었다. 하지만 이제 가시적인 왕을 세워 그를 의지하여 나라를 굳건하게 세우고자 했다. 거기에는 눈으로 볼 수 없고 손으로 만질 수 없는 하나님을 따르는 것을 만족스럽지 않게 여기는 저들의 악한 모습이 드러나고 있다. 따라서 하나님께서는 언약의 자손들이 자신의 통치를 받아들이려 하지 않는 태도를 보며 탄식하셨다.

우리가 여기서 분명히 깨달아야 할 점은, 신명기에서 언약의 왕국을 세우고 왕을 허락하시고자 하는 하나님의 뜻과 사사시대 말기 이스라엘 백성들이 왕을 요구한 사실 사이에는 그 목적과 의도에 본질적으로 큰 차이가 난다는 사실이다. 당시 이스라엘 자손들은 하나님의 통치에 대한 절대적인 신뢰를 버린 채 저들의 왕을 세워 조직 체제를 강화하려는 목적을 가지고 있었으며, 신명기에서는 하나님께서 언약의 왕국과 왕을 세워 장차 임하게 될 메시아 왕국에 대한 그림자 기능을 감당하게 하시고자 했다.

그러므로 신명기에는, 이스라엘 민족 가운데 세워지게 되는 왕은 전적으로 여호와 하나님 한 분만 의존해야 한다는 사실을 언급하고 있다. 따라서 이방 왕국과의 전쟁을 수행하기 위한 군마(軍馬)를 많이 두지 말아야 하며 애굽으로 사신을 보내 힘세고 날렵한 말들을 구입하고자 하는 생각을 버려야 했다. 하나님께서 그 백성에게 다시는 애굽으로 가는 길로 행하지 말라고 명하셨기 때문이다(신17:16; 사31:1).

또한 모세는 이스라엘 왕국의 왕위에 오르게 되는 자들은 많은 처첩을 두어서는 안 된다고 했다. 이는 왕이 후궁을 두는 행위는 하나님께서 원하시는 바가 아니라는 사실을 말해주고 있다. 그것은 죄에 빠진 인간의 욕망에 근거하는 것일 뿐 하나님께서 원하시는 것이 아니었다. 그렇게 하면 마음이 미혹되어 백성들을 위한 선정(善政)을 펼치지 못하고 흔들릴 것이었기 때문이다.

뿐만 아니라 왕은 자기를 위하여 부를 축적하거나 은금을 많이 쌓아두는 행위를 하지 말아야 한다. 언약의 왕국에 세워진 왕은 오직 여호와 하나님의 말씀에 순종하여 그 백성들을 온전히 다스리는 자리에 머물러 있어야 한다. 언약 가운데 세워진 역사적인 그림자 왕국을 통해 장차 이땅에 메시아가 오실 것이었기 때문이다.

4. 왕과 하나님의 율법서 (신17:18-20)

언약의 왕국에 세워지는 이스라엘 민족의 왕은 하나님의 율법에 온전히 매여 있어야 한다. 백성들을 다스리는 통치행위를 하든 외세에 대한 방어와 경계를 하든 항상 진리에 붙들린 채 맡겨진 직무를 감당해야 하는 것이다. 이는 개인적인 경험이나 이성적 판단에 따라 왕직을 수행하지 말아야 한다는 사실을 말해주고 있다.

그러므로 왕위에 오르는 자들은 레위 지파의 제사장들이 보관하고 있는 하나님의 율법책을 두루마리에 옮겨 적어 항상 자기 옆에 두고 있어야 한다. 그것은 결코 장식용이 아니며 외적인 권위를 드러내는 수단으로 그렇게 하라는 것이 아니었다. 즉 그 책을 평생에 자기 옆에 두고 읽으며 그로부터 실제로 기본적인 교훈을 받아야 했다.

이는 왕이 가지는 모든 권위의 출처가 여호와 하나님의 말씀이라는 사실을 말해주고 있다. 즉 언약의 왕국을 다스리는 왕은 백성들이 저들 가운데 가장 유능하거나 탁월한 인물을 선택하는 것이 아니라 하나님께서 친히 세우시게 된다. 유다 지파 가운데 하나님의 규례와 그의 뜻에 따라 세워야 하는 것이다. 따라서 왕의 힘과 권위는 전적으로 하나님과 그의 말씀으로부터 나오게 된다.

그러므로 왕은 언약의 백성들 앞에서 모든 직무를 수행하는 가운데 그와 연관된 신앙인의 삶을 살지 않으면 안 된다. 그는 율법에 따라 하나님을 진정으로 경외하는 삶을 배워 익혀야 하며(신17:19) 항상 율법에 기록된 모든 말씀과 규례들을 지켜 행해야만 한다. 이는 그와 같은 삶을 선택적으로 행하면 되는 것이 아니라 그렇게 하지 않으면 안 되는 필수적인 사항이라는 점을 말해주고 있다.

언약의 왕국을 통치하기 위해 세워진 왕이 그와 같은 자세로 자기의 직무를 수행할 때 그의 마음이 형제들 위에 교만하지 않게 된다. 이 말은 왕위에 오른 자가 다른 형제들 앞에서 인간적으로 교만한 태도를 취할 수 없다는 사실을 교훈해주고 있다(신17:20). 따라서 신실한 왕은 율법에 언급된 하나님의 명령을 떠나지 말고 좌로나 우로 치우치지 말아야 한다. 이와 동시에 장차 언약의 왕국이 세워지고 그와 같은 신실한 왕들이 왕위에 올라 언약의 백성들을 다스린다면 형통한 날이 이어지게 되리라는 사실을 말해주고 있다.

우리는 여기서 이스라엘 민족 가운데 세워지는 왕은 개인의 권력이나 명예를 위해서가 아니라 하나님의 나라를 위해 존재한다는 사실을 기억해야 한다. 그 나라와 왕이 통치하는 언약의 왕국이 하나님 나라의 그림자가 되고 그로부터 완벽한 하나님 나라의 통치자인 메시아가 오시게 되는 것이다.

오늘날 신약시대 교회에 속한 모든 성도들은 그점을 올바르게 기억하는 가운데 신앙인의 삶을 살아가도록 애써야 한다. 따라서 교회의 직분자들이 소유한 모든 권위는 하나님과 그의 말씀에 근거해야 한다. 아울러 하나님의 참된 백성이라면 어느 누구도 교회 가운데서 개인의 명예나 권력을 추구해서는 안 된다. 오직 하나님의 요구에 따라 그의 영광을 위해 맡은 바 직무를 수행하며 순종하는 삶을 살아가야 하는 것이다.

제21장

레위인들의 사역과 '메시아 예언'

(신18:1-22)

1. 제사장을 비롯한 레위인들과 유산 (신18:1,2)

하나님께서는 자신의 특별한 구속사역을 위해 이스라엘 열두 지파 가운데 레위 지파를 따로 구별하여 세우셨다. 다른 열한 지파에게는 땅과 성읍의 상속과 유산이 있었지만 레위인들에게는 그런 것들이 주어지지 않았다. 따라서 그들은 땅에서 생산한 것들이 아니라 여호와 하나님께 바쳐진 제물과 예물 가운데서 주어진 것들을 먹고 살아가야 했다.

그들은 땅이나 밭 등 분배받은 소유가 없는 상태에서 다른 지파에 속한 형제들 가운데 살아갔다. 이는 여호와 하나님으로 말미암은 성전에 연관된 특별한 직무가 곧 저들의 유산이자 재산이 되기 때문이었다. 즉 의미상으로 볼 때 다른 열한 지파에 속한 사람들은 땅에 관련된 일을 하고 땅에서 난 것을 먹었지만 제사장을 비롯한 레위 지파에 속한 자들은 하나님과 그의 성전 곧 천상의 나라(the heaven)에 관련된 일을 하고 그로부터 제공되는 음식을 먹으며 이땅에 살아가야 했던 것이다.

이는 하나님 앞에서는 특권이라 할 수 있을지 모르지만 이 세상에서 살아가는 동안에는 많은 경우 상당한 어려움을 겪게 되었다. 그들은 다른 지파들의 영역 가운데 살아가면서 형식상으로 볼 때 어느 정도 무소유자로 비쳤으며 다른 지파 사람들에게 생명을 의존하는 것처럼 보일 수 있었다. 따라서 올바른 신앙을 가진 사람들에게는 존경의 대상이 될 수 있었으나 그렇지 않은 악한 자들에 의해서는 오히려 무시당하는 형편에 처하기도 했다.

2. 제사장들이 받게 될 몫 (신18:3-5)

모세는 본문에서 레위인들 가운데 특별히 제사장들이 백성으로부터 받게 될 몫을 명시하고 있다. 이는 제사장들이 스스로 받고 싶은 것을 받을 수 있는 것이 아닐 뿐더러 백성들이 제사장들에게 주고 싶은 것을 개인의 판단에 따라 줄 수 있는 것도 아니란 사실을 말해주고 있다. 거기에는 엄한 규례가 있어서 그에 따라야만 했던 것이다.

제사장들이 취할 수 있는 몫은 백성들이 하나님께 바치는 제물인 소나 양의 앞다리와 턱과 위였다. 따라서 백성들은 하나님께 바친 제물 가운데 그 부위들을 의무적으로 제사장에게 주어야만 했다. 우리는 왜 하필이면 짐승의 그 부위냐고 따져 물을 수 없다. 그것은 전적으로 하나님께서 모세를 통해 명하신 규례이기 때문에 언약의 자손들은 그에 따라 순종해야 할 따름이었다.

또한 모세는 이스라엘 백성을 향해 처음 거둔 곡식과 포도주와 기름을 제사장에게 주라고 명했다. 그리고 처음 깎은 양털을 제사장에게 주어야 한다는 말을 했다. 여기서 중요한 점은 백성들이 '처음 거두어들인 것들'은 제사장들의 몫이 된다는 사실이다.

이 말은 제사장이 그 모든 것들을 허락하신 하나님과 언약의 백성 사이에서 중요한 교량 역할을 하게 됨을 시사하고 있다. 또한 백성들이 추수한 곡식을 비롯한 다양한 식용물과 양털을 제사장을 위해 따로 구별하여 저에게 주어야 하는 것은 단순한 배려차원이 아니었다. 그것은 당연히 행해야 할 중요한 규례로서 기본적으로 지켜야 할 의무에 해당되는 것이었다.

그러므로 하나님께서는 그에 연관된 분명한 의미를 말씀하셨다. 언약의 자손들이 그렇게 해야 하는 까닭은 하나님께서 이스라엘 열두 지파 가운데서 레위 지파를 따로 택하시고 그 가운데 제사장을 특별히 불러 선택하셨기 때문이다. 특히 아론과 그의 가문에 속한 자손들로 하여금 여호와 하나님의 이름으로 그의 전에 서서 그를 섬기도록 하신 것은 구속사의 진행과 밀접하게 연관되어 있다.

3. 균등한 삶을 보장받아야 할 레위인들 (신18:6-8)

레위 지파에게는 다른 열한 지파와 달리 땅이 분배되지 않았다. 따라서 예루살렘을 비롯하여 여러 지파의 각 성읍에 흩어져 살아가야 했다. 물론 그들은 어디에 거주하든지 하나님께서 택하신 성전에 실제로 연결되어 있으면서 절기를 비롯하여 하나님을 제사하는 일을 인도하는 것이 주된 임무였다.

하지만 각 개별 레위인들은 특별히 한 지파에 속한 지역에서만 한평생 거주해야만 하는 것이 아니었다. 그들은 형편에 따라 다른 지역으로 이주해 갈 수 있었다. 그렇다고 해서 마음대로 자유롭게 움직일 수 있었던 것이 아니라 레위 지파 전체의 지도 아래 그렇게 했을 것으로 보인다.

그러므로 레위인들은 간절한 소원을 가지고 자기가 살아가던 성읍을 떠나 하나님의 성전이 있는 지역으로 생활 터전을 옮기는 것이 가능했다. 만일 어떤 레위인이 자기가 거주하던 지역으로부터 하나님께서 택하신 곳 즉 나중에 성전이 세워지는 예루살렘에 이르게 되면 거기서 자기에게 맡겨진 직무를 감당하게 되었다. 그것은 레위인들 가운데 존재하는 일종의 인사이동 같은 성격을 지닌 것으로 여겨진다.

그들은 하나님께서 특별히 택하신 곳에 와서 레위인들 중에 다른 형제들처럼 성전을 중심으로 봉사하는 직임을 감당하면서 여호와의 이름으로 섬길 수 있다. 그는 비록 지방의 다른 지파의 성읍에서 살다가 올라왔으나 그로 말미암아 차별 대우를 받지는 않는다. 즉 그 전부터 예루살렘에 거주하면서 하나님을 섬기던 레위인들과 모든 면에서 동등한 예우를 받을 수 있는 것이다.

그러므로 다른 성읍에서 예루살렘으로 올라온 레위인들도 생활을 유지하기 위해 기존에 살고 있던 레위인들과 동일한 몫을 공급받게 된다. 또한 그들이 조상의 것을 물려받은 것은 별도의 소유라는 사실을 언급하고 있다(신18:8). 즉 조상으로부터 받은 재산이 있다고 할지라도 다른 제사장들과 동일한 몫을 나누어 받아야 한다. 이는 레위인들이 일반적인 관점에서 무소유(無所有)를 지향해야 하는 것이 아니란 사실을 말해 줄 뿐 아니라 하나님께 속한 레위인들 사이에는 기본적으로 차등이 없는 기본적 임무가 존재한다는 점을 말해주고 있다.

우리는 여기서 신약시대 교회의 교사로 세워진 자들에 대한 생활에 대하여 생각해 볼 수 있어야 한다. 즉 교회에서 목사 직분자로 세워진 자는 어떤 경우에도 자신의 부귀영화를 추구하지 않는다. 그것을 위해 교회의 목사가 된 것이 아니기 때문이다. 원리적인 측면에서 볼 때 하나님의 말씀에 순종하며 하나님과 그의 교회가 맡긴 사역을 온전히 감당하는 자라면 경제적인 생활에 차등이 생겨서는 안 된다.

겉보기에 유능해 보이고 큰 교회에서 성공한 듯이 보이는 목회자라 할지라도 그렇지 않아 보이는 다른 목사들보다 더 나은 예우를 받아야 하는 것은 아니다. 동일한 직분을 맡은 자로서 균등한 삶을 살아야 하는 것이다. 물론 신약시대 목사들이 무소유를 지향해야 하는 것은 아니지만 일반적인 겸허한 삶을 유지해야 한다. 하나님의 말씀을 맡은 자들은 그에 조화되는 삶을 살아가게 될 따름이다.

4. 이방 종족들의 가증한 행위 엄금 (신18:9-14)

이제 곧 이스라엘 자손이 요단 강을 건너 약속의 가나안 땅에 들어가면 다양한 이방 종족들이 이미 오래전부터 그곳에 터를 잡고 살아가고 있다. 그들은 이방신들을 만들어 섬기며 가증스러운 문화를 형성한 상태로 죄에 빠진 인생을 누리고 있다. 그것이 저들의 삶의 근간이 되어 있었기 때문이다.

그런데 이스라엘 자손이 그 땅에 들어가면 저들의 눈에는 모든 것이 새로울 수밖에 없다. 그들은 삭막한 사막에서 볼 수 없었던 다채로운 문화들이 전개되는 것을 목격하게 된다. 또한 광야에 살아가면서 경험했던 엄격한 여호와 하나님이 아니라 이방 종족들이 섬기는 풍요를 제공하는 헛된 신들을 보며 마음이 유약해질 수 있다. 또한 이방인들이 신들을 섬기는 방법을 보고 그것이 열정적일 뿐 아니라 매력적으로 보일 수도 있었다.

그러므로 모세는 이스라엘 자손에게 하나님께서 허락하신 약속의 땅에 들어가거든 절대로 이방 종족들의 가증한 행위를 본받지 말도록 당부했다. 그들 가운데는 자기 아들이나 딸을 불살라 신들에게 바치는 상상을 초월하는 참람한 행위를 하는 자들이 있다. 또한 점쟁이나 길흉을 점치는 자, 요술하는 자, 무당, 주문을 외는 자, 죽은 사람이나 귀신을 불러서 물어보는 자, 죽은 자의 혼을 불러올리는 자들도 있다.

그와 같은 이방인들의 종교 행위는 이스라엘 자손이 광야에서 전혀 볼 수 없던 진기한 것들이었다. 하나님의 율법을 멀리하는 자들은 그런 행위들에 대하여 관심을 가지게 될 우려가 따르기도 한다. 그러다가 이방인들의 종교 행위를 적절하게 받아들이려 하는 자들이 생겨날지도 모른다. 따라서 모세는 언약의 백성들 가운데 그런 것들을 절대로 용납하지 말라는 명령을 내렸다.

이방인들이 행하는 그런 모든 행위는 여호와 하나님 보시기에 가증스러운 것들이다. 따라서 그와 같은 거짓신들을 섬기는 자들을 가증히 여기는 하나님께서는 그들을 가나안 땅에서 쫓아내시게 된다. 이스라엘 자손들 가운데서 그에 가담하는 배도자들이 있다면 그들 역시 하나님의 심판의 대상이 될 수밖에 없다.

그러므로 모세는 가나안 땅을 차지하게 될 언약의 백성들을 향해 여호와 하나님 앞에서 완전하라는 요구를 했다. 이는 변치 않는 일관된 마음으로 율법에 따라 오직 여호와 하나님 한 분만 섬기라는 의미를 지니고 있다. 이방인들 가운데서 길흉(吉凶)을 말하는 자나 점쟁이의 허탄한 말을 듣고 그들을 따르는 자들은 하나님으로부터 쫓겨나게 되며 여호와 하나님께서는 그런 사악한 것을 절대로 용납하지 않으신다.

신약시대에 속하여 신앙생활을 하는 오늘날의 성도들도 이에 대하여 냉철하게 생각해 보아야 한다. 하나님께서는 자기의 거룩한 피로 값주고 사신 교회가 순결해야 한다는 사실을 말씀하셨다. 따라서 예수 그리스도의 신부인 교회는 오직 하나님의 말씀만을 따르려는 자세를 유지하도록 애써야 한다.

그럼에도 불구하고 어리석은 종교인들은 교회 안에 이방인들의 세속적인 풍습을 가지고 들어오고자 한다. 악한 지도자들은 교회 안으로 이방 종교사상을 적극적으로 도입하기도 한다. 그렇게 함으로써 종교 혼합주의를 부추기는 가운데 외적인 성장을 추구하고자 애쓰지만 그것은 하나님께서 가증스럽게 여기는 행위들이다. 따라서 하나님을 진정으로 경외하는 성도들은 그에 여간 민감하지 않으면 안 된다.

5. '특별한 선지자'를 일으키실 약속 (신18:15-18)

모세는 본문에서 이스라엘 민족의 하나님 여호와께서 언약의 백성 가운데 자기와 같은 특별한 선지자 하나를 일으키시리라고 했다(신18:15). 하나님께서는 이방인들이 아니라 저들의 형제 중에서 그를 보내시게 된다고 했다. 또한 하나님께서 그렇게 하시는 까닭은 '저들을 위한' 하나님의 경륜에 따라 이루어진다는 사실을 언급했다.

참된 언약에 속한 백성들은 모세와 같이 특별히 보냄을 받은 그 선지자의 입술로부터 나오는 모든 말씀을 귀담아들어 순종해야 한다. 이 말 가운데는 그의 말을 듣지 않은 상태에서는 결코 온전한 진리에 도달할 수 없다는 사실이 내포되어 있다. 하나님의 율법이 존재하지만 그 선지자를 통해 그에 대한 성취와 명확한 해석이 따라야 했던 것이다.

이는 장차 이땅에 오시게 될 메시아에 관한 예언이다. 그런데 모세는 이 예언이 지금 갑작스럽게 전면에 등장하게 된 것이 아니라 그 전에 이미 그에 연관된 의미가 드러난 바 있다는 사실을 말했다. 이는 이스라엘 백성은 예전부터 그에 관한 사실 곧 메시아에 연관된 의미를 깨닫고 있어야 했다는 점을 말해주고 있다.

오래 전 이스라엘 온 백성이 호렙 산에서 '총회'로 모인 적이 있었다. 그 총회의 날에 이미 백성들은 부지중에 여호와 하나님을 향해 장차 오시게 될 특별한 선지자 곧 메시아를 구했다는 것이다. 그때 이스라엘 백성이 하나님 앞에서 두려워 떨며 간구했었다. 그들은 하나님께 간절히 구하기를 다시는 여호와 하나님의 음성을 듣지 않게 해주시고 다시는 호렙 산을 태우는 듯한 그 큰불을 보지 않게 해 달라고 했다(신18:16). 또다시 그와 같은 상황을 만나게 되면 죽을 것 같았기 때문이었다.

모세는 그 기억을 상기시키는 동시에 당시 하나님께서 백성들로부터 그 간구를 들으신 후 자기에게 말씀하신 사실을 언급했다. 하나님이 백성들의 말과 생각이 옳다는 점을 인정하셨다는 것이다. 그러니 여호와께서 그들의 형제 가운데서 모세와 같은 선지자 하나를 그 백성을 위하여 일으키셔서 하나님의 말씀을 그 입에 두시리라고 하셨다는 것이다. 그러므로 하나님께서는 자기가 원하시는 모든 것을 그로 하여금 백성들에게 전하리라고 선포하셨다.

시내 광야에서 이스라엘 자손에게 가시적으로 역사하신 여호와 하나님은 두려운 분으로 비쳐졌다. 따라서 백성들은 호렙 산 불꽃 가운데서 말씀하시는 하나님을 똑바로 바라보지 못했다. 이처럼 온 언약의 백성들을 선한 길로 인도하시기 위해 훈련시키시는 하나님은 엄할 수밖에 없었다. 그래야만 그들이 약속의 땅 가나안에 들어가 맡겨진 사명을 감당할 수 있었기 때문이다.

그에 반해 장차 이땅에 오실 성자 하나님은 자기 자녀들을 위해 모든 희생을 감내하시는 메시아로 임하시게 된다. 그는 모세와 같은 특별한 선지자로서 천상에 계시는 하나님의 모든 말씀을 백성들에게 선포하여 전하신다. 모든 언약의 자녀들은 그의 음성을 듣고 그에게 순종하는 가운데 참된 구원을 소유하게 된다. 모세의 지도 아래 애굽에서 탈출한 이스라엘 백성이 하나님의 능력에 의해 구출받아 해방되었듯이 하나님의 참된 백성들은 나중에 오실 메시아를 통해 영원한 구원을 받게 되는 것이다.

6. 선지자가 전하는 여호와의 말씀 (신18:19-22)

하나님께서는, 언약의 백성이라면 누구나 자기의 이름으로 전하는 선지자의 말을 반드시 들어 순종해야 한다는 사실을 언급하셨다. 만일 하나님의 말씀을 듣지 않고 거부하는 자가 있다면 반드시 하나님으로부터 무서운 징벌을 받게 되리라는 것이었다. 하나님을 향하여 대항한다는 것은 결코 있을 수 없는 일이었기 때문이다.

나아가 언약의 백성들은 거짓 선지자들의 말을 분별할 수 있어야 한다는 사실을 강조하셨다. 만일 어떤 사람이 자기를 선지자로 주장하며 하나님께서 명령하지 않은 것을 자기 마음대로 내뱉으면서 하나님의 이름을 도용하거나 악용한다면 저주를 받을 수밖에 없다. 또한 여호와 하나님이 아니라 다른 이방신들의 이름으로 예언하는 자들 역시 그와 동일한 심판을 받아 죽임을 당하게 된다.

하지만 어리석은 자들은 선지자의 신분을 내세우며 선포하는 자들의 말이 과연 여호와의 말씀인지 아닌지 어떻게 알 수 있느냐고 반문하게 된다. 그들은 하나님의 말씀을 분별할 수 있는 능력이 부족한 자들이다. 그러나 참된 언약의 자손들은 선지자라고 하는 자들이 전하는 모든 말들에 대하여 올바른 분별력을 가져야만 한다.

하나님께서는 만일 어떤 선지자가 여호와 하나님의 이름으로 예언하지만 그가 말한 일에 실제적인 증거가 없거나 장차 그것이 이루어지지 않는다면 그 모든 말은 거짓일 뿐 하나님으로부터 주어진 예언이 아니라고 했다. 비록 선지자임을 내세우는 자가 스스로 옳다고 주장할지라도 그것은 하나님이 아니라 그가 자기 마음대로 지어 한 말에 지나지 않는다. 따라서 그런 자와 그런 자로부터 나오는 말을 두려워 할 필요가 전혀 없다는 것이었다.

이에 대해서는 현대 교회에 속한 모든 성도들이 귀담아들어야 할 필요가 있다. 이땅에는 교회의 교사로 세워진 직분자인 목사들이 수없이 많이 있으나 그들 모두가 참된 목사라 할 수 없다. 참 목사이기 위해서는 하나님을 진정으로 경외하며 그의 말씀을 가감 없이 전하려는 기본적인 자세를 유지해야 한다. 종교적인 핑계를 대고 하나님의 이름을 들먹이면서 성경과 무관한 주장을 펼치는 자라면 거짓 목사에 지나지 않는다.

그러므로 모든 성도들은 교회의 교사라고 하는 자들의 주장이 과연 성경에 온전히 근거하는지 주의를 기울여 분별할 수 있어야 한다. 그렇지 않으면 구약시대 어리석은 백성들이 거짓 선지자들의 말에 속아 넘어갔듯이 신약시대에도 동일한 처지에 놓일 수밖에 없다. 따라서 참된 교사들은 교회에 속한 모든 성도들이 분별력을 가질 수 있도록 말씀에 견고하게 설 수 있게 지도하는 것이 중요하다.

제22장

도피성 제도와 동해보복의 원칙

(신19:1-21)

1. 도피성 제도와 과실치사에 대한 규례 (신19:1-10)

여호와 하나님께서는, 이스라엘 자손이 가나안 땅 전체를 정복하기 전부터 그곳에 터를 잡고 살아가던 여러 이방 민족을 친히 멸절시키신다. 이는 이스라엘 백성의 군사력이 강해서 그들에게 승리를 거두는 것이 아니라 하나님의 고유한 의도에 달려있다는 사실을 말해주고 있다. 하나님께서 그렇게 하시는 이유는 창세 전에 택하신 자기 백성들을 구원하시고자 하는 구속 사역을 위한 목적 때문이었다.

그러므로 이스라엘 백성이 가나안 땅에 들어가게 되면 하나님의 명령을 절대로 준수하고자 하는 자세를 가져야 했다. 하나님께서는 자신의 뜻을 이루어가시기 위한 목적으로 그 땅을 저들에게 주셨기 때문이다. 따라서 언약의 자손들은 약속의 땅을 받아 그곳에 있는 성읍과 가옥에 거주하게 된다.

이스라엘 자손이 하나님께서 상속을 위해 허락하신 약속의 땅 가운데서 행해야 할 중요한 일 가운데 하나는 특별히 세 군데 성읍을 이스라엘 백성을 위해 따로 구별하는 일이었다. 그것을 위해 가나안 땅 전체를 세 구역으로 나누어 그 가운데 도피성을 택하고 그곳으로 향한 길을 닦아야만 했다. 그리하여 부지중에 살인자가 된 사람이 그 특별한 성읍으로 도피할 수 있도록 해주어야 한다.

물론 사람을 죽인 모든 살인자들이 그 도피성 가운데 한 곳으로 피하기만 하면 저의 생명이 보호받을 수 있는 것은 아니었다. 그곳으로 도피할 수 있는 살인자는 사람을 죽이려는 의도가 전혀 없이 과실치사를 저지른 경우에 국한되었다. 즉 원래 깊은 원한이나 다른 목적이 있어서 고의로 살인을 저지른 것이 아니라 의도하지 않은 채 부지중에 어떤 사람을 죽이게 된 경우라면 도피성으로 피하여 생명을 보호받을 수 있었다.

성경은 그에 대한 구체적인 한 예를 들어 설명하고 있다: 어떤 사람이 자기 이웃과 함께 벌목하기 위해 삼림에 들어가서, 손에 도끼를 들고 나무를 찍으려는데 도끼가 자루에서 빠져 그와 함께 있던 이웃을 맞춰 죽게 했다면 과실치사에 해당한다. 그런 사람은 도피성들 가운데 하나로 피신하여 자기의 생명을 구할 수 있다. 그는 원래 자기 옆에서 일하는 이웃을 죽이고자 하는 마음이 전혀 없었기 때문이다. 따라서 그를 의도적인 살인을 저지른 자와 동일한 수준에서 판단하여 사형에 처하기에는 합당치 않다.

하지만 그 죽은 사람의 유가족은 자기 가족을 죽게 만든 자에 대한 복수심으로 가득 찰 수 있다. 그렇게 되면 그 살인자를 잡아 죽임으로써 보복하기 위해 그를 추적할 수 있다. 그런 상황에서 그는 빨리 다른 곳으로 도망가야 하는데 도피성으로 피신하면 그곳에서는 법적인 보호를 받아 생명을 유지할 수 있게 된다. 따라서 그 도피성이 너무 멀면 중간에 잡혀 죽을 수 있으므로 가능한 한 가까운 위치에 자리잡고 있어야 한다.

그러므로 모세는 백성들에게 이스라엘 자손을 위해 가장 적절한 곳에 위치한 세 성읍을 따로 구별하도록 명령했다. 여호와 하나님께서 그 조상들에게 맹세하신 대로 나중 가나안 땅 전체를 얻어 백성들의 생활 터전이 넓어지게 되면 더 많은 도피성을 예비하도록 지시했다. 이스라엘 자손이 여호와 하나님을 사랑하고 항상 그의 길을 온전히 따르며 그의 명령을 지켜 행할 때 처음 세 곳의 도피성 외에 다른 세 성읍을 더하여 여섯 군데의 도피성을 두라고 요구했던 것이다.

하나님께서 이스라엘 자손에게 그와 같은 명령을 내리셨던 가장 중요한 이유는 죄가 없는 사람의 피를 흘리지 않도록 하기 위해서였다. 어떤 사람이 고의가 아닌 단순한 과실로 다른 사람을 죽이게 된 경우에는, 부지중에 살인하게 된 자를 죽임으로써 또다시 다른 한 사람을 죽이는 일이 발생하지 않도록 해야 했다. 그렇게 해야만 부지중에 살인을 저지르게 된 자의 억울한 피가 이스라엘 백성의 악행으로 돌아가지 않게 된다. 그 규례에 순종할 때 언약의 백성들이 하나님께서 허락하시는 땅에서 원만하게 살아갈 수 있는 것이다.

2. 고의 살인을 저지른 자에 관한 규례 (신19:11-13)

모세가 전한 규례는 도피성이 아무런 조건 없이 누구나 피신할 수 있는 성읍이 아니란 사실을 분명히 언급하고 있다. 만일 어떤 사람이 불법적인 고의 살인을 저지른 후 도피성으로 도망친다면 그것 자체가 하나님의 율법을 무시한 무서운 죄악이 된다. 이를테면 가중처벌을 받을 수 있는 조건을 구성하게 될 따름이다.

그러므로 만일 어떤 사람이 자기의 주변에 살아가는 한 사람을 증오하여 기회를 엿보다가 그를 폭행하여 죽인다면 그는 구제를 받을 길이 없다. 그가 사람을 살해한 후 도피성들 가운데 한 곳으로 피신한다면 원래 그가 살고 있던 성읍의 장로들이 사람을 보내 그를 체포하여 본성으로 끌고 와야 한다. 그리고는 그 살인자를 가족을 잃고 보복하고자 하는 자들의 손에 넘겨주게 된다.

그리하여 피해자의 가족은 고의로 무죄한 피를 흘린 그 악한 자를 죽여야 한다. 그것은 선택적인 사항이 아니라 반드시 그렇게 해야 함을 말해주고 있다. 따라서 그런 살인자에게 긍휼을 베풀려고 해서는 안 된다. 고의 살인자에게 어떤 동정심을 베푼다는 것은 함께 살아가는 주변의 여러 사람들에게 불안 요소와 더불어 또 다른 가치 혼란을 불러일으킬 수 있었기 때문이다.

하나님의 율법이 그렇게 요구하는 까닭은, 언약의 백성인 이스라엘 자손 가운데서 그와 같은 악을 제거하여 재발을 방지하기 위해서이다. 만일 그런 악을 용납하게 되면 하나님의 언약에 따라 선한 직무를 소유한 민족이 전체적으로 혼탁해질 것이 분명하다. 그 계명에 온전히 순종할 때 하나님께서 저들에게 참된 복을 허락하시게 된다. 그것을 위하여 가나안 땅에 들어가는 이스라엘 자손에게 하나님의 엄격한 규례가 주어졌던 것이다.

우리가 여기서 알 수 있는 것은 그 과정을 통해 살인자의 범죄 행위가 모든 사람들에게 알려지게 된다는 사실이다. 한 사람을 살해한 후 불법적으로 도피성으로 도망간 점과 거기서 체포되어 강제로 끌려 오면서 많은 사람들이 알게 된다. 그리고 그를 죽이는 과정도 공개적인 성격을 지니고 있어서 다수가 그 광경을 목격하게 된다. 따라서 그를 통해 이스라엘 백성은 강한 경고와 더불어 엄중한 메시지를 받게 되는 것이다.

또한 우리가 여기서 생각해 보아야 할 점은 우리 시대의 도피성은 지상에 세워진 하나님의 몸된 교회라는 사실이다. 이 세상의 모든 인간들은 직접 고의적 악을 자행하지 않았을지라도 아담의 범죄로 말미암아 하나님께 저항하는 죄악을 저질렀다. 그것을 깨달은 자들은 예수 그리스도께서 피로 값주고 사신 교회로 피해 생명을 유지할 수 있게 된다. 즉 현대의 참된 도피성인 교회로 피하기 전에는 어느 누구도 생명을 보존할 수 없다.

하지만 하나님의 은혜에 참여하지 않은 상태에서 지상 교회에 들어온 자들은 생명을 보호받지 못한다. 그런 자들은 배도자가 되어 오히려 하나님을 더욱 진노케 할 따름이다. 성숙한 성도들은 이에 대한 분명한 깨달음과 더불어 예수 그리스도의 신부로서 순결해야 할 교회를 더럽히는 자들을 엄히 경계하는 자세를 유지해야만 하는 것이다.

3. 땅의 경계표 (신19:14)

약속의 땅 가나안에 정주하는 이스라엘 자손들의 땅의 경계는 기본적으로 하나님께서 정해주신 것을 근거로 한다. 가나안 땅은 이스라엘 백성들의 소유가 되지만 근본적인 측면에서 볼 때 하나님의 소유에 기초하고 있다. 즉 하나님의 은혜로 주어진 땅에서 그 백성들이 하나님을 위한 언약의 삶을 누리게 되는 것이다.

그러므로 하나님께서는 이스라엘 백성들에게 주어 차지하게 하시는 땅에서 취해야 할 기본 자세에 대한 언급을 하셨다. 그것은 조상들이 정한 이웃의 땅의 경계표를 옮기지 말라는 것이다. 이는 그 땅을 관리하는 자에게 주어진 책임과 더불어 개인적인 욕망에 따라 땅을 넓히고자 하는 생각을 버려야 한다는 사실을 말해주고 있다.

여기서 우리의 관심을 끄는 대목은 그 경계표를 과거에 살았던 조상들이 정했다는 사실이다. 당시 살던 사람들이 임의로 땅의 경계를 정한 것이 아니라 조상 때부터 정해졌다는 것은 땅의 상속에 연관된 의미를 지니고 있다. 이는 백성들이 하나님께서 약속하신 땅을 분배하여 소유하게 되는 것은 상속에 기초하고 있었으며 나중의 사람들이 임의로 관여하지 못한다는 사실을 말해주고 있다.

우리는 여기서 하나님으로 말미암아 허락되어 고유한 상속이 이어지는 것에 대한 중요한 의미를 확인할 수 있게 된다. 만일 누군가가 그에 벗어나 개인적인 형편이나 욕망에 따라 임의로 경계표를 옮긴다면 그것은 하나님의 규례를 어기는 것과 마찬가지다. 또한 그것을 통해 현재의 삶이 과거 조상들의 언약적 삶으로부터 완전히 분리된 것이 아니라 연결되어 있음을 알 수 있다.

우리는 또한 모세가 전한 이 규례를 통해 신약시대 교회가 얻을 수 있는 중요한 교회론적 교훈을 생각해 보게 된다. 지상의 모든 교회들은 제각각 다른 시대에 만들어지거나 세워진 것이 아니라 믿음의 조상들로부터 상속받아온 언약공동체이다. 따라서 각 지교회는 전체적인 언약 가운데 존재하는 동시에 시대와 지역에 따라 복음의 본질을 유지하는 가운데 독립성이 보장되어야 한다.

그러므로 지교회 가운데 더 세력이 강한 교회가 없을 뿐더러 무시당해도 괜찮을 만한 약한 교회도 없다. 모든 참된 교회들은 하나님의 경륜 가운데서 상호 성경의 교훈을 바탕으로 하는 교제의 관계가 형성되어야 한다. 즉 이 세상에 존재하는 모든 참된 지교회들은 그와 같은 유기적 관계 속에 존재하게 되는 것이다.

그리고 이는 교회 내의 직분적 사역과 연관지어 생각해 볼 수 있다. 교회에 속한 모든 성도들은 신앙의 본질을 소유한 자로서 복음으로 인한 인격적인 삶을 유지하게 될 경우 경계가 지켜져야 한다. 그래야만 모든 성도들이 서로간 인격적으로 대하며 교제할 수 있게 되는 것이다. 이에 대해서는 특히 각 직분자들 상호간에 경계를 유지하는 가운데 유기적인 관계를 형성해야만 하는 것이다.

즉 교회 가운데 존재하는 목사, 장로, 집사 직분자들은 자기의 직분 사역에 성실하게 임해야 하며 다른 직분자들의 영역을 침범하지 말아야 한다. 만일 교회에 의해 맡겨진 각기 다른 직분자들 사이에 존재하는 경계를 임의로 옮기거나 다른 직분자들의 직무를 무단으로 침범해서는 안 된다. 그렇게 되면 하나님께서 요구하신 참된 교회 질서가 허물어져 혼란하게 될 것이기 때문이다.

4. 동해보복(同害報復)의 원칙 (신19:15-21)

언약의 백성 가운데서는 범죄 행위가 용납되지 말아야 한다. 하지만 어떤 사람의 악한 행위와 죄에 관한 문제가 발생하게 될 경우 한 사람의 증인이 주장하는 것만으로는 사실 여부를 확증짓지 못한다. 따라서 특정인의 범죄 사실에 대해서는 두세 사람의 증인들로부터 제시되는 구체적인 진술에 근거하여 그 사건을 확정해야만 한다.

범죄자에 대한 증인으로 나선 자가 거짓 증언을 한다면 심각한 문제를 야기하게 된다. 만일 어떤 사람이 사실과 다르게 특정인을 범인으로 몰아 위증하면서 그가 범죄를 저질렀다고 주장하게 될 경우 양 당사자는 서로 논쟁할 수밖에 없다. 위증자는 그 사람의 범죄 행위를 알고 있다고 말하지만 실상은 그가 죄를 범하지 않았기 때문이다.

그러나 서로 다른 주장을 펼치는 자들을 지켜보며 그 말을 듣는 자들은 과연 어느 쪽이 진실인지 구별하기 어렵다. 서로 자기가 옳다고 주장할 경우 그 실상을 알지 못하는 자들은 판단하기 쉽지 않기 때문이다. 그와 같은 일이 발생한다면 책임 있는 공적인 직무를 맡은 사람에게 위임하여 그에 관한 판결을 내리게 된다.

그것을 위해 두 당사자 곧 범죄자로 간주된 자와 그에 대한 증인이라는 자는 같이 여호와 하나님 앞으로 나아가야 한다. 그들은 당시 재판 업무를 맡은 제사장과 재판장 앞에 서서 모든 것을 진술하고 판결을 받게 된다. 재판장은 두 당사자의 말과 제시하는 증거들을 자세히 살펴 철저히 조사해야 한다.

그 결과 재판장이, 증인이라고 주장하는 자가 거짓으로 증거하여 형제를 모함한 것이 판명되면 그가 언약 가운데 형제된 자에게 행하려고 꾀한 그대로 그에게 되돌려 주어야 한다. 그는 자기가 증언한 것에 대한 거짓을 고스란히 책임지고 벌을 받아야 하는 것이다. 그렇게 함으로써 이스라엘 민족 가운데 더러운 악을 제거해야만 했다.

하나님께서 언약의 자손들에게 그와 같은 규례를 주셨던 것은, 그 모든 사실을 지켜본 남은 자들이 듣고 두려워하도록 하기 위해서였다. 그리하여 다시는 그런 악한 죄를 저희 가운데서 행하지 않으리라는 것이었다. 따라서 모세는 거짓말을 하며 위증을 행한 악한 자들을 위해 어떤 긍휼도 베풀지 말라고 했다. 하나님께서는 이와 더불어 백성들 가운데서 이른바 동해보복의 원칙을 지키라는 말씀을 하셨다.

> "생명에는 생명으로, 눈에는 눈으로, 이에는 이로, 손에는 손으로, 발에는 발로이니라" (신19:21)

모세가 전한 법령 가운데 동해보복을 허용하는 이 법칙은 매우 중요한 의미를 지니고 있다. 그것은 우선 이스라엘 민족 사회 가운데 존재해야 할 하나님의 공의를 구현하는 일과 밀접하게 연관되어 있기 때문이다. 이로 말미암아 사람들이 함부로 이웃에 대한 범죄 행위를 하지 못하게 되어 하나님께서 요구하시는 질서가 유지될 수 있는 것이다.

우리가 여기서 분명히 기억해야 할 바는 동해보복을 허용하시는 하나님을 사랑이 없는 분으로 오해해서는 안 된다는 사실이다. 도리어 그 법칙은 언약의 자손들을 위한 하나님의 사랑에 기초하고 있다. 즉 그렇게 함으로써 강자가 부당한 악을 저지르는 것을 방지함과 동시에 약자를 보호하게 되는 것이다.

제23장

전쟁에 연관된 규칙

(신20:1-20)

1. 전쟁 중에 유념해야 할 내용 (신20:1-4)

이스라엘 백성이 요단 강을 건너 가나안 땅에 들어가게 되면 그곳에 살고 있는 이방 족속들과 피흘리는 전쟁을 치러야 하는 것은 필연적이었다. 동일한 땅을 두고 서로 자기 소유라는 주장을 하게 되면 부딪쳐 싸우지 않을 수 없다. 그전부터 그 지역에 살고 있던 주민들은 오래전부터 조상의 땅을 물려받아 살아오고 있었으므로 소유권을 내세울 명분이 뚜렷하다. 외적인 형편을 살펴볼 때 그들의 말이 틀리지 않을 수 있다.

하지만 이스라엘 백성들의 관점에서는 전혀 그렇지 않았다. 하나님께서 이미 그 땅을 저들에게 주기로 조상 때부터 약속하셨기 때문이다. 하나님께서는 이미 오래전 갈대아 우르에 살고 있던 아브라함을 불러내시면서 가나안 땅을 그의 자손들에게 주기로 약속하셨다. 이스라엘 백성은 우주만물을 지으신 여호와 하나님이 당연히 그 땅의 주인이시며, 주인이신 그가 저들을 그 땅의 소유자로 삼으셨다는 것이다.

그렇지만 이스라엘 자손이 가나안 땅에 들어가 손쉽게 땅을 소유하기는 어려웠다. 그곳에는 막강한 세력을 갖춘 다양한 종족들이 버티고 있었기 때문이다. 이제 그 땅에 들어가는 백성은 아직 이동중인 유목민이었다. 그에 반해 이방 종족인 그곳 주민들은 단단한 성곽을 갖춘 성읍에서 안정된 상태로 살아가고 있었다. 이제 가나안 땅으로 들어가게 되는 언약의 자손은 막강한 세력을 갖춘 적군과 싸워 그들을 몰아내야 했다.

그런데 이방 종족의 강력한 군사적 상황이 눈앞에 전개되면 이스라엘 백성의 입장에서는 크게 위축될 수밖에 없었다. 하지만 모세는 저들에게 특별한 당부를 했다. 이스라엘 자손이 막강한 적의 세력과 싸우게 될 때 저들의 건장한 말과 전쟁을 위한 많은 병거들을 눈앞에서 볼지라도 두려워하지 말라는 것이었다. 적군의 군대의 수가 많다고 해도 그로 말미암아 겁을 내지 말라고 했던 것이다.

가나안 땅에 들어가는 이스라엘 자손이 막강한 병력을 갖춘 이방 군대를 보고 두려워할 필요가 없는 까닭은 저들과 함께 계시는 여호와 하나님 때문이었다. 이스라엘 백성은 하나님께서 저들의 조상을 당시 세계 최강국이었던 애굽의 압제로부터 구출해 내신 사실을 잘 알고 있었다. 바로 그 하나님이 앞으로도 저들과 함께 계실 것이므로 겁먹을 필요가 전혀 없다는 것이었다.

가나안 땅에서 행해지는 이스라엘 백성의 전쟁은 적군의 막강한 군대와 다양한 병기에 승패가 달려 있지 않았다. 언약의 백성들이 싸우는 전투는 세상의 여러 나라들이 일반적으로 취하는 전략과는 그 성격이 달라야만 했다. 그들을 위해 전면에 나서서 싸우시는 분은 여호와 하나님이시기 때문에 백성들은 오직 그의 힘을 믿고 그를 의지하는 것이 전쟁을 위한 가장 중요한 방편이라는 사실을 깨달아야 한다.

그러므로 모세는 모든 백성들을 향해 그점을 강조했다. 이스라엘 자손이 적군인 이방 종족들과 맞서 싸우기 위해 전장으로 가까이 나아가면 제사장이 백성들을 향해 그에 관한 중요한 사실을 선포해야 한다(신20:2). 우선 그들이 피 흘리는 전투를 앞두고 마음에 겁을 내지 말고 두려워하지 말라고 했다. 그리고 떨지 말고 적군으로 인해 놀라지 말라는 당부를 했다. 우리가 여기서 관심을 기울여야 할 바는 그에 관한 선포를 하는 자가 군대 장관이 아니라 제사장이란 사실이다.

이는 이스라엘 자손이 가나안 땅에서 행하게 될 전쟁은 하나님의 사역이란 사실을 말해주고 있다. 또한 이 말은 무모한 태도로 전쟁에 임하라는 것이 아니라 하나님께서 저들을 위해 싸우신다는 사실을 마음속 깊이 새기라는 의미를 내포하고 있다. 이는 단순히 상징적인 의미를 지니는 것이 아니라 구체적인 현실에 직접 연관된 문제였다. 언약의 자손들은 하나님께서 이방인들을 상대로 한 전쟁 중에 항상 저들과 함께 계신다는 사실을 실제로 깨달아 아는 것이 매우 중요하다.

따라서 모세는 여호와 하나님께서 항상 저들과 함께 계신다는 사실을 분명히 언급했다. 또한 그가 자기 백성을 위해 친히 이방 종족인 적군을 대항하여 싸우시게 된다고 했다. 하나님의 강력한 힘은 연약한 인간들의 군사력과 비교할 수 없다. 그리하여 만왕의 왕이신 하나님께서 겉보기에 막강해 보이는 적군으로부터 저들을 구원해 주신다는 것이었다.

2. 전쟁에 참여하지 말고 집으로 돌아가야 할 자들 (신20:5-8)

이스라엘 백성이 전쟁에 참가하기 위해서는 조건이 충족되어야 했다. 즉 개인적으로 완수하지 못한 일이 있거나 특별한 형편에 처한 자는 적군과 싸우는 전쟁을 위해 나아갈 수 없었다. 이는 당시 일반 백성들은 언약의 민족을 위해 적군에 맞서 싸울 수 있었으나 개인적인 정서적 판단에 근거하지 않는다는 사실을 말해주고 있다.

하지만 특별한 일이 있는 사람은 지휘부에 그에 관한 사전 보고를 하는 것이 의무사항이었다. 자기의 새집을 건축한 후 하나님 앞에서 준공식 혹은 낙성식(Dedication)을 행하지 못한 자는 전장으로 가는 대신 자기 집으로 돌아가야만 했다. 만일 전투 중에 죽기라도 하면 자격이 없는 다른 사람이 그 집을 위해 낙성식을 거행하게 될 우려가 있었기 때문이다.

우리는 여기서 매우 중요한 의미를 발견하게 된다. 그것은 이스라엘 자손이 자기 개인의 집을 짓고 그곳에 살아가는 것조차도 하나님의 뜻 가운데 진행되어야 한다는 사실을 말해주고 있다. 즉 그가 짓는 집은 개인의 편의와 안락한 삶을 위해서가 아니라 언약의 자손으로서 하나님을 위한 삶을 살아가는 처소가 되어야 함을 말해주고 있다.

이에 대해서는 오늘날 우리 역시 그 의미를 주의 깊게 이해할 필요가 있다. 하나님의 자녀로서 자기가 살아가는 집을 마련할 때 그것이 단순히 개인적인 편의와 안정된 삶을 살아가는 시설에 머물지 않는다는 사실을 기억해야 한다. 보다 중요한 점은 하나님께 속한 성도의 가정이 그 집에서 살아갈 때 교회의 일원으로서 하나님의 뜻에 순종하는 삶을 누리는 소중한 공간이 되기 때문이다.

이는 우리 시대 성도들이 하나님을 경배하는 장소이자 교제의 공간이 되는 예배당에 대해서도 동일한 이해를 하도록 요구한다. 예배당 건물이 아무런 의미가 없는 단순한 건축물에 지나지 않는 것이 아니라 하나님의 백성들이 온전한 신앙을 유지하고 누리는 소중한 공간이 된다. 예배당 건물이 구속사적 의미를 지닌 하나님의 거룩한 성전은 아니지만 교회공동체를 위한 소중한 곳으로서 역할과 기능이 있는 것이다.

또한 모세는 전쟁 참여 조건을 언급하며 포도원을 개간하여 나무를 심고 그 과실을 먹지 못한 자는 집으로 돌아가게 하라는 명을 내렸다. 만일 그가 전사하게 되면 다른 사람이 그 과실을 먹는 일이 발생할 수 있다는 것이었다. 그렇게 되면 그것을 위한 아무런 노동을 하지 않고도 타인의 노력을 통해 불로소득을 얻는 자가 생길 우려가 따른다. 언약의 자손들 가운데서 그와 같은 일이 발생하는 것은 용납되지 말아야 했던 것이다.

그리고 여성과 약혼한 상태에서 결혼하지 않은 자도 집으로 돌려보내야 함을 언급했다. 그가 만일 전투 중에 죽게 되면 다른 사람이 그 여성을 데리고 갈 우려가 있다. 또한 마음이 허약하거나 전투에 참여하는 것을 두려워하는 자가 있다면 집으로 돌려보내라고 했다. 그런 사람이 전쟁을 위해 군에 입대할 경우 그의 나약한 마음이 주변에 전달되어 다른 형제들까지 낙심하게 될 수 있기 때문이었다.

3. 먼 지역 이방 종족의 성읍을 대항한 전쟁 규칙 (신20:9-15)

전쟁에 참가할 수 없는 자들을 집으로 돌려보낸 후 군을 총지휘하는 사령관은 지휘관들을 세워 각 부대를 통솔하도록 해야 한다. 모든 군인들은 개인적인 판단에 따라 제각각 움직이는 것이 아니라 지휘계통에 순복해야만 한다. 물론 모든 지휘관들은 사령관의 지시를 받아야 하며 사령관은 하나님의 뜻을 기억하는 가운데 율법에 따라야 한다.

모세는 이스라엘 백성이 군대를 조직하여 전투에 임할 때 가져야 할 기본적인 자세에 관한 언급을 했다. 그들이 어떤 성읍으로 나아가 공격하려고 할 때는 갑자기 급습할 것이 아니라 먼저 평화를 선포하라고 요구했다. 즉 전투로 인한 서로간 피 흘림 없이 항복하라는 말을 전하라는 것이었다.

만일 그들이 그 말을 듣고 전쟁을 피하려는 마음을 가지고 화평하기로 회답하여 성문을 열어 이스라엘 군대를 받아들인다면 맞서 싸울 일이 없게 된다. 그렇게 되면 그곳 주민들에게 조공을 바치도록 요구하라고 했다. 그리하여 그들은 이스라엘 민족을 섬기면서 그 지도를 받게 되는 것이다.

하지만 그들이 화평하기를 거부하고 대적하여 싸우려 한다면 그 성읍 전체를 포위하라고 말했다. 그리하여 하나님께서 그 성읍을 저들의 손에 넘겨주시거든 군대가 성 안으로 쳐들어가 싸움을 할 만한 모든 남자들을 칼날로 쳐 죽이라고 했다. 그러나 부녀자들과 어린아이들은 죽이지 말고 포로로 잡아두라는 말을 했다. 또한 그 성에 있는 가축들을 비롯한 모든 것들은 저들을 위한 전리품으로 삼도록 했다.

이는 하나님께서 그 성읍의 모든 것들을 당시의 이스라엘 자손들을 위해 예비해 두셨다는 사실을 말해주고 있다. 즉 적군에게서 빼앗은 곡식과 과일을 먹고 그곳에 있는 모든 것들을 자유롭게 사용하도록 하셨다. 하나님께서는 가나안 땅 영역 바깥에 있는 성읍들에 대하여 그와 같이 행해도 좋다는 말씀을 하셨던 것이다. 이는 이방인들이 소유한 것들 가운데 하나님의 백성들을 위한 것이 존재한다는 의미를 지니고 있다.

우리는 여기서 이에 대한 중요한 교훈을 넓은 관점에서 생각해 볼 수 있다. 이 세상의 정치 경제 사회 과학 기술 문화 등 많은 분야에서 일구어지는 것들은 하나님의 백성들이 주도하여 결실을 맺지 않는다. 그런 것들은 신앙과 상관없이 보통 사람들에 의한 일반은총 가운데서 전개되어 간다. 그것들은 하나님의 자녀들에 의해 실행되지 않을지라도 모두가 함께 혜택을 누릴 수 있게 된다. 이는 우리가 신명기 본문에 나타나는 기록을 기억하며 에둘러 이해할 수 있는 내용이다(신20:14, 참조).

4. 약속의 땅 가나안에서의 전쟁 규칙 (신20:16-18)

모세는 앞에서 이스라엘 자손이 이방 지역의 성읍을 공격하여 싸울 경우가 생긴다면 가급적 피를 흘리지 않도록 먼저 평화를 선언하라고 요구했다. 사람을 죽이지 않고 상황을 마무리하는 것이 최상이라는 것이다. 그리고 적군이 그것을 받아들이지 않을 경우라 할지라도 전쟁에 나설 만한 남자들은 죽이되 그렇지 않은 부녀자들이나 어린아이들은 살려두라고 했었다.

그런데 뒤이어 나오는 본문 말씀 가운데는 훨씬 강력한 요구가 나타나고 있다. 하나님께서 이스라엘 백성에게 상속으로 주시는 가나안 땅 내부의 성읍들에 대해서는 절대로 긍휼을 베풀지 말아야 한다고 했기 때문이다. 그들과 싸울 때는 숨을 쉬고 있는 자라면 하나도 살려두지 말라는 것이었다. 싸움을 할 수 있는 남자든 그렇지 못한 부녀자나 어린아이든 모든 사람을 반드시 죽여야만 했던 것이다.

그러므로 하나님께서는 헷 족속, 아모리 족속, 가나안 족속, 브리스 족속, 히위 족속, 여부스 족속 등 이방 종족들을 완전히 진멸하라고 명령했다. 거기에는 다른 이유가 존재할 수 없었으며 오직 하나님의 명령에 따를 수밖에 없는 문제였다. 즉 인간들의 사사로운 판단이나 인정을 기초로 한 행동이 아니라 하나님의 크고 원대한 뜻이 소중했을 따름이다.

그런데 우리가 여기서 반드시 기억해야 할 바는 하나님께서 왜 그렇게 요구했을까 하는 점이다. 인간들의 일반적인 시각으로 볼 때는 힘이 없는 연약한 자들까지 모두 살해한다는 것은 너무 잔인하다고 느낄 만한 내용이다. 하지만 반드시 그렇게 해야만 하는 중요한 이유는 가나안 땅에서 살아갈 언약의 자손들이 순결을 유지하도록 하기 위해서였다.

약속의 땅 가나안 지역의 내부에 이방인들을 살려두게 되면 그들이 이방신들에게 행하는 모든 가증한 일을 신앙이 어린 이스라엘 자손들에게 전할 우려가 있다. 어리석은 백성들은 이방인들의 가증스러운 종교행위를 매력적으로 받아들일 수 있는 것이다. 겉보기에 아무리 그럴듯할지라도 그것을 본받는 것은 여호와 하나님에 대한 직접적인 범죄 행위가 된다.

또한 그와 같은 배도 행위가 발생하게 되면 이스라엘 민족의 정체성이 크게 훼손될 수밖에 없다. 그것은 결국 하나님으로 말미암아 허락된 참된 가치관을 무너뜨리는 역할을 하게 된다. 언약의 자손은 오직 하나님께서 허락하신 진리를 보유한 채 민족의 정체성을 유지함으로써 메시아를 소망하는 자리에 나아가야 할 따름이다.

5. 전쟁과 정복지 인근의 수목(樹木)에 관한 권고 (신20:19,20)

모세는 이스라엘 자손을 향해 어떤 성읍을 오랜 시간 동안 포위하고 있다가 그 성읍을 쳐서 점령하려 할 때도 그 주변에 있는 나무를 찍어내어 훼손하지 말라고 했다. 들판에 자란 수목은 사람이 아니기 때문에 저들에게 직접적인 해를 끼치지 않는다는 것이었다. 이는 특히 여러 종류의 나무들 가운데 과일나무를 보호하라는 의미를 지니고 있다.

과일을 맺는 수목은 사람들에게 먹거리를 제공하는 중요한 역할을 한다. 산과 들에 자란 과일나무에 열리는 실과들을 사람들이 따먹으면서 그 생명을 유지할 수 있기 때문이다. 따라서 그 나무들을 보존해야 하며 그것을 훼손하는 것은 사람들의 삶에 직접적인 해악을 끼치게 되는 것이다.

그렇지만 과일나무가 아닌 일반 수목은 찍어내 잘라도 괜찮다는 언급을 했다. 그 나무들을 잘라 전쟁에 사용하는 각양 병기를 만들어 사용해도 된다는 것이다. 즉 일반 나무를 잘라 무기로 만들어 적군의 성읍을 함락시킬 때까지 써도 좋다는 것이었다.

모세가 여기서 사람들의 먹거리가 되는 과일나무를 훼손하지 말라고 한 중요한 이유는 그것이 인간의 생명과 직접 연관되어 있는 까닭이다. 만일 그 과실수들을 모두 잘라버리게 되면 그 성읍에 살아갈 사람들이 먹어야 할 과실 생산이 중단될 수밖에 없다. 따라서 그 나무들을 보존함으로써 생명 연장에 지장이 없도록 해야만 했던 것이다.

그와 달리 일반 나무는 베어서 전쟁에 필요한 다른 도구나 생활 도구를 만들어 사용하도록 허용했던 것은 최종 승리를 위한 목적에 연관되어 있다. 즉 전투를 위해 나무를 병기로 만들어 사용하는 것을 허용함으로써 적진을 함락하도록 했던 것이다. 하나님께서는 그렇게 함으로써 이스라엘 민족으로 하여금 적군을 무찌르고 적의 성읍을 함락하도록 하셨다.

신명기 본문 말씀에서 모세가 전한 전쟁에 관한 규칙 가운데는 오늘날 교회에 속한 성도들에게 적용되어야 할 중요한 규칙이 존재한다. 이는 일반 전쟁에 연관된 것이 아니라 성도들이 세상에 살아가면서 적용해야 할 영적 전투에 관한 내용이다. 우리는 신약시대를 살아가는 하나님의 백성들이 항상 참 진리를 거부하는 세상의 적군들을 마주 대하고 있다는 사실을 잘 알고 있다.

그러므로 교회에 속한 성도들은 적군의 공격을 철저히 방어할 수 있어야 하며, 하나님의 복음으로 적극적인 공격 자세를 취하고 있어야 한다. 세상의 모든 영역에서 엄청난 능력을 지닌 상대를 보면 결코 만만찮은 세력이지만 오직 하나님을 의지함으로써 영적인 전투에 임해야 하는 것이다. 따라서 하나님의 백성들이 피 흘리는 전투 현장에 있지만 실제로 싸우시는 분은 하나님의 아들 예수 그리스도라는 사실을 기억해야만 한다.

또한 우리 시대에도 전투에 임하기에 적절하지 않은 자들이 존재한다. 아직 준비가 덜 된 교인들은 잠시 쉬면서 영적인 단련을 하는 가운데 때를 기다려야 한다. 이는 각 성도들에게 발생하는 각양 사정이 있을 경우 무리하지 말고 잠잠할 필요가 있음을 말해준다. 자칫 잘못하면 왜곡된 열성이 본인을 비롯한 아군에 속한 다른 사람들에게 도리어 엉뚱한 피해를 줄 수 있기 때문이다.

또한 하나님을 모르는 자들에게 처음부터 맞서 싸우자는 식으로 덤벼들지 말아야 한다. 오히려 저들에게 평화를 선언하며 항복하고 하나님께 돌아오도록 권면해야 한다. 이는 하나님의 복음을 선포하는 일과 밀접하게 연관되어 있다. 하나님의 자녀들이 복음을 선포할 때 상대가 다치도록 해서는 안 된다. 물론 하나님께 강력하게 저항하는 이단 사상을 가진 자들에 대하여는 단호한 자세를 취해야 한다. 그들을 아무렇지 않은 듯이 그냥 좌시해서는 안 된다. 하지만 그렇지 않은 일반인들에 대해서는 여유를 가지고 대해야 할 필요가 있다.

하지만 교회 혹은 기독교 내부에서 발생하는 불신앙적인 문제에 대해서는 엄격하게 대처해야 한다. 내부에서 배도자들의 사악한 언행과 그들로 말미암아 생겨난 뿌리가 남아 있다면 그것을 뿌리째 잘라내지 않으면 안 된다. 그냥 놔두게 되면 그것이 쓴 뿌리가 되어 교회 전체를 오염시킬 우려가 있다. 따라서 그들에게 인간적인 정에 근거한 긍휼을 베풀려는 태도는 지양되어야만 한다.

그리고 하나님을 알지 못하는 자들의 삶의 터전을 공격하거나 훼손하려 해서는 안 된다. 그들이 살아가는 삶의 방편을 차단하는 것은 결코 바람직한 일이 아니다. 이는 기독교 세력이 무력을 동원하거나 일반적인 군사력을 가지지 말아야 한다는 사실과 연관되어 있다. 우리가 원하는 것은 하나님의 복음이 궁극적인 승리를 쟁취하는 것일 뿐 기독교의 이름으로 세상적인 세력을 확장하는 것이 아니기 때문이다.

제24장

생명과 이방 혼인에 연관된 규례

(신21:1-23)

1. 살인과 '공동책임' 문제 (신21:1-9)

모세는 이스라엘 자손이 가나안 땅에 들어가 사는 동안 피살된 변사체가 발견될 경우 취해야 할 방법에 대하여 언급했다. 어느 곳에서 사람의 시체가 내버려진 것을 발견했으나 그 살인자를 알지 못한다면 규례에 따라 행동하도록 요구했다. 그에 대한 신고를 받게 되면 근처의 성읍들에 속한 백성의 장로들과 재판장들은 현장으로 나가 피살된 곳에서부터 사방에 있는 각 성읍들의 거리를 재어야 했다.

그리하여 주변의 성읍들 가운데 가장 가까운 성읍의 장로들이 그에 관한 문제해결을 해야만 했다. 그 과정은 자발적이거나 자원에 의한 것이 아니라 모세의 규례에 따른 것이었다. 모세는 그 성읍의 장로들로 하여금 성읍 가운데서 아직 부린 적이 없고 멍에를 메지 않은 암송아지를 취하도록 했다. 그리고 장로들은 항상 물이 흘러내리며 밭을 일구어 곡물의 씨를 뿌린 적이 없는 버려진 골짜기로 그 송아지를 끌고 가야 한다고 했다.

그곳에서 암송아지의 목을 꺾어 죽이라고 하면서 레위 지파 제사장들도 그리로 가라고 명령했다. 제사장들은 여호와 하나님께서 특별히 선택하여 자기를 섬기는 직분을 감당하도록 한 자들이었다. 또한 그들은 이스라엘 백성에게 여호와의 이름으로 축복할 수 있는 중요한 권한을 부여받았다. 백성들이 제기하는 소송과 백성들 사이에 발생하는 모든 갈등과 분쟁이 그들의 판결에 따라 해결을 보게 된다.

피살자의 시신이 유기된 곳과 가장 가까운 성읍에 있는 장로들은 규례에 따른 적절한 골짜기에서 아무런 경험이 없는 어린 암송아지의 목을 꺾어 죽여야 한다. 이는 그 암송아지가 무고한 자의 죄를 대신하는 의미를 지니고 있다. 그리고 암송아지를 죽인 자들은 그곳의 상부에서 흐르는 물에 손을 씻어야 한다.

그때 그들은 '우리의 손이 그 죽은 자의 피를 흘리지 아니하였고 우리의 눈이 그것을 보지도 못하였나이다' (신21:7)고 말해야 한다. 그렇게 함으로써 하나님 앞에서 결백을 고백하라는 것이었다. 그리고 하나님께서 속량하여 회복해 주신 이스라엘 백성을 용서해 주시도록 간구하고 저들 가운데 무죄한 피를 머물러 두지 말라는 기도를 하라고 요구했다.

하나님께서 제시하신 규례에 따라 모든 것을 지켜 행하면 백성들 가운데서 피 흘린 죄를 용서받게 된다고 했다. 장차 이스라엘 자손들 가운데서 그런 끔찍한 일이 발생하게 된다면 하나님의 규례를 성실하게 지켜 행함으로써 무죄한 자의 피 흘린 죄를 언약의 백성 가운데서 제거해야만 했다. 이는 하나님의 거룩한 뜻을 이루기 위해 세워진 언약의 백성이 순결해야 한다는 사실을 말해주고 있다.

우리는 여기서 매우 중요한 의미를 알게 된다. 이스라엘 백성 가운데 무죄한 자의 피살체가 발견될 경우 결코 그냥 넘어가서는 안 된다. 이는 그 사건에 직접 가담하지 않았다고 할지라도 모든 백성이 그에 대하여 공동으로 책임져야 한다는 사실을 말해주고 있기 때문이다. 즉 직접 그 살해에 가담하지 않았으나 온 백성이 공동책임을 져야 한다는 것은 언약의 백성이 하나의 공동체를 이루고 있음을 말해주고 있다.

이에 대해서는 신약시대 교회공동체 가운데서도 그 교훈이 적용되어야 한다. 교회 가운데 누군가 하나님의 뜻에 반하는 어떤 악을 행한다면 온 교회가 공동책임을 져야 한다. 나아가 어떤 사람이 아무도 모르게 비밀리에 사악한 행위를 한 후 발각이 되었다면 교회 전체가 그에 대하여 책임의식을 가지고 뉘우치며 회개해야만 하는 것이다. 이는 가족 가운데 자기 자식이 타인에 대하여 해악을 끼쳤을 경우 그 부모가 피해를 입은 당사자에게 미안해하며 책임의식을 가지고 처신해야 하는 것과 같다.

2. 여자 포로를 아내로 삼는 규정 (신21:10-14)

모세는 본문 가운데 전쟁에서 승리한 경우에 발생할 수 있는 다양한 문제들 가운데 중요한 사실 하나를 언급했다. 이스라엘 자손이 적군과 맞서 싸울 때 하나님께서 그들을 저들의 손에 넘기시게 되면 승리를 얻게 된다. 그렇게 되면 많은 전리품을 얻게 되는 동시에 부녀자들을 포로로 잡아 올 수 있다.

본문이 말하고 있는 전쟁은 가나안 땅 내부에서 발생하는 것이 아니라 그 바깥 지역에서 벌어지는 전쟁에 연관된 내용이다. 모세는 어떤 병사가 포로로 잡은 이방 여인들 가운데 한 여성에게 사랑하는 감정을 가져 아내로 삼고자 하는 마음이 생길 경우에 취해야 할 규례를 언급했다.

우리가 여기서 눈여겨보아야 할 대목은 모세 율법이 유대인 남성으로서 이방 여인을 아내로 데려오는 것 자체를 불법으로 규정하지 않고 있다는 사실이다. 이는 물론 그 이방 여인이 유대인 남성에게 시집을 온다는 것은 남편이 될 사람의 모든 것들을 전적으로 수용한다는 의미와 연관되어 있다. 즉 그 여인은 일반적인 것뿐 아니라 남편의 신앙까지도 받아들인다는 사실을 전제하는 것으로 이해해야 한다.

그러므로 그 모든 과정에는 반드시 실행해야 할 매우 복잡하고 철저한 내용들이 존재하게 된다. 유대인 남성이 그와 같은 마음을 먹게 되면 우선 포로가 된 그 여인을 자기 집으로 데려가야 한다. 물론 아직 부부가 아니기 때문에 동침하는 것은 금지되었으며, 이방 여성의 모든 사고와 행위들을 내밀히 살펴보며 검증하는 과정이 그 가운데 포함되어 있다.

포로의 신분을 지닌 그 이방 여성은 유대인 남성의 집으로 들어가서 먼저 해야 할 일들이 있다. 그것은 우선 그녀의 머리털을 밀고 손톱을 깎는 일이었다. 그리고 남성은 포로가 된 이방 여인이 입고 있던 원래 복장을 벗기고 유대인의 일반 의상으로 갈아입힌 채 자기 집에 살도록 해야 한다. 그와 동시에 여인은 자기를 낳은 이방인인 원래 부모를 생각하며 그들을 위해 한 달 동안 애곡해야 한다.

친정 부모를 위해 애곡하는 한 달은 그 이방 여인에게 총체적인 변화를 가져오는 매우 중요한 시기가 된다. 유대인의 집안에 들어온 여인으로서 자기의 머리털을 밀고 이방인의 고유한 모양으로 다듬은 손톱을 깎은 채 유대인의 의상으로 갈아입는다는 것은 그 전의 자기의 모든 삶을 완전히 포기한다는 의미를 지니고 있다. 특히 여성이 긴 머리카락을 빡빡 밀어버린다는 것은 과거와의 완전한 단절을 시도하는 것과 같으며, 자기의 고유한 의상을 포기하고 다른 민족의 의상으로 갈아입는다는 것은 새로운 민족으로 태어나는 것과 마찬가지다.38)

그런 상태에서 자기를 낳은 부모를 위하여 애곡한다는 것은 매우 중요한 의미를 지니고 있다. 그것은 유대인 남성과 혼인을 하게 되면 친정과

---

38) 이방 여인이 자신의 고유한 의상을 벗어버리고 다른 민족의 의상으로 갈아입는다는 것은 매우 중요한 의미를 지니고 있다. 예를 들어 한국 여인이 자기가 입고 있던 한복을 완전히 버리고 일본의 기모노(kimono)로 갈아입는다든지, 일본 여인이 자기의 기모노를 버리고 한복으로 갈아입는다는 것은 근본적인 민족 정체성의 변화를 말해주기 때문이다.

고향과 자기가 속해 있던 국가와 사회 및 모든 것과 완전히 단절하게 되는데 그에 대한 확증적 의미를 지니게 되기 때문이다. 한 달 동안의 그 모든 과정을 거치게 되면 남성과 함께 새로운 언약의 민족에 속한 구성원으로 인정받을 수 있었다.

그러므로 그 남성은 남편이 되어 전쟁에서 포로로 잡은 이방 여성을 자기 아내로 받아들일 수 있게 된다. 그렇게 되면 율법적인 관점에서 아무런 문제가 없는 부부가 되어 살아가게 된다. 남편이 된 당사자뿐 아니라 주변의 사람들도 과거에 이방인이었다는 이유로 그 여성을 차별하여 대할 수 없다.

그런데 성경 본문에는 만일 남편이 그 아내를 기뻐하지 않거든 저로 하여금 집에서 떠나보내라는 언급을 하고 있다. 여기서 남편이 자기 아내를 기뻐하지 않는다는 것은 단순한 감정적인 문제 때문인 것 같지는 않다. 즉 애정이 식었으니 집으로부터 나가게 하라는 요구가 아닌 것으로 이해해야 한다.

그 여인으로 하여금 떠나가게 하는 중요한 이유는 이스라엘 민족의 언약 신앙을 멀리하거나 가볍게 여기는 태도에 연관된 것으로 보인다. 이방 여인으로서 전쟁 포로가 되어 이스라엘 백성에 속하기는 했으되 개인적인 형편상 솔직한 고백이 아니었을 수 있으며 설령 주관적으로 솔직했다고 할지라도 옛날 이방인의 습성을 버리지 못하고 그 일부를 고수했을 가능성도 없지 않다.

성경은 그와 연관하여 만일 남편이 아내를 기뻐하지 않으면 부부관계를 청산하라는 요구를 했다. 하지만 돈을 받고 그 여인을 다른 사람에게 팔아서는 안 된다고 했다. 그 여인이 마치 노예나 하인처럼 그와 한집에서 살았던 것은 아니었기 때문이다. 이방 여인을 아내로 데려와 부부가 되어 함께 살았으니 저를 종으로 여기지 말라고 했던 것이다.

우리는 여기서 유대인 남성이 이방 여인을 아내로 삼는 문제를 보며, 그것이 오늘날 우리가 생각하는 불신자와 결혼하는 소위 '이방 결혼'과는 다르다는 점을 이해해야 한다. 현대 교회에 속한 성도들 역시 기본적으로 정상적인 신앙의 확인과정을 거쳐 언약 속으로 들어온 사람을 아내로 받아들이게 된다. 하나님의 자녀들에게 그와 같은 일이 생길 경우 교회의 질서에 따라 정당한 검증 과정을 거쳐야만 하며 개인 당사자들은 그에 온전히 순종해야 한다.

그리고 유대인 남성이 형식상 적법하게 아내가 된 그 이방 여성을 자기 집으로부터 내보내는 것은 혼인 관계 청산을 의미한다. 그것은 오늘날 이혼과 어느 정도 연관되는 개념으로 이해할 수도 있다. 하지만 구약성경에서 이와 같은 규례가 주어진 것은 가정의 신앙 순결을 통해 이스라엘 민족 공동체의 거룩한 속성을 보존하기 위해서였다.

물론 우리 시대에는 교회 가운데 이혼이 허락되지 않는다. 신앙을 소유한 교회에 속한 많은 성도들이 증인이 되어 지켜보는 가운데 하나님 앞에서 서약한 것을 인간의 감정이나 이기적인 판단으로 인해 부부관계를 파괴할 수 없다. 우리는 구약성경에서 언약의 백성들에게 주어진 이 메시지의 중심에는 하나님 앞에서 순결을 유지하는 것이란 사실과 그 정신이 오늘날 우리에게도 여전히 소중한 교훈이 되고 있다는 점을 기억해야만 한다.

3. 장자권의 효력 (신21:15-17)

모세는 한 사람에게 여러 명의 아들이 있을 경우 허락되는 장자의 특별한 권한에 대한 언급을 하고 있다. 어떤 사람이 두 명의 아내를 두었는데 하나는 사랑을 받고 다른 하나는 미움을 받는다고 가정할 때 발생하게 될지 모르는 상황을 들어 설명했다. 남편은 두 여성을 동일한 감정으로 대할 수 없었던 형편을 전제하고 있다.

그런 중 두 여인이 각기 아들을 낳았을 경우 먼저 태어난 아기가 장자가 된다. 만일 미움을 받는 여인의 아들이 먼저 태어나더라도 장자가 되면 그에게 장자권이 주어지는 것이다. 따라서 자기의 소유를 자식들에게 상속해 주게 될 때 임의로 판단해서 상속할 수 없으며 장자권의 규례에 근거해야 한다.

남편이자 아버지가 되는 그는 미움받는 여인의 아들보다 사랑받는 자의 아들에 대한 감정으로 인해 그에게 더 나은 대우를 하지 말아야 한다. 그는 개인의 감정에 따라 임의로 재산 상속에 연관된 판단을 해서는 안 되는 것이다. 모든 것은 하나님께서 제시하신 율법의 규례에 따라 행해야 한다.

그러므로 아버지는 그 미움을 받는 여인의 아들을 장자로 인정하여 자기 소유에서 그에게 두 배의 몫을 주어야 한다. 이는 그가 낳은 첫 번째 아들이므로 상속의 주류를 이어가야 한다는 의미를 지니고 있다. 하나님의 섭리 가운데 그가 먼저 태어났으므로 그에게 장자권이 주어졌기 때문이다.

우리는 여기서 매우 중요한 사실을 기억해야만 한다. 그것은 남편은 자기가 소유한 모든 재산이 형식상 자기 개인의 것이라 할 수 있지만 개인의 판단에 따라 마음대로 처분하지 못한다는 점이다. 이는 그 재산이 근본적으로 하나님의 소유라는 의미를 내포하고 있다. 따라서 자기가 소유한 그 재산을 자식들에게 상속할 때는 율법의 규례를 따라야 했던 것이다.

이에 대해서는 오늘날 우리 시대에도 그 정신적 의미가 소중한 교훈으로 남아 있어야 한다. 우리 각자가 소유한 재산은 하나님께서 맡기신 것으로서 그에 대한 선한 관리자로서 주어진 직무를 잘 감당하는 것이 중요하다. 따라서 각 개인이 소유하고 있는 유무형의 모든 재산이 근원적으로는 하나님의 것이란 점을 기억하는 것은 매우 중요하다. 모든 인간은 이 세상에 영원토록 살지 못하고 때가 되면 죽을 수밖에 없으므로 그의 모든 것은 다음 세대에 상속되어야 한다. 하지만 그것이 개인의 감정이나 판단이 아니라 하나님의 뜻 가운데서 실행되어야 할 일이다.

4. 패역한 아들에 대한 심판 (신21:18-21)

모세는 또한 완악하고 패역한 아들에 연관된 규례를 언급하고 있다. 어떤 사람에게 부모의 말을 거역하여 불순종하는 아들이 있을 경우 부모는 당연히 저를 엄히 징계해야 한다. 자식이 부모의 징계를 겸허히 받아들인다면 모든 것은 순조롭게 된다.

하지만 자식이 부모의 징계를 무시하고 거부하면서 지속적으로 불순종할 경우에는 특단의 조치를 취해야만 한다. 그것은 공적으로 행해져야 하며 선택적인 사항이 아니라 반드시 그렇게 해야만 하는 성질을 지니고 있다. 즉 개인적인 판단이나 인정과 감정에 따라 판단해서는 안 된다.

그러므로 그 부모는 자기 자식을 끌고 성문 앞으로 나아가 공개적인 자리에서 그 패역한 행동에 대하여 장로들에게 고해야 한다. 예를 들어 자기 자식이 완악하고 패역하여 부모의 말을 듣지 않고 방탕하며 술에 잠겨 살아간다면 그에 대하여 사실을 말하라는 것이었다. 여기서 술에 빠진 것이란 정상적인 생각과 판단에 따라 살지 않고 그 정신줄을 포기하고 사악한 삶을 살아가는 자들의 생태를 말해주고 있다.

장로들이 그 부모의 말을 듣고 확증하게 되면 그 성읍의 모든 사람들이 그를 돌로 쳐 죽이라고 했다. 그렇게 함으로써 이스라엘 백성 가운데서 악을 제거하도록 했다. 그것을 통해 현장을 목격하거나 이야기를 전해 듣게 되는 모든 이스라엘 백성으로 하여금 두려워하도록 하라는 것이었다. 장차 하나님께서 허락하시는 가나안 땅 전역에서 그렇게 해야 하는 것이다.

우리는 여기서 부모가 패역한 자식을 성문으로 끌고 간다는 것은 그를 죽음에 내어주어 처형하기 위한 목적을 가지고 있다는 사실을 보게 된다. 자기 아들을 죽음에 내어주는 것은 율법에 근거한 부모의 신앙 정신이 철저하지 않고는 불가능한 일이다. 이 말은 또한 이스라엘 민족공동체의 순결을 위해 자기 자식을 죽음에 내어주는 것이 지극히 당연하다는 의미를 지니고 있다. 가슴 아픈 일이지만 그것이 언약공동체를 위해서 하나님의 말씀에 순종하는 것이 되기 때문이다.

오늘날 우리도 그에 관한 소중한 정신을 소유해야만 한다. 패역한 상태에 빠진 우리 자식을 죽이자는 것이 아니라 그에 연관된 의미의 소중함을 배워야 한다는 것이다. 하나님 앞에서 그런 엄정한 신앙 정신을 가지고 지상의 교회공동체와 성도들이 타락한 이 세상을 헤쳐나갈 때 그것이 곧 자기 자식을 위한 것이란 사실을 잊어서는 안 된다.

5. 공개처형에 대한 규정 (신21:22-23)

언약의 백성들 가운데 사람이 죽게 될 경우 땅에 매장하는 것이 원칙이었다. 물론 바위굴 같은 곳에 시신을 처리하기도 하고 무덤을 위해 적절한 장소를 준비하기도 했다. 신앙을 가진 자들의 일반적인 장례 방식은 매장이었으며 시체를 불에 태우지 않았다.[39] 심각한 범죄로 인해 저주를 받은 자라 할지라도 특별한 경우에만 화장에 처해졌다.

그런데 이스라엘 민족 가운데는 나무에 달아 죽이는 형벌이 있었다. 하나님 앞에서 죽을 죄를 범하여 공적으로 사형에 처해질 경우에는 그를 죽여 나무 위에 매달았다. 이는 그렇게 함으로써 이스라엘 자손이 경각심을 가지게 되어 그런 사악한 범죄를 행하지 않도록 하기 위해서였다. 즉 이스라엘 백성들의 순결을 위해 그와 같이 행하도록 요구했던 것이다.

---

39) 아브라함과 이삭과 야곱을 비롯한 믿음의 조상들은 죽은 후 무덤에 묻혔다. 그에 반해 사울과 그의 아들들의 시체는 불살라졌으며(삼상31:12), 여호수아는 하나님 앞에서 중대한 범죄를 저지른 아간과 그의 가족을 불태워 죽였다(수7:25, 참조).

사형에 처해진 자를 나무 위에 달게 될 경우에는 하나님으로부터 저주 받은 자의 시체를 그 상태로 밤새도록 두어서는 안 된다. 그 시체를 낮에 달아두었다가 밤새도록 나무 위에 두지 말아야 했던 것이다. 즉 나무에 달린 시체를 당일 내려 장사지내야 했는데 그로써 여호와 하나님께서 언약의 자손들에게 허락하신 땅이 그로 인해 더럽혀지는 것을 금지했다.

우리는 여기서 나중 메시아가 이땅에 오셔서 이룩하신 십자가 사역에 연관된 의미를 엿볼 수 있다. 로마인들이 유대인들로부터 죄인으로 넘겨받은 예수님을 십자가에 못 박아 죽여 공개처형을 했다. 유대인들은 그에 적극적으로 참여했으며 그들에게는 예수님이 달린 그 십자가가 '저주의 상징' 이 되었다.

사도 바울은 신약성경에서 그에 관한 언급을 하고 있다: "그리스도께서 우리를 위하여 저주를 받은 바 되사 율법의 저주에서 우리를 속량하셨으니 기록된 바 나무에 달린 자마다 저주 아래 있는 자라 하였음이라"(갈 3:13). 당시 예수님을 죽이는 형장(刑場)에 있던 유대인들은 그의 시체를 밤새도록 나무 위에 두지 않고 당일날 무덤에 장사지내도록 했다. 죄 없는 하나님의 아들이신 그는 부활하시기까지 사흘 동안 무덤에 묻혀 있으면서 죄에 빠진 인간들의 죽음의 상태를 체휼하셨던 것이다.

제25장

언약의 백성들이 취해야 할 삶의 근본적인 자세

(신22:1-30)

1. 어려움에 빠진 언약의 형제들을 도와야 할 의무 (신22:1-4)

언약의 백성은 하나님을 경외하는 마음과 더불어 이웃에 대하여는 항상 정직한 자세를 유지해야 한다. 자기의 소유가 아닌 이웃의 것을 탐하거나 그로 인해 질투심을 가져서는 안 된다. 또한 다른 사람의 것을 자기의 소유로 만들려는 태도를 버려야만 한다.

만일 언약 가운데 맺어진 동족인 형제의 소나 양이 길을 잃은 것을 본다면 못 본 체하지 말아야 한다. 즉 그 동물을 붙들어 반드시 형제의 손에 돌려주어야 한다. 길을 잃고 헤매는 소나 양이 누구의 것이란 사실을 알면서도 못 본 척하는 것은 악한 행동이 될 수밖에 없다.

이는 이웃을 위한 적극적인 선행을 하라는 의미와 밀접하게 연관되어 있다. 그냥 못 본 척한다고 해서 그것이 도둑질이 되는 것이 아니며 그렇게 한다고 해서 자기가 실제적인 범죄를 저지르는 것이 아니라고 생각하기 쉽다. 하지만 모세의 율법은 그와 같은 소극적인 행동이 악행이 된다는 사실을 말해주고 있다.

그러므로 그 길잃은 짐승의 주인이 누구인지 알고 있다면 모르는 척하지 말라고 했다. 만일 그 형제가 멀리 떨어져 살고 있거나, 혹은 그 짐승을 잃고 찾아다니는 사람이 어디에 살고 있는지 모른다고 할지라도 그 짐승을 자기 집으로 끌고 와서 그 주인을 찾을 때까지 맡아두고 있어야 한다. 그러다가 나중 그 주인에게 돌려주라고 했다.

이는 사실 매우 귀찮고 불편한 일일 수 있다. 남의 짐승을 자기가 맡아 보호하고 있어야 한다는 것은 그리 간단한 일이 아니다. 여물이나 먹을 것을 주며 마실 물을 공급하는 것은 쉽지 않은 일이다. 하물며 그렇게 한다고 해서 특별히 보상을 받거나 칭찬을 받는 것도 아니다. 그것은 오히려 감당해야 할 의무에 해당하는 것으로서 모세의 율례는 반드시 그렇게 하도록 요구하고 있다.

모세는 또한 소나 양뿐 아니라 나귀나 다른 짐승에 대해서도 마찬가지라는 사실을 언급했다. 어떤 사람이 이리저리 활동하다가 어느 곳에서 겉옷을 벗어놓은 채 잃어버린 경우에도 그것을 발견하는 사람은 잘 보관했다가 주인을 찾아 돌려주어야 한다. 뿐만 아니라 그 외에도 누군가가 잃어버린 다른 어떤 물건을 보게 될 경우 언약의 백성들은 그와 동일한 자세를 취하도록 요구했다.

이는 자기의 소유물을 잃어버린 후 그것을 애타게 찾는 사람의 마음을 외면하지 말아야 한다는 점을 말해주고 있다. 또한 소중한 물건을 분실하여 찾는 경우뿐 아니라 언약의 형제가 된 자의 나귀나 소가 길에서 넘어진 것을 보거든 못 본 체 외면하지 말라고 했다. 반드시 그 짐승의 주인인 형제를 도와 넘어진 상태에서 일으키는 일에 협력하라는 것이었다.

2. '유니섹스'(unisex)[40]의 유행에 대한 경고 (신22:5)

모세의 율법은 언약의 자손들 가운데 남성과 여성의 외적인 구별을 무시하는 '유니섹스화' 되는 것을 엄히 금지하고 있다. 그것은 단순한 권면이 아니라 법적인 명령이었다. 이는 그와 같은 행태가 사회적 혼란을 불러일으키는 윤리적 입장 때문이 아니라 우주 만물과 함께 남자와 여자를 구별되게 창조하신 진리의 하나님께서 원하시는 뜻에 반하는 가증한 일이었기 때문이다.

> "여자는 남자의 의복을 입지 말 것이요 남자는 여자의 의복을 입지 말 것이라 이같이 하는 자는 네 하나님 여호와께 가증한 자이니라" (신22:5)

당시 이방 족속들 가운데는 남성과 여성의 의상이 서로 분명하게 구별되지 않은 경우가 많이 있었다. 이스라엘 자손이 가나안 땅에 들어가면 그와 같은 잘못된 풍조를 학습하게 될 우려가 있었다. 따라서 하나님께서는 백성들을 향해 그렇게 하지 않도록 강하게 당부하셨던 것이다.

우리가 살고 있는 21세기는 모든 것이 뒤엉켜 극도로 혼란스러운 상태가 되어 있다. '유니섹스'란 이름으로 의상과 두발은 점차 남녀의 구별이 사라지기 시작했으며 그 양상이 확대되어 앞으로는 그 선이 더욱 무너져 버릴 것이다. 현대의 그런 상황은 시대에 따른 단순한 유행의 문제가 아니라 하나님의 원래의 사역에 대해서 둔감하게 만들어 가게 된다는 안타까움이 존재한다.

이는 급기야 남성과 여성의 존재 자체에 연관된 구별을 그 전에 비해 훨

---

40) 현대적 개념의 유니섹스(unisex)는 1956년 미국의 소위 성(性) 과학자였던 '솔로킹'이라는 사람이 쓴 '미국의 성 혁명'이라는 책에서 유니섹스라는 용어를 사용했는데 의상, 헤어스타일 등 사회, 문화 전 분야에 큰 영향을 끼치게 되었다.

씬 심각하게 해체하기 시작했다. 동성애와 동성결혼, 성전환 수술은 이미 일반화되어 버렸다고 해도 과언이 아니다. 21세기에 접어들면서 인간들은 그와 같은 것을 더 이상 죄악으로 보지 않고 인간 문화에 집어넣어 죄와 상관이 없는 것으로 만들어 버렸던 것이다. 그로 말미암아 과거 어느 누구도 상상치 못했던 남성도 여성도 아닌 '제3의 성' 이라는 말까지 등장하게 되었다.

인간들의 죄성 가운데 하나는 동일한 환경과 경험을 되풀이하는 가운데 자신의 사고가 점차 둔감하게 되어 가는 것이다. 자기가 살아가는 주변 환경이 지속적으로 악한 것을 제공하여 관습화되면 그것을 비판 없이 자연스럽게 받아들이게 된다. 우리 시대에 범람하는 남녀의 구별을 근본적으로 없애고자 하는 극단적 퇴폐풍조 역시 그와 마찬가지다.

우리는 21세기를 살아가는 인간들로서 이미 현실적 경험에 익숙하여 소중한 많은 것을 내어주고 있는 상황에 처하게 되었다. 하지만 하나님을 진정으로 경외하는 성도들은 성경의 교훈을 명확하게 보는 안목을 가져야 한다. 즉 21세기의 모든 문명과 문화는 그 안에 살아가는 우리가 시대적 풍조에 따라 형성된 이성과 경험에 따라 해석하고 평가를 내릴 것이 아니라 성경에 나타나는 이사야, 예레미야, 베드로, 바울 등 믿음의 선배들에게 객관성 있는 해석과 평가를 맡겨야 한다. 즉 우리의 현실에 대한 그들의 해석과 평가는 성경의 교훈을 통해 찾아내야만 하는 것이다.

우리는 자신이 살아가는 세상에 그다지 심각한 문제가 없다는 식으로 수용할 것이 아니라 성경의 교훈을 배우며 철저한 반성적 자세로 살아가야 한다. 즉 하나님으로부터 계시된 진리인 성경이 옳으며 그 말씀을 주신 하나님이 절대적일 뿐 타락한 세상에 살아가면서 그에 익숙해져 살아가는 인간들에게 상당한 문제가 존재하기 때문이다. 성숙한 성도들은 이에 대한 분명한 이해를 하지 않으면 안 된다.

현대에 살아가는 성숙한 성도들인 어른들이 각별히 주의를 기울여야 할 부분이 있다. 그것은 이와 연관된 다음 세대에 대한 현실적 교육이다. 특히 어린아기를 키우는 부모들을 비롯한 모든 어른들은 유니섹스에 대한 폐해를 분명히 알고 경계해야 한다.

부모들은 태어난 자녀들이 어릴 때부터 그들에게 '유니섹스화' 하는 실수를 범치 말아야 한다. 의상이나 두발뿐 아니라 놀이를 위한 장난감에 대해서도 그렇다. 남자 아기에게는 남자 의상을 입히고 남자 아이의 이발을 시켜야 한다. 여자 아기에게는 여자 의상을 입히고 여자 아이의 머리 단장을 해야 한다. 남자 아기에게는 남자 아기가 가지고 노는 놀이감을 찾아 놀게 해야 하며 여자 아기에게는 여자 아기가 가지고 놀 장난감을 마련해 주어야 한다. 이는 물론 칼로 자르듯이 엄격히 선을 그어야 한다는 말과는 다소 다를 수 있으나 여간 깊은 주의를 기울이지 않으면 안 된다.

우리 시대에 성 정체성 상실이나 그에 연관된 혼란이 생겨나게 된 배경에는 앞선 세대의 그에 대한 무지로 인해 발생한 문제라 할 수 있다. 아무것도 모르는 순진한 어린아기 때부터 의상과 두발 스타일을 어른들의 기분에 따라 별 생각 없이 '유니섹스' 에 맞추고 남녀 구별 없는 장난감을 주어 놀게 하는 것이 오랜 성장 과정에서 성 정체성을 무너뜨리게 된다. 이것이 결국 성 정체성과 동성애 성향이라는 위태로운 분위기를 몰고 오게 되었다. 결국 아무런 분별력 없이 위태로운 시대에 편승한 어른들이 다음 세대에 걷잡을 수 없는 큰 혼란을 부추기게 된 것이다.

3. '구별' 과 '분별력' 을 요구하는 규례 (신22:6-12)

인간들에게 사물과 사안에 대한 분별력을 가지는 것은 매우 중요하다. 그것은 전체적으로 균형잡힌 질서를 요구하는 것이며 혼선의 형성을 방지하는 의미를 지니고 있다. 나아가 그 분별력을 상실하게 되면 고유한 가치가 해체되는 위태로운 지경에 이르게 된다. 즉 그에 편승한 자들은 무엇이 옳은지 그른지 판단을 내리기 어려워지는 것이다.

우리시대는 '분별'이 크게 무너진 시대라 해도 과언이 아니다. 이는 객관적인 해석과 판단보다 주관적인 개인의 주장이 중요한 위치를 차지하게 된다는 사실을 말해주고 있다. 그러다 보면 보편성 있는 진리의 기준이 사라지게 되고 모든 것이 상대화되는 위기에 처하게 될 수밖에 없다.

모세는 본문 가운데서 길을 걸어가다가 나무 위나 땅에 있는 새의 보금자리를 보게 될 경우에 취할 태도에 대한 언급을 하고 있다. 새의 보금자리에 새끼나 알이 있고 어미 새가 새끼나 알을 품은 것을 보거든 그 어미 새와 새끼를 동시에 취하지 말라고 했다. 그때는 새끼나 알은 취하더라도 그 어미 새는 반드시 놓아주어야 한다고 했다. 그러면 복을 누리고 장수할 것이라고 했다.

모세는 왜 그런 율례를 주었을까? 이는 이해하기 쉽지 않은 것이 틀림없다. 하지만 그것은 아마도 어미를 살려 주어야 또 알을 낳고 새끼를 얻어 키울 수 있을 것이기 때문으로 보인다. 이는 그 근원이 되는 존재를 살려줌으로써 생명의 맥을 지속적으로 유지해야 한다는 말과 통하는 개념으로 이해할 수 있는 것이다.

또한 누군가 자기의 새로운 집을 지을 경우에는 지붕가에 난간을 만들어 사람이 떨어지지 않게 하라는 말을 했다. 만일 그렇게 하지 않아 사람이 지붕에서 떨어져 죽게 되면 그 피가 그의 집에 돌아갈 것이기 때문이라는 것이었다. 이는 생명을 중요하게 여겨 그런 불행한 일이 발생하기 전에 그에 관한 대비를 충분히 하라는 의미를 지니고 있다.

그리고 포도원에 두 종류의 씨앗을 뒤섞어 뿌리지 말라고 했다. 그렇게 하면 그곳에 섞어 뿌린 씨의 열매와 포도원의 소산을 다 빼앗기게 된다는 것이었다. 나아가 밭을 갈면서 짐승으로 쟁기를 끌게 할 때 소와 나귀를 함께 겨리를 지우지 말도록 했다. 서로 어울리지 않는 다른 종류의 두 짐승으로 하여금 한 겨리를 지우는 것은 옳지 않다는 것이었다.

또한 양털과 베실을 섞어 천을 짜서 옷을 만들어 입지 말라고 했다. 그 대신 그들이 입는 겉옷 자락의 네 귀퉁이에는 술(tassels)을 만들어 달아야 한다는 말을 했다. 이 말 가운데는 모든 것에는 질서와 법도가 있으므로 전체적인 상황으로부터 벗어나지 말라는 의미를 지니고 있다. 모세는 여기서 하나님 앞에서는 결코 무질서와 혼선이 용납되지 않는다는 사실을 말해주고 있다.

4. '혼전 순결' 에 관한 법 (신22:13-21)

남편과 아내는 혼인하여 부부가 된 후에는 기본적인 신뢰 관계를 유지해야 한다. 이기적인 태도로 서로간 약점을 잡으려 하거나 헐뜯는 행위는 절대로 있어서는 안 된다. 그럼에도 불구하고 사악한 자들 가운데는 그렇게 하는 자들이 생겨나기 마련이다. 하지만 언약의 백성들 가운데는 아내를 미워하여 아무런 근거 없이 비방거리를 만들어 모함해서는 안 된다.

언약의 백성들에게 혼인하기 전의 순결은 매우 중요한 덕목이 된다. 만일 어느 남성이 그점을 부당하게 악용하여 아내와 동침한 후 누명을 씌워 그와 동침할 때 처녀라는 증거를 보지 못했다고 근거 없는 주장을 한다면 그것은 율법을 멸시하는 악한 행위가 된다. 하지만 그와 같은 어처구니없는 일이 발생하면 그 문제를 공적으로 해결해야만 한다.

딸의 남편 곧 사위가 자기 딸의 순결을 의심할 뿐 아니라 단정적으로 문제를 제기할 경우 신부의 부모는 자기 딸의 순결을 증거해야만 했다. 그 여인의 부모는 딸의 처녀성의 표를 준비하여 성문 앞에 있는 장로들에게로 가야 한다. 이는 그 문제에 대한 판결이 공개적으로 이루어져야 함을 말해주고 있다. 여인의 부모는 원고가 되어 자기 딸을 아내로 데려간 사위가 그를 미워하여 비방거리를 만들어 순결한 처녀가 아니었음을 주장하고 있음을 장로들에게 고해야 한다.

그리고 부모는 자기 딸이 순결한 처녀였음에 대한 증거물인 피 묻은 자리옷을 장로들 앞에 제시하고 펼쳐 보여야 한다. 당시 여성이 혼인을 하면 '첫날밤' 을 지냈던 피 묻은 자리옷을 처녀성의 증거물로 보관하는 것이 일반적이었다. 그것은 자기가 가지고 있는 대신 친정으로 보내 친정 부모들이 보관했던 것으로 보인다. 그리하여 딸의 처녀성에 대한 문제가 생기면 친정 부모가 그것을 증거로 제시할 수 있게 된다. 즉 자기 딸의 처녀성에 연관된 문제가 제기될 경우 그 모든 과정은 성문 앞에서 장로들과 모든 사람들이 보는 가운데 공개적으로 확인되어야 했다.

장로들이 그 여인의 친정 부모가 제시하는 증거물을 구체적으로 확인하게 되면 그 성읍의 장로들은 부당한 주장을 한 그 남편을 잡아 체벌해야 한다. 그리고 장로들은 죄없는 이스라엘 자손의 여인에게 처녀성을 의심하여 누명을 씌운 그 남성으로부터 '은 일백 세겔' 41)을 벌금으로 받아 여인의 아버지 곧 장인에게 주어야 했다. 또한 그 남성은 아내로 맞은 그 여자를 평생 동안 버리지 못한다.

하지만 그 여인의 처녀성을 입증하지 못하면 그녀를 그의 아버지의 집에서 끌어내야 하며 그 성읍 사람들이 그를 돌로 쳐 죽여야 한다. 이는 그 여인이 혼인하기 전에 자기 아버지 집에 살면서 마치 창기처럼 행동을 한 것으로 판결받았기 때문이다. 그것은 단순한 개인의 문제가 아니라 이스라엘 민족 가운데 공적으로 악을 행한 것과 마찬가지였다. 따라서 그런 여

41) 본문에서 '은 100세겔' 을 현대적 값어치로 정확하게 환산하기는 어렵다. 신명기 22:29의 '은 50세겔' 역시 마찬가지다. 학자들 가운데는 현대의 시세로 보아 은 100세겔을 미화 150달러 정도로 환산하기도 한다(원용국, 신명기 주석, 서울:호석출판사, 1993). 또한 1세겔을 약 3돈 정도 되는 것으로 보고 은 100세겔은 300돈 정도 되는 것으로 보는 자들도 있다. 한 돈이 3.75g 정도이니 300돈이면 1,125g 정도 된다. 하지만 그것은 정확한 것으로 보기 어려우며 당시의 경제적 상황이나 물가 등을 염두에 둔다면 훨씬 크게 달라질 수 있다. 우리가 알 수 있는 점은 그 정도 액수의 돈이 당시에는 상당히 큰 금액이었을 것이란 사실 정도이다.

자를 공개적으로 처형함으로써 언약의 자손들 가운데 악을 제거해야만 했던 것이다.

5. 간음과 강간죄에 관한 엄격한 규례 (신22:22-30)

성경은 간음을 용납되어서는 안 되는 죄라고 가르친다. 그것은 인간 사이에 발생하는 죄이기도 하거니와 하나님 앞에 저지르는 무서운 죄가 된다. 즉 인간의 더러운 성적 욕망으로 인해 거룩한 하나님을 욕되게 하는 사악한 행위인 것이다. 따라서 모세는 어떤 남자가 유부녀와 동침한 것이 드러나거든 그 남자와 여자 둘 다 쳐 죽이라고 했다.

또한 약혼한 처녀가 성 안에서 다른 남성에 의해 강간을 당하든지 그와 동침하게 되면 그들 둘 다 성읍 문 앞으로 끌어내 돌로 쳐 죽이라는 명령을 내렸다. 남자는 남의 처녀를 욕보였기 때문이며 그 여성은 성 안에 있으면서도 소리지르지 않았기 때문이라는 것이었다(신22:24). 위기에 봉착한 처녀가 큰 소리를 지르면 그 상황을 모면할 수 있었을 것임에도 불구하고 그렇게 하지 않았다는 것이다.

그 처녀의 태도는 간음을 주도한 적극적인 행위라기보다 여성의 수치를 피하기 위한 어느 정도 소극적 성격을 지니고 있다고 할 수도 있지만 모세 율법은 그것조차도 허락지 않았다. 이처럼 간음한 자들에 대해서는 엄격한 처벌이 이루어져야 했다. 따라서 많은 사람들이 모이는 성문 앞에서 공개 처형을 행하도록 요구하고 있다. 그것을 목격하는 자들이나 그에 대한 소문을 듣는 자들은 간음죄의 무서운 성격을 확인하며 긴장하게 된다. 그렇게 함으로써 언약의 백성 가운데서 더러운 악을 제거하라는 것이었다.

모세는 또 다른 경우에 대한 언급을 하고 있다. 그것은 만일 어떤 남자가 다른 사람과 약혼한 처녀를 인적이 없는 들에서 만나 강간했다면 그 강

간한 남자만 죽이라고 명령했다. 하지만 그 처녀는 주변에 사람이 없어 소리지를 수 있는 처지가 아니었으므로 무죄하다고 했다. 이는 들에서 갑작스럽게 강도가 나타나 사람을 쳐죽인 것과 마찬가지라는 것이었다.

또한 어떤 남자가 약혼하지 않은 어떤 처녀를 만나 그를 붙들고 강간하여 동침하는 중에 그 두 사람이 발견되면 그 남자에게 모든 책임을 지게 하라고 했다. 그는 처녀의 아버지에게 '은 오십 세겔'을 주고 그 여성을 아내로 맞아들여야 했다. 그가 처녀를 억울하게 욕보였으므로 평생 아내로 삼고 버리지 말아야 했던 것이다.

그리고 어느 누구도 자기 아버지의 첩을 취하여 성적으로 범해서는 안된다는 엄한 명령을 내렸다. 당시 나이 많은 남성이 젊고 어린 여성을 첩으로 두게 될 경우 발생할 우려가 생기는 일이기도 했다. 젊은 아들이 아버지의 첩을 욕보이는 행동은 결코 있을 수 없는 일이라는 것이었다.[42]

우리가 이즈음에서 생각해 보아야 할 바는, 간음행위가 옛날이나 지금이나 동일한 데 과연 그에 대한 평가척도가 달라졌는가 하는 점이다. 분명한 사실은 간음이 사악한 죄라는 점은 언제든지 동일하다는 것이다. 모든 참된 교회들은 구약의 '십계명'을 지금도 공적으로 받아들이고 있다. 따라서 언약의 백성들에게 있어서 간음죄는 신구약 시대를 막론하고 사악하기는 마찬가지다. 이는 물론 간음뿐 아니라 모든 죄에 대하여 동일하게 적용되어야 한다.

그러므로 우리는 간음에 연관된 모세의 엄한 규례를 보면서 우리 시대의 사악한 현실을 되돌아보지 않을 수 없다. 현대는 간음이 일반화되었다고 해도 과언이 아닐 만큼 되어버렸다. 청소년들 사이에 난무한 간음행위

---

42) 우리는 아브라함의 아들 르우벤이 자기 아버지의 첩인 빌하(Bilhah)를 성적으로 범한 사악한 행위를 기억하고 있다. 그것은 결코 있을 수 없는 일이었지만 성경은 인간의 사악함을 고발하듯이 언급하고 있다. 그리고 신약성경에서도 사도 바울은 고린도교회에 편지하면서 그와 연관된 퇴폐한 경우를 언급하며 그와 같은 범죄를 행하지 말라는 명령을 하고 있다(고전5:1).

는 이미 세속국가의 법으로는 죄가 아닌 상태가 되었다. 또한 영화나 TV, 소설 같은 데서 간음에 연관된 내용이 미화되어 나오는 경우가 넘쳐난다. 우리는 그 더러운 것들을 보며 역겨워해야 하는데 오히려 아무런 생각 없이 남의 더러운 쾌락에 빠져들지는 않는지 심각하게 반성해야 할 지경에 놓여 있다.

우리가 여기서 기억해야 할 바는 간음이 살인보다 더 악하고 무서운 죄가 될 수 있다는 사실이다. 살인은 한 사람을 죽이는 악행이지만 간음은 한 가정을 파괴하는 무서운 위력을 가지고 있기 때문이다. 한 가정에서 가족 중 하나가 불행하게 살해를 당했다면 나머지 가족들은 비록 안타까운 마음이라 하더라도 정상적인 삶을 회복할 수 있다. 하지만 가족 중에 간음이 발생하게 되면 그 가정은 파괴되어 해체될 우려가 따른다. 그것은 회복하기 어려운 심각한 지경에 처해질 수 있는 것이다.

또한 우리는 간음행위가 하나님을 멸시하는 죄악이라는 사실을 기억해야 한다. 만일 어떤 사람이 간음행위를 하려는데 바로 옆에 한 살짜리 아기가 쳐다보고 있다면 그 악한 행위를 지속할 수 없다. 그런데 우리는 살아계신 여호와 하나님이 그 자리에서 지켜보고 계신다는 사실을 알고 있지 않은가?

하나님을 진정으로 경외하는 성도들이라면 위계에 의한 약물복용이나 독주에 의하여 술에 취하지 않은 상태에서는 간음행위를 하는 것이 불가능하다는 사실을 깨달아야 한다. 그렇지 않으면 하나님을 멸시하며 모욕하는 행위에 적극적으로 가담하는 것에 지나지 않는다. 우리는 지금 성(性) 문제에 관련하여 험난하기 그지없는 더러운 시대에 살아가고 있다는 사실을 잠시도 잊어서는 안 된다.

제26장

'여호와의 총회'에 속한 백성에게 주어진 다양한 규례들

(신23:1-25)

1. '여호와의 총회' 가입이 허용되지 않는 자들과 허용되는 자들 (신23:1-8)

아브라함과 이삭과 야곱의 혈통에 속한 이스라엘 자손뿐 아니라 이방인의 배경을 가진 자라 할지라도 언약의 백성이 되는 조건을 갖춘 자들은 '여호와의 총회'에 가입할 수 있다. 그러나 누구나 개인적인 의사에 따라 그 총회에 가입하게 되는 것은 아니다. 그것을 위해서는 반드시 하나님께서 허락하신 기본적인 조건이 충족되어야만 한다.

모세는 먼저 '여호와의 총회'에 들어오는 것이 허용되지 않는 자들에 관한 언급을 했다. 우선 고환이 상한 자나 음경이 잘린 자는 '여호와의 총회'에 들어오지 못한다는 것이었다. 또한 일반적인 혼인 관계가 아니라 비정상적인 남녀 관계로 인해 출생한 사생자는 '여호와의 총회'에 들어오는 것이 금지된다고 했다. 그와 같은 사람과 그 자손들은 당대뿐 아니라 무려

십 대까지 이르는 오랜 세월 동안 총회에 가입할 수 없다.

이 내용이 주는 중요한 교훈은 언약의 백성 가운데 존재해야 할 상속과 순결에 연관되어 있다. 훼손되지 않은 남자의 성기가 여호와의 총회에 가입하는 조건이 되는 것은 그와 밀접한 관계가 있음을 말해준다. 사생자에 관한 규례 역시 마찬가지다. 정상적인 혼인 관계를 통하지 않은 채 출생한 사생자의 민족공동체 가입을 불허하는 것은 '여호와의 총회' 가 가지는 거룩성을 말해주고 있다.

그리고 암몬과 모압 자손은 '여호와의 총회' 에 들어오지 못한다. 그들은 십 대뿐 아니라 영원히 가입이 금지된다고 했다. 그들은 이스라엘 자손이 애굽에서 탈출해 나올 때 아무런 혜택을 베풀어주지 않았다. 그 사람들이 길가에 서서 힘들어하는 언약의 백성들에게 떡과 마실 물을 제공하기는커녕 도리어 모압의 폭군(暴君) 발락은 메소포타미아 출신 주술사였던 브올의 아들 발람에게 뇌물을 주어 그 백성을 저주하도록 하고자 했다(민 22-24장, 참조).

하지만 이스라엘 백성을 사랑하시는 여호와 하나님께서 발람의 저주를 막아주셨다. 그리하여 그 저주가 변하여 복이 되도록 해 주셨다. 즉 암몬과 모압 족속들이 발람을 이용해 이스라엘 자손에게 저주를 선포하고자 했으나 하나님은 도리어 저들에게 진정한 복을 허락하셨던 것이다. 따라서 이스라엘 자손으로 하여금 저들에게 저주를 빌던 암몬과 모압 족속을 위한 평안과 형통을 영원히 구하지 말라고 요구했다.

그와 달리 에돔 족속에 대해서는 상종하지 말아야 할 자들로 여기지 말라는 당부를 했다. 모세는 그들이 이스라엘 민족의 형제라고 언급했다. 그와 더불어 놀랍게도 애굽 사람들조차 상종하지 못할 자들로 판단하지 말라고 했다. 이스라엘 자손이 그들의 땅에서 오랜 세월 동안 나그네 생활을 했기 때문이라는 것이었다.

물론 사람으로 일컬어지는 자들은 당시 애굽 땅에 살아가던 사람들이라기보다 이스라엘 백성과 함께 홍해를 건너 광야로 나왔던 애굽인들의 자손을 가리키고 있는 것으로 보아야 한다. 따라서 애굽에서 언약의 자손들과 함께 탈출한 애굽인들의 삼 대 후 자손들은 '여호와의 총회' 에 들어올 수 있다고 말했다.

우리는 여기서 모세 율법이 처음부터 아브라함에게 속한 민족적 혈통주의를 중심에 두고 있지 않았다는 사실을 알게 된다. 이는 하나님에 연관된 언약적 고백이 공동체의 중심에 놓여 있음을 말해주고 있다. 따라서 혈통적 이스라엘 자손이라 할지라도 언약에 신실하지 않으면 언약공동체에서 배척되는가 하면 이방인 출신이라 할지라도 언약의 총회에 가입할 수 있었던 것이다.

2. 거룩해야 할 병사와 전투 진영 (신23:9-14)

모세는 이스라엘 자손이 적군을 치러 가기 위해 출전할 때는 모든 악한 일을 스스로 삼가라고 했다. 이는 개인에게 발생한 일이라고 할지라도 공동체에 영향을 끼치게 된다는 사실을 말해주고 있다. 만일 병사들 가운데 밤에 몽설(夢泄)함으로써 부정하게 되는 경우가 생긴다면 진영 밖으로 나가고 진영 안으로 들어오지 말아야 한다고 했다. 그 대신 해가 질 무렵 목욕하고 해가 진 후에야 진 안으로 들어올 수 있다고 말했다.

만일 실제로 어떤 병사가 밤에 몽설했다면 그것은 전적으로 개인의 비밀영역에 속한다. 본인이 외부에 발설하지 않는 한 아무도 그 사실을 알지 못한다. 따라서 몽설한 병사가 자발적으로 상관에게 그에 관한 보고를 한다는 것은 그의 신앙 정신이 살아있음을 말해준다. 이는 또한 몽설한 자가 진영 밖으로 나갔다가 규례에 따라 돌아오는 것은 개인이 아니라 전체 군대를 위한 것이란 점을 보여주고 있다.

그리고 병사들은 진 바깥에 용변을 볼 수 있는 장소를 따로 마련해 두어야 한다고 했다. 대변을 보고자 할 때는 삽을 가지고 가서 땅을 파고 그곳에서 볼일을 보아야 한다. 또한 용변을 마친 후에는 반드시 흙으로 그 배설물을 덮어야 한다고 말했다.

병사들이 그렇게 해야 하는 것은 이스라엘 백성을 구원하시고자 하는 여호와 하나님과 밀접하게 연관되어 있다. 하나님께서 이방인들인 적군을 언약의 자손들에게 넘기시기 위해 저들의 진영 중에 행하고 계시기 때문이었다. 즉 그 가운데 계시는 하나님이 거룩하시기 때문에 전쟁을 수행하는 병사들이 있는 그 진영도 거룩해야만 했던 것이다.

모세는 주님께서 진영 가운데 두루 행하시다가 더러운 것을 보시게 되면 그곳에서 떠나시고 말 것이라고 했다. 그렇게 되면 이스라엘 자손은 적군을 물리치지 못할 것이며 승리를 거두지 못하게 된다. 따라서 그런 일이 발생하지 않도록 저들의 진영을 정결케 해야만 했다. 그렇게 하면 하나님께서 저들을 떠나지 않고 함께 계신다는 것이었다.

우리는 여기서 하나님께서 왜 이와 같은 사소해 보이는 모든 일까지 구체적으로 명령하셨는가 하는 점을 생각해 보아야 한다. 만일 이와 같은 엄격한 규례가 없다면 진영 전체가 불결하게 된다. 또한 그로 말미암아 무서운 질병이 생겨날 수 있으며 더럽고 추한 환경이 될 수밖에 없게 된다.

이는 적군을 눈앞에 둔 상태에서 진영 내에 근본적인 질서가 파괴된다는 사실을 말해주고 있다. 물론 그 진영에는 이스라엘 병사들이 주둔하고 있지만 거룩하신 하나님이 그 실제적인 주인이 되신다. 따라서 하나님께 속한 진영은 거룩한 하나님의 속성과 조화되는 환경을 만들어야 했던 것이다.

우리는 또한 이를 통해 신약시대 교회 역시 소중한 교훈을 얻어야 한다는 사실을 기억해야 할 필요가 있다. 타락한 세상의 악한 세력과 맞서 싸우는 전투하는 교회는 교회의 주인이신 하나님의 속성과 조화롭게 항상 정결을 유지할 수 있어야 한다. 이는 물론 영적인 면에 주로 연관되어 있으나 지적이며 정신적인 분야 역시 그에 포함된다.

나아가 하나님의 자녀들은 자신의 몸가짐을 비롯한 가시적인 환경 역시 무시해서는 안 된다. 사람들의 단정한 외모와 정숙한 몸가짐은 그 내면을 드러내 보여주는 역할을 하기 때문이다. 따라서 신명기 본문에 기록된 그에 연관된 모든 규례는 오늘날 우리에게도 매우 소중한 교훈을 주고 있다.

3. 일상생활에 연관된 다양한 규례

(1) '노예'(Slave)43)에 관한 규례(신23:15,16)

모세 율법은 넓은 관점에서 볼 때 노예제도를 인정하고 있다. 하지만 노예들에 대하여 관용을 베풀어야 하는 특별한 규례가 존재했다. 신약성경에도 노예제도를 어느 정도 인정하는 내용들이 나타난다. 하지만 그것은 노예를 단순히 특정 개인에게 속한 움직이는 도구로만 여기지는 않았다.

현대적 관점에서 본다면, 과거 다양한 시대 여러 지역에 존재했던 비인격적 노예제도는 절대로 인정할 수 없는 나쁜 제도였던 것이 틀림없다. 하지만 노예제도가 나쁜 것이라 할지라도 시대와 장소에 따라 그 성격이 다소간 차이가 났다. 단순히 노예의 노동력을 착취하여 주인이 마음대로 부리는 그런 대상이 아니라 특별한 지위에서 함께 먹고 살아가는 삶의 방편이 될 수 있기 때문이다.

모세는 어떤 노예가 그의 주인을 피하여 자기에게 도망하거든 그를 보호해 주라는 언급을 했다. 그를 주인에게 되돌려 보내지 말라는 것이었다.

---

43) 대다수 한글 성경은 본문에서 '종'으로 번역하고 있다. 하지만 그것은 '노예'(slave)로 번역하는 것이 옳다. 우리가 생각하는 '종'과 '노예'는 상당한 차이가 나기 때문이다. 일반적인 관점에서 볼 때 종은 하인(servant)으로서 매매의 대상이 될 수 없었지만 노예는 마치 움직이는 도구처럼 인식되어 매매가 가능했다.

이는 바로 앞 장에서 어떤 사람이 잃어버린 소나 양, 의복, 물건 등 소유물을 발견하면 반드시 주인을 찾아 돌려주라는 명령과 크게 대비된다. 이는 이스라엘 민족 가운데 존재한 노예는 어떤 개인의 소유물처럼 될 수 없다는 사실을 말해주고 있다.

그 노예가 자기 주인을 피하여 도망쳐 나온 것은 그가 주인으로부터 부당한 대우를 받았기 때문인 것이 분명하다. 즉 노예의 신분을 가졌을지라도 주인을 비롯한 다른 사람들로부터 인격적인 대우를 받아야 했지만 그렇지 않았다는 것이다. 그 노예는 주인으로부터 구타를 당하든지 심한 구박을 받았을 수도 있다. 즉 정당한 대우를 받지 못하고 고통에 빠진 그가 그 집으로부터 탈출했으니 다시금 되돌려보내지 말아야 했던 것이다.

그 노예에게는 인간으로서 상당한 권리가 주어져 있었다. 그것은 그가 도망쳐 나와 도착하게 된 성읍 가운데서 자기가 살고자 원하는 곳을 선택할 수 있었기 때문이다. 그가 특별한 곳에 거주하기를 원한다면 그 성읍 가운데 살아가면서 다른 주민들과 함께 생활할 수 있었다. 그때 기존의 주민들은 그를 압제하지 말고 이웃으로 함께 살아가야 했던 것이다. 이는 그가 노예 신분으로부터 해방되었다는 사실을 시사해주고 있다.

그런데 만일 그 주인이 나타나 도망간 자기의 노예를 되돌려 보내 달라고 요구한다면 어떤 문제가 발생할까? 본문의 문맥을 볼 때 당연히 그를 돌려보내지 말아야 한다. 도망친 그 노예를 한 성읍에 거하는 전체 주민들이 안전하게 보호하고 지켜주어야 했던 것이다. 우리는 성경에 나타나는 노예제도를 현대인들이 생각하는 것과 동일한 관점이 아니라 당시의 상황을 올바르게 이해하는 것이 매우 중요하다.

(2) 창기와 불의한 소득에 관한 규례(신23:17,18)

인간은 자기 몸을 상품화하는 것을 여간 조심하지 않으면 안 된다. 일상

생활 가운데 자신의 외모를 돋보이게 하여 상품화하는 것도 문제이거니와 다른 사람의 외모를 상품화하여 바라보는 것도 문제이다. 인간은 겉으로 드러나는 외모가 아니라 자신과 타인의 삶과 내면적 인격을 존중해야 하며 상식적인 예의를 갖추어 살아가는 것이 도리이다.

자기의 몸을 상품화하는 가장 사악한 경우가 성적인 매춘행위이다. 이는 돈을 받고 자신의 성을 타인에게 파는 행위를 말한다. 모세 율법에는 이스라엘 여성 가운데 창기가 있어서는 절대로 안 되며 남자 중에 남창이 있어서도 안 된다는 사실을 분명히 말하고 있다. 거룩한 하나님의 언약 가운데 존재하는 백성들 가운데 그와 같은 더러운 행위를 용납하지 말아야 한다는 것이다.

성경 본문 가운데 언급된 창기는 나태한 자들의 생계를 위한 경우도 있으며, 이방 종족들 가운데 존재하는 종교적인 신전 창기를 포함하는 것으로 이해할 수도 있다. 성경은 성적인 매춘행위 자체가 사악한 것이란 사실을 언급하고 있다. 모세는 몸을 파는 매춘행위를 통하여 번 돈이나, 부정한 행위를 하는 개 같은 자들이 거두어들인 소득은 하나님을 모독한 것으로 말미암은 결과라고 말했다.

그러므로 그런 돈으로 하나님 앞에서 어떤 서원을 하기 위해 가져오거나 하나님의 거룩한 성전에 들이지 말라고 했다. 그런 것들은 결코 하나님이 기뻐하시는 제물이 아니기 때문이었다. 그와 같이 더러운 방식으로 번 돈이나 거둔 재물은 오히려 하나님께서 가증이 여기는 것에 지나지 않았던 것이다.

그럼에도 불구하고 어리석고 사악한 자들은 부당한 방법으로 번 돈을 하나님 앞에 바침으로써 자기의 잘못에 대하여 어느 정도 상계하려는 의도를 가지게 된다. 자기가 사악한 행동을 했으나 그 결과 벌어들인 돈 얼마를 하나님께 바침으로써 자기의 추한 충성심을 보이고자 하는 것이다. 하지만 그것은 하나님을 기쁘게 하는 것이 아니라 도리어 기만하는 태도에 지나지 않으므로 더욱 가증한 행위가 될 따름이다. 이에 대해서는 오늘날 우리도 주의 깊게 생각해 보아야 한다.

(3) 이자(利子)에 관한 규례(신23:19,20)

누구든지 다른 사람에게 금전을 빌려주고 그 이자를 받는 것은 어느 정도 자연스러운 일이라 할 수 있다. 하지만 구약의 율법은 그에 대한 경우에 따른 분명한 규례를 제시하고 있다. 이자를 받는 것 자체가 잘못은 아니라고 할지라도 그 이자를 받지 말아야 할 대상이 존재한다는 것이다.

성경은 어떤 사람이 언약에 속한 형제에게 돈을 꾸어주거든 그 이자를 받지 말라고 요구했다. 돈을 빌려줄 경우뿐 아니라 양식이나 그밖에 어떤 물건을 빌려주었을 때도 그와 동일하게 적용되어야 한다. 여기서 '형제' 란 혈통을 넘어 언약의 백성을 통칭하는 것으로 이해하는 것이 자연스럽다.

그와 달리 이방인들에게 금전이나 곡식을 빌려 줄 경우에는 그에 따른 이자를 받아도 된다. 하지만 형제들 가운데서는 그러지 말아야 하는데, 그에 순종하면 여호와 하나님께서 저들에게 큰 복을 내려주신다는 것이었다. 즉 그 규례를 지키면 나중 가나안 땅에서 그들이 노력하는 모든 것들에 복을 내려주시리라고 하셨다. 그 말씀 가운데는 자기 백성들에게 금전이나 곡식 등을 빌려주고 이자를 받지 않으면 하나님께서 다른 방법을 동원해 그 이상으로 채워주신다는 의미가 담겨 있다.

이에 대해서는 오늘날 우리 역시 귀담아들어야 한다. 교회 가운데서는 일반적인 관점에서 말하는 금전거래를 해서는 안 된다. 설령 무이자라 할지라도 지극히 조심해야 한다. 그것은 예기치 않은 복잡한 문제를 일으킬 소지가 다분하기 때문이다. 하지만 교인들 가운데 누군가 지나치게 궁핍하여 생존의 위협을 받는 경우가 발생한다면 이자를 받지 않고 빌려줄 뿐 아니라 그냥 나누어 줄 수 있어야 한다.

(4) 서원의 규례(신23:21-23)

하나님의 자녀들은 하나님 앞에서 서원을 할 경우 반드시 그것을 지켜야 한다. 하나님을 알지 못하는 불신자들 가운데는 제각기 자기가 믿는 거짓신 앞에서 헛된 서원을 하기도 한다. 그것은 아무런 의미가 없는 종교행위에 지나지 않는다. 또한 여호와 하나님 앞에서 행하는 서원은 개인 스스로 무언가를 다짐하는 것과는 성격이 근본적으로 다르다. 자기 마음으로 결심했으나 의지가 약해 그것을 어긴다고 할지라도 그것으로 끝이다.

하지만 여호와 하나님 앞에서 서원을 하게 된다면 반드시 그것을 갚아야만 한다. 서원을 한 후 불필요하게 시간을 끌거나 미적대지 말고 속히 그렇게 해야만 하는 것이다. 이는 하나님께서 저로 하여금 반드시 그 서원을 지키도록 요구하고 계시며 그것을 신실하게 지키지 않으면 무서운 범죄 행위가 된다는 것이었다.

하나님 앞에 서원한 것을 갚지 않을 바에는 차라리 그 서원을 하지 않는 것이 훨씬 낫다. 서원하지 않는 것 자체가 죄로 간주될 수 없기 때문이다. 하나님 앞에서 입술로 서원을 하게 되면 많은 사람들이 그 사실을 알고 그의 신앙을 신뢰하게 된다. 그러나 이웃으로 하여금 자기의 서원한 것을 드러내 보인 채 그것을 지키지 않는 것은 하나님 앞에 범죄하는 것이 되며 다른 사람들을 기만하는 악행이 된다.

따라서 하나님 앞에서 입술로 서원하여 말한 것은 그대로 실행하도록 유의해야 한다. 하나님께 자원하여 드리기로 서원한 예물이 있다면 반드시 그대로 행해야 한다. 여호와 하나님께 입술로 서원한 대로 그 언약을 실천해야 하는 것이다. 자기가 한 서원을 어기고 지키지 않는다면 하나님의 무서운 진노를 불러일으킬 것이기 때문이다.

(5) 생존을 위한 기본적인 규례(신23:24,25)

하나님께서는 이스라엘 백성들 가운데 생존을 위한 최소한의 대책을 마련해 두고 계셨다. 물론 그것은 적극적인 대책이라기보다 소극적인 방편이라 할 수 있다. 즉 본문 가운데는 국가 기관이 가난한 자들의 생계를 위해 양식을 공급해 나누어주는 것이 아니라 생존을 위한 그들의 행위를 막는 일을 금지하고 있다.

그러므로 모세 율법은 언약의 자손이 이웃의 열매가 달린 포도원에 들어가 그것을 자유롭게 배불리 따먹어도 된다고 했다. 중요한 점은 그렇게 하는 자가 주인의 허락을 받아 그렇게 해야 하는 것으로 말하지 않는다는 사실이다. 물론 주인이 거기 있을 경우에는 인사를 하고 배고픈 형편을 말한 후에 그렇게 했겠지만 주인이 없다면 그냥 포도원에 들어가서 열매를 배불리 따 먹을 수 있다는 것이었다.

하지만 누구든지 남의 포도원에 들어가 열매를 따서 자기 그릇에 담는 것은 엄히 금지되었다. 즉 포도를 많이 따서 자기 집으로 가져가거나 다른 가족을 위해 그릇에 담아 가서는 안 된다. 사람이 그 자리에서 포도를 먹는 것은 그 양이 제한적이지만, 만일 그 열매를 따서 집으로 가져가는 것이 허용되면 엄청난 혼란이 발생할 것이 틀림없었기 때문이다.

그리고 이웃의 곡식 밭에 들어갈 때도 그와 동일한 규례가 적용되었다. 배고픈 사람이 다른 사람의 밭에 들어가 손으로 이삭을 따 먹을 수 있었다. 하지만 곡식 밭에 낫을 가지고 들어가 베는 행위는 용납되지 않았다. 즉 곡식을 낫으로 베어 집으로 가져가거나 다른 사람들을 위해 곡식을 베어 갈 수 없었던 것이다.

이와 같은 특별한 율법은 가난한 자들을 위한 특별한 규례였다. 궁핍한 사람들이 굶주리지 않도록 허락된 그 제도를 통해 생존에 지장 받는 사람들이 없도록 했던 것이다. 이런 제도가 있음으로 인해 생존에 연관된 범죄가 줄어들고 전체 백성들이 안전한 사회 환경 가운데 살아갈 수 있게 되었다.

우리가 여기서 신중하게 생각해 보아야 할 점은 생존을 위한 이런 제도가 원리상 가난한 자들에게 허락된 일종의 권리였다는 사실이다. 즉 먹고 살아가기 어려운 자들이 위축되거나 저자세로 남의 포도원이나 곡식 밭의 주인에게 구걸한 것이 아니라 규례에 따라 자연스럽게 포도와 곡식의 이삭을 따 먹을 수 있었다.

그것은 포도와 곡식을 비롯한 식물들이 근본적으로 하나님으로부터 공급된 것이란 사실을 말해주고 있다. 하나님께서는 부유한 사람들이 관리하며 경작하는 포도와 곡식들이 저들만을 위한 것이 아니라, 그 가운데는 가난한 백성들의 것이 섞여 있었던 것이다. 따라서 원리적인 측면에서 볼 때 가난한 자들이 이웃의 밭에 가서 포도와 이삭을 따 먹을지라도 그 생산을 허락하신 하나님께 감사하는 가운데 질서를 지키며 그렇게 했던 것이다.

이에 대해서는 오늘날 우리 역시 잘 생각하여 교훈을 얻어야 한다. 즉 우리 시대에도 경제적 여유가 있는 자들은 자기가 얻은 소유물 가운데 가난한 이웃의 것이 포함되어 있다는 사실을 기억해야 한다. 우리 시대에는 가난한 이웃이나 불우한 이웃을 위해 자기의 것을 내어놓는 지혜를 가져야 하는 것이다. 감사한 것은 우리 성도들 가운데 자신의 소유물로써 남모르게 이웃을 위해 그와 같은 삶을 살고 있는 이들이 많이 있다는 사실이다.

제27장

언약의 백성들이 취해야 할 기본적인 삶의 양식

(신24:1-22)

1. 이혼과 재혼 문제 (신24:1-4)

어떤 남성이 한 여인을 아내로 맞이하여 집으로 데려온 후에 그녀에게 부정한 과거가 있었음이 발견된다면 문제가 발생할 수밖에 없다. 남편이 그 사실에 대한 증거를 가지고 더 이상 그녀를 기뻐하지 않게 되면 정당한 절차에 따라 갈라설 수 있는 권리를 행사할 수 있었다. 그때는 '이혼 증서' 를 써서 그녀의 손에 들려 자기 집에서 내보내야 했다.

그 여자는 원 남편의 집에서 나가 생활하다가 다른 남성을 만나 재혼할 수 있다. 그런데 두 번째 남편도 그 여인을 미워하여 '이혼 증서' 를 써서 그녀의 손에 들려주며 자기 집으로부터 내보내거나 혹은 두 번째 남편이 죽게 될 경우 전 남편이 다시 그녀를 아내로 맞아들여서는 안 된다. 이는 그 여인이 공식적으로 재혼하여 몸이 더럽혀졌으므로 전 남편과 재결합하는 것은 하나님 앞에서 가증한 일이었기 때문이다.

하나님께서는 가나안 땅으로 들어가는 이스라엘 자손을 향해 혼인 관계에서 그런 문제가 발생하게 된다면 규례에 따르라는 명령을 내렸다. 만일 하나님의 그 율례를 어긴다면 하나님께서 저들에게 상속해 주신 그 땅을 더러운 죄로 물들게 하는 행위와 같다는 것이었다. 이처럼 여호와 하나님께서는 이스라엘 자손에게 온전한 가정과 더불어 성적인 순결을 요구하셨으며 그에 관한 규례를 어기지 말라고 명령하셨다.

본문에 언급된 대로 부정한 과거가 드러나 첫 번째 남편으로부터 이혼 증서를 받고 다른 남자와 두 번째 결혼을 한 후 또다시 첫 번째 남편에게 돌아가는 것은 확률상 거의 없는 경우라 해도 과언이 아니다. 그럼에도 불구하고 하나님께서는 그에 관한 명시적 규례를 주셨다. 이는 정결해야 할 약속의 땅이 순수하지 못한 가정과 추한 성적인 문제로 말미암아 더럽혀져서는 안 되었기 때문이다.

그러므로 구약시대에는 인간들에게 발생할 수 있는 모든 경우들을 가정하고 그에 대한 규례가 주어졌다. 특별한 문제로 인한 이혼이 언약의 자손들에게 허용되었던 것은 민족적 순결을 강조하는 의미를 지니고 있다. 이 말은 그것이 단순한 개인의 순결뿐 아니라 민족공동체의 순결에 연관되어 있다는 사실을 말해주는 것과 같다.

우리는 모세의 율법에 기록된 이 문제를 보면서 신약시대의 이혼에 관한 교훈을 생각해 보아야 한다. 어느 날 바리새인들이 예수님을 시험하기 위해 이혼에 관한 질문을 했다. 그들은 이혼을 허용하지 않는 예수님을 궁지로 몰아넣기 위한 목적으로 함정을 파는 것과 같은 태도로 질문에 나서고 있었다.

> "바리새인들이 예수께 나아와 그를 시험하여 이르되 사람이 어떤 이유가 있으면 그 아내를 버리는 것이 옳으니이까 예수께서 대답하여 이르시되 사람을 지으신 이가 '본래' 그들을 남자와 여자로 지으시고 말씀하시기를 그러므로 사람이 그 부모를 떠나서 아내에게 합하여 그 둘이 한 몸이

> 될지니라 하신 것을 읽지 못하였느냐 그런즉 이제 둘이 아니요 한 몸이니 그러므로 하나님이 짝지어 주신 것을 사람이 나누지 못할지니라 하시니 여짜오되 그러면 어찌하여 모세는 이혼 증서를 주어서 버리라 명하였나이까 예수께서 이르시되 모세가 너희 마음의 완악함 때문에 아내 버림을 허락하였거니와 '본래' 는 그렇지 아니하니라" (마19:3-8)

예수님께서는 악의에 가득 찬 바리새인들에 의해 남편이 자기 아내를 버리는 것이 옳은지에 대한 질문을 받으셨다. 그는 곧바로 하나님께서 남자와 여자를 부부로 맺어주실 때 '본래' 이혼이 허락되지 않았음을 말씀하셨다. 그러자 바리새인들은 모세 율법이 부정한 아내에게 '이혼 증서'를 주어 돌려보내라고 하지 않았느냐면서 예수님을 궁지로 몰아넣고자 했다. 그 말을 들은 예수님께서는 모세가 백성들의 완악함으로 인해 그렇게 허락했지만 '본래' 는 그렇지 않다고 하셨다.

신약성경에 기록된 그 말씀 이후에 따라 나오는 내용을 보면 예수님께서 특별한 경우에는 이혼을 허락하시는 것처럼 보이는 말씀을 하고 계신다. 하지만 우리는 위의 본문에서 언급한 '원래' 는 그렇지 않다고 하신 말씀에 관심을 기울일 필요가 있다. 즉 예수님께서는 자기 제자가 된 성도들은 어떤 경우에도 하나님께서 부부로 짝지어 주신 자들이 개인적인 판단에 따라 이혼해서는 안 된다는 사실을 교훈하시고자 했던 것이다.44)

만일 간음을 비롯한 특별한 경우에 이혼을 허용할 수 있다고 한다면 일반적인 관점에서 볼 때 더욱 심각한 문제가 발생한다. 그와 같은 사악한 범죄를 저지른 사람은 가족 중 누구라도 그 가정에서 내보내야 하기 때문이다. 즉 아버지나 어머니 혹은 형제 자매 가운데 누가 더러운 간음을 행

44) 사도 바울은 고린도교회에 편지하면서, "혹 믿지 아니하는 자가 갈리거든 갈리게 하라 형제나 자매나 이런 일에 구속 받을 것이 없느니라"(고전7:15)고 말하고 있다. 이 말씀은 이혼을 허락하는 말이라기보다 별거를 허용하는 것으로 이해하는 것이 자연스럽다.

함으로써 이혼이 허락된다면 가족들은 그 당사자를 밖으로 내보내야 한다. 이는 언약을 통해 새로운 가족공동체에 속하게 되었다면 어떤 경우에도 이혼이 허용되지 않는다는 사실을 말해주고 있다.

또한 교회 가운데는 이혼에 연관된 매우 특별한 공적인 해석을 요구할 경우가 있다. 물론 일반적인 경우에는 결혼한 부부가 이혼을 하는 것이 허락되지 않는다. 그러나 그들의 결혼이 정상적으로 이루진 것이 아니라고 판명될 때 당회는 그 결혼에 대한 무효 선언을 할 수 있다. 그렇게 되면 그 상대를 죽은 자처럼 여기게 되며, 첫 번째 결혼은 무효이므로 다시 결혼을 하는 것이 문제없는 것으로 간주되는 것이다.

2. 일상적인 다양한 규례들 (신24:5-9)

(1) 결혼 후 일 년이 지나지 않은 신랑(신24:5)

이스라엘 자손에게 있어서 남녀가 혼인하면 상호간에 당연한 의무를 가지게 된다. 그리고 국가로부터 그에 연관된 보장을 받을 수 있는 권리가 주어진다. 국가에 의해 허락된 특별한 권리와 개인적인 의무를 통해 굳건한 혼인 관계를 확립하게 되는 것이다.

이스라엘 남성이 가지는 중요한 특권 가운데 하나는 아내를 맞아 결혼하게 되었을 때 일 년 안에는 군대에 가지 않을 수 있는 권리를 가지게 된다. 그것은 물론 권리이기도 하거니와 민족공동체를 위한 의무이기도 하다. 따라서 혼인한 지 일 년이 되지 않았을 경우 군대에 가고자 해도 그렇게 할 수 없다. 그것이 개인에게 허락된 권리와 의무인 동시에 이스라엘 민족공동체를 위한 것이란 사실을 기억하는 것은 매우 중요하다.

따라서 그런 자를 억지로 군대에 보내 전투에 연관된 직무를 맡기는 것은 불법이 되었다. 그 대신 일 년 동안 조용히 집에 있으면서 자기가 맞이한 아내를 즐겁게 해주어야 한다. 그렇게 함으로써 처음부터 건강한 가정을 꾸려나가는 것이 강력한 언약공동체를 구성해가는 기초가 되었다. 그런 중에 하나님께서 저들에게 자녀를 허락하시게 되면 기쁜 마음으로 가정과 민족의 상속을 이어갈 수 있었던 것이다.

(2) 날마다 쓰는 생활 도구(신24:6)

모든 사람들과 마찬가지로 이스라엘 자손에게 있어서 생명은 매우 중요하다. 일반적인 관점에서 볼 때도 인간의 생명은 그 자체로서 존엄성을 지닌다. 따라서 사람을 살해하거나 그 생명을 박탈하는 행위는 무서운 죄악이 된다.

그런데 이스라엘 민족의 생명은 성격상 그보다 근원적인 의미를 지닌다고 할 수 있다. 하나님의 언약에 따라 특별히 세워진 나라와 그에 속한 백성의 생명은 하나님의 구속사를 이루어가는 주체가 되는 생명이기 때문이다. 세상의 모든 인간들과 동일한 생명이지만 그 기능과 역할에는 상당한 차이가 나기 때문에 보다 중요한 의미를 지니고 있는 것이다.

그러므로 직접적인 살인을 행하는 경우뿐 아니라 간접적으로나마 백성들의 생명을 위협하는 행위를 해서는 안 된다. 따라서 어느 누구도 이스라엘 가운데서 가난한 사람의 맷돌을 전당잡는 일은 하지 말아야 한다. 또한 자기는 맷돌을 전당잡지 않는다고 주장하면서 맷돌의 위짝을 전당잡는 것은 맷돌 전체를 전당잡는 것보다 더 악한 행위라 할 수 있다.

모세 율법은 집집마다 곡식을 가는데 필요한 맷돌을 전당잡는 행위는 그 사람의 생명을 전당잡는 것과 마찬가지라고 했다. 따라서 이스라엘 자손은 다른 사람들의 생명을 위협하는 어떤 일도 해서는 안 된다. 그들은 언약의 백성으로서 하나님의 구속 사역을 위해 생명을 보호받아야 할 대상이기 때문이다.

(3) 형제에 대한 도리(신24:7)

언약의 백성은 주변의 형제들에 대한 도리를 다해야 한다. 여기서 말하는 형제란 혈통적인 형제를 의미하는 것이 아니라 아브라함과 이삭과 야곱의 자손인 언약 가운데 맺어진 형제를 의미하고 있다. 하나님께서 택하신 민족 전체가 한 형제가 되어 있는 것이다.

모세 율법은 사람이 자기 형제 곧 이스라엘 자손 가운데 한 사람을 유인하여 자기의 여종으로 삼지 말라고 했다. 간악한 자가 어리석은 사람을 유혹하여 집으로 데리고 와서 자기의 일을 시키는 것은 사악한 행위이다. 나아가 순진한 사람을 다른 사람에게 팔아넘기는 일은 결코 있어서는 안 된다.

율법은 만일 그런 악행을 한 자가 발견된다면 그를 반드시 죽이라는 명령을 내렸다. 그와 같은 사악한 행위를 일삼는 자들은 자기의 욕망을 추구하기 위해 다른 형제를 고통의 자리로 내몰고 있기 때문이다. 나아가 그런 자들은 그 당사자뿐 아니라 그 사람의 모든 가족을 괴롭히는 것과 같았으며 그의 하나님이신 여호와를 욕되게 하는 것과 마찬가지였다.

그런 악행을 저지르는 자들은 정직하지 못한 다양한 핑계거리를 가지고 있을지 모른다. 총명하지 못한 그런 자를 자기 집에서 일을 시키거나 다른 사람의 집에 보내면 약간의 노동을 하는 대가로 굶주리지 않고 살 수 있지 않느냐고 할지 모른다. 하지만 그것은 유치한 변명에 지나지 않으며 자기의 목적을 위해 형제를 유린하는 악한 행위이다.

그러므로 하나님께서는 그런 자를 반드시 죽이라고 명령하셨다. 그래야만 주변의 다른 사람들이 그것을 통해 경각심을 느끼고 그와 같은 악행을 저지르지 않게 되기 때문이었다. 율법은 그런 사악한 자들을 이스라엘 민족 가운데서 완전히 제거함으로써 악을 단절하라는 명령을 내렸던 것이다.

(4) 문둥병에 대한 규례(신24:8,9)

성경은 문둥병을 다른 질병들과 달리 하나님 앞에서 특별히 부정한 질병으로 간주하고 있다(레13:44,45). 이는 우리 시대 문둥병으로 알려진 그 질병과는 현저히 다른 성격을 지니고 있다. 성경에서 말하는 그 질병은 사람들뿐 아니라 집이나 의상, 그리고 다양한 물건에도 전염되는 매우 특이한 질병이었기 때문이다.

그러므로 그 병에 걸린 사람은 자기 마음대로 그 질병을 치유하고자 노력할 것이 아니라 반드시 정해진 규례에 따라야만 했다. 그들은 레위 지파 제사장들이 요구하는 대로 모든 것을 지켜 행하지 않으면 안 되었다. 그렇게 함으로써 하나님의 은혜로 말미암아 치유받을 수 있게 되었던 것이다.

만일 주변에서 누군가 문둥병에 걸렸다는 것은 단순히 개인 당사자에게만 해당되는 일이 아니었다. 그것은 주변 이웃들과 이스라엘 백성 전체에 영향을 끼치게 된다. 전염성이 강한 그 질병을 방치할 경우 민족 전체가 위기에 처하게 될 우려가 따른다. 그렇게 되면 주변에 살아가는 다른 사람들의 건강을 위협하여 큰 위기에 빠뜨릴 수 있다.

그러므로 우리는 문둥병이 개인에게 걸리는 무서운 질병이기도 하지만 주변과 민족 전체를 위협하는 성격을 지니고 있음을 기억해야 한다. 따라서 백성들은 그 문둥병에 걸린 사람을 보며 지나간 민족적 상황과 더불어 중요한 교훈을 되새겨야만 했다. 즉 이스라엘 민족이 애굽으로부터 탈출해 나오던 길에서 모세의 누이 미리암이 문둥병에 걸린 사실을 기억해야 했던 것이다.

성경은 하나님께서 미리암에게 문둥병이 걸리도록 하신 사실을 언급하고 있다(민12:1-16, 참조). 민수기에는 모세가 이방 출신의 구스(에디오피아) 여인을 취한 사실이 기록되어 있다. 그것을 지켜보던 모세의 남매인 아론과 미리암이 그를 강하게 비방했다. 우리의 일반적인 안목으로 보기에는 모세가 책망받을 만한 일을 했던 것이 분명하다. 즉 이스라엘 민족의 영도자인 모세의 행위에 대한 그들의 비방이 적절한 것으로 이해될 수 있다.

그러나 하나님께서는 도리어 모세를 비방하는 아론과 미리암에게 진노하셨다. 그 결과 미리암의 온몸에 문둥병이 걸리도록 하셨다(신24:9; 민12:10). 아론과 미리암이 함께 모세를 향해 비방했지만 미리암만 문둥병에 걸렸다. 즉 잘못은 모세가 저지르고 그에 대한 비방은 아론과 미리암이 같이 짊어졌으며 문둥병은 미리암 혼자만 걸리게 되었다. 그와 같은 모든 상황은 전적으로 하나님의 뜻에 달려 있었을 따름이다. 나중 모세가 하나님께 간구함으로 인해 비로소 그 질병이 치유받게 되었다.

그런데 모세는 신명기에서 문둥병에 관한 언급을 하면서 왜 특별히 자기를 비방하다가 문둥병에 걸린 미리암의 경우를 기억하라고 했을까? 거기에는 하나님의 사람 모세가 비록 잘못했을지라도 하나님께서 직접 그에게 문책하신다는 의미가 담겨 있다. 즉 모세의 잘못에 대하여서는 비록 그의 친남매라 할지라도 그를 함부로 비방하지 못하도록 했던 것이다.

우리는 여기서 매우 중요한 교훈을 얻어야 한다. 모세를 향해 직접 비방하지 말라고 하셨던 하나님의 교훈이 오늘날 우리에게 어떻게 적용되어야 하는지 생각해 보아야 한다. 성경은 모세가 다른 선지자들이 가지는 이상의 특별한 직무를 감당한 인물이라는 사실을 증거하고 있다(민12:6-7).

이 가운데는 오늘날 우리 시대에 목사를 함부로 비방하지 말라는 직접적인 의미가 그 가운데 내포되어 있는가? 물론 우리는 그렇게 말할 수는 없다. 그 말 가운데는 우리 가운데 어느 누구도 모세를 비롯하여 성경에 나타나는 선지자들과 사도들을 함부로 비판해서는 안 된다는 의미가 담겨 있는 것이다.

그러므로 누구든지 그와 같은 행동을 한다면 그런 자는 반드시 미리암이 무서운 문둥병에 걸렸듯이 심각한 영적 질병에 걸리게 된다. 하나님께서 그런 자들에게 무서운 영적인 질병을 내려 엄하게 심판하시는 것이다.

하나님께서 보내신 선지자와 사도들을 비판하는 그런 일을 방치하게 되면 모두가 영적인 문둥병에 걸려 무감각하게 되어 신음할 수밖에 없다.

그렇다면 이 말씀이 우리 시대 교회의 교사인 목사 직분과는 아무런 상관이 없는 것인가? 지상 교회에서 목사 직분자는 매우 중요하다. 교사가 선지자와 사도들의 가르침을 벗어나 잘못된 가르침을 베풀면 전체 교인들이 거짓 교훈을 받아들일 우려가 따르기 때문이다. 그 대신 목사가 성경에 따라 올바르게 가르친다면 성도들은 그로 말미암아 선포되는 모든 말씀을 귀담아 들어 순종해야 한다.

그래서 교회에서 가장 중요한 것들 가운데 하나는 성도들이 목사에 대한 신뢰와 더불어 좋은 관계를 유지하는 것이다. 누구든지 이에 문제가 발생하면 신앙적인 심각한 형편에 봉착하게 된다. 목사를 신뢰하면 그가 선포하는 말씀에 감사함으로 참여할 수 있지만 그렇지 않으면 매주일 공 예배 시간에 선포되는 말씀을 기쁘게 받아들이기가 힘들게 된다. 우리는 이를 여간 주의 깊게 기억하지 않으면 안 된다.

3. 채권 채무 관계와 고용문제 (신24:10-15)

모세 율법은 백성들 사이에 발생하는 채권 채무 관계와 고용문제에 관한 규례를 주고 있다. 우선 이웃에게 무언가를 빌려줄 때 그의 집으로 들어가서 전당물을 취하여 가지고 나오는 행동을 하지 말라고 했다. 즉 밖에서 기다리면 꾸는 자가 자기 집 안에서 전당물을 가지고 나와서 전해 주라는 것이다.

그러나 만일 꾸는 자가 가난한 사람이면 그의 전당물을 취했다고 할지라도 밤을 지새우지 말고 해지기 전에 반드시 그에게 되돌려주라고 했다. 즉 그에게서 다른 물건을 전당잡지 말고 빌려주라는 것이다. 전당물을 취하는 것이 정당한 일이기는 하나 경우에 따라서는 그렇게 하지 말아야 할 경우가 있는 것이다.

만일 가난한 사람의 의복이나 생활필수품을 전당잡게 되면 당장 그에게 엄청난 어려움이 생긴다. 따라서 전당잡은 옷을 곧장 돌려주면 그가 그 겉옷을 덮고 따뜻하게 잠을 잘 수 있게 된다. 그러면 돈을 빌려준 그에게 고마운 마음을 가지고 축복해 주리라고 했다. 여호와 하나님께서도 그와 같은 행위를 선하게 여기신다는 것이었다.

그리고 고용문제를 언급하며 품꾼들을 정당하게 대우하라는 요구를 했다. 가난하고 어려운 형편에 놓인 품꾼을 고용할 경우 그가 이스라엘 백성이든지 혹은 성문 안에 거하는 객이든지 그를 학대하지 말라고 했다. 고용주라고 해서 품꾼들을 멸시하거나 가혹하게 대하는 것은 법적으로 금지되었다.

그리고 하루 동안 일한 품삯을 당일에 지급하라고 요구했다. 당연히 지급해야 할 삯을 이유없이 밤까지 미루지 말라는 것이다. 종일토록 고된 노동을 한 가난한 그 사람은 그 품삯을 받고자 간절히 기다리게 된다. 그는 그 삯을 받아 자기와 가족이 살아가야 했기 때문이다.

그러므로 재정적인 형편이 여유로운 자들이 품꾼을 고용해 일을 시킬 경우 그 삯을 때에 맞추어 지급해야만 한다. 그렇게 하지 않으므로 인해 그가 여호와 하나님께 간구하며 호소하지 않도록 하라고 했다. 만일 그와 같은 일이 발생하게 되면 부당하게 처신한 그에게 죄가 되어 돌아간다는 것이었다.

4. 억울한 자를 만들지 말아야 할 언약의 백성 (신24:16-18)

인간들의 모든 범죄 행위는 각각 자기의 것에 국한된다. 즉 다른 사람의 죄를 대신 지지 않는다. 물론 누구든지 타인을 죄에 물들게 하는 적극적인 행위를 하거나 소극적으로 영향을 끼치는 것은 자기의 죄가 될 수 있다.

또한 다른 사람의 유혹에 넘어가 죄에 빠진다고 할지라도 그것은 자기의 죄가 된다.

그렇지만 아버지는 그 자식의 죄로 말미암아 죽임을 당하지는 않는다. 나아가 자식들은 그 아버지의 죄로 인해 법적인 책임을 지지 않아도 된다. 각 사람은 자기의 죄에 대하여 책임을 져야 하며 그 죄가 중하다면 죽임을 당할 수도 있다.

이는 우리에게 매우 중요한 교훈을 주고 있다. 가장 가까운 부부 사이나 부모 자식 간의 가족 관계라 할지라도 다른 식구의 죄에 대한 직접적인 책임을 질 수 없다. 모든 사람은 자기의 죄에 대한 책임을 지게 되며 그에 따른 적절한 심판을 받고 형벌을 받아야 한다.

여기서 나타나는 중요한 내면적 의미 가운데 하나는 타인의 죄를 대신 질 수 있는 유일한 존재는 하나님 아들이신 예수 그리스도밖에 없다는 사실이다. 인간들 사이에서 책임을 전가하거나 미룰 수 없는 그 놀라운 일을 장차 이땅에 오실 메시아가 담당하시게 된다. 그것이 언약의 백성들에게 진정 소망과 위로가 되는 것이다.

모세는 이스라엘 자손에게 다른 사람을 억울하게 하는 일은 절대로 하지 말라는 강력한 당부를 하고 있다. 특히 가난하고 힘이 없는 이웃을 위해 더욱 신경을 써야 한다고 했다. 따라서 누구든지 나그네나 고아처럼 약자의 송사를 억울하게 해서는 안 된다. 또한 가난한 과부의 옷을 전당잡는 일을 하지 말라는 요구를 했다.

이러한 규례가 주어진 배경에는 모든 인간들이 궁극적으로는 약자에 지나지 않는다는 사실에 연관되어 있었다. 그래서 모든 이스라엘 자손들 역시 과거에는 예외 없이 그와 같은 약자였다는 언급을 하고 있다. 하나님께서 애굽 땅에서 종이 되어 모진 고통을 당하던 그들에게 구원의 손길을 펼쳐 그곳에서 구원해 내셨던 것이다.

그러므로 언약의 백성들은 항상 저들을 애굽 땅에서 속량해 주신 여호와 하나님을 기억해야만 했다. 하나님께서 저들에게 가난하고 힘없는 이웃을 억울하게 하지 말고 적절한 대우를 하라고 요구했던 것은 단순히 약자들을 위한 배려에 그치는 것이 아니었다. 그것은 도리어 그와 연관된 삶을 통해 하나님께서 자기에게 베푸신 은혜를 기억하도록 하기 위해서였다.

이에 대해서는 오늘날 우리도 그와 동일한 관점에서 교훈을 얻을 수 있어야만 한다. 우리가 주변의 가난하고 소외된 이웃을 기억하며 그들에게 사랑을 베푸는 것이 그렇게 함으로써 훌륭한 윤리적 덕목을 갖춘 인물이 되기 위해서가 아니다. 오히려 그것은 하나님의 놀라운 은혜를 입은 자신을 되돌아보게 하는 소중한 방편이 된다는 사실을 기억해야 할 필요가 있다.

5. 가난한 자들을 기억해야 할 언약의 백성 (신24:19-22)

하나님의 백성들은 항상 주변의 가난하고 소외된 이웃을 기억해야 한다. 지나치게 인색하거나 자기중심적인 생활만 중시하는 것은 바람직하지 않다. 모세 율법은 이웃을 위한 삶을 일상 가운데서 실천하라는 요구를 하고 있다.

누구든지 밭에서 곡식을 베어 거두어들이면서 한 묶음을 잊어버리고 나왔다면 다시 돌아가서 그것을 가져오지 말라고 했다. 그것을 가난한 고아와 과부를 위해 남겨두라는 것이었다. 이웃을 기억해 그렇게 하면 여호와 하나님께서 그가 하는 모든 일에 복을 내려주실 것이라고 했다.

또한 감람나무 열매를 따면서 그 가지를 샅샅이 살펴 다 따지 말고 얼마간 남겨두라고 했다. 또한 포도원의 포도 열매를 딸 때도 마찬가지였다. 즉 그 가지에 남아있는 열매들은 나그네와 고아와 과부 등 가난한 이들을 위해 그대로 남겨두라는 것이었다. 먹을 것이 부족한 가난한 이웃들이 그 남은 열매를 따서 먹을 수 있도록 하는 것은 밭의 주인들이 감당해야 할 중요한 의무였기 때문이다.

이스라엘 자손은 약속의 땅에 살아갈 때 애굽 땅에서 종살이하던 시절을 기억해야만 했다. 그들은 이방인의 땅에서 어렵게 생활하면서 누군가의 도움이 없이는 살아갈 수 없었다. 물론 그들이 생명을 보존할 수 있었던 것은 전적인 하나님의 은혜로 말미암은 것이었다. 따라서 하나님께서는 저들이 약속의 땅 가나안에 들어가게 되면 그와 같이 행하라는 명령을 내리셨던 것이다.

우리는 여기서 매우 중요한 원리적 의미를 생각해 보아야 한다. 경제적으로 여유가 있는 이스라엘 자손들이 성실하게 일해 얻은 열매들 가운데는 자신만이 아니라 이웃을 위한 것이 어느 정도 포함되어 있다는 사실을 기억해야만 했다. 고아나 과부 등 가난한 자들은 그들이 추수하면서 남겨둔 것을 먹으며 기본적인 생계를 유지할 수 있게 되었다.

하지만 가난한 자들 역시 그것들을 허락해 주신 하나님께 감사할 수 있어야 하며 그 밭에서 농사 일을 한 주인에게도 감사한 마음을 가져야만 했다. 이는 물론 밭의 주인을 찾아가 고맙다는 인사를 전하라는 의미가 아니다. 가난하지만 여전히 하나님을 경외하는 백성으로서 겸손한 자세를 유지해야 한다는 것이다.

우리 시대에도 여전히 이와 동일한 원리가 존재한다. 그것은 농사를 짓거나 그와 같은 일을 하는 사람들이 성경에서 말하고 있는 것처럼 뒤에 조금씩 남겨두라는 말은 아니다. 하지만 그와 같은 정신은 지금도 이어져 내려오고 있다. 부유한 이웃이 내는 많은 세금과 다양한 형태의 기부금을 통해 가난한 사람들이 환경적인 많은 혜택을 누리고 있기 때문이다. 따라서 원리적인 측면에서 볼 때 가난한 자들은 하나님께 감사하는 동시에 부자들에게 감사한 마음을 가져야 하는 것이다.

제28장

이스라엘 자손이 감당해야 할 의무

(신25:1-19)

1. 엄격하지만 유지되어야 할 긍휼 (신25:1-4)

이 세상에 살아가는 사람들 사이에는 항상 갈등과 다툼이 일어나기 마련이다. 대개는 서로 자기가 옳고 상대가 잘못했다고 여기는 것이 일반적이다. 그 가운데는 거짓으로 우기는 경우가 있을 수 있으나 많은 경우에는 진심으로 자기가 잘못한 것이 없다는 생각을 하게 된다. 각자 자기가 판단하는 주관적인 관점에서 문제를 인식하고 있기 때문이다.

물론 많은 경우에는 힘이 강한 한쪽이 자기보다 약한 다른 한쪽에 대하여 부당한 언행을 사용하므로 인해 문제가 발생할 수 있다. 강자가 약자를 괴롭히게 되면 약자는 별 잘못이 없음에도 불구하고 억울한 피해를 입기도 한다. 이와 같은 일은 세상에 살아가는 인간들에게 흔히 발생하게 된다.

그와 같은 일이 발생하게 되면 당사자끼리 대화로 해결하기 어려울 경우가 많다. 나아가 주변의 성숙한 어른이나 객관성을 지닌 이웃이 중재를 시도한다고 해도 양 당사자에게 제대로 받아들여지지 않을 수 있다. 서로 자기가 옳다고 판단하면 자기 주장을 쉽게 굽히지 않을 것이기 때문이다.

그렇게 되면 법적인 권위를 가진 기관에 문제 해결을 맡겨야 한다. 그것을 위해 억울하다고 판단하는 쪽에서 재판을 청구하게 되면 재판장이 그들의 옳고 그름에 대한 판정을 내려야 한다. 재판을 맡은 자는 양쪽 당사자로부터 전후의 모든 과정과 사정을 살펴본 후 결정을 내리게 된다. 물론 그는 편파적이지 않게 의인은 옳다고 판결해야 하며 악인은 그 정도에 따라 정죄해야 한다. 악한 자에게 태형의 형벌을 내리게 되면 재판장은 그를 자기 앞에서 엎드리게 하고 집행자로 하여금 죄의 경중에 따라 횟수를 맞추어 때리도록 명령하게 된다.

하지만 율법은 그 악인에게 최대한 사십 대까지는 때리되 그 이상은 넘겨서는 안 된다고 규정하고 있다.45)

사십 대 이상을 넘겨 매를 침으로써 여전히 언약에 속한 자인 그 사람이 대중 앞에서 지나친 모욕을 당하여 더 큰 멸시와 천대를 받지 않도록 하기 위해서였다. 이는 죄인에게도 기본적인 인권이 주어져 있다는 사실과 통하는 개념이다. 이로써 그가 비록 죄인이기는 하나 그에게도 보호받을 기본적인 권리와 함께 그의 주변에는 아무런 잘못이 없는 부모와 처자식이 있을 수 있음을 기억하게 한다.

우리가 여기서 반드시 기억해야 할 바는 재판을 담당하는 적법한 기관과 재판장의 권위에 대한 문제이다. 하나님 앞에서 정당하고 올바르게 판결한 것에 대해서는 어느 누구도 거부하지 못하고 순복해야 할 의무를 가진다. 이는 개인의 주관적인 판단이 아니라 하나님의 율법이 절대적이라는 사실을 말해주고 있다. 따라서 의인으로 인정받은 자도 자기의 주장

---

45) 사도 바울은 고린도교회에 보낸 두 번째 편지에서, 악한 유대인들로부터 사십에 하나 감한 매를 다섯 번이나 맞았다는 사실을 언급하고 있다(고후 11:24).

때문이 아니라 율법이 그렇게 보증하기 때문에 무죄를 인정받게 되는 것이다.

신명기에서는 이 말씀과 더불어 '곡식을 떠는 소에게 망을 씌우지 말라'(신25:4)는 명령을 내리고 있다. 이는 앞에 내용과 연결되는 내용으로 이해하는 것이 자연스럽다. 즉 주인을 위해 마당에서 곡식을 떨며 노동하는 소에게도 망을 씌우지 말고 배를 채울 수 있는 최소한의 권리가 주어져야 한다. 아무리 동물이지만 주인의 목적을 이루기 위해 무작정 일만 시켜서는 안 된다는 것이다.

이 말씀은 위에 언급된 억울한 경우를 당할 뻔한 사람이나 그것을 위해 애쓰는 모든 백성에게 기본적인 권리가 제공되어야 한다는 의미가 담긴 것으로 받아들일 수 있다. 이는 또한 신약시대 교회에도 적용되어야 할 중요한 교훈을 주고 있다. 교회 가운데서 성도들 사이에 발생한 어떤 분란이나 문제를 해결해야 할 경우가 생기면 자의적 판단이 아니라 기본 권리 존중과 더불어 권위를 가진 기관에 그에 대한 판결을 맡겨야 한다.

오늘날에는 교회가 적법하게 세운 목사와 장로들의 모임인 당회가 그 중요한 일을 감당해야 한다. 당회가 어떤 문제를 살펴 그에 대한 결과를 도출하게 되면 교회에 속한 모든 성도들은 그에 온전히 순복할 수 있어야 한다. 물론 당회는 인간적인 성향에 치우치는 일이 없이 편파적이지 않게 하나님의 말씀과 성령의 도우심을 간구하는 가운데 그에 대한 올바른 판단을 내려야만 한다.

2. 형사취수(兄死取嫂) 제도 (신25:5-10)

구약시대 이스라엘 민족 가운데는 오늘날 우리가 이해하기 어려운 매우 특이한 제도가 있었다. 그것은 형사취수 제도로서 형이 아들이 없이 죽게 되면 그 동생이 형의 아내 곧 형수를 아내로 맞아들여야 하는 혼인제도이다. 여러 형제들 가운데 먼저 결혼한 형이 아들이 없는 상태에서 죽게 되면 그 부인은 다른 사람에게 시집을 가지 못한다.

그 대신 그의 동생 곧 시동생이 죽은 형의 부인 곧 형수를 아내로 맞아 형을 위한 상속의 의무를 감당해야 한다. 그리하여 그 사이에서 첫 아들(the first son)을 얻게 되면 그는 죽은 형의 이름을 이을 수 있도록 해야 한다.[46] 그 과정을 통해 죽은 형의 이름이 이스라엘 민족 중에서 끊어지지 않게 해야 하는 것이다.

이 특이한 제도에 대해서는 우리가 매우 주의 깊게 이해해야 한다. 죽은 남편으로부터 낳은 아들이 있을 경우에는 그렇게 할 필요가 없다. 만일 딸이 있고 아들이 없을 경우에는 죽은 형의 동생이 형수를 아내로 맞아들여야 한다. 또한 동생이 죽은 형의 아내인 형수를 아내로 맞아 원하는 아들을 얻지 못한다고 해도 그들은 여전히 부부로 살아가야만 했다.

이 제도는 성적인 면을 강조하기 위한 것이 아니라 언약의 백성들 가운데 이루어져야 할 상속에 연관된 문제였다. 엄격한 의미에서 볼 때 굳이 그런 제도가 있지 않아도 다른 형제가 있어서 가문의 상속과 이스라엘 민족의 상속이 진행되는 데 특별히 심각한 영향을 끼치는 것이 아니다. 그럼에도 불구하고 그런 구체적인 제도를 둔 것은 이스라엘 민족에 있어서 혼인한 모든 남성은 자식을 통해 이루어지는 상속의 중요성을 말해주고 있다. 이스라엘 백성은 이 제도를 통해 지속적으로 이루어져야 하는 민족공동체의 상속에 대한 중요성을 깨닫게 되었던 것이다.

하지만 만일 죽은 남편의 동생인 시동생이 형의 사망 후 형수를 아내로 맞아들이기를 싫어한다면, 그 여인은 성문 앞으로 나가 장로들에게 그 사정을 알려야만 한다. 시동생이 자기의 몸을 통해 이스라엘 민족 가운데 형의 이름을 상속하기를 싫어하여 자기에게 마땅히 행해야 할 남편의 의무

---

46) 이 말 가운데는 첫 번째 아들 다음에 얻은 자식들은 죽은 형의 상속을 위해서가 아니라 자기의 자식이 된다는 의미가 내포되어 있다.

를 회피한다는 사실을 고하라고 했다. 이는 그 사실을 비밀리에 다룰 것이 아니라 여러 사람들이 보는 앞에서 공개적으로 시행해야만 한다는 점을 말해주고 있다.

그에 관한 전후 사실을 성읍의 장로들이 듣게 되면 죽은 형의 부인을 자기 아내로 맞기를 거부함으로써 의무를 저버리는 시동생을 불러서 권고해야 한다. 율법에 명시한 대로 죽은 형을 위해 형수를 아내로 받아들이라는 것이었다. 그러나 그 동생이 장로들의 권고를 끝까지 거부한 채 이미 결심한 대로 자기 뜻대로 하고자 고집한다면 그에 대한 적절한 처벌을 내려야만 한다.

그러므로 장로들은 죽은 형의 아내인 형수가 자기를 아내로 맞아들이기를 거부하는 시동생의 발에서 신을 벗기도록 명해야 한다.[47] 그것은 상속을 포기하는 행위에 대한 선언적 의미를 지니는 것으로서, 거부당한 형수로 하여금 그의 얼굴에 침을 뱉도록 해야 한다. 그와 같은 일은 장로들 앞에서 실행되었으며 주변의 많은 사람들이 그 광경을 지켜보게 된다.

죽은 형의 아내는 그 가운데서 시동생의 얼굴에 침을 뱉으면서 저주를 퍼붓게 된다. 그 내용은, '자기 형제의 집을 세우기를 원하지 않는 자는 이같이 수치를 당하게 될 것이라' (신25:9)는 선언이었다. 그로 말미암아 그와 그의 집은 이스라엘 가운데서 대대로 비방의 대상이 된다. 사람들은 그후부터 그의 집을 향해 '신 벗기운 자의 집' (신25:10)이라고 칭하며 부정적인 교훈으로 삼게 된다. 우리는 이를 통해 이스라엘에 있어서 개인뿐 아니라 가문과 민족의 총체적인 상속의 중요성을 여실히 보게 되는 것이다.

---

47) '발에서 신을 벗긴다' 는 말은 상속을 포기하는 의미를 지니고 있다. 룻기4:7에는 '그 기업을 무를 자가 그 신을 벗어 그 이웃에게 주더니' 라는 기록이 나타난다. 이는 자기의 상속권을 포기하는 것에 연관되어 있다. 따라서 신명기에 기록된 말씀도 그와 동일한 관점에서 이해하는 것이 자연스럽다. 또한 우리가 여기서 기억해야 할 바는 죽은 남편의 아내는 여전히 본가(本家)에 속해 있을 수 있었으나 당연한 의무를 감당하지 않고 저버린 시동생은 오히려 그 본가로부터 내침을 당하게 된다는 사실이다.

3. 상속에 연관된 근본 도리 (신25:11,12)

모세는 이와 더불어 평범하지 않은 매우 특이한 법에 대한 언급을 하고 있다. 이는 남자 두 사람이 서로 치고받고 싸우는 자리에서 한쪽 부인이 옆에 서 있다가 그 광경을 보던 중 자기 남편의 편을 들어 싸움에 가담하는 문제에 연관되어 있다. 그럴 경우에 아내는 당연히 자기 남편의 편을 들 수밖에 없다. 두 사람이 싸울 때 자기 남편이 현저히 상대를 억누르고 이기고 있는 것으로 판단하면 굳이 그에 끼어들 필요가 없다. 하지만 상대가 남편을 심하게 치게 되어 궁지에 몰리게 된다면 상황이 크게 달라진다. 그럴 경우에는 어떤 방법으로든 자기 남편을 그 위기로부터 구해야 한다는 생각을 하게 되는 것이다.

그래서 그의 아내는 폭행하는 자의 손아귀로부터 자기 남편을 구하기 위한 방편을 생각하게 된다. 그때 나약한 여인으로서 그가 행할 수 있는 일은 그리 많지 않다. 우선 가능한 것은 상대의 급소를 치는 방법과 그의 정신을 흐트러지게 하는 것이다. 그렇게 되면 자기 남편이 역공을 펼쳐 상대를 제압할 수 있을 것이기 때문이다.

그리하여 그 여인은 남편과 싸우는 상대방의 음낭을 손으로 잡아당기는 일이 발생할 수 있다. 그 부위가 급소라는 사실을 잘 알고 있을 것이기 때문이다. 혹 아니어도 싸우는 중에 누군가 자기의 음낭을 잡아당기는 것을 느끼게 되면 그의 정신이 흐트러지게 된다.

자기 남편이 당하는 것을 보고 남편의 편을 드는 여인은 그와 같은 이유로 상대방의 음낭을 잡아당김으로써 남편에게 유리한 형편을 제공하고자 했다. 그런데 하나님의 율법은 남편의 편을 드는 아내의 그와 같은 태도를 허용하지 않았다. 그 마음이 아무리 순수하다고 해도 그것은 결코 있을 수 없는 일이었기 때문이다. 설령 그 여인의 남편이 억울한 일로 상대방에게 당하고 있다고 할지라도 그렇게 해서는 안 된다는 것이다.

그러므로 모세는 만일 그런 일이 발생하거든 그 여인의 손을 찍어버리라는 강력한 요구를 했다. 덧붙여 그런 여인에 대하여 긍휼히 여기는 마음을 가지지 말라고 했다. 이는 그에게 다른 어떤 억울한 일이나 안타까운 사연이 그 가운데 있다고 할지라도 반드시 그렇게 하라는 것이다.

우리는 이 말씀이 주는 교훈을 깊은 주의를 기울여 생각해 보아야 한다. 우선 실제로 이와 같은 일이 발생할 가능성은 매우 희박하다. 그럼에도 불구하고 이와 같은 특이한 규례를 준 이유는 이스라엘 백성의 상속에 연관되는 것으로 이해해야 한다. 즉 남성의 음낭을 잡아 기능하지 못하게 한다면 그것은 상속을 중단시키는 것과 같다.

따라서 상대방이 얼마나 크게 잘못했느냐 하는 것은 전혀 고려의 대상이 되지 않았다. 또한 남편에 대한 아내의 지극한 사랑이 정상을 참작할 만한 여건을 만들지 못했다. 어떤 경우라 할지라도 이스라엘 자손에게는 보편적인 관점에서 상속이 소중하게 다루어져야 하며 그 일은 하나님께서 구속사를 완성하실 때까지 진행되어야 할 일이었다.

4. 공정한 저울추와 되 (신25:13-16)

하나님을 진정으로 경외하는 자들은 항상 공정한 자세를 유지해야 한다. 공정하지 않다는 것은 자기의 욕망과 목적을 위해 때와 장소와 상대에 따라 제시하는 기준이 다르다는 것을 의미하고 있다. 공정한 자세는 개인의 정의에 연관되기도 하지만 이스라엘 민족공동체 가운데 존재해야 할 사회질서를 유지하는 정의의 기초가 되기도 한다.

그러므로 모세 율법은 언약의 자손들에게 두 종류의 다른 저울추를 주머니에 가지고 다니지 말라고 했다. 즉 큰 저울추와 작은 추를 가지고 있으면서 이기적인 사악한 판단에 따라 각기 다른 것을 사용하지 말라는 것이다. 그와 더불어 곡물의 분량을 측정하는 되를 크고 작은 두 종류로 두지 말라고 했다.

그것은 다른 사람을 속이고 기만하기 위해 준비하는 것에 지나지 않는다. 그렇게 하면 당연히 자기는 불의한 이득을 보게 되지만 어떤 사람은 그로 말미암아 손해를 입을 수밖에 없게 된다. 따라서 하나님의 백성은 절대로 그와 같은 사악한 행위를 하지 말아야 하며 경계심을 늦추지 말아야 한다는 사실을 강조했다.

그러므로 모세의 율법은 오직 온전하고 공정한 저울추를 가지고 사용하라는 명령을 하고 있다. 그리고 공정한 되를 사용함으로써 부정한 행위를 하지 말라고 했다. 모든 것을 공정하게 행하는 것이 하나님을 진정으로 경외하는 언약의 백성들이 가져야 할 기본적인 자세였기 때문이다.

하나님의 율법에 따라 온전히 순종하는 자들에게는 여호와 하나님의 은혜가 임하게 된다. 즉 그들이 하나님께서 허락하시는 땅에서 오랜 기간의 삶을 살게 된다는 것이다. 이 말은 세상의 장수(長壽)뿐 아니라 민족공동체의 보존과 영생의 소망에 연관된 약속으로 이해하는 것이 자연스럽다. 또한 공정한 삶의 자세에 대해서는 시대와 장소를 초월하여 이땅에 살아가는 모든 성도들이 마땅히 가져야 할 중요한 규범이 된다.

그러나 이기적인 욕망을 채우기 위해 크고 작은 저울추와 두 종류의 되를 둔 채 적당하게 사용하는 자들은 하나님의 징벌을 면할 수 없다. 그것은 여호와 하나님 보시기에 가증한 행위에 지나지 않는다. 즉 그런 자들의 행위는 어리석은 이웃이나 다른 사람을 속이는 것일 뿐 아니라 하나님을 직접 욕보이는 행위가 되기 때문이다. 이에 대해서는 모든 성도들이 마음속 깊이 새겨두고 있어야 한다.

5. 아말렉에 대한 자세와 교훈 (신25:17-19)

모세는 가나안 땅 진입을 앞둔 이스라엘 백성에게 그들의 조상들이 애굽에서 나오는 길에 아말렉 족속이 언약의 자손들을 멸망시키고자 한 일을 기억하라고 했다. 이스라엘 백성은 오래 전 르비딤(Rephidim)에서 아말렉의 공격에 맞서 싸우게 되었다. 그것은 이스라엘 민족사에 있어서 매우 중요한 교훈을 남기고 있다.

당시 여호수아는 전쟁터에서 적군인 아말렉 족속에 맞서 싸웠으며, 모세는 아론과 훌을 데리고 높은 산꼭대기 위로 올라갔다. 모세가 손을 높이 쳐들면 이스라엘 백성이 승리하고 손을 내리면 전세가 역전되는 형국이 되풀이되었다. 그러던 중 모세의 체력이 점차 쇠진해지자 아론과 훌이 모세의 양편에 서서 그의 팔을 들어 올림으로써 여호수아가 아말렉 군대를 물리치고 최종 승리를 거두게 되었다. 그때 모세는 그곳에 단을 쌓고 그 이름을 '여호와는 나의 깃발' 이라는 의미인 '여호와 닛시' (Jehovah-Nissi)라 칭했다(출17:8-16, 참조).

이는 전투의 최종 승리는 이스라엘의 군사력이 아니라 여호와 하나님께 달려 있다는 사실을 보여주고 있다. 당시 모세는 가나안 땅으로 들어가기 위해 모인 백성들에게 그점을 기억하라고 요구했다. 그럼에도 불구하고 옛날 아말렉 족속은 길가에서 기다리고 있다가 이스라엘 민족이 피곤할 때 뒤에서 공격했으며 그들에게는 살아계신 여호와 하나님을 두려워하는 마음이 전혀 없었던 것이다.

그러므로 모세는 지나간 과거 사건을 상기시키면서 여호와 하나님께서 상속해 주어 차지하게 될 땅으로 들어가면 그점을 잊지 말라는 당부를 했다. 하나님께서 모든 적군과 원수들을 물리쳐 주실 것이기 때문에 하나님의 말씀에 순종하면 그곳에서 평안한 안식을 누리게 되리라는 것이었다. 모세는 또한 언약의 자손들에게 가나안 땅에 들어가면 그곳의 아말렉 족속을 흔적도 남지 않게 없애버리라고 했다. 그렇게 함으로써 그들에 대한 기억조차 지워버리고 오직 여호와 하나님만 의지해야 한다는 사실을 마음 속 깊이 명심하도록 요구했던 것이다.

제29장

여호와 하나님께 속한 '보배로운 백성'

(신26:1-19)

1. 가나안 땅에서의 첫 소산물과 제사장 (신26:1-4)

모세는 이스라엘 자손을 향해 이제 곧 약속의 땅 가나안에 들어가면 반드시 행해야 할 일이 있다는 사실을 언급했다. 그 땅은 이스라엘 민족이 막강한 군대를 동원하여 자력(自力)으로 정복하는 땅이 아니라 하나님께서 약속에 따라 상속해주어 거주하게 하신 영역이다. 하나님께서 특별히 택하신 백성을 예비하신 그 땅에 거하도록 하신 이유는 그에 연관된 분명한 계획이 있었기 때문이다. 그것은 장차 이 세상에 예수 그리스도를 보내 자신의 구원 사역을 이룩하시기 위한 것이었다.

그러므로 하나님께서는 이스라엘 자손으로 하여금 그 의미를 명확히 깨달아 행하도록 요구하셨다. 그것을 위해 약속의 땅에서 가장 먼저 행해야 할 중요한 일이 있었다. 그들은 이제 가나안 땅에 들어가면 시내 광야에서와는 전혀 다른 방식의 삶이 전개된다. 그들은 이제 농사를 짓는 일을 해야만 했는데 그것은 생존을 위해 필수적인 일이었다.

그러므로 모세는 이스라엘 자손들에게 그에 연관된 명령을 내렸다. 농사를 지어 얻게 되는 모든 소산물의 첫 열매를 거둔 후에 그것을 광주리에 담아 여호와 하나님께서 자기의 이름을 두시려고 택하신 곳으로 가지고 가라는 것이었다. 이는 장차 해마다 되풀이하여 진행되는 일반적인 경우와는 그 성격이 다른 매우 특별한 경우에 해당되었다. 즉 그것은 이스라엘 백성이 요단 강을 건너 가나안 땅에 들어간 첫해 거두어들인 곡물과 연관되는 일로 이해하는 것이 자연스럽다.

물론 맨 첫해 시작한 이 일을 시발로 하여 앞으로 매년 농사지은 첫 열매를 하나님께 드리는 제사가 지속되어야 한다. 하지만 모세가 명하는 첫 번째의 경우는 가나안 땅에서 거두는 역사적인 특별한 첫 열매이기 때문에 중요한 의미를 지닐 수밖에 없었다. 그들이 이제껏 시내 광야에 살았던 과거 사십 년 동안에는 농사를 짓지 않고 하늘에서 내리는 만나와 메추라기를 먹고 살아왔다. 하지만 이제 그들이 요단 강을 건너 가나안 땅에 들어가면 농사의 결과로 얻게 되는 양식을 먹고 살아가야만 했다.

그러므로 그들은 가나안 땅에서 수확한 농작물의 첫 열매를 광주리에 담아 여호와 하나님께서 자기 이름을 두시려고 택하신 곳으로 가져가야만 했다. 당시는 아직 예루살렘을 정복하기 전이었기 때문에 성막이 머무는 장소가 곧 그 택하신 곳이 되었던 것이 분명하다. 이스라엘 자손이 가나안 땅에 들어가 맨 처음 성막을 설치한 도시는 종려나무 도시인 여리고의 북동부에 위치한 길갈(Gilgal)이었다(수4:19; 5:10; 10:5-7,15,43).[48] 즉 길갈이 가나안 땅 진입 초기 약 6년 동안 이스라엘 민족을 위한 임시 수도 역할을 했던

48) 하나님의 법궤와 성막은 요단 강을 건넌 후, 길갈에 머물다가 실로, 에벤에셀, 아스돗, 가드, 에그론, 벧세메스, 기럇여아림을 거쳐 예루살렘으로 옮겨가게 되었다. 어떤 지역에서는 오랜 기간 머물렀지만 또 다른 어떤 지역에는 매우 짧은 기간 머물렀다. 하나님의 법궤가 300여 년의 긴 사사시대를 거쳐 하나님의 도성 예루살렘에 도착하여 솔로몬이 건축한 거룩한 성전에 안착하게 된 것은 그것 자체로서 기적이 아닐 수 없다.

것이다.

따라서 이스라엘 자손이 가나안 땅에 들어가게 되는 첫해에는 길갈에 하나님의 성막과 함께 제사장이 머물고 있었다. 모세는 백성들을 향해 가나안 땅에서 첫해 얻게 되는 농작물의 첫 열매를 제사장에게로 가지고 가도록 했다. 그곳에서 여호와 하나님께 저들의 상황을 아뢰도록 명령했다. 이는 그들이 여호와 하나님께서 오래전 저들의 조상들에게 주시겠다고 맹세하신 가나안 땅에 이르렀다는 것이었다.

하나님 앞에서 행해지는 백성들의 상황에 대한 고백적 보고를 마치게 되면 제사장은 첫 열매가 담긴 광주리를 저들의 손에서 받아들고 규례와 절차에 따라 직무를 수행해야 한다. 그리고 그것을 위해 여호와 하나님의 제단 앞으로 가져가야 한다. 그러면 제사장이 백성들을 대표하여 그 첫 열매를 하나님께서 기뻐하시는 예물로 바치게 된다. 이는 가나안 땅에 살아가며 양식을 먹고 생존해야 하는 저들의 생명이 여호와 하나님께 달려 있음을 고백하는 성격을 지니고 있다.

2. 하나님 앞에서의 고백과 찬송 (신26:5-11)

제사장이 가나안 땅에서 얻은 백성의 첫 열매를 하나님 앞에 예물로 바칠 때 그들은 하나님 앞에서 지난날 받은 모든 은혜를 고백하게 된다. 그것은 오래전에 하나님의 뜻 가운데 세상을 살다가 영원한 주님 품으로 돌아간 언약의 조상들에 관련된 내용이다. 이 세상의 모든 인간들이 제각각 자기 조상에 연결되어 있듯이 하나님의 자녀들 역시 언약의 조상들에게 연결되어 있는 존재이다. 따라서 하나님께 속한 백성이라면 언약의 조상들의 모든 여정을 주의 깊게 이해하여 받아들여야만 한다.

모세는 그 백성들에게 앞으로 가나안 땅에 들어가 맨 첫해 수확하게 되는 첫 열매를 제사장을 통해 하나님 앞에 예물로 바치면서 반드시 아뢰어야 할 내용을 가르쳐주었다. 저들의 조상 아브라함은 원래 아람 출신 사람으로서 본토인 갈대아 우르를 떠나 가나안 땅에 들어와 방랑하는 생활을 했다는 점을 언급하도록 했다. 그의 자손들은 그곳에 오래 거하지 못하고 애굽 땅으로 내려가게 되었다는 것이다.

아브라함과 이삭의 자손인 야곱의 자식들은 칠십 명 정도 되는 한 집안의 식구로서 애굽 땅에 내려가 살았음을 고하도록 했다. 그들이 하나님의 은혜로 말미암아 그 이방 땅에서 점차 강성하게 되어 크게 번영한 민족이 되었다는 것이다. 적은 수의 한 가족(家族)이 수백 년의 세월이 흐르는 동안 큰 민족(民族)으로 성장했던 것이다.

그러나 애굽 사람들은 수적으로 번성해가는 이스라엘 자손을 가만히 두지 않았다. 그들은 다른 지역으로부터 자기 땅에 들어와 살아가면서 점차 강성해져 가는 이스라엘 사람들에게 심한 학대를 가하는 가운데 중노동을 시켰다. 결국 애굽인들의 학대를 견디지 못한 이스라엘 자손은 조상의 하나님 여호와께 간절히 부르짖지 않을 수 없었던 점을 언급하라고 했다. 그 모든 과정을 지켜보신 하나님께서는 고통당하는 언약의 자손들이 울부짖는 소리를 들으셨음을 언급해야만 했다.

아브라함의 자손들이 이방 애굽인들에 의하여 고통과 괴로움과 압제를 당하는 것을 보며 하나님께서 저들에게 특별한 은혜를 베풀어주셨다는 것이다. 하나님은 사람들의 능력과는 비교가 되지 않는 강력한 손과 편 팔로써 큰 위엄과 이적과 기사를 베풀어 고통중에 있는 이스라엘 백성을 애굽 땅으로부터 인도해 내신 사실을 고백적으로 말하라고 했다. 그리하여 그 조상에게 약속하신 대로 젖과 꿀이 흐르는 가나안 땅으로 인도하여 그 땅에 정착하여 살도록 해주셨다는 것이다.

그리하여 사십 년의 시내 광야 생활을 마치고 마침내 요단 강을 건너 가나안 땅에 들어온 이스라엘 자손이 첫 번째 거둔 토지의 소산물의 첫 열매를 하나님 앞으로 가져왔다는 사실을 고백하도록 했다. 그 예물을 여호와 하나님 앞에 놓아두고 하나님을 향해 경배를 돌리라고 한 것이다. 따라서 그들은 하나님께서 그와 그 집에 허락하신 모든 복으로 말미암아 레위인과 저들 가운데 거하는 모든 나그네와 함께 즐거워해야 한다는 사실을 말했다.

여기서 이스라엘 민족의 여러 지파들 가운데 특별히 레위인이 언급된 것은 처음부터 그들에게는 농사를 짓거나 목축을 할 만한 땅이 분배되지 않았던 사실과 연관되어 있다. 그들은 거룩한 성막과 율법을 시행하는 사역을 맡은 지파로서 하나님으로부터 특별한 직무를 부여받고 있었던 것이다. 그리고 그들 가운데 거하는 나그네란 이스라엘 자손이 홍해를 건너 출애굽할 때 함께 따라 나온 애굽인들을 지칭하고 있다.

3. '십일조'를 통한 기본 책무와 천상으로부터 임하는 복 (신26:12-15)

이스라엘 자손이 가나안 땅에 들어간 후 세 번째 해가 되면 십일조를 구별하여 드리기 시작해야 했다(신26:12). 이는 모세 율법에 이미 기록된 바였지만 시내 광야 40년 동안 하늘에서 허락된 만나와 메추라기를 먹을 때는 십일조 제도가 시행되지 않았다. 그것들은 백성들의 얻는 소득과는 다른 성격을 지니고 있었기 때문이다.

이제 그 백성이 가나안 땅에서 농사와 목축을 하게 되면 맨 초기 얼마 동안은 십일조를 바치는 것이 면제되었다. 아직 농사를 짓고 농작물을 거두는 정기적인 소출이 없었으므로 십일조를 바치기 어려웠던 것이다. 하지만 세 번째 해가 되면 모든 백성들이 하나님 앞에 십일조를 바쳐야만 했다.

백성들이 저들이 수확한 모든 소산물의 십일조를 바친 후에는 그것이 규례에 따라 용도에 맞게 사용되어야만 했다. 즉 그것으로 레위인과 나그네와 고아와 과부들 등 가난한 자들에게 나누어 주어 그들이 저들의 성읍 안에 살아가면서 음식을 먹고 배고프지 않게 해주어야 했다. 그들에게는 분배된 땅이 없었을 뿐 아니라 가나안 땅을 정복해 가는 과정에서 노동력이 없거나 부족한 자들이었다. 따라서 십일조 제도를 이행하는 것은 선택적 사항이 아니라 이스라엘 백성들 가운데서 마땅히 지켜져야 할 중요한 책무가 되었다.

그러므로 모세는 이스라엘 자손들을 향해 그에 온전히 순종하면서 여호와 하나님 앞에 그 사실을 아뢰라고 요구했다. 백성들이 성실하게 노동하여 수확한 농작물 가운데 십분의 일은 자기의 소유가 아니라 하나님의 것이 되었다. 따라서 하나님의 소유가 되는 성물 곧 십일조는 인간들의 사사로운 판단에 따른 다른 목적을 위해 사용될 수 없었다.

그 대신 하나님의 소유로 구별된 십일조는 하나님께서 요구하신 대로 사용되어야 했다. 따라서 백성들은 자기 집에서 십일조에 해당하는 분량의 곡물을 가지고 나와 레위인과 나그네와 고아와 과부에게 나누어 주어야만 했다. 그리하여 모세 율법을 어기지 않았음을 하나님께 아뢰도록 요구했다. 이는 이스라엘 자손으로서 하나님의 명령에 온전히 순종한 사실을 고백적으로 밝히라는 것이었다.

또한 그 백성이 슬픔을 당한 초상날 곧 애곡하는 날에는 하나님의 것인 성물 곧 거룩한 음식을 먹지 않았으며 부정한 몸으로 자기를 위해 그것을 따로 떼어두지 않았음을 고하라는 요구를 했다. 그리고 죽은 자를 위하여 제물로 바치고자 그것을 사용하지 않았음을 아뢰도록 했다. 이 요구는 십일조가 오로지 주변의 가난한 이웃을 위해 사용되어야 한다는 사실을 잘 보여주고 있다. 이 말은 언약의 자손인 이스라엘 백성은 하나님의 말씀을 귀담아듣고 순종함으로써 그 모든 책무를 다해야 함을 말해주고 있다.

모세는 또한 그와 더불어 하나님께서 항상 자신의 거룩한 처소인 천상의 나라에서 저들을 내려다보고 계신다는 사실을 언급했다. 그 여호와 하나님을 향해 언약의 백성인 이스라엘 자손에게 복을 내려달라는 간구를 하라고 했다. 하나님께서 오래전 저들의 조상 아브라함과 이삭과 야곱에게 맹세하여 주고자 하신 젖과 꿀이 흐르는 땅에 복을 내려 달라고 간구하라는 것이었다. 그리하여 이스라엘 자손은 모든 참된 복이 오직 여호와 하나님으로부터 허락된다는 사실을 알고 있어야 했던 것이다.

4. 하나님의 '보배로운 백성' (신26:16-19)

모세는 이스라엘 백성을 향해 여호와 하나님께서 주신 규례와 법도를 성실히 행하도록 명령했다. 따라서 언약의 자손들은 그에 온전히 순종해야만 했다. 즉 하나님을 경외하는 자들은 마음을 다하고 성품을 다하여 그 모든 것을 지켜 행해야만 한다는 것이었다(신26:16). 이는 마지못해 억지로 그 요구에 따르라는 것이 아니라 진심으로 그 명령에 순종하라는 의미를 지니고 있다.

그와 같은 신앙의 자세를 가지는 것은 이스라엘 백성에게 필수적이었다. 언약의 자손으로서 여호와 하나님을 저들의 유일한 하나님으로 인정하고 그의 도를 온전히 행하는 것은 당연히 지켜야 할 책무였다. 따라서 하나님의 모든 규례와 법도를 지키는 가운데 그의 모든 말씀을 들어 순종해야만 했다. 그렇게 하는 것이 곧 하나님을 위한 것이자 자신을 위한 것이란 사실을 기억하는 것은 매우 중요하다.

하나님께서는 겸손한 자세로 자기의 명령에 순종하는 자들을 자기가 아끼는 '보배로운 백성'이 되도록 해주시리라는 사실을 말씀하셨다. 바로 그 백성이 약속의 땅 가나안에서 하나님의 모든 명령을 지켜 행하게 되리라는 것이었다. 따라서 여호와 하나님께서 친히 특별히 택하신 언약의 백성을 세상에 존재하는 모든 민족들 가운데 뛰어나도록 해주시게 된다.

그러므로 모세는 하나님께서 특별히 택하신 그 민족을 자기를 위한 '기뻠의 대상' 으로 삼으실 것이라고 말했다. 즉 그가 언약의 자손을 칭찬과 명예와 영광으로 삼게 되리라는 것이다. 그리하여 조상 때부터 약속해 오신 대로 저들로 하여금 여호와 하나님의 거룩한 백성이 되도록 하시겠다는 것이었다.

제5부
하나님의 뜻과 축복 및 저주
(신 27-30장)

제30장

율법에 대한 기억과 축복 및 저주의 길

(신27:1-26)

1. 돌 위에 기록한 율법 (신27:1-8)

모세는 장로들과 함께 명령을 내렸다. 백성들에게 명령하는 모든 내용을 전부 다 받아들여 지키라는 것이었다. 그들이 요단 강을 건너 여호와 하나님께서 저들에게 약속하신 땅에 들어가는 날이 이르거든 큰 돌들을 세우고 석회를 바르도록 했다. 그리고 그 위에 율법의 말씀들을 기록하라고 했다.

그렇게 하면 여호와 하나님께서 저들에게 주시는 땅 곧 젖과 꿀이 흐르는 땅에서 삶을 온전히 누리게 되리라는 것이었다. 그와 더불어 백성들은 하나님의 율법을 좇아 순종해야만 한다. 이는 이스라엘 자손을 가나안 땅으로 인도하시고 그곳을 삶의 터전으로 주신 하나님의 분명한 뜻이 거기에 존재한다는 사실을 말해주고 있다.

그러므로 모세는 그들에게 요단 강을 건너거든 자기가 준비하도록 명령한 돌들을 저주의 산으로 일컬어지게 될 에발 산 위에 세우라고 했다. 그리고 그 위에 석회를 바르고 거기서 여호와 하나님을 위한 제단 곧 돌단을 쌓으라고 요구했다. 하지만 그 위에 쇠 연장을 대지 말라는 당부를 했다. 즉 다듬지 않은 원석(原石)을 사용하라는 것이다. 그들은 다듬지 않은 돌들로 여호와 하나님을 위한 제단을 쌓아야 했다.

그 위에서 하나님께 율법에 따른 동물을 잡아 번제로 드리고 하나님 앞에 화목제를 드려야 했다. 그리하여 그 자리에서 그 고기를 먹으며 여호와 하나님 앞에서 즐거워하라고 했다. 그런데 그 산이 축복의 산인 그리심 산이 아니고 왜 하필이면 저주의 산인 에발 산인가 하는 궁금증이 생긴다. 물론 그 산들 자체가 축복과 저주를 담고 있는 것은 아니다. 하지만 본문에서 에발 산이 언급된 것은 아마도 하나님을 두려워하고 경외하라는 중요한 메시지가 담겨있는 것으로 보인다.

모세는 그와 더불어 언약의 백성들을 향해 하나님의 율법에 기록된 말씀들을 그 돌들 위에 분명하고 정확하게 기록하라는 요구를 했다. 물론 모든 율법을 빠짐없이 다 기록한다는 의미라기보다 중요한 율법과 규례를 그 돌 위에 기록해야 함을 말해주고 있다. 그리고 돌 위에 새긴다는 것은 사람들이 임의로 그 내용을 바꾸지 못하게 한다는 의미를 담고 있다.

또한 많은 백성들이 그 돌들 앞을 지나다니며 하나님의 율법을 직접 읽고 확인하며 그 뜻을 기리게 된다. 당시 양피지나 파피루스에 기록된 율법책은 아무나 읽을 수 없었으며 오직 레위 지파 제사장들이 그것을 관리하며 읽을 수 있었다. 따라서 하나님의 중요한 율법을 큰 돌들에 새겨둠으로써 일반 백성들이 직접 그 내용을 알 수 있었던 것이다.

2. 이스라엘 왕국에 연관된 예언적 선포 (신27:9,10)

모세는 이스라엘 민족의 레위 지파 제사장들과 함께 온 이스라엘 자손들을 향해 하나님의 말씀을 선포했다. 그가 제사장들을 대동하고 그렇게 함으로써 그들의 위상을 드러내 보여주고 있다. 이스라엘 백성이 약속의 땅 가나안에 들어가면 가장 중요한 지위에 있는 자들은 제사장들이었기 때문이다.

가나안 땅에 들어가기 위해 준비하는 언약의 자손들을 향해 모세는 자기가 전하는 모든 말씀을 잠잠히 들으라고 요구했다. 이는 인간들의 두뇌에서 나오는 다른 생각을 하나님의 말씀 위에 덧붙이지 말고 그대로 받아들이라는 의미를 내포하고 있다. 이는 그것이 하나님으로부터 나오는 절대적인 진리라는 사실을 말해주고 있다.

그때 백성들에게 선포된 중요한 내용은 '오늘 네가 네 하나님 여호와의 백성이 되었으니 그런즉 네 하나님 여호와의 말씀을 청종하여 내가 오늘 네게 명령하는 그 명령과 규례를 행하라' (신27:9,10)는 것이었다. 이 말씀 가운데는 새로운 관계설정에 연관된 매우 중요한 의미가 담겨 있다. 그전에도 이스라엘 자손은 하나님께 속해 있었지만 이제 새로운 다짐을 하라는 뜻을 지니고 있는 것이다.

우리가 기억해야 할 바는 그 시점에서 다시금 그들로 하여금 여호와 하나님의 백성이 된다고 한 데는 중요한 이유가 있을 것이란 사실이다. 과거의 이스라엘 자손은 항상 나그네로 살아오면서 자신의 소유라고 할 만한 땅을 가지고 있지 않았다. 아브라함과 이삭은 물론 야곱의 가족이 애굽에 내려가기 전에는 저들에게 속한 땅이 없었다.

그 백성이 애굽에 내려간 후에도 그들은 여전히 나그네였을 뿐 애굽 땅이 저들의 소유가 될 수 없었다. 그들은 이방인들의 땅에서 나그네로 살아가며 힘겹게 생명을 부지하며 살아갈 수밖에 없었다. 그러던 중 하나님께서 노예 생활을 하던 이스라엘 자손을 홍해 바다를 건너 시내 광야로 이끌어 내셨다. 그들은 그곳에서 사십 년을 보낸 후 이제 가나안 땅 진입을 눈앞에 두고 있었다.

멀지 않아 그들이 가나안 땅에 들어가면 하나님께서 허락하신 약속의 땅을 소유한 백성이 된다. 이는 그동안 오랫동안 나그네로 살아왔으나 드디어 독자적으로 영토를 소유한 백성이 된다는 사실을 말해주고 있다. 지난 시절 시내 광야에서 생활할 때는 하나님의 율법을 받아 저들의 절대 규범으로 삼았다. 그래서 이제 가나안 땅에 들어가면 하나님의 율법에 기록된 명령과 규례를 그대로 따라야만 했던 것이다.

그러므로 그들은 가나안 땅에 들어가 장차 하나님의 언약에 따라 독립적인 왕국을 세우게 된다. 야곱의 가족이 애굽으로 내려가 그곳에서 한 민족을 형성한 이스라엘 백성이 약속의 땅 가나안을 영토로 삼아 하나님의 율법을 지키며 살아가게 되는 것이다. 그리하여 영토와 주권을 가진 백성으로서 독립된 언약의 왕국을 세우게 된다.

그것은 물론 전적인 하나님의 은혜로 말미암아 세워지는 특별한 왕국이다. 그 나라는 장차 임하게 될 영원한 '하나님 나라' 에 연관된 그림자 왕국으로서 기능하게 된다. 즉 장차 하나님께서 보내시는 메시아가 이땅에 와서 자기 백성을 구원하고 원수들을 심판하실 영원한 왕국에 대한 예비적 성격을 지닌다. 모세는 가나안 땅 진입을 앞둔 이스라엘 자손에서 그점을 선포했던 것이다.

3. '그리심 산' 의 축복과 '에발 산' 의 저주 (신27:11-15)

모세는 그때 백성들을 향해 매우 중요한 명령을 내렸다. 이스라엘 자손이 요단 강을 건너가면 상황에 따라 그에 순종하여 행해야만 했다. 그것은 축복과 저주에 연관된 내용으로서 이스라엘 열두 지파가 반반으로 나누어 각기 맡겨진 바 요구에 따라야 했다. 모든 것은 규례에 따른 질서대로 행해야 했으며 하나님께서 지정해 주신 산에서 그것이 이루어져야 했다.

그때가 이르면 시므온과 레위와 유다와 잇사갈과 요셉과 베냐민 지파는 백성을 축복하기 위해 '그리심 산' 에 따로 서야 했다. 그리고 르우벤과 갓과 아셀과 스불론과 단과 납달리 지파는 또 다른 자들을 저주하기 위하여

'에발 산' 앞에 따로 서야 했다. 이는 이스라엘 자손이 살아가게 될 가나안 땅이 하나님의 축복과 저주에 가두어지게 된다는 의미를 지니고 있다.

그런 가운데 레위는 여러 지파들 가운데 특별한 직무를 부여받았다. 레위 지파는 위에 언급된 지파들 가운데 속해 있으면서 백성을 축복하는 자들과 함께 서 있어야 했다. 물론 우리는 축복을 선포하는 지파들과 저주를 선포하는 지파들 사이에서 선악이나 우열을 가리지 않는다. 하나님의 요구에 따라 이스라엘 열두 지파는 반반을 나누어 각각 그리심 산과 에발 산 앞에 서야 했던 것이다.

그때 레위인 가운데 책임을 맡은 자는 큰 소리로 이스라엘 모든 민족을 향해 축복을 선포하게 된다. 또한 나머지 사람들을 향해 서는 저주를 선포해야 한다. 저주를 받게 되는 자들은 우상숭배자들로서 금속을 다루는 기술자의 손으로 형상을 조각하거나 부어 만든 자들이다. 그런 것들을 만들어 은밀히 세워두고 그것을 섬기는 자들은 하나님으로부터 저주를 받게 되는 것이다.

레위인이 선포하는 축복과 저주의 선포를 듣게 되면 모든 백성들이 하나님 앞에서 '아멘'으로 화답해야 한다. 하나님의 율법에 온전히 순종하여 그에 따르는 자들은 축복을 받게 되지만 하나님을 버리고 우상을 만들어 섬기는 배도자들은 저주를 받을 수밖에 없다. 그 선포를 듣는 모든 백성들은 하나님에 의해 축복과 저주가 임한다는 사실을 알고 그 명령에 순종해야만 한다.

4. 이웃을 위한 삶의 근본 자세

(1) 질서에 관한 문제(신27:16,17)

모세는 하나님의 자녀들이 지켜야 할 기본적인 질서 유지에 연관된 중요한 교훈을 주고 있다. 언약의 자손들에게 가장 소중한 내용 가운데 하나는 부모에 대한 공경이다.49) 우리가 알고 있는 것처럼 인간은 기본적으로 자기 자신이 아니라 타인을 위한 삶을 살아야 할 존재이다. 나아가 하나님의 백성들에게는 자기가 아니라 자기에게 구원을 베푸신 여호와 하나님을 위해 살아가는 것이 가장 기초적인 덕목이 된다.

나아가 하나님을 진정으로 경외하는 성도들은 자기 자신이 아니라 주변의 이웃을 위해 살아갈 준비를 갖추고 있어야 한다. 이는 선택적 사항이 아니라 필수적인 요건이다. 여호와 하나님을 알지 못하는 사람들은 그와 같은 삶이 이상적인 것이라 여기겠지만 하나님의 자녀들에게는 지극히 당연한 일이 되는 것이다.

성도들에게는 그와 같은 삶의 자세가 자신과 가정과 신앙공동체 및 사회질서를 위한 소중한 규범이 된다. 이와 더불어 그것을 위해 제공되는 가장 근본적인 질서가 자기 부모를 공경하는 일이다. 이는 가정을 비롯한 모든 규범과 사회질서를 유지하는 힘을 공급하게 된다. 따라서 하나님의 자녀로서 자기 부모에게 순종하고 공경하는 삶은 모든 질서를 위한 원천적 의미를 지닌다.

우리가 여기서 반드시 기억해야 할 바는 부모가 잘하고 못하고 하는 것이 일차적인 문제가 되지 않는다는 사실이다. 이는 가정의 질서와 밀접하게 연관되는 것으로서 그것이 무너지면 모든 것이 다 허물어질 수밖에 없다. 단 부모가 자녀들에게 하나님을 경외하는 삶을 방해하거나 배도의 길을 강요하며 참된 신앙을 가로막는 경우라면 문제가 달라진다. 하지만 여전히 부모에 대한 기본적인 예우를 다하는 것이 자녀의 도리이다.

---

49) 부모와 자식의 관계는 모든 질서의 기초가 되는 중요한 원리적 질서를 제공한다. 자식으로서 부모에 대한 공경심이 없으면 허공에 뜬 선택적 질서에 참여하게 될 뿐 신앙인으로서 규정적 질서에 참여하지 못한다. 따라서 어느 공동체이든 그에 속한 구성원들의 자기 부모에 대한 자세를 통해 그 건전성을 어느 정도 가늠할 수 있게 된다.

그러므로 모세는 자기 부모를 업신여기는 자는 저주를 받을 것이라고 선포했다. 인간들이 가져야 할 가장 본질적인 것을 파괴하는 행위는 결코 있을 수 없는 일이기 때문이다. 그에 관한 모세의 교훈을 들은 거기 모인 모든 백성들은 그에 '아멘' 으로 화답했다. 우리 시대 역시 하나님의 백성이라면 어떤 경우에도 부모를 업신여김으로써 저주를 받는 일이 발생하지 말아야 하는 것은 지극히 당연한 일이다.

모세는 또한 질서와 연관하여 하나님의 자녀들은 주의를 기울여 이웃과의 경계표를 유지하라는 언급을 하고 있다. 하나님의 자녀들은 항상 타인과의 관계 속에서 성실한 자세를 가지고 살아가야 한다. 따라서 자기의 것과 타인의 것에 대한 구분을 명확히 하는 것은 필수적이다. 이는 일차적으로 농지나 가옥 등에 연관되지만 모든 면에서 경계가 존재한다는 사실을 보여준다. 과거에는 농지나 가옥의 소유를 정하면서 돌과 같은 것을 경계표로 삼는 경우가 많았다. 악한 자들은 그 경계표를 몰래 옮김으로써 자기의 영역을 더 넓혀 가고자 했다.

그런 자들은 한꺼번에 그 경계석을 들어 옮기는 것이 아니라 주변의 이웃이 눈치채지 못하도록 조금씩 밀어 자기의 영역을 넓히는 일을 지속하기도 했다. 하나님을 경외하는 자들은 절대로 그렇게 해서는 안 된다. 성숙한 신앙을 가진 성도들의 자세는 자기와 타인의 경계를 신실하게 유지하는 것이다. 따라서 모세가 그에 대한 선포를 했을 때 백성들은 '아멘' 으로 화답해야만 했다.

이에 대해서는 비록 물질적인 것뿐 아니라 무형적인 관계에서도 그대로 드러나게 된다. 가정에서는 부부 사이, 부모 자식 사이, 형제들 사이에 분명히 지켜야 할 경계가 있다. 그것은 눈으로 볼 수 없지만 분명히 존재한다. 하지만 죄에 빠진 인간들은 본성상 경계를 넘어 자기의 영역을 확보하고자 애쓰는 경향이 있다.

남편은 아내의 영역을 침범하고 아내는 남편의 영역을 침해하고자 한다. 부모 자식 간에도 동일한 문제가 발생하며 형제 사이에도 그렇다. 서로 자기의 영역을 확보하고자 애쓰는 것이다. 눈에 보이지 않는 상호간의 관계에 대한 경계선이 무너지게 되면 모든 것이 뒤엉킬 수밖에 없다. 원래는 가정에서도 적절한 규범이 있어서 그에 적응하는 것이 원칙이었으나 현대 사회는 근본적인 경계가 허물어져 경계선 자체가 사라지고 혼란스러운 형국이 되어버렸다.

물론 모세는 이 명령을 통해 이스라엘 민족의 언약공동체 내에서 그 원리가 적용되어야 함을 요구하고 있다. 왕은 왕의 역할이 있고 제사장에게는 그에 따른 고유한 역할이 있었다. 그리고 선지자들에게는 또 다른 특별한 역할이 맡겨졌다. 왕과 제사장과 선지자들은 상호 다른 직임을 맡은 자들로서 상호 상대의 영역을 침해하지 말아야 한다.

이에 대해서는 오늘날 신약 교회에서도 매우 중요한 교훈을 주고 있다. 교회에는 각기 다른 직분들이 있다. 목사와 장로와 집사는 각기 맡은 바 직분 사역이 있다. 목사는 성도들을 위하여 말씀을 가르치는 일과 전체적인 목양사역을 담당하게 된다. 장로들은 성도들의 신앙을 감독하고 목회자의 목회 사역을 지켜 보호하는 일을 맡고 있다. 그것은 근본적으로 교회를 위한 사역적 의미를 지니고 있다.

그리고 집사들은 교회의 전반적인 일반 행사나 교인들의 현실적인 생활에 관심을 기울이는 직분을 맡은 성도들이다. 따라서 혹 교회 가운데 생존에 연관된 지나친 어려운 문제가 있는 자들이 없는지 살피게 된다. 그와 더불어 교회의 재정을 담당하며 맡겨진 봉사의 수고를 감당하게 되는 것이다. 따라서 우리가 기억해야 할 바는 교회의 목사와 장로와 집사 직분자들 사이에는 분명한 경계가 존재한다는 사실이다.

하지만 자칫 잘못하면 다른 직분자의 영역을 조금씩이나마 침범하고자 하는 우려가 따를 수 있다. 현재 한국교회에서는 목사와 장로들이 집사의 영역을 침범하는 것이 보통이며, 장로가 목사의 영역을 침범하거나 목사가 장로의 영역을 침범하는 경우가 다반사라 해도 과언이 아니다. 직분자들 사이의 경계에 대한 명확한 이해가 없으면 다른 직분자의 영역을 침범할 수 있다. 그런 상황이 고착되면 교회의 질서가 무너지고 혼란이 야기될 수밖에 없다.

(2) 약자에 대한 배려(신27:18,19)

모세는 언약의 자손들에게 약자를 배려하는 마음을 가지도록 요구하고 있다. 악한 인간들은 연약한 자들을 속이거나 저들을 자기를 위한 먹잇감 정도로 생각하기도 한다. 즉 그들을 보호해 주려는 마음을 가지기는커녕 도리어 그들의 약점을 이용해 자기의 유익을 도모하기에 급급한 것이다.

하지만 하나님의 자녀들은 절대로 그렇게 해서는 안 되며, 당연히 연약한 자들을 위한 힘이 되고 그들을 보호하고 도와줄 수 있어야 한다. 하나님께서 각자에게 건강과 재능과 능력을 허락해주신 것은 자기만을 위해서가 아니라 다른 이웃을 위해 그것을 사용하도록 하신 의미가 담겨있기 때문이다. 즉 개인이 소유한 모든 능력을 자기 자신의 안위만을 위해서 사용해서는 안 된다.

모세는 이스라엘 백성을 향해 앞을 전혀 보지 못하는 맹인들을 위해 배려하는 마음을 가지라고 요구했다. 앞이 보이지 않아 길을 잘 찾지 못하는 자들을 도와 그들로 하여금 안전한 길로 걸어갈 수 있도록 해주라는 것이다. 그런데 사악한 자들은 도리어 맹인에게 길을 잃어버리고 헤매도록 하기도 한다. 그런 자들은 그렇게 함으로써 이기적인 유익을 도모하게 되는 것이다.

하지만 그와 같은 일은 절대로 있어서는 안 된다. 스스로 앞을 보지 못하는 자들을 도와주지는 못할망정 그들의 약점을 이용해 개인적인 유익을 추구하는 경우가 발생하지 말아야 한다. 그것 자체로 무서운 죄악이 되기 때문이다. 따라서 모세는 만일 이스라엘 자손들 가운데 그런 악한 자가 있다면 하나님으로부터 저주를 받게 되리라는 선포를 했다.

이에 대해서는 오늘날 우리 역시 중요한 교훈을 배워야 한다. 하나님을 진정으로 경외하는 자들이라면 어떤 경우에도 영적으로 눈이 어두운 자들을 이용하려 해서는 안 된다. 아직 영적인 눈을 제대로 뜨지 못한 자들을 아무렇게나 인도하여 헤매게 하지 말아야 한다. 이는 특히 현대 교회의 목회자들에게 적용될 수 있는 말이다. 목사가 만일 신앙이 어리거나 분별력이 없는 자들의 길을 혼란스럽게 만들어 길을 잃게 만든다면 저주를 받을 일이 되기 때문이다.

또한 모세는 그와 더불어 하나님의 자녀들은 약자들에게 공평해야 하며 가난하고 어려운 이웃을 도울 수 있어야 한다는 사실을 선포하고 있다. 나그네나 고아나 과부처럼 힘이 없는 자들이 어떤 문제를 만나 법적으로 해결해야 할 경우가 생긴다면 그들을 억울하게 해서는 안 된다. 만일 그런 자들을 억울하게 만든다면 하나님의 저주를 피할 수 없다고 했다. 모든 백성들은 그 말을 듣고 '아멘' 으로 화답했다.

이에 대해서는 오늘날 우리 시대 교회에도 그대로 적용되어야 한다. 세상적인 다양한 조건들을 교인들을 판단하는 기준으로 삼아서는 안 된다. 건강상태, 학벌, 외모, 빈부, 세상에서의 사회적 지위 등으로 인해 하나님의 자녀들이 평가받거나 평가하지 말아야 하는 것이다. 하나님 앞에서는 모두가 평등하며 동일한 성도의 신분을 소유하고 있기 때문이다.

(3) 성적인 문제(신27:20-23)

모세는 본문 가운데서 부정한 성적인 문제에 대하여 다양한 언급을 하고 있다. 그 구체적인 내용들을 보면 우리로서는 상상하기조차 어려운 내용들이 많다. 계모와의 간통, 짐승과의 수간(獸姦), 형제 자매 사이의 근친

상간(近親相姦), 장모와의 간통 등이 곧 그것들이다.

모세가 이와 같은 것을 언급한 것은 장차 이스라엘 백성이 요단 강을 건너 가나안 땅에 들어가면 그와 같은 일이 발생하게 되리라는 사실을 시사하고 있다. 그들이 새로운 땅에 들어가게 되면 이방인들의 난잡하고 문란한 성적인 관계들을 목격하게 된다. 이는 자칫 잘못하면 그 가증한 일들이 언약의 자손들에게도 서서히 스며들어올 수 있음을 말해준다. 즉 그들이 타락한 이방인들의 성적인 죄악들에 대하여 무디어지게 될 수 있다는 것이었다.

언약의 백성들은 이방인들 가운데 존재하는 사악한 성적인 문제에 대하여 철저한 방어를 할 수 있어야만 한다. 따라서 모세는 자기 아버지의 아내와 동침하는 자는 그의 아버지의 하체를 드러낸 행위가 되므로 저주를 받게 될 것이라고 했다. 여기서 아버지의 아내란 계모를 일컫고 있다. 어떤 경우라 할지라도 계모와 그와 같은 간음이 행해지는 것은 사악한 범죄 행위로서 하나님의 저주를 면할 수 없다. 그 선포를 들은 백성들은 당연히 '아멘' 으로 화답하게 되었다.

그리고 모세는 짐승과 성관계를 하는 자는 저주를 받을 것이라고 선포했다. 또한 자기의 자매 곧 그의 아버지의 딸이나 어머니의 딸과 동침하는 자는 저주를 받을 것이라고 했다. 여기서는 주로 이복형제 자매와 연관되는 것으로 이해할 수 있다. 나아가 장모와 동침하는 자는 저주를 받게 되리라고 선포했다. 모세가 선포하는 그 모든 말씀에 대하여 거기 모인 백성들은 당연히 '아멘' 으로 화답했다.

우리는 이 말씀을 오늘날 우리의 형편에 비추어 주의 깊게 생각해 보아야 한다. 현대 기독교에서는 이미 세상의 사악한 풍조들이 교회 안으로 깊숙이 들어와 있는 상태이다. 교회 내부에서 발생하는 추하고 부당한 성적인 관계는 심각하다. 특히 목회자의 성적인 일탈 문제는 절대로 있을 수 없는 일이다. 또한 미혼인 남녀 청년들 가운데는 그것이 별것 아닌 듯 간주 되는 가운데 혼탁한 분위기가 조성되어 있다.

또한 동성애, 동성 결혼 문제 역시 이미 교회 안으로 깊숙이 들어와 있는 상태이다. 유럽의 소위 기독교적인 전통을 가진 나라들 가운데는 짐승과의 수간이 별일 아닌 것처럼 여기는 경우가 많다. 그 모든 것들이 서서히 한국 사회와 기독교 안으로 들어와 자리를 잡기 시작했다. 모든 것은 개인의 사적인 문제일 뿐 다른 사람이 그에 대해 간섭할 문제가 아니라는 것이다. 하지만 우리는 그와 같은 부정한 성적인 관계가 하나님 앞에서 회개하지 않으면 무서운 저주를 받게 되는 근거가 된다는 사실을 기억하지 않으면 안 된다.

(4) 살인과 뇌물을 통한 살인교사(殺人教唆)(신27:24,25)

인간의 생명을 박탈하는 행위는 절대로 있어서는 안 되는 일이다. 구약시대 이스라엘 백성 가운데는 경우에 따라 다른 사람의 생명을 빼앗는 것이 합법적인 경우도 있었다. 전쟁에 나간 군인이 상대인 적군을 죽이는 것은 허용되었다. 그리고 사형에 처해져야 할 만큼 중한 범죄를 저지른 자들은 도리어 마땅히 죽여야만 했다.

하지만 일반적인 모든 살인행위는 명백한 범죄가 되었다. 특히 이웃을 암살(暗殺)하는 것은 절대로 있어서는 안 될 일이었다. 암살이란 사람들 사이의 다툼이나 특별한 사건으로 인해 발생하는 살인과 달리 남몰래 의도적인 살인을 저지르는 것을 의미한다. 만일 그와 같은 범죄를 행하는 자가 있다면 하나님으로부터 저주를 받게 된다고 했으며, 거기 모인 백성들은 모세의 가르침을 당연한 것으로 받아들여 '아멘' 으로 화답했다.

또한 누군가로부터 뇌물을 받고 무죄한 자를 죽이는 행위는 절대로 금지되었다. 물론 다른 사람을 죽일 목적으로 살인을 교사(教唆)하는 행위 역시 있을 수 없는 일이었다. 만일 그와 같은 행동을 저지르는 자가 있다면 살인을 교사하는 자이든지 뇌물을 받고 살인을 행하는 자이든지 하나님의 저주를 받게 된다는 사실이 선포되었다. 그에 대하여 모든 백성은 일제히 '아멘' 으로 화답했다.

(5) 축복과 저주(신27:26)

죄악이 가득한 이 세상에 살아가는 모든 인간들은 살아가면서 나름대로 우여곡절을 겪을 수밖에 없다. 하나님의 자녀들 역시 예외가 아니다. 축복과 저주에 연관된 그에 대한 근거와 원인은 하나님께 속한 자들과 세상 사람들의 경우가 근본적으로 다르다. 하나님의 자녀들은 그 모든 것이 하나님의 말씀에 온전히 순종하느냐 않느냐 하는 문제와 직접 관련되어 있기 때문이다.

물론 언약의 백성들에게 저주란 외적인 것만을 의미하지 않는다. 그것은 또한 단순한 삶의 고통이 아니라 본질적인 하나님의 저주와 밀접하게 연관되어 있다. 따라서 모세는 그와 같은 하나님의 명령을 듣고 그것을 온전히 실행하는 자들은 복을 받게 될 것이라고 했다. 하지만 그 가르침을 거부하고 하나님께 저항하는 사악한 범죄에 가담하는 자들은 저주를 받게 되리라고 했다(신27:26).

우리는 모세가 선포한 율법에 기록된 그 모든 명령이 오늘날 우리에게도 적용된다는 사실을 기억해야 한다. 하나님 앞에서 살아가는 성도들은 항상 자기 자신이 아니라 이웃을 위해 살아갈 준비를 갖추고 있어야 한다. 그리고 그에 조화되는 신앙인의 삶을 살아가도록 최선을 다해야만 하는 것이다.

제31장

순종으로 인한 축복과 불순종으로 인한 저주

(신28:1-35)

1. 순종을 통해 받는 축복 (신28:1-14)

(1) 복의 근원(신28:1-6)

모세는 이스라엘 백성을 향해 여호와 하나님의 말씀을 주의 깊게 듣고 순종하여 지키라고 했다. 자기가 저들에게 명령하는 것은 곧 하나님의 명령이라는 사실을 언급하며 그에 복종하면 놀라운 은총을 입게 되리라는 것이었다. 즉 그 모든 명령을 지켜 행하면 하나님께서 저들을 세계 모든 민족 가운데 뛰어나게 해주시리라고 약속했다는 것이다.

그러므로 이스라엘 자손이 여호와 하나님의 말씀을 듣고 그에 온전히 순종하면 그 모든 복이 저들에게 임하게 되리라고 했다. 하나님께서 모든 영역에서 놀라운 복을 내려주신다는 것이었다. 그렇게 되면 성읍 안에서도 복을 받고 들판에서도 복을 받으리라고 했다. 또한 그들의 자손들과 토지의 모든 소산, 그리고 모든 짐승들의 새끼들이 많아져 복을 받게 되리라는 것이었다.

뿐만 아니라 집에서 키우는 소와 양들이 많은 새끼를 낳게 되어 풍성한 복을 받게 되리라고 했다. 또한 그들의 곡간과 광주리에는 먹을 양식이 넘쳐날 것이며 떡 반죽 그릇에도 식량이 줄어들지 않을 것이라는 말을 했다. 그리하여 그 백성은 집으로 들어와도 복을 받고 나가서도 복을 받게 되리라는 것이었다.

모세는 이처럼 이스라엘 자손의 복은 인간들이 노력을 통해 스스로 창출해 내는 것이 아니라 하나님으로 말미암는다는 사실을 언급했다. 즉 백성들이 열심히 일하고 최선의 노력을 기울인 결과 풍요로운 삶을 얻게 되는 것이 아니다. 모든 것은 언약의 자손이 하나님의 말씀에 순종하므로 인해 하나님께서 저들에게 복을 내려주시게 된다. 하나님의 율법에 대한 온전한 순종이 진정한 복의 근원이 되기 때문이다.

(2) 언약의 백성들이 소유한 권세(신28:7-10)

이스라엘 백성이 모세를 통해 내려진 하나님의 명령에 순종하면 하나님께서 그들을 적군의 세력으로부터 지켜 보호해 주신다. 어느 이방 국가든지 약속의 땅 가나안을 공격하는 군대가 있다면 이스라엘 앞에서 패하게 하시리라는 것이었다. 따라서 이방 군대가 한 길로 공격해 들어올지라도 그들은 결국 일곱 길로 도망하리라고 했다. 이는 그들의 군대가 뿔뿔이 흩어져 도망하게 된다는 사실을 말해주고 있다.

하나님께서는 순종하는 자기 백성을 위해 저들의 원수를 물리쳐 주실 뿐 아니라 그들의 창고와 그들이 행하는 모든 일에 복을 내려주신다. 그리하여 그들이 살아가는 가나안 땅에서 하나님의 진정한 복을 누리게 된다. 그와 더불어 하나님께서는 그 조상 때부터 약속해오신 것처럼 이스라엘 자손을 자신을 위한 거룩한 성민(聖民)으로 세우시게 된다.

그러므로 이스라엘 백성은 여호와 하나님의 명령을 지켜 오직 그 길로 행해야만 한다. 세상의 모든 민족이, 여호와 하나님께서 이스라엘 자손을 특별히 선택하셔서 자기 백성으로 삼으신 것을 보게 되면 그들을 두려워하지 않을 수 없게 된다. 이는 언약의 자손들이 세계만방에 권세를 펼치게 되는데 그것은 저들의 군사력이 아니라 하나님의 이름에 근거한 것이라는 사실을 말해주고 있다.

(3) 하나님의 명령에 순종해야 할 백성(신28:11-14)

여호와 하나님께서는 오직 자기의 명령에 온전히 순종하는 자들에게만 참된 복을 내려주신다. 그는 이스라엘 민족의 조상들에게 맹세하신 대로 가나안 땅을 그 자손들에게 삶의 터전으로 허락하셨다. 그들이 약속의 땅에 거하면서 하나님의 율법에 온전히 순종하게 될 경우 저들의 몸에서 출생하는 자녀들이 넘쳐나게 된다.

뿐만 아니라 그들이 집에서 키우는 가축이 번성하여 그 수가 많아지게 해주신다. 나아가 그들이 농사를 짓는 땅에서 식물들이 잘 자라나서 풍부한 소산물을 얻게 된다. 그리하여 그들은 그곳에서 하나님의 은혜를 누리며 풍요로운 삶을 살아가게 되는 것이다.

하나님께서는 그 모든 것을 위해 자연 현상들 가운데서 섭리적으로 역사하신다. 하늘로부터 저들의 땅에 때에 맞추어 풍부한 비를 내리시게 되어 저들로 하여금 원만하게 농작물을 재배하도록 하시며 가축들을 키우는 일에 어려움이 없도록 해주신다. 그리하여 언약의 자손들은 그들이 손으로 행하는 모든 일에 풍성한 복을 받아 누리게 된다.

그러므로 이스라엘 백성은 저들이 소유한 재산이 넉넉하게 되어 주변의 여러 이방 백성들과 구별된 삶을 살아가게 된다. 그들이 다른 종족이 궁핍하여 무언가 필요한 것들을 당부하면 저들의 원하는 무언가를 꾸어줄 수 있다. 하지만 그들이 심히 궁핍하여 이방인들로부터 꾸는 일은 없을 것이라고 했다. 이는 그들이 하나님의 은혜로 말미암아 모든 면에서 여유로운 삶을 누리게 된다는 사실을 말해주고 있다.

하나님의 백성들의 생활에 관한 전반적인 인식구조는 하나님을 전혀 알지 못하는 이방인들과는 근본적으로 다르다. 여호와 하나님을 경외하는 그 백성은 그에게 속한 언약 백성의 지위를 누리고 있다. 따라서 하나님께서는 자기의 율법과 명령에 온전히 순종하는 백성들을 항상 지켜 보호해 주시게 된다.

따라서 하나님께서 그 백성을 모든 민족 가운데 머리가 되게 하시고 꼬리가 되지 않게 하신다. 그렇게 되면 그들이 이방 종족들 위에 군림할지언정 그 아래서 이방인들을 섬기는 일을 하지 않는다. 그들이 과거 애굽 땅에서 경험했던 자존심 상하는 모든 비참한 일들이 이제 중단되는 것이다.

이와 같은 삶을 유지하기 위해서는 모든 언약의 자손들이 하나님께서 모세를 통해 명령하신 내용을 숙지하여 마음속 깊이 새겨야만 한다. 하나님의 말씀을 삶의 중심에 두고 그것을 온전히 지키며 살아갈 때 그 모든 삶이 형통하게 된다. 이는 하나님의 말씀을 떠나 좌로나 우로나 치우치지 않고 다른 신을 섬기는 일이 발생하지 말아야 한다는 사실을 말해준다(신28:14). 그들이 이방 종교의 모든 습성을 완전히 배제한 상태에서 오직 하나님의 말씀에 순종할 때 하나님의 은혜와 참된 복이 임하게 되는 것이다.

2. 불순종을 통해 받는 저주 (신28:15-35)

(1) 저주의 근원(신28:15-19)

모세는 앞서 복에 관한 것에 대한 교훈과는 달리 이스라엘 자손이 하나님의 말씀에 순종하지 않을 경우에는 무서운 저주를 받게 되리라는 사실을 언급했다. 하나님의 말씀을 듣지 않고 멀리한다는 것은 그에 대한 저항적 태도가 표출된다는 사실을 의미하고 있기 때문이다. 따라서 만일 모세가 전하는 명령과 규례를 지켜 행하지 않는다면 저들에게 임하는 모든 저주를 피할 수 없다는 것이었다.

그렇게 되면 배도에 빠진 백성들은 성읍 안에 살아가면서도 저주를 받을 것이며 들판에서 일하는 자들도 저주를 받게 된다. 또한 그들의 곡식을 담는 광주리와 떡 반죽 그릇에도 무서운 저주가 임하게 된다. 나아가 저들의 몸에서 태어나는 자식들과 저들의 밭에서 나는 소산물과 집에서 키우는 소와 양 등 가축의 새끼들도 모두 저주 아래 놓일 수밖에 없다.

하나님의 말씀을 떠난 그 백성은 들어와도 저주를 받고 나가도 저주를 받는다고 했다. 즉 집 안과 성읍 안에 들어와도 저주를 받게 되며 집과 성 밖으로 나가도 저주를 받게 된다는 것이었다. 이는 하나님의 율법을 버리고 불순종하는 자들이라면 어느 누구도 하나님의 무서운 저주를 피할 수 없다는 사실을 말해주고 있다.

(2) 자연 현상에 의한 재앙(신28:20-24)

모세는 이스라엘 자손이 악행을 저지르며 하나님과 그의 교훈을 잊어버리는 경우에 대한 언급을 하고 있다. 하나님을 기억하지 않음으로써 행하는 모든 능력과 일들에 대해서는 하나님께서 엄한 저주를 내리신다. 그렇게 되면 모든 면에서 혼란이 가중되며 하나님의 책망으로 인해 파멸에 빠지게 된다.

그와 더불어 하나님께서는 저들 가운데 무서운 전염병이 돌게 하신다. 거역하는 자들은 질병으로 말미암아 심한 고통을 당하게 되는 것이다. 그 결과 배도에 빠진 이스라엘 자손은 하나님께서 인도하여 차지하도록 하신 땅에서 패망할 수밖에 없게 된다.

모세가 전한 율법과 명령을 멸시하는 자들에게 임하는 하나님의 끔찍한 재앙들은 다양한 형태로 나타나며 아무도 그것을 피하지 못한다. 여호와께서는 폐병과 한기와 열병과 몸에 생기는 염증과 곤충에 물려 감염되는 학질과 극한 가뭄과 사막에서 불어오는 강한 태풍 같은 바람과 썩는 재앙으로 그 백성을 심판하여 치신다. 그것들은 사람의 신체에 직접 연관될 뿐 아니라 항상 먹고 살아가는 식량과도 관련되어 있다. 따라서 그와 같은 다양한 형태의 질병과 재앙들이 배도에 빠진 그 백성의 뒤를 따라가며 진멸하게 되리라는 것이었다.

한편 자연 현상으로 말미암은 하나님의 은총은 더 이상 그 사악하게 된 백성들에게 임하지 않는다. 저들 머리 위에 있는 하늘은 마치 놋처럼 굳게 되고 그들이 밟고 살아가는 땅은 마치 쇠붙이처럼 되어 버린다. 이는 하늘에서는 비를 내리지 않으며 땅은 메말라 굳게 되어 아무런 농작물이 자랄 수 없게 된다는 사실을 말해주고 있다.

하늘에서는 그들이 기다리는 비가 멈추어버린 채 티끌과 먼지가 온 땅에 가득히 뒤덮이게 되면 참담한 상황이 될 수밖에 없다. 그런 것들은 인간들의 건강에 심각한 해가 될 뿐 아니라 저들이 집에서 키우는 가축과 들판에서 재배하는 농작물의 성장에도 치명적인 해악을 끼치게 된다. 저들의 배도 행위로 인해 닥친 하나님의 재앙으로 인해 백성들은 고통을 당하다가 결국 멸망받게 되는 것이다.

(3) 피할 수 없는 무서운 재앙(신28:25-35)

모세는 하나님의 율법과 명령에 불순종하면 하나님께서 친히 이방의 강력한 적군들을 가나안 땅으로 불러들일 것이라고 했다. 그들이 아무리 애쓸지라도 결국은 하나님의 심판으로 인해 패배를 당할 수밖에 없게 된다. 따라서 이스라엘 백성은 그 이방 군대 앞에서 지리멸렬(支離滅裂)하게 되어 일곱 길로 도망쳐야 하는 상황에 다다른다. 이는 군대로서 저들의 대열이 완전히 흐트러진다는 사실을 말해주고 있다.

결국 그 백성들은 이방 지역의 여러 나라들 가운데로 흩어지는 수모를 당하게 된다. 그들 가운데 상당수는 이방인들의 군대에 의해 전사(戰死)를 당해 저들의 시체가 공중의 모든 새와 땅의 다양한 짐승들을 위한 밥이 되고 만다. 하지만 그것들을 쫓아줄 자가 아무도 존재하지 않을 것이라는 사실을 언급했다.

뿐만 아니라 모세는 하나님께서 그 전에 애굽 땅에서 이방인들에게 내렸던 각종 재앙들을 장차 배도에 빠진 그 백성들 가운데 내리실 것이라고 했다. 하나님께서 애굽에서 행하셨던 것처럼 각종 종기와 치질과 괴혈병과 피부병으로 배도자들을 치시게 되면 그들은 다른 방법으로 치유를 받지 못한다.

또한 모세는 하나님께서 그 백성들을 미치도록 만들거나 정신질환을 앓게 하고 눈을 멀게 하시며 깜짝깜짝 놀라 심장이 두근거리는 병으로 치실 것이라고 했다. 그렇게 되면 앞을 볼 수 없는 맹인이 어두운 데서 앞을 더듬는 것과 같이 한낮에도 더듬게 될 것이며 저들의 가는 길이 형통하지 못하게 된다. 그리하여 그들은 이방인들에 의해 압제를 받고 노략을 당하게 된다. 하지만 그들을 그 고통 가운데서 구원해 줄 자가 아무도 존재하지 않는다고 했다.

그리고 그 백성들 가운데 젊은 남자가 어떤 여자와 약혼을 한다고 해도 다른 사람이 그 여자를 데리고 가서 동침하게 된다. 또한 자기가 살기 위해 집을 건축하지만 거기서 살아보지 못한 채 쫓겨나게 된다. 뿐만 아니라 들판에 나가 포도원을 만들고 열심을 다해 포도를 재배할지라도 그 열매를 수확하지 못한다.

나아가 그들은 소를 잡아 그 고기를 먹고자 하지만 그것을 먹을 수 없는 형편에 처하게 된다. 또한 저들의 나귀를 뻔히 보는 눈앞에서 다른 자들이 빼앗아가도 아무런 저항을 하지 못하며 그것을 도로 찾지 못한다. 그리고 자기의 양을 원수들에게 빼앗기게 된다고 해도 그들을 도와줄 만한 힘을 가진 사람이 아무도 없다.

결국 그들은 자기 자녀를 이방 족속에게 빼앗기게 될 것이며, 종일토록 고민하며 찾고자 애쓰지만 몸이 쇠하고 눈이 피곤해질 뿐 그의 손에는 아무런 힘이 없어 그 자녀를 되찾지 못한다. 그리고 저들의 토지에서 생산되는 농작물과 그들이 수고하여 얻은 곡식을 알지 못하는 이방인들이 빼앗아가서 먹게 된다. 그들은 이방인들의 세력에 의해 심한 압제와 학대를 받게 되지만 속수무책(束手無策)인 상황에서 심한 고통을 당하게 될 따름이다.

그러므로 그들은 눈앞에 펼쳐지는 여러 재앙들로 말미암아 미쳐버리게 된다. 또한 하나님께서 저들의 무릎과 다리를 쳐서 치유할 수 없는 심한 종기들이 생겨나도록 하신다. 그렇게 되면 발바닥에서부터 정수리까지 온 몸에 그 무서운 질병이 퍼져 아무런 활동도 하지 못하게 된다. 그 모든 것은 하나님의 명령에 불순종하는 백성들을 향한 무서운 저주 때문에 발생하는 문제이다.

3. 축복과 저주, 순종과 불순종에 관한 근본적 이해

우리가 이 말씀을 통해 깊이 유념해야 할 바는, 각각의 인간들에게는 축복과 저주 둘 가운데 하나가 있을 따름이며 중간지대가 존재하지 않는다는 사실이다. 이는 하나님께 순종하는 것과 불순종하는 것 사이에 중간지대가 없다는 사실과 동일하다. 축복이든 저주든 둘 가운데 하나, 순종이든 불순종이든 둘 가운데 하나만 적용될 따름이다. 이는 예수님을 믿는 것과 믿지 않는 것, 하나님의 자녀인지 그렇지 않은지에 대한 중간지대가 없는 것과 마찬가지다.

물론 진정한 축복은 하나님의 요구에 온전히 순종하는 삶으로부터 귀착

되고, 저주는 그에 불순종하는 삶에 연결되어 있다. 즉 축복과 저주는 일반 윤리적인 행위가 아니라 율법에 대한 순종 여부에 달려 있다. 이에 대해서는 앞에서 '그리심 산의 축복'과 '에발 산의 저주'를 통해 이미 선포된 바이다(신27:11-15). 따라서 하나님 명령에 대한 순종이 없는 상태에서의 축복은 존재하지 않으며 역으로 하나님에 대한 순종에도 불구하고 저주를 받는 일은 없다. 물론 어리석은 인간들은 영원한 참된 축복이 아닌 일시적인 상황을 축복이라 여기기도 한다.

우리는 또한 여기서 하나님의 율법과 명령에 완전히 순종할 수 있는 자가 타락한 이 세상에는 아예 존재하지 않는다는 사실을 기억해야 한다. 따라서 하나님의 모든 뜻에 완전히 순종하는 참사람인 천상으로부터 오신 예수 그리스도를 반드시 필요로 하게 된다. 하나님께 속한 백성은 그리스도의 순종과 더불어 그의 은혜에 참여함으로써, 그 순종하는 자리에 앉게 되어 영원한 축복을 소유한다. 그와 반대로 그에게 속하지 않는 자들은 불순종하는 자리에 놓이기 때문에 하나님의 진노와 저주를 피할 수 없게 된다.

이와 더불어 우리가 반드시 기억해야만 할 점은 하나님의 율법에 연관된 순종과 불순종은 개별적 행위 차원을 넘어 집단적 개념을 지니고 있다는 사실이다. 어른들이나 독자적인 판단능력을 가진 자들과 달리 나이 어린 아기들이나 태중에 있는 아기들은 그에 따른 판단과 행위를 전혀 하지 못한다. 하지만 그 아기들조차도 부모와 어른들이 속한 공동체로 말미암아 집단적 참여를 할 수 있게 된다. 따라서 언약적 축복의 공동체에 속해 있는가 그렇지 않은가 하는 것은 매우 중요한 의미를 지니고 있다.

그러므로 하나님의 자녀들은 자기가 속한 교회적 의미와 가정적 의미를 중요하게 받아들여야만 한다. 모든 성도들은 교회와 가정을 통해 하나님의 말씀에 온전히 순종하는 삶을 살지 않으면 안 된다. 특히 말씀을 통해 진리를 깨닫고 있는 어른들의 그에 대한 책임과 의무는 소중한 언약적 의미를 지니고 있다. 이는 그들의 신앙적인 삶이 자기 자신뿐 아니라 아직 아무것도 인식하지 못하는 어린아기들의 삶을 동시에 책임지고 있기 때문이다. 따라서 지상 교회와 성도의 가정은 자기를 위해 십자가를 지고 돌아가신 예수 그리스도의 사역 안에 온전히 들어와 있어야 하는 것이다.

제32장

하나님의 율법을 거부하는 자들에게 임하는 저주와 재앙

(신28:36-68)

1. 이방인의 포로가 될 것에 대한 예언 (신28:36,37)

모세는 이스라엘 자손을 향해 장차 일어나게 될 일에 관한 언급을 했다. 이는 그들이 하나님의 율법과 규례를 떠나 배도의 길을 걷게 되면 발생할 문제에 연관되어 있었다. 이는 물론 저들이 약속의 땅에 들어가서 정신을 바짝 차려 하나님을 섬기며 그의 명령에 순종하라는 의미를 내포하고 있다.

하나님께서는 우선 앞으로 이스라엘 백성을 통해 언약의 왕국을 세우리라는 말씀을 하셨다. 그리하여 그들이 왕국 가운데 백성들을 다스리는 왕을 세우게 된다. 이는 하나님께서 아브라함과 그의 자손들에게 약속하셨듯이 그들을 통해 '하나님 나라' 를 위한 그림자 왕국을 세우는 것에 연관되어 있다.

그런데 모세는 그 왕과 백성들이 이스라엘과 그 조상들이 전혀 알지 못하는 나라로 끌려가게 될 것에 관한 부정적인 사실을 언급했다. 아직 그 왕국이 세워지기는커녕 이스라엘 자손이 약속의 땅에 들어가기도 전에 그에 관한 예언의 말씀을 주셨던 것이다. 이는 가나안 땅 진입을 눈앞에 둔 백성들에게 충격적인 선언이 아닐 수 없었다.

그렇지만 모세는 그에 연관된 분명한 예언의 말씀을 전했다. 그들이 후일 포로가 되어 낯선 이방 지역으로 잡혀가게 되면 그곳에서 나무와 돌로 제작된 더러운 우상 신들을 섬기게 되리라고 했다. 물론 그들은 여호와 하나님을 완전히 버리고 이방신들만 찾아 섬기는 것이 아니라 이스라엘의 하나님에 대한 왜곡된 신앙 위에 이방인들의 종교적 사상과 관습을 받아들여 혼합종교를 만들어 섬기게 된다.

그것은 패망으로 나아가는 지름길이지만 인간적인 욕망에 사로잡힌 자들은 그에 관한 인식을 전혀 하지 못한다. 그들은 배도의 길을 걸어가면서도 마치 신앙생활을 더 열정적으로 하는 것으로 착각하게 된다. 그리하여 하나님께서는 그들이 끌려간 이방 지역의 모든 민족 가운데서 놀람과 속담과 비방거리가 되도록 하실 것이라고 했다. 그와 같은 예언의 말씀은 두려운 말씀이 아닐 수 없었다. 따라서 가나안 땅에 들어가는 언약의 백성들은 항상 모세가 전한 이 말씀을 심중에 담아두고 있어야만 했다.

2. 가나안 본토에서 당하게 될 재난 (신28:38-46)

이스라엘 자손이 배도의 길을 걷게 되면 약속의 땅 가나안에서 끔찍한 재난을 당하게 된다. 그들이 들판에 나가서 많은 종자를 뿌릴지라도 메뚜기 떼가 몰려와 먹어치워 버릴 것이기 때문에 거두어들이는 곡식량이 얼마 되지 않는다. 또한 그들이 포도원을 가꾸어 포도나무를 심고 가꾸어도 벌레들로 인해 열매를 수확하지 못하게 된다. 그들은 포도가 없으므로 포도주를 만들어 마시지도 못한다.

또한 그들이 생활하는 주변에 감람나무들이 많이 있다고 할지라도 그 열매가 모두 떨어져 거두어들일 것이 없다. 그로 인해 기름을 짤 수 없어 몸에 감람유를 바르지 못한다. 그것은 건조한 지역에 살아가는 사람들에게 피부를 보호하기 위한 소중한 것이므로 그 기름이 중단되면 많은 고통이 따르게 된다.

또한 이스라엘 백성이 자녀를 낳을지라도 그들이 이방인들의 포로가 되어 사로잡혀 가게 되어 저들과 함께 거하지 못한다. 그들이 주변에 나무를 심어 키우고 토지를 개간하여 열심히 농사를 지어도 메뚜기를 비롯한 곤충들이 달려들어 먹어버리게 된다. 한편 그들 가운데 거하는 이방인들이 세력을 얻어 그들 위에 군림하는 일이 발생한다. 그렇게 되면 이스라엘 자손이 점차 힘을 잃고 나약해질 수밖에 없다.

하나님을 모르는 그 이방인들이 모든 것을 풍족하게 얻어 이스라엘 자손에게 꾸어줄지라도 그와 반대로 이스라엘 백성은 저들에게 아무것도 꾸어주지 못한다. 그들은 극도로 궁핍하게 되어 스스로 먹을 것도 부족할 것이기 때문이다. 결국 이방인들이 도리어 머리가 되어 이스라엘 백성을 지배할 것이며 이스라엘 자손은 꼬리처럼 되어 그들에게 끌려다니는 신세를 면하지 못하게 된다.

이스라엘 자손이 그와 같은 열악한 형편에 처하게 되는 것은 하나님의 말씀을 청종하지 않고 모세를 통해 내린 하나님의 명령과 규례를 지키지 않은 까닭이다. 그와 같은 행위는 백성들이 하나님을 경외하지 않고 배도에 빠진 사실을 말해준다. 따라서 하나님께서는 배도에 빠진 그 백성들 위에 무서운 재앙을 내리신다. 그들은 하나님으로부터 내린 저주를 피하지 못하고 결국은 멸망당할 수밖에 없게 되는 것이다.

모세는 이스라엘 자손에게 임하는 재앙이 저들을 간섭하시는 하나님의 사역에 대한 표징이 된다는 사실을 말했다. 따라서 하나님을 진정으로 경외하는 자들이라면 그 과정에서 소중한 훈계를 받을 수 있어야 한다. 배도

자들에게 임하는 저주는 참 하나님의 백성에게도 고통스러운 영향을 끼치기 때문이다. 그러나 하나님의 자녀들은 그와 같은 심한 고통 가운데서도 하나님을 경외하며 그의 율법에 순종할 준비를 갖추게 되는 것이다.

이에 연관된 교훈은 오늘날 우리에게도 동일한 의미를 지니고 있다. 우리 시대에 발생하는 대홍수나 강력한 태풍, 지진과 화산폭발, 급격한 기후 변화, 그리고 무서운 전염병 등으로 인하여 심각한 문제가 대두되면 그것이 과연 하나님의 저주가 아닌지 신중하게 생각해 보아야 한다. 즉 우연히 발생한 자연적인 현상 이상의 의미가 그 가운데 존재할 수 있기 때문이다. 따라서 하나님께 속한 백성들은 역사적 흐름과 변화 가운데서 하나님의 뜻을 예민하게 파악하여 그에 순종하는 자세를 갖추어야 한다. 심한 고통 중에도 그렇게 대응하는 것이 진정한 축복이 될 수 있기 때문이다.

3. 강력한 이방 군대의 침략과 배도자들이 당할 재앙 (신28:47-51)

인간들의 풍요로운 삶은 그 자체로서 참된 의미를 가지지 못한다. 아무리 여유롭고 풍족하다고 할지라도 그것으로 인해 여호와 하나님을 멀리하고 그의 뜻에서 벗어난다면 그것은 도리어 저주의 기초가 될 따름이다. 어리석은 자들은 그에 대한 깨달음 없이 풍족한 삶 자체가 축복인 양 근본적인 착각을 하게 된다.

모세는 이스라엘 자손에게 이제 곧 가나안 땅에 들어가면 그점을 명심하라고 당부했다. 만일 풍요로운 삶으로 인해 여호와 하나님을 멀리한 채 그를 진정으로 섬기지 않는다면 저들에게 무서운 재앙이 임하게 되리라는 것이었다. 그것은 곧 하나님의 저주를 부르는 것과 같다는 사실을 말해주고 있다.

물론 하나님께서는 저들의 풍요로움을 오래 지탱하도록 하시는 대신 그와 같은 삶을 박탈하시게 된다. 그리하여 그들은 결국 저들이 추구하며 바라는 것과는 달리 주리고 목마르고 헐벗고 모든 것이 부족한 상태에 놓일 수밖에 없다. 그런데 문제는 그것으로 모두 끝나는 것이 아니라 상상을 초월한 더 심한 재앙이 저들을 덮치게 된다는 사실이다.

하나님께서 저들에게 강력한 이방 군대를 보내 가나안 땅의 모든 성읍들을 치게 하실 것이며 그로 말미암아 그들은 이방인들을 섬기는 자리에 놓이게 된다. 그 이방인들이 저들의 목에 철로 된 멍에를 씌워 저들을 패망시키리라는 것이었다. 그 군대는 여호와 하나님께서 멀리 땅끝에서부터 불러와 심판의 도구로 사용하는 민족이다. 그들은 마치 독수리처럼 용맹스럽게 날아와 저들을 치도록 하신다.

이스라엘 자손은 그들의 언어를 전혀 알아듣지 못한다. 그들은 생소한 민족으로서 용모가 강하고 흉악하며 노인이나 유아라고 해도 불쌍히 여기지 않고 마구잡이로 칼날을 휘둘러댄다. 그리하여 그들이 집에서 키운 가축의 새끼와 저들의 주변 토지에서 난 모든 소산물들을 빼앗아가 먹게 된다.

또한 모든 곡식과 포도주와 기름과 소나 양의 새끼마저 빼앗아감으로써 저들을 위하여 아무 것도 남겨두지 않는다. 이스라엘 자손은 그로 인해 완전한 패망을 당하게 되고 마침내 멸절당하게 되리라는 것이었다. 하나님의 말씀에 불순종하는 행위가 그와 같은 끔찍한 결과를 가져오게 된다는 것이다.

이스라엘 자손은 모세로부터 그 말을 들으면서 충격을 받지 않을 수 없었을 것이 분명하다. 애굽에서 견디기 어려운 모진 삶을 경험한 민족으로서는 또다시 그와 같은 과거로 되돌아갈 수 없었다. 이제 가나안 땅에 들어가면 풍요롭고 즐거운 삶을 기대하는 자들에게 그 말은 받아들이기 어려웠다. 하지만 모세는 그 백성을 향해 하나님의 말씀에 온전히 순종하지 않으면 그와 같은 끔찍한 상황이 발생하리라는 사실을 강한 경고의 메시지로 주었다.

4. 상상을 초월하는 극악한 고통과 각박한 시대의 도래 예언 (신28:52-57)

모세는 배도에 빠진 이스라엘 백성이 장차 당하게 될 고통에 대한 언급을 했다. 이방인들의 강한 군대가 가나안 땅 전역에 흩어져 있는 저들의 모든 성읍을 에워싸게 된다. 그리하여 이스라엘 자손은 적군으로부터 완전히 포위당한 채 맹렬한 공격을 받아 곤궁에 처할 수밖에 없다.

그 결과 그들은 성 밖에서 식물을 재배하지만 양식을 얻지 못하게 되어 굶주리게 된다. 그날이 하루 이틀이 아니라 오랜 기간 동안 음식을 먹지 못하면 비정상적인 정신상태가 될 수밖에 없다. 결국 그들은 눈에 보이는 무엇이든지 먹음으로써 견디기 힘든 그 고통에서 벗어나고자 몸부림친다.

그들 가운데는 끔찍한 일이 발생해 자기가 낳은 자식들을 죽여 그 고기를 먹는 자들마저 생겨나기도 한다. 그것은 인간으로서 결코 정상적인 상황이라 말할 수 없다. 즉 평상시라면 그와 같은 일을 상상조차도 할 수 없다. 하지만 상황이 극도로 악하게 되어 미칠 지경이 되면 무슨 짓이라도 하는 것이 죄에 빠진 추악한 인간들이다.

그와 같은 극한 상황에 도달하면 사람들 사이에 사랑이라는 것이 남지 않게 된다. 평상시에 온유한 성품을 가지고 있던 자들이나 유순한 남성들조차도 그 형제와 자기 아내와 자기가 낳은 자식들을 미워하며 증오로 가득 찬 눈으로 바라보게 된다. 그들에게는 오직 자기 자신을 위한 극단적 이기심만 남아있게 되는 것이다.

따라서 그런 자들은 자기 자식을 잡아먹는 끔찍한 행위를 하면서도 양심의 가책 같은 것을 전혀 느끼지 못한다. 그들은 자기가 먹는 자식의 살을 어느 누구에게도 나눠주지 않는다. 이는 이방의 적군들이 저들의 성읍을 에워싼 채 모든 것을 완전히 파괴함으로써 먹을 만한 음식이 전혀 남아있지 않다는 사실을 말해주고 있다.

또한 그들 가운데 존재하는 여인들 역시 마찬가지다. 성품이 온유한 여성이나 평상시에 고상하게 살아가던 여인들도 전혀 다른 사람으로 바뀌게 된다. 고귀한 인품을 자랑하며 발바닥으로 지저분한 땅을 밟지 않을 것처럼 우아한 모습을 띤 여성들도 예외가 아니다. 그들은 자기 남편과 자녀를 미워하며 증오에 가득 찬 눈으로 그들을 바라본다.

그 여인들은 자기 몸에서 나온 태와 자기가 낳은 어린 자식을 죽여 그 살을 남몰래 먹는다.[50] 이는 이방 군대가 저들의 성읍을 완전히 포위하여 맹렬히 침으로써 먹을 만한 아무것도 남겨두지 않기 때문이다. 그들은 눈이 뒤집혀 미쳐버리기 때문에 오로지 자기의 생존 욕망만 남아 있게 될 따름이다.

5. 하나님의 분노와 심판 아래 놓이는 배도자들 (신28:58-68)

모세는 이스라엘 자손을 향해 율법책에 기록된 모든 말씀을 지켜 행하라는 당부를 거듭했다. 하나님의 율법을 지켜 행하지 않는다는 것은 그를 경외하지 않는다는 말과 동일하다. 만일 그들에게 여호와 하나님의 영화롭고 두려운 이름을 진정으로 경외하는 마음이 없다면 무서운 재앙을 피할 수 없게 된다.

---

50) 이와 같은 끔찍한 일에 대한 역사적 증거가 성경에 기록되어 있다. 엘리사 시대 아람 왕 벤하닷이 사마리아를 공격할 때 일어난 사건이 그 대표적인 경우라 할 수 있다: "이스라엘 왕이 성 위로 통과할 때에 한 여인이 외쳐 가로되 나의 주 왕이여 도우소서....... 또 가로되 무슨 일이냐 여인이 대답하되 이 여인이 내게 이르기를 네 아들을 내라 우리가 오늘날 먹고 내일은 내 아들을 먹자 하매 우리가 드디어 내 아들을 삶아 먹었더니 이튿날에 내가 이르되 네 아들을 내라 우리가 먹으리라 하나 저가 그 아들을 숨겼나이다"(왕하6:26-29). 하나님을 배도한 백성에게 내려진 재앙은 이처럼 상상을 초월하는 방법으로 임했다. 우리는 또한 여기서 사악한 범행을 저지르고도 자신의 억울함을 호소하는 가증스러운 인간의 본 모습을 보게 된다.

하나님께서는 배도에 빠진 그들과 그 자손을 향해 극렬한 저주를 내리실 것이며 그 재앙은 크고 장기간 지속되어 백성들을 끝없이 괴롭힌다. 과거 애굽 땅에서 임했던 하나님의 재앙인 다양한 질병들이 백성들 가운데 발생하여 그들의 몸에서 떠나지 않는다. 나아가 율법책에 기록되지 않은 신종 전염병들과 새롭게 등장하는 모든 재앙들로 인해 그들이 멸망할 때까지 지속된다.

이스라엘 백성이 약속의 땅 가나안에 들어가 하나님의 은총으로 말미암아 그 수가 하늘의 별과 같이 많게 된다고 할지라도 그의 율법과 규례를 귀담아 듣지 않고 불순종하는 자들은 멸절될 수밖에 없다. 그렇게 되면 그 백성들 가운데 남게 될 자가 얼마 되지 못한다고 했다. 순종하는 백성들을 위해 그 수를 증가시키고 번성케 하시던 하나님께서 이제는 저들을 멸망시키기를 원하시기 때문이다.

그 백성이 애굽 땅에서 노예 생활을 하며 고통중에 있을 때는 하나님을 의존하는 삶을 살았다. 하지만 그곳으로부터 탈출해 자유롭게 되었을 때 도리어 그의 율법에 불순종하게 되고 하나님께서는 그러한 자들에게 엄한 징계와 재앙을 내리시게 된다. 결국 그 백성은 약속의 땅에서 뽑히는 신세가 되어 멸망당하게 된다. 즉 하나님께서 배도에 빠진 백성들을 이방 만민들이 살아가는 땅끝 여기저기로 흩어버리시는 것이다.

그들은 그곳에서 조상들조차 전혀 알지 못하던 이방인들이 제작한 나무와 돌로 된 우상을 섬기게 된다. 그들은 여호와 하나님에 대한 왜곡된 기억 위에 이방신들의 사상을 받아들여 혼합적인 신앙을 만들어 가지게 되는 것이다. 그들은 풍요로운 삶을 바라며 이방신들에게 적절히 의존하지만 그들에게는 진정한 평안이 주어지지 않는다.

그들이 이방 지역의 다양한 종족들 가운데 살아가면서 발바닥이 쉴 틈도 없이 고된 일을 한다고 해도 진정으로 쉴 만한 처소를 얻지 못한다. 이는 하나님께서 저들에게 저주를 내리시기 때문에 그 고통을 피할 길이 없다. 그 백성은 낯선 이방 땅에서 마음을 졸인 채 살아가야 하며 눈이 침침하여 정신이 산란하게 되어 고통스러운 삶을 이어가게 된다.

그 백성의 생명은 위험에 처하여 밤낮없이 불안정한 상태에서 심한 두려움에 떨게 된다. 이는 언제 어디서 자기의 생명이 끝나게 될지 확신할 수 없기 때문이다. 그들은 항상 무서운 공포에 빠져 있으므로 아침이 되면 저녁이 되기를 바라고 저녁이 되면 아침이 되기를 바라는 가운데 극심한 불안을 감추지 못한다.

결국 하나님께서는 오래전 그 백성을 고통에 휩싸인 땅에서 이끌어내시며 다시는 그 길로 돌아가지 않아도 된다고 말씀하셨다. 하지만 이제 다시 그들을 배에 싣고 그곳 애굽으로 끌고 가실 것이라고 하셨다. 물론 그 애굽이란 나중에 강력한 세력을 지니고 등장할 나라에 대한 상징적인 의미를 지니고 있다. 그곳은 강력한 이방인들이 버티고 있어서 모든 자유를 박탈당할 수밖에 없게 된다.

그 이방 지역의 사람들은 이스라엘 자손의 남자와 여자들을 다른 이방인들에게 팔아넘기려 하지만 그들을 사고자 하는 자들이 아무도 없을 것이라고 했다. 이는 그들이 병들고 나약하여 쓸 만한 존재가 되지 못한다는 사실을 말해주고 있다. 이처럼 하나님과 그의 말씀을 버리고 배도에 빠져 여호와를 경외하지 않는 자들은 철저하게 심판받게 되는 것이다.

제33장

모압 언약에서 드러나는 하나님의 뜻

(신29:1-29)

1. 호렙 산 언약과 모압 언약 (신29:1)

하나님께서는 이스라엘 자손에게 중요한 언약의 말씀을 주셨다. 그 모든 것은 단번에 허락되는 것이 아니라 여러 차례 나누어 주어졌다. 이는 하나님께서 지속되는 과정 중에 그들에 대한 사랑을 보여주셨음을 말해주고 있다.

처음 율법과 더불어 처음 맺어진 언약은 하나님께서 호렙 산에서 이스라엘 자손과 세우신 언약이다. 모세 오경 가운데 앞의 네 권 곧 창세기, 출애굽기, 레위기, 민수기 등은 주로 그때 주어진 말씀이다. 따라서 이스라엘 백성은 시내 광야에 머무는 동안 그 율법을 기억하며 순종하는 가운데 살아가게 되었다.

따라서 광야 생활 사십 년이 끝나가고 요단 강을 건너기 직전 신명기의 말씀을 듣기 전까지도 그들에게는 기록된 하나님의 율법들이 있었다. 제사장들과 레위인들은 그 율법을 이스라엘 자손에게 가르쳐 지키도록 했다. 출애굽한 이스라엘 자손이 애굽에서 익힌 모든 정신적인 사고와 일상적인 삶 가운데 묻어 있던 이방인의 습성과 오염들은 그 율법을 통해 씻어 내야만 했던 것이다.

그리하여 그 백성은 홍해를 건너면서 바닷물을 통해 애굽의 모든 것과 완전히 단절하게 되었다. 새로운 백성으로 변화된 그들은 이제 애굽의 법이나 관습이 아니라 하나님의 규례에 온전히 순종해야만 했던 것이다. 사도 바울은 고린도교회에 보내는 편지에서 홍해 바다를 건넌 사건을 '세례' 라고 했다.

> "형제들아 너희가 알지 못하기를 내가 원치 아니하노니 우리 조상들이 다 구름 아래 있고 바다 가운데로 지나며 모세에게 속하여 다 구름과 바다에서 세례를 받고" (고전10:1,2)

이 본문은 이스라엘 자손이 홍해 바다를 건너면서 애굽에서 익힌 모든 것들을 버렸음을 말해주고 있다. 그와 같은 새로운 삶을 살아가는 것은 어렵고 힘든 일이었다. 즉 시내 광야에서 사십 년 가까운 기간 동안 그 율법과 규례를 익혀 온전히 순종하는 것은 쉽지 않았다. 하지만 그들은 이제 하나님의 명령을 지키고 행해야만 했다.

그와 같은 상황에서 모세는 이제 곧 요단 강을 건너 가나안 땅에 들어가게 될 이스라엘 자손들을 향해 신명기에 기록된 모든 말씀을 전달했다. 성경 본문은 또한 그와 더불어 모압 땅에서 그들과 세우신 언약에 관한 특별한 내용을 강조하고 있다. 이제 그 말씀을 가나안 땅에 들어가는 백성들에게 확증해 주고자 했던 것이다.

2. 이스라엘 백성을 인도하신 하나님의 은혜 (신29:2-9)

모세는 온 이스라엘 백성을 한 곳에 소집하고 그들에게 중요한 메시지를 전했다. 그는 여호와 하나님께서 애굽 땅에서 이스라엘 자손이 보는 가운데 바로 왕과 그의 모든 신하들과 애굽 전역에서 행하신 모든 기적들을 그들이 목격한 사실을 언급했다. 즉 큰 시험과 표징과 이적들을 보고 경험하지 않았느냐는 것이었다.

우리가 알고 있는 것처럼 당시 그 자리에 모인 백성들 가운데 대다수는 과거 애굽에서 있었던 하나님의 기적들을 직접 보지 못했다. 그것을 경험한 이들은 거의 죽어 가나안 땅으로 들어갈 수 없었기 때문이다. 하지만 모세는 그들이 애굽에서 그 모든 기적들을 목격한 것으로 언급하고 있다. 그들이 애굽의 현장에 있지 않았으나 언약 가운데 그 모든 것을 경험한 것과 같다는 것이었다(신29:2).

이 말은 신약교회에 속한 모든 성도들에게도 매우 중요한 의미를 주고 있다. 오늘날 우리는 삼천오백여 년 전 애굽에서 있었던 하나님의 기적을 직접 보지 못했으며, 이천 년 전 이스라엘 지경에서 예수 그리스도께서 행하셨던 기적을 직접 목격하지 못했다. 하지만 우리는 하나님의 계시된 말씀을 통해 역사적 언약 가운데 그 모든 것들을 목격하고 경험한 것과 동일한 입장을 믿음으로 소유하고 있다.

그렇지만 당시 모세는 하나님께서 그 자리에 모인 백성들에게 깨닫는 마음과 실상을 제대로 보고 들을 수 있는 귀를 주시지 않았다고 했다. 즉 그들은 외부로 나타나는 다양한 현상들을 목격하고 경험하면서도 그 깊은 의미를 깨닫는 데는 한계가 있다는 점을 의미한다. 이는 하나님의 은혜가 없이는 겉으로 나타나는 현상들만 볼 뿐 그 실상을 이해할 수 없다는 사실에 연관되어 있다.

모세는 또한 그 백성을 향해 하나님께서 지난 사십 년 동안 시내 광야에서 저들에게 보여주신 특별한 은혜에 관한 언급을 했다. 그들이 척박한 광야에서 살아가는 동안 가장 안전한 길로 그들을 인도하셨으며 그들의 옷이 낡아지지 않았을 뿐 아니라 신발도 해어지지 않았다고 했다. 한편 그들은 거친 광야를 지나는 오랜 세월 동안 밀로 만든 빵을 먹지 못하고 포도주나 독주를 마시지도 못한 사실을 언급했다.

그 대신 하나님께서는 지난 사십 년 동안 날마다 하늘에서 내려오는 만나와 메추라기를 백성들에게 제공하여 먹고 살아가도록 하셨다. 그것을 통해 저들을 인도하시는 분이 여호와 하나님이란 사실을 알려주고자 하셨던 것이다. 따라서 이스라엘 백성은 그 모든 과정에서 하나님과 그의 놀라운 은혜를 깨달아 그의 율법에 순종해야만 했다.

그리고 모세는 근래에 이스라엘 자손들에게 있었던 특별한 사건에 대하여 언급했다. 그들이 요단 강을 경계로 한 가나안 동편 지역을 정복하는 과정에서 헤스본 왕 시혼과 바산 왕 옥이 저들에 맞서 싸우러 나올 때 하나님께서 그 군대를 치고 승리를 거두도록 해 주셨다는 것이다. 그리하여 그 땅을 차지하여 르우벤과 갓과 므낫세 반 지파에게 유산으로 주어진 사실을 말했다.

막강한 이방 왕국에 대한 승리는 하나님께서 저들에게 특별한 은혜를 베풀어 주셨기 때문에 가능한 일이었다. 따라서 이스라엘 백성이 요단 강을 건너 가나안 땅에 들어가면 하나님께서 주신 모든 언약의 말씀을 지켜 행하라고 요구했다. 그렇게 순종하면 하나님의 도우심에 따라 모든 일이 형통하게 될 것이었기 때문이다.

3. 하나님과 이스라엘 백성 사이의 언약 관계 (신29:10-13)

모세는 이스라엘 온 백성과 언약에 속한 모든 사람들을 한자리에 불러모아 그 말씀을 전하는 이유를 설명했다. 그 자리에는 백성들의 지도자들과 각 지파의 대표들 그리고 장로들과 관리들을 비롯한 모든 남자들이 있었다. 뿐만 아니라 나이 어린 유아들과 부인들 그리고 그들과 함께 진중에 있는 이방인 출신의 나그네들이 포함되어 있었다.

나아가 당시 어떤 일을 하는 사람이든지 지위의 높고 낮음에 상관없이 모두가 그 자리에 모였다. 따라서 비천한 자로 여겨질 수 있는 나무를 패는 자들과 물긷는 자들까지도 예외 없이 그 모임에 참여하게 되었다. 이른바 백성들의 총회가 모였던 것이다.

거기 모인 모든 백성들은 모세 앞에 모여 섰으나 실상은 여호와 앞에 서 있는 것과 같았다. 모세가 하나님으로부터 계시받은 모든 말씀을 저들에게 선포하고 있었기 때문이다. 따라서 온 백성은 그 자리에서 하나님의 언약에 참여하며 하나님께서 저들에게 하시는 맹세에 참여해야만 했다.

그러므로 여호와 하나님께서 저들의 조상 아브라함과 이삭과 야곱에게 약속하신 대로 이제 그 자손들을 세워 자기 백성으로 삼고자 하셨다. 그리고 그는 친히 그 백성을 위한 하나님이 되시고자 했던 것이다. 그리하여 여호와 하나님과 그 백성 사이에 언약적 관계가 확립되고 그들을 통해 언약의 왕국이 세워지게 된다. 그 그림자 왕국을 통해 장차 온 세상을 심판하게 될 실상으로서 하나님 나라 곧 메시아 왕국이 설립되는 것이다.

4. 하나님의 언약과 배도자들을 향한 무서운 진노 (신29:14-21)

하나님께서는 그 백성들과 맺는 언약과 맹세를 그 자리에 있는 자들뿐 아니라 그 밖의 언약에 속한 사람들에게도 해당된다는 사실을 언급하셨다. 당시 여호와 하나님 앞에 서 있는 자들과 그 자리에 함께 있지 않은 자들 가운데 그 언약이 적용되는 경우가 있다는 것이었다. 이는 하나님의 언약이 보편적 개념을 지니고 있음을 말해주고 있다. 하지만 그것이 세상의 모든 사람들에게 다 해당된다는 의미는 아니다.

본문 중에 그곳에 있지 않은 자들에게도 언약에 관한 이 말씀이 해당된다는 말씀은 크게 두 가지 의미를 내포하는 것으로 이해할 수 있다. 하나는 역사적 관점에서 볼 때 장차 이땅에 태어나 살아가게 될 언약의 자손들에 연관되어 있다. 즉 아직 이 세상에 출생하지 않았으나 진리의 상속으로 인해 하나님의 언약에 참여하게 될 자들이 많이 존재한다는 것이다.

또 다른 하나는 이스라엘 민족과 당시 그 자리에 있던 자들뿐 아니라 멀리 이방 지역에 살아가는 백성들 가운데도 하나님의 언약에 참여하게 될 자들이 존재한다는 사실을 말해주고 있다. 그들은 혈통적으로 아브라함과 이삭과 야곱의 자손들이 아니지만 언약에 참여할 선택받은 백성들이다. 이는 언약의 보편적 개념에 밀접하게 연관되어 있으며, 복음의 확장성에 관한 예언적 의미를 지니고 있다.

모세는 또한 그들을 향해 이스라엘 백성이 애굽 땅에서 살던 시절과 그들이 출애굽한 후 여러 종족들의 영역을 통과했던 사실을 알지 않느냐고 말했다. 이방인들이 통치하는 땅을 지나오면서 가증한 우상들과 나무와 돌로 만든 형상들과 은과 금으로 만든 신상들을 목격한 사실을 언급했던 것이다. 그에 대한 모든 기억들을 마음에 담아두고 교훈으로 삼아 깨어 경계하라는 것이었다.

그러므로 이스라엘 백성 중에 남자든 여자든 가족이든 지파든 여호와 하나님으로부터 떠나 이방 족속들이 섬기는 신들을 찾아 섬기는 일이 발생해서는 안 된다. 그것은 언약의 신앙을 이방 종교인들의 신앙과 혼합시키는 것이 되기 때문이다. 따라서 그 자손들 가운데 하나님을 욕되게 하고 모독하는 그와 같은 독초와 쑥의 뿌리가 마음속에 생기지 않도록 염려하며 각별히 주의를 기울여야 한다. 자칫 방심하여 마음의 끈이 느슨하게 풀리면 저들에게 무서운 저주의 원인이 생겨날 우려가 따르게 된다.

그럼에도 불구하고 저주와 연관된 그 교훈을 가볍게 여기고 스스로 자기의 욕망에 따라 복을 비는 어리석은 자들이 여기저기 나타난다. 그런 자들은 마음이 굳어져 자기 주장대로 판단하고 행동하면서 습하고 건조한 모든 것들이 다 멸망할지라도 자기의 일은 형통하리라 여긴다. 이는 자기의 경험과 이성에 따른 판단이 자기 인생을 풍요롭게 해줄 것으로 착각하게 된다는 사실을 말해주고 있다.

그러나 하나님께서는 절대로 그와 같이 배도에 빠진 자들을 아무 일 없다는 듯이 용서하시지 않는다. 그는 배도에 빠진 그 백성들 위에 무서운 진노와 함께 질투의 불을 쏟아부으시게 된다. 율법책에 기록된 모든 저주들을 더욱 심하게 내림으로써 아무도 피할 수 없는 재앙을 저들 위에 내리시는 것이다.

여호와 하나님께서는 결국 '그의 이름'(his name)을 천하에서 지워버리실 것이라고 말씀하셨다. 이는 스스로 자신을 언약의 민족으로 내세웠으나 실상은 그와 아무런 상관이 없는 '배도의 무리' 에 지나지 않는 자들이므로 언약으로부터 지워버리리라는 사실을 말해주고 있다. 따라서 하나님께서는 이스라엘 모든 지파 중에서 그와 같은 사악한 배도의 무리를 엄중히 구별하시고 하나님의 율법책에 기록된 언약에 나타난 모든 저주를 그들에게 더하실 것이라고 말씀하셨다.

우리는 여기서 여호와 하나님을 버리고 배도에 빠진 자들의 어리석은 판단을 보게 된다. 그들은 언약의 백성들 가운데 살아가면서 율법과 상관없는 자기의 판단에 근거한 주장과 노력이 형통한 삶을 가져오리라고 여긴다. 즉 배도자들은 자기의 낙관적인 판단과 달리 천상의 하나님께서 저들의 악행으로 말미암아 분노의 저주를 내리시고자 한다는 사실에 대해서는 철저히 무지했다. 그들은 인간의 만족과 하나님의 징벌을 구분하지 못하고 있었기 때문이다. 이는 오늘날 하나님을 경외하는 우리 역시 마음속 깊이 새겨야 할 교훈이다.

5. 하나님의 진노로 인한 재앙과 언약의 백성들이 가져야 할 지혜 (신29:22-29)

모세는 이스라엘 자손을 향해 저들이 하나님의 율법을 어기고 불순종함으로 인해 재난을 당하게 되면 많은 사람들이 그것을 보고 그 까닭을 궁금해하리라고 말했다. 나중에 태어날 그들의 자손들과 멀리 이방 지역에서 오는 나그네로서 언약을 알게 된 사람들은 가나안 땅에 임한 재앙과 여호와 하나님께서 내리신 다양한 질병들이 유행하는 것을 보면서 궁금해하지 않을 수 없다.

그리고 젖과 꿀이 흐르는 그 땅이 온통 유황으로 뒤덮여 소금밭처럼 되며 불에 탄 연고로 식물을 심지도 못하고 나무들이 결실을 맺지 못할 뿐 아니라 풀조차 자라지 못하는 것을 목격하며 하나님의 무서운 심판을 떠올리게 된다. 그와 같은 형편은 오래전 여호와께서 진노하시고 격분하심으로 인해 멸망시킨 소돔과 고모라와 아드마와 스보임에 내리신 징벌과도 같다. 따라서 그 선조들이 범한 죄악에 대하여 깊이 생각하지 않을 수 없다. 그에 대해서는 이방 지역의 여러 나라 사람들도 동일한 의문을 가진다.

여호와 하나님께서 무엇 때문에 그 땅에 그와 같은 무서운 재앙을 내리며 심판을 행하셨으며 그처럼 크고 맹렬하게 분노하신 까닭에 대한 하나님의 뜻이 무엇인지 묻게 되는 것이다. 그러면 사람들은 대답하기를 언약의 자손들이 그 조상의 하나님 여호와께서 그 조상들을 애굽 땅에서 인도해내실 때 저들과 더불어 맺으신 언약을 버리고 배도의 길로 행했기 때문이라고 한다는 것이었다.

배도자들은 그전에 전혀 알지 못하던 자들 곧 여호와께서 저들에게 엄히 금하신 이방의 다른 신들을 따라가며 그 우상들을 섬기고 경배하기를 좋아한다. 그들은 물론 여호와 하나님을 완전히 버린다고 생각지 않는다. 그 대신 이방 종교의 신들과 그 더러운 사상을 이스라엘 가운데 받아들여 혼합적인 종교로 만들고자 추구한다. 그렇게 하는 것이 마치 폭넓은 신앙생활을 하는 것인 양 크게 착각하고 있기 때문이다.

따라서 하나님께서는 그들과 그들이 살아가는 그 땅에 대하여 크게 진노하시게 된다. 그로 인해 여호와 하나님께서는 자기의 율법책에 기록된 모든 저주대로 저들 위에 무서운 재앙을 내리시게 되리라고 했다. 하나님의 무서운 재앙이 그들 가운데 임하게 되면 그것을 피할 수 있는 자가 아무도 없다.

결국 배도에 빠진 그 백성은 하나님의 진노에 따른 재앙으로 인해 그 땅에서 뽑혀나가게 된다. 격분하시는 하나님께서 그들을 가나안 땅에서 뽑아내어 이방 지역의 다른 나라에 내던져 버리실 것이기 때문이다. 그것을 목격하는 후대의 사람들은 그것을 보며 배도자들에 대한 하나님의 무서운 진노가 임한 사실을 알게 되리라는 것이었다.

겉으로 드러나지 않고 깊숙이 숨겨진 일들은 여호와 하나님께 속한 것들이다. 하지만 그로 말미암아 드러나 보이는 많은 일들은 언약의 자손들과 모든 백성들에게 속해 있다. 이는 하나님께서 그 모든 과정을 통해 율법의 모든 말씀을 이루어 가도록 하기 위한 것이라는 사실을 말해준다.

우리는 여기서 하나님의 천지 창조와 인간의 타락 등 인간들의 눈에는 감추어진 것들이 많이 있음을 보게 된다. 또한 하나님의 자녀들은 그 가운데서 창세 전에 택하신 자기 자녀들을 위해 메시아를 보내시는 하나님의 뜻이 존재한다는 사실을 알고 있다. 하지만 그 구체적인 섭리와 경륜에 대해서는 명확하게 알기 어렵다. 인간들이 미처 알지 못하는 중에 하나님의 놀라운 사역이 진행되고 있음을 깨닫는 것이 성도들의 진정한 지혜가 된다.

제34장

하나님의 약속과 이스라엘 자손들

(신30:1-20)

1. 포로 생활로부터 귀환 약속 (신30:1-4)

하나님께서 모세를 통해 말씀하신 모든 복과 저주는 반드시 가나안 땅에 살아가는 이스라엘 백성들 가운데 임하게 된다. 하나님의 율법과 명령에 온전히 순종하는 자들에게는 하나님으로부터 허락되는 진정한 복이 주어질 것이며 그에 저항하며 배도의 길을 걷는 자들에게는 무서운 저주가 임할 수밖에 없다. 이스라엘 자손은 항상 이에 대한 사실을 마음속에 새겨 둔 채 살아가야 한다.

그러므로 모세는 나중에 일어나게 될 사건에 연관된 중요한 권면을 했다. 장차 이스라엘 자손이 하나님을 버리고 배도에 빠지게 되면 하나님의 진노가 쏟아지게 된다. 그리하여 모세가 전한 모든 복과 저주가 저들에게 임하여 이방 종족이 통치하는 여러 지역으로 쫓겨나게 될 때 율법에 따른 올바른 자세를 취해야만 했다.

그 권면은 이방 지역에서 고통을 당하는 중 자기가 전하는 모든 내용이 기억나거든 그 말씀의 원리에 따르라는 의미를 지니고 있다. 이방인들에 의해 나라를 빼앗겨 완전히 망가진 그들의 삶을 회복하기 위한 유일한 길은 오직 여호와 하나님께로 돌아오는 것밖에 없다. 그렇게 하기 위해서는 모세가 백성들에게 전한 모든 명령을 온전히 지켜 따르지 않으면 안 된다. 그것은 마음을 다하고 뜻을 다하여 여호와 하나님의 말씀을 청종하는 것과 연관되어 있다.

이방의 포로가 되어 사로잡혀 간 자들이 그와 같은 온전한 삶으로 돌아올 때 하나님께서는 마음을 돌이켜 저들을 긍휼히 여기시게 된다. 그와 더불어 포로 생활에 지친 언약의 자손들을 그가 다시금 가나안 본토로 인도하신다. 즉 이방 지역에 흩어져 고통스럽게 살아가는 백성들을 모으시게 되는 것이다.

이처럼 하나님께서는 그 백성이 본토로부터 쫓겨나 세상 끝에서 헤매고 있을지라도 그들을 자기의 땅으로 불러모으실 것이라고 하셨다. 이는 그들의 강력한 세력이나 노력 혹은 자발적인 판단과 행동에 의해 그렇게 되지 않는다. 그것은 오직 여호와 하나님의 놀라운 작정과 은혜로 말미암아 이루어지게 될 따름이다. 그 모든 일은 하나님께서 장차 성취하실 모든 구속사를 이루어가는 과정에서 경륜에 따라 실행되는 것이다.

2. 본토 재건과 이스라엘 민족의 번성 예언 (신30:5-8)

모세는 축복과 진노에 관한 선포로 인해 심란하게 된 이스라엘 자손들을 향해 하나님의 원대한 계획을 언급했다. 여호와 하나님께서 포로로 잡혀간 이방 지역에서 그들이 다시 돌아오게 되리라는 것이었다. 여호와 하나님께서 언약의 조상들이 살고 있던 약속의 땅을 다시금 저들이 차지하게 해주실 것이라고 했다.

그리하여 하나님께서는 저들에게 큰 은혜를 베풀어 그 조상들보다 더욱 번성하게 해 주실 것이라고 약속하셨다. 또한 그가 언약의 자손들의 마음과 그후에 태어나게 될 자손들의 마음에 할례를 베풀어주어 마음을 다하고 뜻을 다하여 저들의 하나님 여호와를 사랑하며 섬기게 하실 것이라고 했다. 그리하여 하나님으로부터 영원한 생명을 얻게 된다는 것이었다.

우리가 기억해야 할 바는 구약시대 이스라엘 자손 가운데 모든 남성들이 출생한 후 팔 일째 되는 날 육체의 할례를 받았다는 사실이다. 따라서 모든 남성들은 육체 가운데 항상 할례의 흔적을 간직하고 있었다. 물론 그 할례는 남성들만 받았으므로 여성들은 받지 않았다. 그럼에도 불구하고 그 대표성으로 인해 여성들도 의미상 그 언약에 참여하게 되었다.

여기서 우리의 관심을 끄는 대목은 하나님께서 저들의 마음에 할례를 베푸신다고 말씀하신 사실이다. 어리석은 자들은 육체의 할례를 받음으로써 그것 자체가 자기의 정체성을 확인해 주는 것인 양 착각했다. 즉 할례를 받으면 언약의 백성으로서 기본적인 모든 자격 요건을 충족시키는 것으로 여겼던 것이다.

하지만 하나님께서는 그들에게 육체의 할례가 아니라 마음의 할례를 요구했다. 이는 육체의 할례는 외형상의 민족공동체를 이루는 상징적인 의미를 가질 뿐이므로 마음의 할례를 받아 진정으로 하나님께 속한 사람이 되어야 한다는 것이었다. 그래야만 하나님의 신실한 자녀로서 법적인 신분을 확보하게 되어 그의 말씀대로 살아갈 수 있었던 것이다.

할례와 연관된 이 말씀은 오늘날 우리에게도 매우 중요한 교훈을 주고 있다. 즉 육체적 할례와 마음의 할례에 연관된 내용은 신약시대 교회의 세례에 대해서도 동일한 적용을 할 수 있기 때문이다. 형식상의 세례가 모든 것을 충족시키지 못한다. 즉 세례가 곧 구원의 징표와 증거가 되지 못하는 것이다. 따라서 참된 교회의 영적인 올바른 세례를 받아 심령에 그리스도의 흔적을 소유할 때 비로소 그 효력이 발생하게 된다.

그리고 자기가 택하신 백성의 하나님이 되어 모든 것을 회복하시는 하나님께서는 저들을 괴롭히는 원수들과 그들을 미워하고 핍박하는 모든 악한 자들에게 무서운 저주의 심판을 내리신다. 하나님께서 자기 자녀들을 위해 대신 대적하는 원수들에게 심판으로 갚아주시는 것이다. 이로 인해 언약의 자손들은 원래의 상태를 회복하여 하나님의 말씀을 청종하고 모세가 저들을 향해 명령하는 모든 것들을 지켜 행해야만 하는 것이다.

3. 언약의 백성이 지켜야 할 도리와 하나님의 계획 (신30:9-14)

모세는 언약의 백성으로서 여호와 하나님의 말씀을 청종하는 것이 매우 중요하다는 사실을 언급했다. 즉 하나님의 뜻에 온전히 순종하기 위해 그로 말미암은 율법책에 기록된 모든 명령과 규례를 귀담아 들어 지켜야만 했다. 그렇게 함으로써 그들이 여호와 하나님께로 돌아오면 그가 저들의 모든 것을 형통하게 해주신다는 것이었다.

하나님께서는 율법에 순종하는 그 백성이 손으로 하는 모든 일에 복을 내려주리라고 하셨다. 그리고 그들의 몸에서 출생한 자녀들의 수가 많아지도록 은총을 베풀어주신다. 뿐만 아니라 저들의 집에서 키우는 가축들이 많아지게 할 것이며 토지에서 생산되는 다양한 소산물들이 넘쳐나게 해 주신다.

그와 같은 일들은 하나님께서 은혜와 더불어 저들에게 복을 내려주시기 때문에 일어나게 되는 현상들이다. 이는 여호와 하나님께서 오래 전 자기에게 순종하던 조상들을 기뻐하신 것처럼 그 자손들을 기뻐하여 저들에게 복을 내려주신다는 사실을 의미하고 있다. 이방 왕국의 포로로 잡혀갔으나 하나님께 돌아와 그의 율법을 지키고자 했을 때 다시금 저들에게 은총을 베풀어주시는 것이다.

우리는 이 말씀이 단순히 그 백성들이 행복하고 만족스러운 삶을 살도록 하기 위한 것이 아니란 사실을 깨달아야 한다. 하나님께서 저들을 평안한 길로 인도하시면서 많은 자손들을 허락하시는 것은 메시아를 보내시고자 하는 하나님의 뜻이 그 가운데 존재하고 있다. 즉 그들을 통해 이땅에 메시아를 보내 언약의 왕국을 세우고자 하셨다. 그 모든 것들은 메시아를 보내 자기 백성들을 구원하시고자 하는 하나님의 선한 방편이었던 것이다.

4. 하나님의 명령에 순종해야 할 백성의 삶 (신30:11-14)

모세는 이스라엘 자손을 향해 자기가 명령한 모든 내용은 저들이 지켜 행하기에 그리 어려운 것이 아니란 점을 언급했다. 그리고 그것은 손으로 잡을 수 없을 만큼 멀리 떨어져 있는 것이 아니라 손 가까이 존재한다는 사실을 말해주고 있다. 언약의 자손들에게는 하나님의 율법과 규례에 순종하는 삶이 절대로 지킬 수 없는 이상적인 것이 아니라는 것이었다.

물론 이는 모든 율법을 완벽하게 지킬 수 있다는 의미가 아니라 순종하는 자세로 그에 온전히 참여할 수 있음을 말해주고 있다. 하나님의 율법은 멀리 하늘 위에 있는 것이 아니라 그들 가운데 존재한다. 따라서 누군가가 하늘로 올라가 그곳에 있는 율법을 가지고 내려와서 지키자고 할 성질의 것이 아니었다. 혹은 하늘에 있는 율법을 어떻게 저들의 귀에 들려주어 행하게 할 것인가 하는 허황한 말을 하지 말라고 했다.

그리고 하나님의 명령이 바다 건너 멀리 떨어져 있는 것이 아니라고 했다. 즉 그 명령이 바다 밖에 있으니 누가 넓은 바다를 건너가서 그것을 가지고 돌아와서 사람들에게 들려주어 지켜 행할 수 있도록 하라는 말을 할 수 없다고 했다. 즉 하나님의 명령은 막연하거나 관념적인 것이 아니라 하나님을 믿는 성도들의 삶 가운데 적용되어야 할 실제적인 것들이다.

그러므로 하나님의 말씀은 항상 언약의 자손들과 밀착되어 매우 가까이 존재한다는 사실을 말했다. 그 율법은 그들의 입에 있으며 그들의 마음에 담겨 있기 때문이다. 따라서 모든 하나님의 언약의 자손들은 자기와 함께 있는 그 율법과 명령을 지켜 행해야만 했다. 이는 이스라엘 백성으로 하여금 어떤 핑계도 대지 못하게 하는 의미를 지니고 있다.

모세가 전한 이 말씀 가운데는 언약의 백성들이 소유해야 할 소중한 정체성에 연관되어 있다. 그들은 자기의 입과 마음 곧 자기 속에 존재하는 하나님의 율법과 명령에 순종함으로써 항상 자신의 정체성을 드러내 확인할 수 있어야만 한다. 이는 그것을 이행하는 가운데 하나님의 작정과 계획이 드러나고 있음을 말해주고 있다.

5. 복과 저주 앞에 선 이스라엘 자손들 (신30:15-20)

하나님께서는 이스라엘 백성들 앞에 생명과 복, 그리고 사망과 저주를 놓아두었다고 말씀하셨다. 그들이 생명의 복을 소유하게 될지 사망의 저주를 통해 심판을 받게 될지 선택의 기로에 놓여 있게 된 것이다. 그것은 물론 인간의 선택 여부에 따라 그 운명이 결정된다는 의미라기보다 언약의 백성이라 일컫는 자들 가운데도 정반대의 성격을 지닌 양쪽으로 분리된다는 사실을 말해주고 있다.

하나님께서 저들에게 명령하는 내용은 여호와 하나님을 진정으로 사랑하라는 것이었다. 그것을 위해서는 하나님께서 요구하시는 진리의 길로 행해야 하며 그의 명령과 규례와 법도를 온전히 지켜야 한다고 했다. 그렇게 하면 언약의 자손들이 생존하여 크게 번성하리라는 것이었다. 또한 하나님께서 그들이 이제 곧 들어가 차지할 약속의 땅에서 복을 내려줄 것이라고 말씀하셨던 것이다.

그와 달리 그들이 만일 하나님으로부터 떠나 마음을 돌이켜 그 말씀을 듣지 않는다면 그 정반대의 형편에 처하게 된다. 그렇게 되면 그들이 이방인들의 유혹을 받아 다른 우상 신들에게 경배하며 그를 섬기는 행동을 한다. 그들은 여호와 하나님에 대한 신앙과 이방인들의 종교 사상을 뒤섞어 혼합주의 신앙을 만들어 내게 되는 것이다.

그러므로 하나님께서는 저들에게 분명한 선언을 하셨다. 그와 같은 더러운 종교적 습성을 받아들여 혼합시킴으로써 하나님을 모독하는 자들은 반드시 멸망하리라는 것이었다. 따라서 그 결과 이스라엘 자손이 차지하게 될 약속의 땅 가나안에 들어간다고 해도 그들의 날이 길지 못하리라고 했다.

하나님께서는 그에 대한 증거를 삼기 위해 하늘과 땅을 부르겠다는 말씀을 하셨다. 그가 생명의 복과 사망의 저주를 백성들 앞에 두었으므로 살기를 원한다면 생명을 택하라고 하셨다. 여호와 하나님을 사랑하고 그의 말씀에 청종하며 그를 전적으로 의지하라는 것이었다. 그 하나님은 저들의 생명이 되시며 오랜 생명을 누릴 수 있는 근원이 되신다. 따라서 하나님의 말씀에 순종하고 그에게 의지하면 하나님께서 오래전 그들의 조상 아브라함과 이삭과 야곱에게 주리라고 맹세하신 땅에 오랫동안 거주하게 되리라고 하셨다.

우리가 여기서 깨달아야 할 사실은 이에 대한 교훈이 오늘날 우리에게 그대로 적용되어야 한다는 점이다. 지상 교회에 속한 모든 성도들이 하나님의 말씀을 귀담아듣고 그에 순종하며 의지하면 하나님께서 허락하신 영원한 복이 허락된다. 하지만 그에 반하는 삶을 살게 되면 무서운 진노와 저주를 면할 수 없다.

그런데 중요한 사실은 하나님을 사랑하는 것이 단순히 감정적인 문제가 아니란 점이다. 마음이 들떠 즐겁게 찬송가를 부르고 종교적인 열정으로 무분별한 기도를 열심히 하는 것이 곧 하나님을 사랑하는 것이라 말할 수 없다. 하나님의 뜻에 따른 올바른 찬송과 기도가 아니라면 스스로 자의적인 감정에 빠져 하나님을 사랑한다고 여길지라도 그것 자체로서는 참된 사랑이 아니다.

하나님을 진정으로 사랑하는 것은 그의 말씀에 온전히 순종하고자 하는 신앙 자세를 유지하는 것이다. 그렇게 하기 위해서는 계시된 하나님의 말씀을 올바르게 깨닫지 않으면 안 된다. 그래야만 그의 명령을 들어 청종함으로써 삶 가운데 지켜 행할 수 있을 것이기 때문이다. 그것이 곧 오직 여호와 하나님을 의지하며 언약 가운데 살아가는 성도들의 삶을 위한 중요한 방편이 되는 것이다.

제6부
모세의 사명 완수
(신 31-34장)

제35장

언약의 자손을 향한 하나님의 특별한 작정 선포

(신31:1-30)

1. 모세의 말년과 여호수아의 지휘권 승계 (신31:1-8)

이스라엘 자손을 가나안 땅 진입로까지 인도한 모세는 하나님으로부터 특별히 선택받은 위대한 인물이었으나 여전히 세상에 죄를 끌어들인 아담의 후손인 인간이었다. 이제 인생 말년에 이른 모세가 온 이스라엘 자손을 향해 말했다. 자기의 나이가 백이십 세나 되었으며 더 이상 그들을 인도할 수 없게 되었다는 것이다. 여호와 하나님께서 자기에게 요단 강을 건너 가나안 땅에 들어가지 못하리라고 말씀하셨기 때문이다.

모세는 이와 더불어 자기가 이스라엘 백성을 직접 인도하여 저들과 함께 가나안 땅으로 들어가지 못한다고 해도 그로 말미암아 염려하지 말라는 말을 덧붙였다. 여호와 하나님께서 이미 약속하신 대로 그가 언약의 자손들보다 먼저 요단 강을 건너가 그들의 길을 예비하신다는 것이었다. 또한 하나님께서 약속의 땅을 점령하고 있는 이방 족속들을 멸망시켜 그들 앞에서 쫓아내실 것이라고 했다.

그리하여 그 백성이 약속의 땅을 하나님으로부터 선물로 받아 소유하게 된다. 그 모든 과정에서 이스라엘 백성 가운데는 중요한 질서가 요구되었다. 그냥 오합지졸처럼 밀려 들어가는 것이 아니라 질서에 따라 움직여야 했다. 즉 모세는 요단 강을 건너가지 못하지만 이제 여호수아를 새로운 영도자로 세워 그들 앞에 먼저 건너가게 하라는 것이었다.

그렇게 함으로써 과거 하나님께서 모세 자신을 앞세워 요단 강 동편 지역을 점령했듯이 앞으로는 여호수아를 앞세워 요단 강 서편 가나안 땅을 점령하게 하신다는 것이다. 여호와께서는 이미 아모리 왕 시혼과 옥과 및 그들이 지배하는 땅에서 행하신 것처럼 가나안 땅에서도 그와 같이 행하시게 된다. 그렇게 하여 그 땅의 여러 이방 족속들을 저들에게 넘겨주실 것이므로 모세 자신이 백성들에게 내린 모든 명령대로 저들에게 행하라고 했다.

그러니 모세는 이스라엘 백성들을 향해 강하고 담대하라는 요구를 했다. 이는 일반적인 안목으로 보면 그 땅을 차지하고 있는 이방인들의 세력이 막강하여 두려운 대상으로 여겨질 수 있음을 말해주고 있다. 따라서 요단 강을 건너는 언약의 자손들은 연약해 보이는 자기의 군사력이나 힘을 들여다볼 것이 아니라 전능하신 여호와 하나님을 바라보고 오직 그를 의지해야만 했던 것이다.

그러므로 모세는 백성들에게 그 이방인들 앞에서 두려움에 빠져 떨 필요가 없다는 사실을 말했다. 여호와 하나님께서 저들과 함께 요단 강을 건너 가나안 땅으로 가실 것이며 자기의 율법에 순종하는 자들의 곁을 결코 떠나지 않을 것이기 때문이었다. 그는 절대로 자기의 율법을 준수하는 언약의 백성을 버리시지 않는 분이라는 사실을 기억해야만 했다.

백성들을 향해 그 말을 전한 후 모세는 온 백성이 모인 곳에서 여호수아를 불러 앞으로 나오게 했다. 그리고는 강하고 담대한 마음을 가지라는 당부를 했다. 이제 곧 이스라엘 백성을 거느리고 여호와께서 저들에게 주리라고 맹세하신 땅으로 들어가 그곳을 점령하라고 했다. 그것은 이스라엘 군대의 적극적인 정복행위가 아니라 하나님의 율법에 순종함으로써 얻게 되는 것에 연관되어 있다.

그러므로 여호와 하나님께서 여호수아 앞에서 먼저 나아가시며 그 뒤를 이스라엘 백성들이 따르게 된다는 것이었다. 하나님께서는 율법에 순종하는 여호수아와 항상 함께 계실 것이며 결코 그를 떠나지 않으며 버리지 않으리라고 했다. 따라서 이제 가나안 땅에 들어가면 어떤 위급한 상황을 만날지라도 두려워하거나 놀라지 말라는 당부를 했던 것이다.

2. '칠 년마다' 선포되어야 할 율법과 일상적 적용 (신31:9-13)

모세가 하나님의 율법을 책에 기록하여51) 여호와 하나님의 언약궤를 메는 레위 자손 제사장들과 이스라엘 모든 장로들에게 넘겨주었다. 그리고 그들을 향해 중요한 명령을 내렸다. 그것은 매 칠 년52)이 끝나는 해 곧 면제년(免除年)의 초막절에 온 이스라엘 백성이 여호와 하나님 앞 곧 그가 택하신 거룩한 곳에 모일 때 하나님의 율법을 낭독하여 온 이스라엘 백성으로 하여금 귀담아듣도록 하라는 것이었다. 그때는 모든 백성의 남녀노소뿐 아니라 성읍 안에 거류하는 타국인까지 다 모으라고 했다.

여기서 칠 년 주기로 이루어지는 면제년이란 언약의 백성들 가운데 신분상이나 재정적으로 무거운 짐을 진 자들로부터 그것을 면제해 주는 특별한 해를 의미하고 있다. 그때가 되면 이스라엘 중에 노예로 잡힌 자들을 해방시켜 주어야 하며 감당하기 어려운 빚을 진 채무자들의 부채를 탕감해 주어야만 한다(신15:1; 31:10). 그러다보니 면제년이 임박하면 율법의 의

51) 여기서 '율법을 책에 기록했다'는 말은 오늘날과는 달리 양피지나 파피루스 두루마리에 쓴 것을 의미하고 있다.

52) 본문에 기록된 매 칠 년이란 이스라엘 백성이 요단 강을 건너 가나안 땅에 들어간 해부터 계산되었다.

미를 중시하지 않는 자들은 가난한 자들에게 인색하거나 돈을 빌려주지 않는 등 부작용이 생겨나기도 했다(신15:9).

면제년의 초막절날이 되면 온 이스라엘의 남녀노소를 비롯한 모든 백성과 언약의 백성이 된 타국인들이 언약궤가 있는 하나님의 택하신 곳에 모일 때 모세가 전한 그 율법을 공적으로 봉독하고 그것을 지켜 행하도록 가르쳐야 한다. 그러면 모든 백성들은 그 가르침을 귀담아듣고 배워야 한다. 그리하여 저들로 하여금 여호와를 경외하며 율법의 모든 말씀을 지켜 행하도록 해야 한다.

그러므로 이스라엘 자손이 요단 강을 건너가서 차지하게 될 약속의 땅에 들어가면 정신을 바짝 차려야 한다. 따라서 그들이 가나안 땅에 거주할 동안 모세가 전한 하나님의 율법이 저들의 삶 가운데 자리잡고 있어야만 한다. 나아가 장차 그곳에서 출생할 자녀들에게 하나님의 율법을 끊임없이 들려주어야 한다. 그것을 통해 여호와 하나님을 진정으로 경외하기를 배우도록 해야 하는 것이다.

3. 모세와 여호수아를 불러 말씀하신 하나님의 두려운 예언

(신31:14-18)

하나님께서는 모세를 향해 이제 그가 죽을 기한이 얼마 남지 않았다는 사실을 언급하셨다. 그러니 여호수아와 함께 장막으로 나오라고 요구하셨다. 하나님께서 그에게 특별한 명령을 내리시리라는 것이었다.

우리가 여기서 주의 깊게 생각해 보아야 할 점은 여호수아를 모세의 후계자로 세운 분은 여호와 하나님이라는 사실이다. 즉 모세가 자기의 후계자로 여호수아를 지명하여 세운 것이 아니었다. 나아가 이스라엘 백성들이 여호수아를 선택하여 모세 다음의 후계자로 세운 것도 아니었다. 당시 그들에게는 그렇게 할 수 있는 아무런 권한이 주어져 있지 않았다.

그리하여 모세는 하나님의 명령에 따라, 자기의 후계자로 세우시고자 하는 여호수아와 함께 장막으로 나아가 하나님 앞에 섰다. 그러자 여호와 하나님께서 구름 기둥 가운데서 장막에 나타나셨다. 그때 구름 기둥은 장막 문 위에 머물러 있었는데 모든 백성이 그 광경을 지켜볼 수 있었다. 이는 언약궤가 놓인 장막이 하나님께서 거하는 거룩한 집이라는 사실을 드러내 보여주고 있다.

여호와 하나님께서는 그 자리에서 먼저 모세를 향해 말씀하셨다. 그전의 모든 언약의 조상들이 이땅에서의 삶을 마감하고 죽음의 길을 가야만 했던 것처럼 모세도 조만간 죽어 그 조상들처럼 육신의 몸이 땅 속에 묻히게 되리라는 것이었다. 이는 물론 그의 영혼은 육신을 떠나 영원한 천상의 나라로 올라가게 된다는 의미를 내포하고 있다.

그렇지만 그곳에 있는 남은 백성들은 약속의 땅 가나안으로 들어가 그 땅의 다양한 이방신들을 따르며 그 우상을 음란히 섬기게 될 것을 말씀하셨다. 배도에 빠진 자들은 일어나 더러운 종교 행위를 하면서 여호와 하나님을 버리고 하나님께서 저들과 맺은 언약을 파기하게 되리라는 것이었다. 이는 그들이 더러운 종교 행위를 하면서 참된 진리와 모세가 전한 율법을 버리고 배도의 길을 걸어가게 될 것에 대한 예언적 의미를 지니고 있다.

그렇게 되면 하나님께서는 그 백성들을 향해 크게 진노하지 않을 수 없다. 그들은 하나님으로부터 버림을 당하게 될 것이며 하나님께서 저들로부터 자기의 얼굴을 숨겨 그들에게 보이지 않도록 하신다. 하나님이 떠난 그 백성은 버림받아 이방 세력의 침공에 의해 삼킴을 당하지만 아무런 보호를 받지 못하고 끔찍한 고통의 자리에 놓일 수밖에 없게 된다. 그 백성이 온갖 재앙과 더불어 견디기 어려운 큰 환난을 당하게 되면 그제야 스스로 자기의 실상을 돌아볼 수 있게 되는 것이다.

그와 같은 끔찍한 고통을 경험하면서 백성들 중에는 저들 위에 무서운 재앙이 임하는 것은 여호와 하나님이 저들 가운데 계시지 않기 때문이 아닌가 생각하는 자들이 나타난다. 물론 그들의 머릿속에 맴도는 생각과 내뱉는 말 자체는 옳은 것이라 할 수 있다. 하지만 그들의 생각과 입술을 통해 드러나는 말로서 충분한 것이 아니라 하나님의 율법과 규례에 온전히 순종하는 자세를 가져야만 한다.

따라서 그들이 여호와 하나님께 돌아오고자 한다면 자신의 죄를 진심으로 뉘우치고 회개하여 악으로부터 돌이켜야 한다. 그렇지 않고 그 백성이 하나님의 율법을 버리고 다른 이방신들을 따르게 되면 하나님의 분노를 더욱 심화시킬 따름이다. 그리하여 하나님께서는 저들의 모든 악행으로 말미암아 반드시 저들로부터 자기 얼굴을 숨길 것이라고 말씀하셨다. 이는 더 이상 배도자들과 더불어 인격적인 관계를 유지할 수 없다는 사실을 말해주고 있다.

4. 이스라엘 자손을 위해 '특별한 노래'를 주시고자 하는 하나님 (신31:19-23)

하나님께서는 모세와 여호수아를 향해 매우 중요한 말씀을 하셨다. 그것은 하나님께서 계시하시는 특별한 노래를 기록하여 이스라엘 자손들에게 가르쳐주라는 것이었다. 그리하여 언약의 백성들이 입술로 그 노래를 부르도록 하라는 요구를 하셨다. 물론 그 노래는 모든 하나님의 자녀들에게 상속되어야 할 말씀이었다.

장차 언약의 자손들이 부르게 될 그 노래는 일차적으로 여호와 하나님을 위한 노래였으며 백성들을 위한 것이 아니었다(신31:19). 즉 이스라엘 백성들의 즐거움을 위하여 그 노래를 주신 것이 아니라 하나님 자신을 위해 그 노래를 허락하셨다. 따라서 장차 그 노래를 부르게 되는 모든 백성들은 그에 대한 분명한 기억을 하고 있어야만 했다. 그리하여 그 노래가 이스라엘 자손들에게 하나님과 그의 사역에 대한 증거가 되도록 해야 했던 것이다.

하나님께서는 여기서 그 말씀과 더불어 자기가 저들의 조상들에게 맹세한 것처럼 이제 곧 요단 강 건너 젖과 꿀이 흐르는 가나안 땅으로 그들을 인도하여 들일 것이란 사실을 말씀하셨다. 그것은 하나님의 계획과 더불어 그의 놀라운 은혜에 근거한 것이었다. 하지만 그들이 가나안 땅에 들어가 먹을 것이 많아 배부르고 살이 찌면 하나님의 율법을 떠나 다른 신들을 섬기게 될 것이라고 하셨다.

이는 물론 이스라엘 자손이 여호와 하나님에 관한 개념을 완전히 버리고 이방신들을 믿는다는 의미가 아니다. 그들이 이방 종교의 사상을 받아들여 이스라엘 민족의 언약 신앙을 혼합주의로 만들어 버린다는 사실을 말해주고 있다. 그리하여 배도에 빠진 자들은 하나님을 멸시하고 그의 율법과 언약을 어기게 된다. 즉 그들은 하나님의 말씀을 뒤로 한 채 주관적인 판단에 따라 자신의 욕망을 추구하는 혼합적인 신앙생활을 하게 되는 것이다.

그로 말미암아 하나님께서는 저들을 엄히 벌하시게 된다. 그런데 그 민족이 수많은 재앙과 환난을 당할 때도 다수의 백성들은 입술로는 하나님께서 계시하신 노래를 부른다. 따라서 그들이 기억하고 부르는 노래가 저들 앞에서 진리에 연관된 증인과 같은 역할을 하게 된다. 이스라엘 백성들은 그 노래를 부르면서 그것을 통해 저들의 죄악을 드러내기도 하며 신앙의 정체성을 확인하기도 했던 것이다.

하나님께서는 이스라엘 자손을 요단 강 건너 가나안 땅에 인도하여 들이기 전에 이미 그들이 마음속에 품고 있는 생각을 알고 있다고 말씀하셨다. 그것은 타락한 인간의 악한 품성을 드러내 보여주는 의미를 지니고 있다. 언약의 백성이라 할지라도 악을 품고 살아가는 인간들은 이기적인 욕망을 버리지 못한다는 것이었다.

그러므로 모세는 그날 하나님께서 계시하시는 그 노래를 이스라엘 자손들에게 가르쳤다. 가나안 땅에 들어가는 백성들이 마음 가운데 소유해야 할 가장 중요한 것은 바로 그 노래였다. 당시 다른 모든 율법서들은 일반 백성들이 직접 읽을 수 없었다. 레위 지파 제사장들이 먼저 그것을 읽고 백성들에게 전하여 가르쳤기 때문이다. 그에 반해 모세를 통해 계시하시는 그 노래는 모든 백성들이 암송하여 항상 마음속에 담아두고 부르게 되었다.

하나님께서는 또한 그 자리에 있던 눈의 아들 여호수아를 향해 명령을 내리셨다. 이제 곧 이스라엘 자손을 인도하여 하나님께서 약속하신 가나안 땅으로 들어가게 할 것이니 강하고 담대하라고 말씀하셨다. 이는 그 새로운 땅에 들어가면 기존에 살고 있던 막강한 이방인들의 세력으로 인해 두려워할 만한 요소들이 곳곳에 산재한다는 사실을 말해주고 있다. 하지만 언약의 백성들을 보호하시는 하나님께서 저들과 항상 함께 계실 것이기 때문에 전혀 염려할 필요가 없다는 것이었다.

5. 하나님의 율법과 특별한 노래 (신31:24-30)

모세는 하나님께서 전하신 율법의 모든 말씀을 책에 기록했다. 그것은 모든 이스라엘 백성을 위한 것이며 저들에게 절대적인 의미를 지닌다. 그리고 그 말씀은 구약시대와 마찬가지로 신약시대 주님의 몸된 교회에 속한 우리에게도 동일한 권위를 지니고 있다.

율법을 기록하는 그 일을 마친 후에 모세가 여호와 하나님의 언약궤를 메는 레위인들에게 명령을 내렸다. 그 율법책을 가져다가 여호와의 언약궤 곁에 두라는 것이었다. 그리하여 그것이 항상 저들에게 증거가 되도록 하라고 요구했던 것이다.

모세는 이스라엘 자손이 앞으로 하나님의 말씀을 떠나 반역에 빠진 행동을 할 것과 목이 곧은 상태가 되리라는 사실을 알고 있다고 했다. 그와 더불어 자기가 생존해 저들과 함께 있는데도 저들이 여호와 하나님을 거역한 사실을 강조해 말하고 있다. 장차 자기가 죽은 후 그 자리에 없다면 사악한 자들이 얼마나 더 심하게 변질하여 하나님의 율법을 떠나 교만하게 될지 염려되지 않을 수 없다는 것이었다.

그러므로 이스라엘 열두 지파의 모든 장로들과 지도자들을 자기 앞에 모으라는 요구를 했다. 그가 중요한 말씀을 저들의 귀에 들려주고 하늘과 땅을 그에 대한 증인으로 삼겠다는 것이었다. 모세는 자기가 죽은 후에 백성들이 스스로 부패하여 그가 계시받아 저들에게 명령한 길을 떠나 여호와의 목전에서 악을 행하리라는 사실을 언급했다. 또한 저들의 손으로 저지르는 모든 악행으로 인해 여호와 하나님이 격노케 됨으로써 그 백성이 장차 큰 재앙을 당하리라는 말을 했다.

그리고 모세는 하나님께서 특별히 계시하신 그 노래의 내용을 이스라엘 백성들이 모인 총회 앞에서 읽어 전해주었다. 백성들은 그 노랫말을 듣고 마음속에 깊이 새겨 암기해야만 했다. 그렇게 함으로써 이제 곧 요단 강을 건너 가나안 땅에 들어가면 항상 그 노래를 부르며 하나님의 뜻을 기억해야만 했기 때문이다. 그리고 장차 태어날 저들의 자손들에게도 그 신령한 노래를 가르쳐 상속해 주어야만 했던 것이다.

제36장

모세를 통해 허락된 '특별한 노래'

(신32:1-44)

1. 대(大) 선언 (신32:1)

모세는 하나님으로부터 계시된 노래를 시작하면서 중요한 선언을 했다. 그는 하늘을 향해 자기의 말에 귀를 기울이라고 명했으며 땅을 향해 자기가 전하는 노래를 귀담아들으라고 요구했다. 이 선언은 모세가 전하는 이 노래가 하늘과 땅에 명령을 내릴 만한 큰 권위를 지니고 있음을 말해주고 있다. 즉 이제 부르는 그 노래는 하늘과 땅의 모든 피조 세계도 들어야 할 내용이었다.

2. '여호와의 이름' 선포 (신32:2-4)

모세는 하나님으로부터 계시받은 노래 가운데서 자기가 전하는 교훈은 하늘에서 내리는 비와 같이 땅을 적시고 그의 말은 연한 풀 위에 맺히는 새벽이슬 같으며 채소 위에 내리는 단비와 같다고 했다. 이는 자기가 전하는 하나님의 교훈이 인간들에게 절대로 필요한 것이라는 사실을 드러내 보여주고 있다. 즉 그 교훈이 없이는 생명이 유지될 수 없다는 것이었다.

그러므로 모세는 이제 여호와의 이름을 선포한다는 사실을 언급하고 있다. 그 위대한 이름을 듣게 되는 자들은 마땅히 언약의 자손들이 섬기는 그 하나님께 위엄을 돌리라고 말했다. 그 하나님은 모든 이방인들의 신이 허상인데 반해 유일하게 살아계시는 여호와 하나님이기 때문이었다.

여호와 하나님은 굳건한 반석이므로 그가 한 모든 일이 완전하다는 사실을 언급했다. 그리고 그가 제시하는 규례는 시대와 장소에 구애받지 않는 절대적인 성격의 공의를 지니고 있었던 것이다. 또한 하나님은 진실되고 거짓이 전혀 없는 완벽한 분이시기 때문에 모든 면에서 의롭고 부당하게 편파적이지 않은 올곧은 분이라고 했다.

3. 배도자들에 대한 경고 (신32:5-7)

하나님께서는 모세를 통해 특별한 시를 계시하면서 사악한 세대를 향해 강한 책망을 하셨다. 언약의 자손이라 주장하면서 여호와 하나님 앞에서 악을 행하는 자들은 더 이상 하나님의 자녀가 될 수 없었다. 그런 자들은 더러운 죄악투성이와 더불어 비뚤어진 세대를 조성하고 있을 따름이라는 것이었다.

그러므로 모세는 저들을 어리석고 지혜 없는 백성이라고 지칭하면서 어떻게 감히 여호와 하나님 앞에서 그와 같은 악행을 저지를 수 있느냐고 질책했다. 그들은 은혜를 베푸시는 하나님을 향해 진정으로 감사하기는커녕 도리어 사악한 태도를 보였기 때문이다. 여호와는 언약의 자손들의 아버지이시며 그들을 지으신 분이시다. 그가 친히 저들을 조성하시고 하나님 자신을 위한 민족으로 세우셨다는 것이다.

모세는 진리를 떠나 배도에 빠진 백성들을 향해 과거에 있었던 옛 시대를 기억하라고 했다. 하나님께서 저들의 조상을 위해 어떻게 큰 은혜를 베풀며 인도하셨는지 생각해 보라는 것이었다. 또한 지나간 역사의 연대를 떠올려 보라고 했다. 이는 구속사 가운데 일하신 하나님의 뜻을 기억하라는 의미를 지니고 있다.

그리고 저들의 아버지인 여호와 하나님께 모든 것을 물어보라고 요구했다. 그러면 그가 저들에게 필요한 내용을 설명해 주실 것이라고 했다. 이는 물론 하나님으로부터 계시된 성경의 기록들을 통해 그에 대한 답변을 얻게 된다는 사실을 말해주고 있다.

그리고 모세는 이스라엘 자손들을 향해 알고자 하는 내용이 있다면 어른들에게 물어보라고 했다. 그들이 저들에게 하나님의 뜻을 전해주리라는 것이었다. 즉 신앙이 올바르게 정립되지 않은 자들은 자기의 취향과 주관적인 경험에 따라 신앙생활을 할 것이 아니라 하나님의 말씀과 언약의 조상들의 가르침에 따라 하나님을 올바르게 섬겨야만 했던 것이다.

4. 언약의 자손들을 조성하신 하나님의 은혜 (신32:8-14)

모세는 계시받은 그 특별한 노래 가운데서 지극히 높으신 하나님께서 세계 여러 민족과 나라들에 땅을 나누어 주실 때, 그리고 족속과 인종을 나누신 때에 연관된 언급을 했다. 그리고 이스라엘 민족의 수에 따라 그 땅의 경계를 정해주셨음을 말했다. 이는 지구상의 모든 인간들 사이에 나름대로 구별이 존재한다는 사실과 이스라엘 자손들 가운데도 적절한 경계가 있음을 말해주고 있다.

이는 세상에 흩어진 모든 민족과 나라들 가운데 나름대로 고유한 역할이 존재한다는 사실에 연관되어 있다. 그리고 이스라엘 백성은 하나님의 단일한 언약을 소유하고 있으나 그들 가운데도 각 지파들이 있어서 하나님께서 허락하신 상이한 역할이 있음을 말해준다. 그리고 그 모든 것을 통해 혼란이 억제되는 유기적인 질서가 존재하고 있음을 보여주고 있다.

모세는 이스라엘 백성을 지칭하며 그들이 여호와 하나님의 분깃 곧 그의 몫이 되고 야곱은 하나님께서 특별히 택하신 유산으로서 그의 백성이라고 말했다. 따라서 하나님께서는 항상 그들을 지켜주셨다. 그들이 메마른 황무지에서 방황할 때나 사나운 짐승들이 득실거리는 광야에서도 그들을 눈동자처럼 지켜 보호해 주셨던 것이다.

여호와 하나님은 마치 독수리가 자기 보금자리를 흔들어 새끼가 파닥거리며 아래로 떨어지면 재빠르게 날개를 펴서 자기 새끼를 받아 올리는 것과 같았다. 독수리는 자기 새끼를 강하게 키우기 위해 그와 같은 훈련을 시켰다. 그렇게 함으로써 나중 위기에 처하게 될 때 살아남을 수 있는 강인한 힘을 기르게 되는 것이다.

이는 여호와 하나님께서도 자기 자녀들을 양육하시면서 그와 같은 힘든 과정을 거치는 것을 용인하신다는 사실을 말해주고 있다. 그는 지나간 역사 가운데서 홀로 자기에게 속한 모든 자녀를 선한 길로 인도해 오셨다. 이 세상에는 어디에도 그와 같은 다른 신들이 실재하지 않는다. 참된 신은 오직 여호와 하나님 한 분밖에 계시지 않기 때문이다.

하나님께서는 언약의 자손이 땅의 높은 곳인 고원지대를 뛰어다니게 하시며 저들로 하여금 밭에서 나는 곡식과 열매를 먹도록 해 주신다. 그리고 반석에서 나는 꿀 곧 석청을 먹게 해주시며 단단한 바위틈에서 나는 기름을 먹도록 해 주신다는 것이었다. 단단한 바위틈에서 나는 기름이란 그와 같은 곳에서도 굳건히 자라나는 감람나무에서 나는 기름을 의미하는 것으로 보는 것이 자연스럽다.

또한 하나님께서는 그동안 언약의 자손들에게 소와 양의 젖을 공급하셨으며 어린 양의 기름을 제공하셨다. 뿐만 아니라 기름진 땅인 바산의 수양과 염소의 고기를 넉넉히 먹도록 해 주셨다. 나아가 밭에서 생산되는 잘 익은 밀과 양질의 좋은 포도로 만든 붉은 포도주를 마시도록 하셨다고 했다.

5. 여수룬 곧 이스라엘 자손의 배도 행위 (신32:15-19)

모세는 또한 여수룬(Jeshurun)53)이 살이 찌고 비대하여 윤택하게 되자 자기를 창조하신 여호와 하나님을 저버리고 저들의 반석이 되시는 구원자를 업신여겼다는 사실을 언급했다. 여기서 여수룬은 이스라엘 백성을 의미하고 있다. 그들은 이방의 거짓신들을 섬기면서 하나님의 질투를 유발했으며 가증한 행동으로써 그의 진노를 불러일으켰다.

그들은 여호와 하나님께 참된 경배를 드리지 않고 더러운 귀신들을 제사의 대상으로 삼았다. 그것은 하나님을 모독하는 배도 행위가 아닐 수 없었다. 그들이 섬기는 귀신들이란 이스라엘 자손이 그 전에 알지 못하던 신령들이었다. 그것들은 이스라엘 백성들 가운데 새롭게 들어온 우상이었기 때문이다. 따라서 이스라엘 민족의 조상들은 그런 이방신들을 알지 못했으므로 그에 대한 두려움이 전혀 없었다.

모세는 이방신들을 섬기면서 하나님을 욕되게 하는 배도에 빠진 자들을 강하게 책망했다. 그들은 아담의 범죄로 인해 사망에 빠진 저들에게 생명을 공급하시기 위해 특별히 낳은 반석이 되시는 여호와 하나님을 무시한 채 잊어버렸다. 따라서 여호와 하나님께서는 저들의 사악한 태도와 행동을 보시면서 저들을 증오하시게 되었다. 그 모든 상황은 전적으로 하나님을 격노케 한 그 백성의 책임이었다.

---

53) '여수룬' 이라는 말은 '온전하고 의로운 자', '고결한 자' 라는 뜻을 지니고 있다. 그런 자들이 모인 언약공동체는 하나님의 사랑의 대상이 된다. 이스라엘을 칭하는 '여수룬' 은 하나님의 은혜로 말미암아 구속받은 민족을 가리킨다. 그 명칭은 영적이고 도덕적일 뿐 아니라 영광스럽고 시적인 호칭이다(신 33:5,26; 사44:2). 그러나 신명기 32:15의 본문에서는 하나님의 은혜를 저버리고 범죄한 이스라엘에 대한 부정적인 측면에서 사용되고 있다.

6. 하나님의 심판 예언

(1) 이스라엘 자손을 향한 재앙(신32:20-25)

하나님께서는 자기의 얼굴을 그들이 보지 못하도록 숨기게 되면 장차 저들의 종말이 어떻게 되는지 볼 것이라고 말씀하셨다. 배도의 길을 걷는 그 백성은 매우 패역한 세대이자 진실이 전혀 없는 자들이었다. 그들이 하나님이 아닌 거짓신들을 섬기면서 하나님의 질투를 일으켰으며 허망한 것들로써 그의 진노를 불러일으켰던 것이다.

따라서 하나님께서도 언약과 상관이 없는 이방인들을 통해 이스라엘 자손들로 하여금 시기가 나게 하시리라는 말씀을 하셨다. 신앙이 없는 어리석은 민족을 동원해 그들의 분노를 일으키겠다고 했다. 그리하여 하나님께서는 자신의 분노의 불을 일으켜 스올의 깊은 곳까지 불사르시겠다고 하셨다. 그로 인해 그 불길이 땅 위에 있는 모든 소출을 삼키게 될 것이며 산들의 기초마저도 불태워버리리라는 것이었다.

하나님께서는 자기가 그 백성들 위에 무서운 재앙을 쌓을 것이며 자신의 화살이 다 없어질 때까지 그들을 향해 쏘리라고 하셨다. 따라서 그들은 먹을 양식이 없어 크게 굶주려 건강이 쇠약하게 될 수밖에 없다. 또한 불 같은 무더위와 지독한 질병에 의해 그에 삼킨 바 될 것이라고 하셨다. 나아가 들짐승의 이빨에 찢겨 잡아먹히게 되고 땅 위의 티끌 사이를 기어다니는 독사의 독으로써 그들을 해하리라는 것이었다.

그렇게 되면 이스라엘 자손들 가운데 평안이 완전히 사라지게 된다. 집 밖에서는 끔찍한 전쟁으로 인해 칼들이 난무하여 가족을 죽이는 것을 목격하고 방 안에서는 끔찍한 겁에 질려 쓰러져 죽는 일들이 발생한다는 것이었다. 모든 백성이 그와 같은 위태로운 상황에 노출되는데, 거기에는 젊은 남성과 여성, 백발노인과 젖먹이 아기까지 예외없이 모두가 그 위기를 면치 못한다. 그 상황은 이보다 더 심각한 일은 존재하지 않을 만큼 최악의 환경을 몰고 오게 된다.

(2) 이방 세력에 대한 하나님의 무서운 심판(신32:26-35)

하나님께는 배도에 빠진 자들을 사방으로 흩어 사람들 사이에서 그들에 대한 기억이 끊어져 버리게 하리라고 말씀하셨다. 하지만 혹시라도 이방인들의 군대가 언약의 자손을 공격하여 승리를 거둔 후 그것이 마치 자신의 능력으로 인한 것이라 여긴다면 그냥 보고 있지 않을 것이라고 하셨다. 이는 하나님께서 배도에 빠진 이스라엘을 징계하기 위한 목적으로 이방 군대를 동원하여 그들을 함락하게 하신 것인데 그 이방인들은 그것이 마치 자기의 힘으로 그 백성을 패배시킨 것인 양 자랑하는 태도에 연관된 것이다.

그러므로 하나님께서는 이방인들의 오만한 태도를 기억하여 언약의 자손들을 완전히 멸절시키지는 않을 것이라고 하셨다(신32:27, 한글 공동번역 참조). 또한 이스라엘 자손은 어리석어서 아무런 지혜도 없으며 진정한 깨달음이나 분별력이 없다는 사실을 말씀하셨다. 만일 그들에게 참된 지혜가 있어서 하나님께서 행하시고자 하는 모든 일을 깨닫게 된다면 저들의 종말도 분별할 수 있으리라는 것이었다. 하지만 그 백성은 배도에 빠져 사악한 길을 걸어가는 행위를 멈추지 않았다.

이방인들은 그와 같은 상황에서, 이스라엘 백성의 반석이 되는 하나님이 저들을 버리지 않고 그들을 적군에게 내어주지 않는다면 어찌 그와 같은 패망이 있겠느냐는 말을 한다고 했다. 즉 한 사람의 이방 군대 병사가 이스라엘 백성 천 명을 추격하고 두 사람의 이방인 병사가 만 명의 이스라엘 자손으로 하여금 도망치게 하는 일이 어찌 가능하겠느냐는 것이었다. 결국 그들이 의지해야 할 반석인 여호와 하나님이 저들의 반석이 되어주지 않으므로 인해 맥없이 그대로 무너질 수밖에 없다는 것이었다.

이처럼 이스라엘을 침략하는 원수들도 저들이 의지하는 헛된 신들보다 여호와가 이스라엘 백성의 굳건한 반석이 된다는 판단을 하고 있었다. 그럼에도 불구하고 이스라엘 자손은 배도에 빠져 허망한 이방신들을 가까이 하며 여호와 하나님과 그의 율법을 철저히 버렸다. 그들은 이땅에서의 이기적인 풍요를 원하여 귀신을 섬기는 일에 몰두하고 있었던 것이다.

그런 가운데서도 겉보기에는 이스라엘 지경에 풍요로움이 넘치는 것처럼 보였다. 그들 가운데 포도나무를 비롯한 다양한 식물들이 잘 자라나고 있었기 때문이다. 하지만 그것은 패망을 앞둔 소돔 성의 포도나무에 지나지 않았으며 거기서 나는 모든 소출은 타락한 고모라 성에서 생산되는 것들과 마찬가지였다. 따라서 그들의 포도 열매는 입에 단맛을 내지만 독으로 가득 차 있으며 입으로 느끼는 맛과는 달리 그 속에는 쓴 독약을 동반하고 있다.

그럼에도 불구하고 어리석은 자들은, 저들에게 포도 열매와 곡식들이 가득 쌓이고 자기 소유의 창고 안에 그것들이 풍족히 채워지게 되면 그것이 저들의 생명과 여유로운 삶을 보장할 것처럼 여기게 된다. 하지만 하나님께서는 장차 저들에게 무서운 환난 날이 다가오게 된다는 사실을 말씀하셨다. 그날은 하나님을 떠난 상태에서 조장된 거짓 평온함에 익숙해진 자들에게 갑자기 들이닥치게 되리라는 것이었다.

7. 긍휼을 베푸시고자 하는 하나님 (신32:36-38)

모세는 여호와 하나님께서 반드시 배도에 빠진 이스라엘 백성을 판단하여 무서운 징계를 내리실 것이라고 했다. 하지만 나중 그들이 환난으로 인해 심한 고통을 당하는 모습을 보시게 되면 불쌍히 여기시리라는 사실을 언급했다. 언약의 백성이라 주장하는 자들이 무기력해지고 종이나 자유인이나 남은 자가 없게 될 때 그들을 불쌍히 여기실 것이라고 하셨다.

하나님께서는 또한 이방인들이 믿는 신들이 과연 어디에 있으며 그들이 의지하며 피신하던 거짓 반석이 지금 어디 있느냐고 말씀하셨다. 거짓 종교인들이 제사지낸 기름을 받아 먹고 포도주를 취하여 마시던 신들이 존재한다면 당장 일어나 그들을 도와주라고 했다(신32:38). 이는 존재하지도 않는 신들을 믿고 따르는 어리석은 자들을 향한 강한 책망이 섞인 하나님의 말씀이다.

8. 하나님의 능력과 진정한 소망 (신32:39-43)

노래 가운데 하나님께서는 자기가 곧 여호와 하나님인 줄 알라고 말씀하셨다. 이는 그 외에 다른 어떤 신들도 존재하지 않는다는 사실에 연관되어 있다. 하나님은 전지전능하신 분이기 때문에 사악한 사람을 죽이기도 하고 선한 사람을 살리기도 하시는 분이다. 또한 인간들을 상하게도 하며 낫게도 하신다는 사실을 언급했다. 그 모든 것에 관한 하나님의 권능을 감히 빼앗을 자가 존재하지 않는다는 것이다.

하나님께서는 자기가 하늘을 향하여 두 손을 들고 영원히 살리라고 선포하신 사실을 말씀하셨다. 이는 물론 의인화된 예언적 의미를 지니고 있다. 그는 또한 번득이는 칼을 갈며 그의 손은 공의를 붙들고 계신다는 사실을 언급하셨다. 그는 자기에게 저항하는 대적자들을 복수하여 징벌하며 자기를 미워하는 자들에게 엄히 보응하시는 분이다.

따라서 하나님께서 쏘시는 화살이 악한 자들의 피를 마셔 취하고 그 죽은 자들의 고기를 먹어 배부르게 되리라고 하셨다. 즉 그것들은 전쟁에서 죽은 자들과 포로들의 피와 대적하는 자들을 통솔하는 적장의 머리라는 표현을 사용했다. 이는 하나님의 무서운 심판이 그 이방인들에게 임한다는 사실에 연관되어 있다. 이 말은 하나님의 칼이 그런 것들로 인해 배부게 되리라는 사실을 말해주고 있다.

그러므로 하나님께서는 열방에 흩어진 만민을 향해 주의 백성과 함께 즐거워하라고 말씀하셨다(신32:43). 주님께서 자기 종들의 피를 갚아주실 것이기 때문이었다. 그것을 위해 언약의 백성을 침략하여 자기를 욕보인 대적자들을 반드시 응징하리라고 하셨다. 그와 더불어 하나님께서 허락하신 약속의 땅과 그가 택하신 언약의 백성이 저지른 죄악을 회개할 때 그 모든 잘못을 속죄해 주시리라는 것이었다.

우리는 모세의 노래에 기록된 맨 마지막 부분에서 매우 중요한 예언적 내용을 보게 된다. 그것은 이스라엘뿐 아니라 세계 열방에 흩어진 만민들이 주님의 백성이 소유한 즐거움에 초청받고 있기 때문이다. 이는 장차 하나님의 복음이 유대인들의 혈통주의를 벗어나 온 세상에 선포될 것에 대한 예언적 의미를 지니고 있다. 이에 대해서는 나중 선지자 이사야가 분명한 증언을 하고 있다.

> "그가 가라사대 네가 나의 종이 되어 야곱의 지파들을 일으키며 이스라엘 중에 보전된 자를 돌아오게 할 것은 오히려 경한 일이라 내가 또 너로 이방의 빛을 삼아 나의 구원을 베풀어서 땅끝까지 이르게 하리라" (사49:6)

이사야는 장차 이땅에 오실 메시아에 대한 예언을 하면서 그가 '이방의 빛' 이 되리라는 사실을 언급했다. 그가 열방의 모든 백성에게 하나님의 복음을 선포하여 구원을 베풀게 되리라는 것이었다. 그리하여 땅끝까지 하나님의 구원과 심판이 선포된다는 것이다. 이는 물론 만인구원에 연관된 의미가 아니라 하나님의 복음이 이방인들에게까지 미친다는 사실을 말해주고 있다.

| 백성들에게 전한 노래와 우리에게 주어진 의미 (신32:44) |

모세와 눈의 아들 여호수아가 앞으로 나아와서 이 노래의 모든 말씀을 백성에게 말하여 전했다. 모세가 계시받은 노래를 모든 언약의 백성들에게 전달하고 가르칠 때 여호수아가 함께 참여한 것은 그가 모세의 지위를 이어받는 후계자이기 때문이다. 모세가 죽게 되면 이스라엘 자손은 여호수아의 지도를 받으며 그의 인도를 따라야만 하는 것이다.

현대 교회에 속한 모든 성도들이 반드시 기억해야 할 바는 모세가 계시받은 이 특별한 노래가 곧 우리의 노래가 된다는 사실이다. 또한 이 노래가 오늘날 우리의 죄악을 고발하게 된다. 따라서 모세의 노래가 우리의 삶과 모든 행위에 대한 '증거와 증인'(신31:19,21)의 역할을 하고 있다는 사실을 염두에 두지 않으면 안 된다.

제37장

죽음을 앞둔 모세의 유언과 요단 강 건너 가나안 땅

(신32:45-52)

1. 모세의 유언 (신32:45,46)

모압 평지에 모인 이스라엘 백성과 그동안 이스라엘 자손을 인도해 왔던 모세의 앞날은 상반되는 상황에 놓여 있었다. 모세는 가나안 땅에 들어가지 못한 채 곧 죽음을 맞게 된다. 그에 반해 이스라엘 자손은 머지않아 요단 강을 건너 가나안 땅으로 들어가게 된다. 그곳은 하나님께서 저들의 조상 아브라함과 이삭과 야곱에게 약속하신 땅이었으나 당시는 다른 이방 종족들이 점령하고 있는 상태였다.

그러므로 다수의 백성들은 미지의 세계를 눈앞에 두고 많은 기대를 하고 있었을 것이 분명하다. 한편 또 다른 다수는 상당한 두려움에 빠져 있었을 것이다. 모세는 그런 백성들을 향해 하나님으로부터 계시받은 중요한 말씀을 전했다. 자기가 그동안 저들을 향해 증언한 하나님의 모든 율법을 마음속 깊이 새겨두라는 것이었다.

그리고 그 모든 율법의 내용을 장차 태어나게 될 저들의 후손에게 주의 깊게 가르치라는 요구를 했다. 다음 세대의 자녀들도 그 부모 세대로부터 배워 익힌 진리의 말씀을 받아들여 그대로 지켜 행해야만 한다. 그렇게 함으로써 언약의 자손들을 통해 이룩하시고자 하는 하나님의 놀라운 뜻을 깨달아 신실한 신앙인의 삶을 살아갈 수 있기 때문이다.

이처럼 세대간에 지속적으로 이루어지는 언약의 상속은 매우 중요하다. 이스라엘 백성들이 타락하고 배도에 빠질 때는 율법을 가르치고 배우며 이어가는 부모와 자식 세대의 상속이 단절된 것이 그 직접적인 원인이 되었다. 율법의 가르침을 제대로 계승하지 못한 세대는 주관적인 종교주의에 빠져 배도의 길에 접어들 수밖에 없었기 때문이다.

모세가 언급한 그 근본적인 교훈에 대해서는 구약시대뿐 아니라 신약시대 교회와 성도들에게도 그대로 적용되어야 한다. 하나님의 복음을 깨달아 신앙생활을 하는 성숙한 성도들은 반드시 하나님의 말씀과 그 교훈을 다음 세대에 전하는 임무를 다해야 한다. 그것이 다음 세대 언약의 자녀들을 위하여 부모에게 맡겨진 가장 소중한 사명이기 때문이다. 따라서 오늘날 참된 신앙을 소유한 모든 성도들도 이에 대한 올바른 자세를 유지하고 실행하지 않으면 안 된다.

2. '생명의 길' (신32:47)

모세는 이스라엘 자손이 하나님의 율법을 지켜 행하는 것이 결코 헛된 일이 아니라는 사실을 강조해 언급했다. 거기에는 여호와 하나님을 온전히 섬겨야 한다는 의미가 내포되어 있다. 그렇게 해야만 하나님께서 그들을 안전한 길로 인도하실 것이기 때문이다.

하지만 어리석은 자들의 생각은 그와 전혀 달랐다. 그들은 가나안 땅에 들어가면 군사력을 강화하고 인간들의 지혜를 모으는 것이 가장 중요하다고 여겼다. 그런 자들은 백성들이 하나님의 율법을 지켜 순종하는 것보다 적군을 물리칠 수 있는 강력한 힘을 키우는 것이 급선무라 여겼던 것이다.

언약의 백성에게는 하나님의 말씀을 귀담아 듣고 그에 순종하는 것이 생명을 보장받는 유일한 길이 된다. 즉 군사력이나 인간적인 지혜가 저들의 생명을 지켜주지 못한다. 따라서 하나님께서 모세를 통해 증언한 모든 내용을 마음속 깊이 새기고 그것을 자녀들에게 가르쳐 지키도록 하는 것이 곧 저들의 생명의 근간이 된다. 그에 불순종하여 하나님의 율법을 멀리한 상태에서는 결코 참된 생명을 유지할 수 없다는 것이었다.

그러므로 언약의 백성이 요단 강을 건너 새로운 땅에서 살아갈 때 하나님께서 정하신 규례를 온전히 지킴으로써 하나님에 의해 그 생명을 보장받을 수 있게 된다. 즉 그렇게 할 때 그 약속의 땅에서 저들의 날이 장구하리라고 했다. 이는 각 개인의 육체적 생명에 연관되어 있다고 할지라도 실상은 장차 도래하게 될 다윗 왕국과 그보다 나중에 세워지게 될 메시아 왕국에 연관된 예언적 의미를 지니고 있다.

3. 느보 산 위의 모세 (신32:48,49)

하나님께서는 그때 모세를 향해 느보 산 위로 올라가라는 명령을 내리셨다. 여리고 성읍 맞은편 모압 땅에 있는 아바림(Abarim) 산 능선을 타고 느보 산으로 가라는 것이었다. 그 산 위에 올라가면 사해 바다와 요단 강 넘어 하나님께서 허락하신 약속의 땅이 눈 앞에 펼쳐진다. 그곳에서 서쪽에 있는 가나안 땅을 바라보라고 하셨던 것이다.

이스라엘 자손이 요단 강을 건너 들어가게 될 약속의 땅 가나안은 언약의 백성을 위하여 특별히 예비된 지역이었다. 하나님께서 저들의 조상 아브라함을 갈대아 우르에서 불러내어 장차 주시고자 한 그 약속의 땅은 이스라엘 자손에게 소망의 땅이었다(창12:1). 애굽에서 오랜 세월 동안 노예 생활을 하며 고통을 당할 때도 그들은 항상 그 땅을 바라보며 그곳에 들어가기를 학수고대(鶴首苦待)했었다.

하지만 정작 그때가 이르렀을 때 모세 자신은 그 땅을 눈앞에 두고 바라볼 수 있었을 뿐 그곳에 들어갈 수는 없었다. 느보 산에 올라가라는 하나님의 말씀을 들은 모세의 마음속에는 많은 생각이 들었을 것이 분명하다. 자기는 비록 약속의 땅에 들어가지 못하지만 이스라엘 자손이 그곳에서 하나님의 율법에 온전히 순종하기를 바라는 마음이 간절했을 것이다.

모세는 느보 산 꼭대기에서 바라보게 될 그 땅이 오래전부터 하나님께서 이스라엘 자손의 소유로 허락하신 특별한 영역이라는 사실을 이미 잘 알고 있었다. 하나님께서는 그 땅에서 이스라엘 자손이 영화를 누리며 풍요로운 삶을 살아가도록 배려하는 것이 주된 목적이 아니었다. 그 언약의 땅에 나중에 임할 메시아 왕국을 향한 그림자 왕국으로서 특별한 나라를 세우고자 하는 것이 하나님의 뜻이었다.[54]

4. 모세의 죽음에 관한 직접적 예언 (신32:50)

하나님께서는 이스라엘의 영도자로서 소임을 다한 모세가 이제 곧 죽게 되리라는 사실을 말씀하셨다. 그는 이땅에서 자기에게 맡겨진 모든 사역을 마치고 영원한 천상의 나라를 향해 나아가게 된다. 그것이 모든 하나님의 자녀들이 궁극적으로 돌아가야•할 소망의 영역이기는 하지만 아직 모세에게는 상당한 아쉬움이 남아있었을 것이다.

모세가 아쉬워했던 점은 이 세상에서 좀 더 오래 살고자 하는 생존에 연관된 욕망 때문이 아니었다. 그에게는 자기의 수명을 연장하여 이땅에서

54) 그 약속이 이스라엘 자손의 가나안 진입 후 약 삼백여 년이 지난 다음 성취된다. 즉 다윗이 예루살렘을 정복하고 언약의 왕국을 세움으로써 그 일차적인 예언이 완성되었다,

장수하고자 하는 마음이 없었다. 단지 이제 곧 가나안 땅에 들어가게 될 연약한 이스라엘 자손에 대한 염려의 마음이 가득 차 있었을 따름이다.

하지만 하나님께서는 이스라엘 자손의 가나안 땅 진입을 앞두고 그를 미리 불러 영원한 천상의 나라로 데려가시고자 했다. 그의 형 아론이 에돔 땅 변경에 있는 호르(Hor) 산에서 죽어 그 조상들이 갔던 길을 뒤따라 갔듯이 모세도 곧 그와 같이 되리라고 말씀하셨다. 즉 모세는 느보 산 위에 올라가 그곳에서 멀리 가나안 땅을 바라본 후 죽어 하나님께서 예비하신 영원한 나라로 가게 되리라는 것이었다.

이 세상에 살아가는 모든 인간은 예외없이 반드시 죽음의 관문을 통과해야만 한다. 위대한 믿음의 선배들도 그랬으며 이땅에서 사악하게 살아갔던 배도자들 역시 그와 마찬가지였다. 또한 여호와 하나님에 대한 지식이 전혀 없던 이방인들도 그 죽음을 겪지 않을 수 없다. 오늘날 이 세상에서 목숨을 부지하며 살아가는 우리 역시 마찬가지다.

그럼에도 불구하고 이 세상에서 미련하게 살아가는 어리석은 자들은 자기가 죽음의 관문을 통과하게 되리라는 사실을 제대로 인식하지 못하고 있다. 그런 자들은 장차 일어나게 될 그 실상을 분명히 알고 있으면서도 그것이 자기의 눈앞에 바짝 다가와 있다는 현실을 수용하지 않으려 한다. 그와 달리 지혜로운 자들은 그에 대한 분명한 깨달음을 실제적으로 받아들인 채 승리의 삶을 살아가고 있다.

그러므로 하나님의 백성들은 타락한 이 세상에서 항상 다음 세대와 그들의 신앙을 염두에 두고 살아가야 한다. 따라서 이 세상에서의 삶은 누구에게나 과정적인 성격을 지니고 있다는 사실을 깨닫는 것이 중요하다. 그렇게 할 때 타락한 세상에서 추구하는 인간의 욕망이 얼마나 허망한 것인지 제대로 알게 된다. 성숙한 하나님의 자녀들은 그에 대한 분명한 깨달음과 더불어 영원한 삶을 소망하게 되는 것이다.

5. 모세의 죽음과 하나님의 뜻 (신32:51,52)

성경 본문 가운데는 또한 매우 의미심장한 내용이 나타난다. 그것은 모세가 가나안 땅에 들어가지 못하고 느보 산에서 죽게 되는 원인에 관한 하나님의 말씀이 나타나기 때문이다. 즉 이스라엘 자손이 가나안 땅에 들어가기 전 모세가 죽게 되는 데는 단순한 자연적인 과정을 넘어 그럴 만한 구체적인 사유가 있었다.

성경은 모세가 사해와 요단 강 넘어 멀리 가나안 땅이 보이는 느보 산에 오른 후 죽게 되는 것은 그가 저지른 죄악 때문이라고 말하고 있다. 그것은 그가 가데스의 므리바(Meribah) 물가에서 하나님께 범죄한 사실에 밀접하게 연관되어 있다는 것이었다. 그가 언약의 백성 가운데 마땅히 나타내야 할 하나님의 거룩한 뜻을 그곳에서 드러내지 않은 것이 그의 죽음에 연관된 중요한 원인이 된다는 사실을 언급했던 것이다.

여기서 우리는 '므리바 사건' 을 기억해야 할 필요가 있다. 이스라엘 자손이 신 광야에 이르러 가데스에 거하는 동안 마실 물을 구하지 못하자 모세와 아론에게 원망을 쏟아놓았다. 비옥한 애굽 땅에 살아가던 저들을 황량한 사막으로 끌어내어 죽게 만들었다는 것이다. 그들의 원성을 들은 모세와 아론은 성막 문앞으로 나아가 하나님 앞에 엎드려 간구했다.

그러자 하나님께서는 모세와 아론을 향해 회중을 불러모으고 지팡이로 반석을 쳐서 물을 내게 하여 백성들에게 먹이라고 말씀하셨다. 그때 모세는 그들을 패역한 자들이라고 지적했다(민20:10). 하나님께서 저들에게 물을 공급하실 줄 믿지 않았다는 것이다.

그런데 하나님께서는 모세가 이스라엘 자손에게 한 그 말을 모세와 아론에게 그대로 말씀하셨다. 그들이 하나님을 믿지 않고 이스라엘 백성 앞에서 하나님의 거룩함을 나타내지 않았다고 질책하셨던 것이다. 즉 그들을 애굽 땅에서 구출해 홍해 바다를 기적적으로 건너게 하신 하나님께서 저들을 지켜 보호하실 줄 몰랐느냐는 것이었다.

> "여호와께서 모세와 아론에게 이르시되 너희가 나를 믿지 아니하고 이스라엘 자손의 목전에 나의 거룩함을 나타내지 아니한고로 너희는 이 총회를 내가 그들에게 준 땅으로 인도하여 들이지 못하리라 하시니라 이스라엘 자손이 여호와와 다투었으므로 이를 므리바 물이라 하니라 여호와께서 그들 중에서 그 거룩함을 나타내셨더라" (민20:12,13)

아론이 호르(Hor) 산에서 죽어 가나안 땅에 들어가지 못한 것과 모세가 이제 곧 죽어 그 약속의 땅으로 들어가지 못하리라는 예언은 그 전에 이미 선포된 바였다. 그러므로 모세가 느보 산에 올라가 하나님께서 이스라엘 자손에게 주시는 땅을 멀리서 바라보기는 하지만 그곳으로 들어갈 수는 없었다. 느보 산에서 서쪽으로 바라보면 그 정면에 그들의 최종 종착지라 할 수 있는 모리아산 곧 예루살렘이 자리잡고 있었다.

모세가 이스라엘 백성이 가나안 땅에 들어가기 전에 죽는다는 말은 그 동안 절대적인 지위를 가지고 그들을 인도했던 모세가 앞으로는 저들과 함께할 수 없다는 사실을 말해주고 있다. 이는 그를 의지하며 살아왔던 이스라엘 자손에게는 결코 작은 문제가 아니었다. 그 전에 이미 그 사실을 알고 있었다고 할지라도 그들에게는 매우 당황스러웠을 것이기 때문이다.

우리는 모세가 가나안 땅에 들어가지 못하고 느보 산을 방문한 후 죽게 되는 것은 하나님으로부터 임하는 이스라엘 백성에 대한 심판의 성격을 지닌다는 사실을 기억할 필요가 있다. 즉 느보 산에서 파란만장했던 생애를 마치게 되는 모세의 죽음은 그 자신에게는 전혀 아쉬운 일이 아니었다. 속히 영원한 나라로 가서 주님을 대면하여 만나게 되는 것이 그에게는 오히려 감사한 일이 될 수 있었다.

하지만 그가 가나안 땅으로 진입하기 직전에 죽는 것은 이스라엘 자손에게는 실제적인 측면에서 엄청난 손실이 아닐 수 없었다. 여호수아가 모세를 뒤이어 새로운 지도자가 되지만 연약한 자들에게는 그 상황을 받아들이는 것이 그리 간단하지 않았을 것이 분명하다. 나아가 그동안 절대적인 위치에 있던 모세의 말도 듣지 않던 사악한 자들이 새로운 지도자인 여호수아의 인도에 잘 따를 것이란 보장이 없었기 때문이다.

그러나 그 모든 과정에는 구원 사역에 연관된 하나님의 원대한 뜻이 담겨 있었다. 하나님께서는 언약의 자손들을 약속의 땅 가나안으로 인도하시면서 그곳에 이스라엘 왕국을 세우고자 하는 고유한 뜻을 계획에 따라 점진적으로 진척시켜 나가셨다. 그가 언약의 왕국을 통해 나중 예수 그리스도를 이땅에 보내실 것이며, 그가 타락한 세상에 대한 심판과 창세전에 선택받은 자기 백성에 대한 구원을 선포하시는 가운데 자신의 놀라운 뜻을 이루어가고자 하셨다. 따라서 우리 시대 하나님께 속한 모든 성도들 역시 그에 대한 올바른 깨달음을 소유하고 있어야만 한다.

第38장

이스라엘 자손을 위한 모세의 축복

(신33:1-29)

1. 이스라엘 백성을 위한 하나님의 축복 (신33:1-5)

죽음을 앞둔 모세가 이스라엘 열두 지파를 위한 언약의 자손에게 축복한 내용이 신명기 마지막 부분에 기록되어 있다. 이는 오래전 야곱이 열두 지파의 조상들을 축복한 사실을 염두에 두고 연관지어 생각해 볼 수 있다. 즉 창세기 49장에 기록된 '야곱의 축복' 55) 과 비교해 보면 전반적으로 맥락을 같이 한다는 사실을 알게 된다.

야곱은 열두 지파의 조상이 될 자녀들을 바로 앞에 앉혀두고 축복한 반면, 모세는 각 지파에 속한 모든 자손들이 모인 자리에서 그들이 소유하게 될 축복의 말씀을 전했다. 물론 두 경우 모두 물질적인 것보다 언약적인 의미와 밀접하게 연관되어 있었다. 즉 이 세상에서 유복하고 풍족한 삶을

---

55) "야곱이 그 아들들을 불러 이르되 너희는 모이라 너희의 후일에 당할 일을 내가 너희에게 이르리라"(창49:1); "이들은 이스라엘의 십이 지파라 이와 같이 그 아비가 그들에게 말하고 그들에게 축복하였으되 곧 그들 각인의 분량대로 축복하였더라"(창49:28).

누리도록 자손들을 축복하는 것과는 그 성격이 다르다.

우리가 여기서 눈여겨보아야 할 점은 열두 지파가 야곱과 모세 사이에 상당한 차이를 보이고 있다는 사실이다. 야곱은 시므온을 열두 지파 조상으로 보았으나 모세는 시므온의 이름을 언급하지 않고 요셉의 두 아들인 에브라임과 므낫세를 독자적인 지파로 언급하고 있다. 이는 이스라엘 열두 지파가 각기 분리된 고정적 개념이라기보다 가변성을 지니고 있음을 보여준다. 즉 각 지파의 배경 자체가 중요한 것이 아니라 이스라엘 열두 지파들이 하나의 거대한 민족을 구성하는 지체로서 언약적 기능을 하고 있다는 사실이다.

그러므로 시므온 지파는 모세의 축복에서 언급되지 않았으나 그에 반발하지 않은 것으로 보인다. 그들은 저들의 지파가 제외됨으로써 불공평하다고 저항할 수도 있었다. 그에 연관된 모든 문제는 모세가 가장 잘 알고 있었다. 하지만 하나님께서 그와 같이 계시하셨으므로 모세 자신도 어떻게 할 도리가 없었다. 우리가 분명히 깨달아야 할 점은 시므온 지파가 언급되지 않았다고 해서 그에 속한 백성들이 축복에서 제외된 것이 아니란 사실이다.

모세는 또한 이스라엘 열두 지파를 향해 축복을 선포하기 전에 먼저 하나님의 말씀을 전했다. 여호와 하나님께서 시내 산으로부터 임하고 계시며 세일 산에서 해처럼 떠오르시고 바란 산에서 자기 백성을 비추고 계신다고 했다. 또한 일만 명의 성도들 곧 무수히 많은 백성들과 함께 오실 뿐 아니라 그의 오른손에는 저들을 위해 활활 타오르는 번쩍이는 불이 들려 있다고 했다.

그리고 여호와께서는 자기 백성을 사랑하시므로 그에게 속한 모든 성도들이 그의 손 안에 있으며 그의 발 아래 앉아서 하나님의 거룩한 말씀을 받는다고 했다. 이제까지 모세가 전해준 모든 율법은 야곱의 자손 곧 언약의 자손들의 총회(總會)인 모든 무리가 소유한 아름다운 유산이 된다. 이는 하나님께서 전개해가시는 구속사 가운데 이루어지는 모든 약속들을 포함하고 있다.

그러므로 모세는 여호와께서 여수룬 곧 이스라엘의 '절대적인 왕' 이라는 사실을 선포했다. 그가 오래전부터 여수룬으로 묘사되는 언약의 자손들을 위한 이스라엘의 왕으로 존재해오셨으므로 이스라엘 백성의 모든 지파와 지도자들이 한자리에 모여 서게 되었다. 모세는 그 가운데서 하나님의 계시를 받아 저들에게 축복했던 것이다.

우리가 여기서 반드시 기억해야 할 바는 이 모든 축복이 구약시대에 끝난 것이 아니라 오늘날 신약시대 교회에도 여전히 그 의미가 존속되고 있다는 사실이다. 즉 교회와 그에 속한 성도들은 이 축복 속에 들어와 살아가고 있다. 따라서 모든 하나님의 자녀들은 죽음을 눈앞에 둔 모세가 언약의 자손들을 위해 축복한 그 의미 가운데 존재해야 한다. 이 말씀이 단순히 상징적이거나 관념적인 것이 아니라 구체적인 의미를 지니고 있다는 사실을 기억해야만 하는 것이다.

2. 이스라엘 열두 지파를 위한 모세의 축복 (신33:6-25)

| 르우벤을 위한 축복 (신33:6) 56) |

모세는 르우벤을 위한 매우 특별한 축복의 말씀을 전했다. 본문 가운데서 그가 죽지 않고 살기를 원한다는 말을 하고 있기 때문이다. 르우벤은

56) 르우벤에 대한 야곱의 축복: "르우벤아 너는 내 장자요 나의 능력이요 나의 기력의 시작이라 위광이 초등하고 권능이 탁월하도다마는 물의 끓음 같았은즉 너는 탁월치 못하리니 네가 아비의 침상에 올라 더럽혔음이로다 그가 내 침상에 올랐었도다"(창49:3,4). 르우벤은 혈통적으로 장자였으나 그의 범죄로 인해 언약적 관점에서 장자권은 요셉에게 넘어갔다(대상5:2).

그보다 수백 년 전에 이미 죽은 상태였으므로 그가 죽지 않고 살기를 원한다고 한 것은 그 자체로 볼 때는 모순 되는 말로 비쳐질 수 있다.

그럼에도 불구하고 모세가 그와 같은 축복을 한 것은 당연히 르우벤 지파의 자손들을 두고 한 말씀으로 이해해야 한다. 르우벤은 혈통적으로 야곱의 장남으로서 야곱 집안의 대표성을 지니고 있다. 모세가 그의 자손들이 죽지 않고 살기를 바라며 그들의 수가 적지 않기를 원한다고 한 것은 이스라엘 민족의 번성을 위한 축복에 연관된 의미를 지니고 있다.

이 말은 하나님께서 장차 이땅에 메시아를 보내실 때까지 이스라엘 백성을 지켜 보호해주신다는 사실에 관련되어 있다. 따라서 이는 전체적으로 보아 메시아 예언에 밀접하게 연관되는 것으로 이해하는 것이 자연스럽다. 이스라엘 백성이 장차 심한 우여곡절을 겪게 되겠지만 그리스도가 오실 때까지는 결코 패망하지 않고 유지된다. 따라서 르우벤에게 허락된 이 축복의 말씀은 하나님께서 구속사를 끝까지 완성해 가신다는 사실을 예언적으로 말해주고 있는 것이다.

| 유다를 위한 축복 (신33:7)57) |

모세는 유다에 대한 축복을 하면서 유다가 어려움에 처하여 살려달라고 하나님께 부르짖을 때 그 음성을 들어주시라는 사실을 언급했다. 또한

57) 유다에 대한 야곱의 축복: "유다야 너는 네 형제의 찬송이 될찌라 네 손이 네 원수의 목을 잡을 것이요 네 아비의 아들들이 네 앞에 절하리로다 유다는 사자 새끼로다 내 아들아 너는 움킨 것을 찢고 올라 갔도다 그의 엎드리고 웅크림이 수사자 같고 암사자 같으니 누가 그를 범할 수 있으랴 홀이 유다를 떠나지 아니하며 치리자의 지팡이가 그 발 사이에서 떠나지 아니하시기를 실로가 오시기까지 미치리니 그에게 모든 백성이 복종하리로다 그의 나귀를 포도나무에 매며 그 암나귀 새끼를 아름다운 포도나무에 맬 것이며 또 그 옷을 포도주에 빨며 그 복장을 포도즙에 빨리로다 그 눈은 포도주로 인하여 붉겠고 그 이는 우유로 인하여 희리로다"(창49:8-12).

유다 지파가 이스라엘에게 속한 모든 백성과 하나가 되게 해 달라는 간구를 했다. 그리고 주님께서 유다를 대신하여 싸워달라고 했다. 하나님께서 친히 유다 지파를 대적하는 자들을 공격하여 저들을 도와달라는 것이었다. 이 말은 사탄에게 속한 사악한 세력과 맞서 싸울 때 유다 지파가 앞장을 서고 나머지 모든 지파들이 그에 참여하도록 요구하는 의미를 지니고 있다.

우리는 유다 지파에서 이스라엘 왕국의 왕이 태어난다는 사실을 알고 있다. 그로 인하여 그 지파가 장차 심각한 궁지에 몰리게 되리라는 점을 깨닫게 된다. 사악한 원수들이 메시아의 직접 통로가 되는 유다 지파를 괴롭히면서 그 자손들을 통해 이땅에 메시아를 보내시고자 하는 하나님의 사역을 훼방할 것이었기 때문이다.

그로 말미암아 언약의 백성 전체가 하나로 화합하는 데 방해가 될 수밖에 없으나 그에 맞서 싸우지 않으면 안 된다. 그러니 모세가 주님께서 유다를 위하여 친히 싸워달라는 간구를 했던 것이다. 이는 하나님의 도우심이 없이는 홀로 그 힘겨운 싸움을 하기 어렵다는 사실을 말해 주고 있다. 오직 하나님께서 보내신 영원한 왕이신 메시아를 통해 원수들을 제어하고 궁극적인 승리를 안겨주시게 되는 것이다.

| 레위를 위한 축복 (신33:8-11)58) |

모세는 또한 레위에 대한 축복을 언급하면서 여호와 하나님의 '둠밈과

58) 시므온과 레위에 대한 야곱의 축복: "시므온과 레위는 형제요 그들의 칼은 잔해하는 기계로다 내 혼아 그들의 모의에 상관하지 말찌어다 내 영광아 그들의 집회에 참예하지 말찌어다 그들이 그 분노대로 사람을 죽이고 그 혈기대로 소의 발목 힘줄을 끊었음이로다 그 노염이 혹독하니 저주를 받을 것이요 분기가 맹렬하니 저주를 받을 것이라 내가 그들을 야곱 중에서 나누며 이스라엘 중에서 흩으리로다"(창49:5-7). 모세의 축복에서는 시므온의 이름이 빠져 있다.

우림' 이 그의 경건한 자에게 있다고 말했다. '둠밈(Thummim)과 우림(Urim)' 이란 '완전함과 빛' 이란 의미를 지니고 있다. 이는 대제사장의 판결 흉패 안에 보관되어 있었다(출28:30; 레8:8).

그것은 하나님의 뜻을 묻고 응답받을 때 사용되었다(민27:21; 삼상28:6). 이 말은 레위 지파 제사장들이 소유한 중요한 권리와 밀접하게 연관되어 있다. 하나님을 경배하는 일과 하나님으로부터 계시된 말씀에 대한 확증은 저들에게 허락된 직무였다.

또한 하나님께서 레위를 맛사에서 시험하시고 므리바 물가에서 그와 다투었다는 사실을 언급했다. 이는 이스라엘 백성과 레위 지파에 속한 모세와 아론에 관련된 말씀이다. 당시 그 지도자들은 그러했을지라도 레위 지파에 속한 백성들은 그렇지 않았던 것으로 보인다.

그러므로 모세는 레위 지파에 속한 사람들은 하나님의 율법을 그 중심에 두고 모든 힘을 다해 지켜왔음을 언급했다. 그들이 자기 부모와 형제와 자녀들까지 외면하면서 주님의 계명에 온전히 순종하며 그 언약을 신실하게 지켰음을 말하고 있다(신13:6-9; 출32:27). 비록 모세와 아론이 므리바 사건으로 말미암아 하나님의 책망을 받았을지라도 레위 지파는 하나님 앞에서 온전한 신앙을 지키고자 했다는 것이다(민20:12,13, 참조).

그러므로 모세는 그들이 여호와의 법도를 야곱 자손에게 전하며 그 율법을 이스라엘 백성에게 가르치게 되리라고 했다. 또한 주님 앞에서 분향하고 온전한 번제를 그 제단에 드릴 것이라고 말했다. 나아가 하나님께서 레위 지파의 재산을 풍족하게 해주시며 그의 손으로 행하는 모든 것을 받아주시도록 간구했다. 그리하여 그를 대적하여 일어나는 자와 미워하는 자의 허리를 꺾어 다시 일어나지 못하게 해 달라고 했던 것이다.

레위 지파를 위한 모세의 축복은 이스라엘 민족 전체에 관한 축복과 마찬가지였다. 그들이 하나님의 법도와 율법을 백성들에게 가르치고 배우며 제단에서 여호와 하나님 앞에 분향하며 제물을 바치는 것은 레위 지파에만 국한되는 것이 아니라 민족적인 축복이다. 나아가 새롭게 전개되는 삶의 영역에서 땅을 전혀 분배받지 못한 레위인들에게 재산이 많아진다는 것은 곧 이스라엘 백성이 풍요로워진다는 사실을 말해 주고 있다.

또한 하나님께서 레위인들을 원수들로부터 보호해주신다는 것은 하나님의 율법과 그를 향한 제사 행위가 지속된다는 사실에 연관되어 있다. 하나님께서 모세를 통해 레위 지파에 내리는 축복은 이스라엘 민족 전체에 미치게 된다. 그들이 언약의 자손들에 대한 본질적인 축복의 통로 역할을 했기 때문이다.

| 베냐민을 위한 축복 (신33:12)59) |

모세는 베냐민을 크게 축복했다. 그 지파에 속한 자들은 여호와의 사랑을 입은 자로 인정받고 있었기 때문이다. 따라서 그들은 여호와 하나님의 곁에서 안전한 삶을 누리게 되리라고 했다. 물론 이는 단순히 육적이고 물질적인 것에만 국한되는 의미가 아니다.

그러므로 베냐민 지파는 예루살렘을 중심으로 한 유다 지파가 위치한 바로 위의 땅을 분배받아 소중한 직무를 맡게 되었다. 베냐민의 자손들은 예루살렘을 지켜 보호하는 일을 위해 중요한 역할을 감당했다. 이는 다른 지파 자손들이 감당할 수 없는 일을 맡게 되었음을 말해주고 있다.

따라서 모세는 여호와 하나님께서 자신의 모든 구속 사역을 완성하는 일이 마칠 때까지 그들을 지켜 보호하실 것이라고 말했다. 즉 그 지파 자손들을 자기 어깨 사이에 두고 지켜 보호하게 되리라는 것이었다. 이는 하나님께서 친히 그 백성을 챙기실 것을 말해주고 있다. 이 말은 이스라엘 민족의 전체 역사적인 맥락 가운데서 차지하게 될 베냐민 지파에 관한 축

59) 베냐민에 대한 야곱의 축복: "베냐민은 물어 뜯는 이리라 아침에는 빼앗은 것을 먹고 저녁에는 움킨 것을 나누리로다"(창49:27).

복과 예언적인 의미를 지니고 있다.

| 요셉과 그의 아들들인 에브라임과 므낫세를 위한 축복(신33:13-17)60) |

모세는 요셉을 위하여 축복하면서 하나님의 은혜로 말미암아 주어진 복이 특별히 선택받은 그의 머리와 정수리에 임하기를 원한다고 했다. 위에서는 하늘의 보물인 이슬이 내리고 땅에서는 지하의 샘물이 솟아오르기를 기원했다. 또한 햇빛을 받아 영글게 되는 갖가지 곡식과 달빛을 받아 맺히는 다양한 과일들이 그들의 땅에 풍성하기를 빌었다.

나아가 태고적부터 있어왔던 언덕에는 질 좋은 산물(産物)로 뒤덮일 것이며 땅 위에 풍성한 보물들이 가득하게 되기를 원한다고 했다. 그 모든 것은 호렙 산 떨기나무 불꽃 가운데서 말씀하시던 여호와 하나님의 은총으로 말미암는 것이다. 모세는 그와 같은 모든 복이 요셉 지파 자손들에게 넘쳐나기를 원한다고 했다.

요셉에게는 초태생으로 태어난 수송아지가 지닌 것과 같은 위엄이 존재한다고 했다. 그의 뿔은 마치 힘센 들소의 뿔과 같다는 것이었다. 그 자손들인 요셉 지파는 언약의 백성을 괴롭힌 이방의 원수들을 쳐 물리침으로써 땅끝까지 이르게 되리라고 했다. 그리하여 그의 아들인 에브라임의 자손은 만만이요 므낫세의 자손은 천천이라는 사실을 말했다. 이는 요셉이

---

60) 요셉에 대한 야곱의 축복: "요셉은 무성한 가지 곧 샘 곁의 무성한 가지라 그 가지가 담을 넘었도다 활쏘는 자가 그를 학대하며 그를 쏘며 그를 군박하였으나 요셉의 활이 도리어 견강하며 그의 팔이 힘이 있으니 야곱의 전능자의 손을 힘입음이라 그로부터 이스라엘의 반석인 목자가 나도다 네 아비의 하나님께로 말미암나니 그가 너를 도우실 것이요 전능자로 말미암나니 그가 네게 복을 주실 것이라 위로 하늘의 복과 아래로 원천의 복과 젖먹이는 복과 태의 복이리로다 네 아비의 축복이 내 부여조의 축복보다 나아서 영원한 산이 한없음 같이 이 축복이 요셉의 머리로 돌아오며 그 형제중 뛰어난 자의 정수리로 돌아오리로다"(창49:22-26).

이방의 막강한 왕국이었던 애굽으로 내려가 그들 위에 군림한 사실과 그로 말미암아 태어난 두 아들을 기억하며 내린 축복의 말씀이었다.

우리는 여기서 에브라임과 므낫세가 이스라엘 열두 지파 가운데 각각 독자적인 지분을 차지하게 된 것은 요셉이 두 지파를 차지하게 된다는 의미를 지니고 있다. 그것은 요셉에게 특별히 허락된 축복이다. 이 말씀에서 더욱 주의를 기울여야 할 바는 요셉은 순수 이스라엘 혈통을 지닌 데 반해 그의 아들들인 에브라임과 므낫세는 이방인의 혈통과 섞여 있다는 사실이다(창41:45; 46;20, 참조). 이로써 하나님께서는 자신의 구원 사역을 진행하시면서 혈통주의에 얽매이는 분이 아니란 사실과 그의 언약에 따라 모든 것이 이루어진다는 점을 알게 된다.

| 스불론을 위한 축복 (신33:18)61) |

모세는 스불론에 대해서는 매우 간략하게 축복했다. 물론 말이나 문장이 짧다고 해서 그 내용이 덜 중요하다는 것은 결코 아니다. 그 축복의 말씀 가운데는 스불론 지파 자손들로 하여금 기쁜 마음을 가지고 바깥으로 진출하기를 바란다는 의미가 담겨 있다.

이 말은 그들이 외부로 나아가 언약의 민족의 위상을 드높인다는 뜻을 지니고 있다. 그렇게 하는 것이 저들에게 맡겨진 하나님의 특별한 복이라는 것이다. 이처럼 하나님께서는 스불론 지파에 속한 백성들에게 나름대로 중요한 역할과 소명을 주셨던 것이다.

---

61) 스불론에 대한 야곱의 축복: "스불론은 해변에 거하리니 그곳은 배 매는 해변이라 그 지경이 시돈까지리로다"(창49:13). 스불론 지파는 나중 해변이 아니라 지중해와 갈릴리 바다 사이의 내륙지역을 분배받았다. 그럼에도 불구하고 야곱이 그와 같이 축복한 것은 아직 가나안 땅 전체를 정복하기 전 그 과정에서 이루어진 일에 연관된 예언적 축복으로 이해해야 한다.

| 잇사갈을 위한 축복 (신33:18,19)62) |

모세는 잇사갈에게 스불론과는 달리 장막 안에 거하고 있음을 즐거워하라는 말을 했다. 그들이 언약의 백성 가운데서 감당해야 할 중요한 내부적 소임이 있음을 말해주고 있다. 그와 더불어 그들이 이방 백성들을 불러 하나님의 산으로 인도하여 이르게 한다는 것이었다.

그 지파에 속한 자들은 거기서 하나님 앞에 의로운 제사를 드리게 되리라고 했다. 이 말은 이방인들 가운데 언약의 백성에 가입하는 자들이 많아지게 될 것에 대한 예언적 성격을 지니고 있다. 잇사갈 지파 사람들은 갈릴리 남부 내륙지역을 최종적으로 분배받기 전 바다에서 얻는 것으로 넉넉하게 되고 바닷가 모래 속에 감추어진 보물들을 소유하게 된다는 것이었다.

| 갓을 위한 축복 (신33:20,21)63) |

모세는 갓을 향한 축복의 말씀을 전하며 하나님께서 그를 광대하게 해주시리라는 말을 했다. 그에게 바로 그 하나님을 향해 찬송을 부르라는 것이었다. 갓은 지혜와 함께 강력한 세력을 지니고 있어서 마치 암사자 같이 웅크리고 앉아있다가 먹잇감을 사로잡아 그 팔과 정수리를 갈가리 찢어놓으리라고 했던 것이다.

그가 또한 자기를 위해 가장 좋은 땅을 택하여 분배받게 되리라는 사실이 언급되었다. 그것은 백성의 지도자들과 함께 저들에게 허락된 몫으

62) 잇사갈에 대한 야곱의 축복: "잇사갈은 양의 우리 사이에 꿇어앉은 건장한 나귀로다 그는 쉴 곳을 보고 좋게 여기며 토지를 보고 아름답게 여기고 어깨를 내려 짐을 메고 압제 아래서 섬기리로다"(창49:14,15).

63) 갓에 대한 야곱의 축복: "갓은 군대의 박격을 받으나 도리어 그 뒤를 추격하리로다"(창49:19).

로서 그 지파 자손들에게 분배된 것이라고 했다. 그리하여 그 자손들이 여호와 하나님의 공의와 이스라엘 자손에게 세워진 법도를 순종하여 행하게 되었다. 그로 인해 갓 지파가 하나님의 큰 축복의 은총을 입게 된 것이다.

| 단을 위한 축복 (신33:22)64) |

모세는 단에 대하여 언급하면서 바산에서 뛰어나오는 사자의 새끼 같다고 말했다. 바산은 이스라엘 지경 가운데 가장 기름진 땅 가운데 한 곳이다. 그 지역에서는 부족함이 없이 모든 것이 넘쳐나기 때문에 백성들이 여유로운 삶을 살게 되는 것과 연관되어 있다.

그리고 바산에서 뛰어나오는 사자 새끼란 단 지파에 속한 자들은 전쟁을 좋아하게 된다는 사실을 보여준다. 이는 그들이 전쟁에 능한 자라는 사실을 말해주고 있다. 식량이 풍부하고 풍요로운 형편에 놓인 그들이 주변의 여러 나라들과 마주 싸워 승리를 거두는 데 상당한 역할을 하게 되리라는 것이었다.

하지만 단 지파가 전쟁을 좋아하는 것을 두고 그들이 마치 하나님께 저항하는 것으로 해석하기에는 무리가 따른다. 학자들 중에는 단 지파가 하나님의 아들을 잡아 고통에 내어주고 십자가 위에서 죽여 그의 피와 살을 찢고 행악할 것을 의미한다고 주장하는 자들이 있다. 즉 예수님을 조롱하고 십자가에 못 박은 자들이 단 지파에 속해 있던 유대인들과 그들의 지도자들인 대제사장과 장로와 군중들이라고 보는 것이다.65)

---

64) 단에 대한 야곱의 축복: "단은 이스라엘의 한 지파 같이 그 백성을 심판하리로다 단은 길의 뱀이요 첩경의 독사리로다 말굽을 물어서 그 탄 자로 뒤로 떨어지게 하리로다 여호와여 나는 주의 구원을 기다리나이다"(창49:16-18).

65) 원용국, 신명기 주석, 서울: 호석출판사, 1993, pp.530,531. 참조.

이와 같은 해석은 선뜻 받아들이기 어렵다. 우리는 모세가 예언한 이 말씀이 단에 대한 축복의 말씀이라는 사실을 기억해야 한다. 다른 모든 지파는 축복하면서 유독 단 지파만 따로 분리하여 저주한 것으로 보기 어렵기 때문이다.

| 납달리를 위한 축복 (신33:23) 66) |

모세는 또한 납달리에 대한 축복의 말을 전했다. 그의 자손은 은혜가 풍성하고 여호와 하나님의 복이 가득한 지파라고 했다. 납달리 지파가 서쪽과 남쪽을 차지할 것이라고 언급한 것은 약속의 땅 정복 과정에서 가나안 서쪽에 위치한 지중해 바다와 애굽으로 향한 길목인 남부 지역을 일시적으로 차지하게 될 것에 대한 예언적 성격을 지니고 있다.

즉 이 말씀은 납달리 지파에 속한 자들이 좋은 땅을 분배받아 주변의 여러 지역에까지 그 세력이 미칠 것에 대한 축복의 약속이다. 이는 단순히 그 지파만의 번성을 뜻하는 것이 아니다. 그 가운데는 다른 언약의 자손들을 이방인들의 세력으로부터 지켜 보호하는 방어적 기능을 하게 되는 것으로 이해할 수 있다.

우리가 기억해야 할 바는 이 예언이 실제로 분배받게 되는 지역을 말하는 것이 아니라 그 과정에 연관되어 있다는 사실이다. 납달리 지파는 나중 북부 갈릴리 서쪽 내륙지역을 분배받게 된다. 그럼에도 불구하고 모세가 그와 같은 축복의 선언을 한 것은 가나안 땅 전체를 정복하기 전에 관한 예언으로 이해하는 것이 자연스럽다.

---

66) 납달리에 대한 야곱의 축복: "납달리는 놓인 암사슴이라 아름다운 소리를 발하는도다"(창49:21).

| 아셀을 위한 축복 (신33:24,25) 67) |

모세는 아셀에 대하여 축복했다. 특히 그는 다른 형제들 곧 다른 지파들보다 더 큰 복을 받게 되리라고 말했다. 거기다가 형제들로부터 기쁨의 대상이 되고 그의 발은 기름에 잠기게 될 것이라는 말이 더해졌다. 이는 그들이 부드러운 성품을 가지고 형제들 사이에서 좋은 역할을 감당하게 될 것에 대한 말씀이다. 그의 발이 기름에 잠기게 된다는 말은 그 지파가 수목이 가득한 기름진 땅에서 살아가리라는 의미를 지니고 있다.

그러므로 모세는 아셀 지파의 문빗장은 철과 놋이 될 것이란 사실을 언급했다. 이는 아무도 그의 영역을 침범하지 못할 것이라는 사실을 말해주고 있다. 따라서 그들은 안전한 상태에서 여유로운 삶을 누리는 축복을 받게 되는 것이다.

3. 여호와 하나님과 여수룬 (신33:26-29)

모세는 에브라임과 므낫세 지파를 포함한 이스라엘 열두 지파를 향해 축복의 말씀을 전했다. 모든 축복을 마친 모세는 뒤이어 마무리하는 선포를 했다. 그는 여수룬 곧 이스라엘을 향해 세상과 우주 가운데는 하나님과 같은 이가 존재하지 않는다는 사실을 언급했다. 그가 연약한 이스라엘을 도우시기 위해 하늘에서 구름을 타고 궁창에서 위엄을 나타내신다는 것이었다.

그는 또한 영원하신 하나님이 저들의 처소가 되신다고 하면서 그의 영원하신 팔로 그들을 받쳐주신다는 사실을 언급했다. 그가 이스라엘 백성 앞에서 대적들을 쫓아내시며 그들을 멸망시키도록 명령하신다는 것이

---

67) 아셀에 대한 야곱의 축복: "아셀에게서 나는 식물은 기름진 것이라 그가 왕의 진수를 공궤하리로다"(창49:20).

다. 이는 타락한 세상에 대한 이스라엘 민족의 궁극적인 승리를 말해주고 있다.

그러므로 이스라엘 민족은 약속의 땅에서 안전하게 거하게 된다. 하나님께서 생명의 근원이 되는 야곱의 샘에 함부로 접근하는 자가 없도록 지켜주실 것이기 때문이다. 또한 곡식과 포도주가 나는 땅에는 하늘로부터 넉넉한 이슬이 내린다. 그로 인해 그곳에 살아가는 백성들은 하나님 안에서 축복을 누리는 삶을 살아갈 수 있게 된다.

모세는 이스라엘 자손을 향해 그들이 하나님으로부터 축복받은 행복한 백성이라는 사실을 언급했다. 여호와 하나님에 의해 참된 구원을 받은 백성은 오직 그들밖에 없기 때문이었다. 그가 친히 언약의 자손들을 돕는 방패가 되시며 그들을 위한 영광의 칼이 된다는 것이다.

그리하여 이스라엘 민족을 향해 대적하던 자들이 그 앞에서 무릎을 꿇고 완전히 복종하게 된다. 그리고 그 언약의 백성이 그 원수들의 높은 곳을 정복하여 발아래 두고 짓밟게 된다. 이는 야곱의 자손들이 취하게 될 최종 승리를 말해주고 있다. 그것이 모세가 이스라엘 열두 지파를 위해 빌었던 최상의 축복이 되는 것이다.

제39장

모세의 사명 완수와 죽음

(신34:1-12)

1. 느보 산에서 가나안 땅을 바라본 모세 (신34:1-4)

모세는 모압 평지에서 느보 산으로 올라가 비스가(Pisgah) 산꼭대기68)에 이르렀다. 거기서 서쪽으로 건너다보면 서쪽으로 가나안 땅이 바라보인다. 우리가 여기서 기억해야 할 바는 모세가 자발적으로 그 산에 올라간 것이 아니라 하나님의 인도하심에 따라 그곳으로 가게 되었다는 사실이다.

당시는 우리 시대처럼 공기가 오염되지 않았으므로 멀리 떨어진 지역이라 할지라도 선명하게 보였을 것이 분명하다. 거기다가 모세는 눈이 흐리지 않아 멀리까지 보는 데 아무런 지장이 없었다(신34:7). 그는 높은 산맥으

---

68) 느보 산에는 세 개의 중요한 봉우리가 있다. 현재의 산봉우리 이름으로는 해발 835m의 라스 알니바(Ras al-Niba), 790m의 키르베텔 무카야트(Khirbetel-Mukhayyat), 710m의 라스 시야가(Ras Siyagha)이다. 이중 모세가 가나안 땅을 바라보았던 산봉우리인 비스가(Pisgah)는 세 번째 산봉우리인 라스 시야가(Ras Siyagha)라는 것이 학계의 통설이다. 실제로 라스 시야가는 가나안 땅을 바라보기에 가장 적합한 장소이다.

로 가려진 곳은 보지 못했을지라도 약속의 땅 거의 전역을 바라보며 감개무량했을 것이다.

어떤 이들은 먼 거리에 있는 가나안 땅 여러 지역을 모세가 육안으로 바라보았다는 것은 상징적인 의미일 뿐 사실이 아니라고 주장하기도 한다. 하지만 해발 700m가 넘는 정도의 높이가 되는 산봉우리들이 모인 느보 산에서 가나안 땅 넓은 지역을 바라보는 것은 자연스러운 일이라 말할 수 있다. 그는 느보 산에서 길르앗 온 땅과 북쪽으로 단(Dan)까지 볼 수 있었으며 납달리와 에브라임 및 므낫세의 땅과 서쪽 끝으로는 지중해까지의 유다 온 땅과 네겝과 종려나무 성읍인 여리고와 소알까지 보았다.

느보 산에서 가나안 땅 여러 지역의 실제적인 거리를 어느 정도 파악하게 되면 그에 대한 이해가 좀 더 쉬울 것이다. 느보 산에서 예루살렘까지 직선거리는 46km, 여리고까지는 27km, 헤브론까지는 65km, 베들레헴까지는 50km 정도 된다. 그리고 갈릴리 호수까지는 106km, 눈 덮인 헬몬 산(2,815m)까지는 130km 정도 되는 거리이다.69)

하나님께서는 모세가 비스가 산 꼭대기에서 멀리 바라보는 그 지역이 아브라함과 이삭과 야곱에게 맹세하여 그 자손에게 주리라고 한 약속의 땅이라고 말씀하셨다. 이제 때가 이르러 그 자손들이 요단 강을 건너 그곳으로 들어가 가나안 땅을 점령하고 있던 여러 이방 종족들을 물리치고 그 땅을 차지하게 된다. 하지만 모세는 요단 강을 건너 약속의 땅으로 들어가

---

69) 우리는 부산 태종대에서 50km 떨어진 대마도를 육안으로 볼 수 있으며, 울릉도에서 약 87km 떨어진 독도를 육안으로 바라볼 수 있다. 필자는 교정시력이 0.8정도 되는데 부산에서 대마도를 육안으로 바라보는 데 아무런 어려움이 없다. 그리고 우리가 기억해야 할 바는 시력에 관한 문제이다. 우리 한국 사람들의 경우 가장 좋은 시력이 보통 2.0이다. 그런데 몽골인들의 평균 시력은 3.0이라고 하며 에스키모인들의 평균 시력은 4.0이라고 한다. 따라서 모세의 시력은 우리가 상상하는 것보다 훨씬 좋았을 수 있다(신34:7, 참조). 거기다가 당시 오염이 전혀 되지 않은 대기로 인해 훨씬 멀리까지 바라볼 수 있었을 것이다.

지는 못할 것이라는 말씀을 하셨다.

우리는 모세의 눈이 다른 보통 사람들이 볼 수 없는 것들까지 보았으리라는 사실을 기억해야 한다. 그에게는 눈앞에 펼쳐진 외적인 경관뿐 아니라 마음의 눈을 통해 골골마다 있는 이방 종족들의 마을과 그 안에 살아가는 사람들, 그리고 그 주변에 있는 더러운 이방신당들과 다양한 우상들까지 보았을 것이 분명하다. 이제 곧 이스라엘 자손들이 그와 같은 험난한 땅에 들어가 저들과 맞서 싸워야 할 형편에 놓여 있었다.

그리고 모세의 눈은 가나안 땅의 광경과 더불어 펼쳐진 역사적 미래를 바라보고 있었을 것이 틀림없다. 또한 사사시대에 일어날 이스라엘 백성의 배도 행위와 피비린내 나는 싸움의 현장들이 중첩되어 떠올랐을 것이다. 나아가 장차 세워지게 될 다윗 왕국의 설립이 머리에 떠올랐을 것이 분명하다. 그리고 먼 미래에 이땅에 오실 메시아와 그의 왕국이 희미하게 보였을 것이다. 이는 실제적인 약속의 땅과 더불어 장차 진행될 하나님의 언약과 구속사적인 개념이 그의 사고를 사로잡았으리라는 사실을 말해주고 있다.

2. 모세의 죽음과 그를 위한 애곡 (신34:5-8)

모세는 느보 산 위에서 가나안 땅을 바라보기만 하고 그곳으로 들어가지 못한다는 사실을 이미 잘 알고 있었다. 그에게는 많은 아쉬움과 함께 만감이 교차했을 것이다. 하지만 그는 하나님의 뜻을 겸허히 받아들였을 것이 틀림없다. 그와 더불어 이스라엘 자손이 약속의 땅에 들어가 하나님의 말씀에 순종하기를 바랐을 것이며 하나님께서 나중 그 백성들 가운데서 메시아를 보내주실 것에 대한 소망을 안고 위로를 삼았을 것이다.

하나님의 신실한 종으로서 이 세상에서의 모든 사명을 완수한 모세는 하나님의 말씀대로 모압 땅에서 생애를 마감했다. 그의 시신은 벳브올 맞은편에 위치한 골짜기에 장사되었다(신34:6). 모세의 죽음으로 인해 이스라엘 자손은 모압 평지에서 삼십일 동안 애곡했다. 하지만 그의 무덤의 위치를 정확하게 아는 자가 아무도 없었다.

모세의 시신이 장사된 무덤이 사람들에게 감추어진 것은 하나님의 특별한 섭리에 연관된 것으로 보인다. 만일 무덤의 위치가 알려졌다면 가나안 땅에 들어간 이스라엘 자손들이 힘든 일을 당하게 되면 요단 강을 반대로 건너와 그의 무덤을 찾고자 하는 경우가 많이 생겨났을지도 모른다. 따라서 모세의 무덤이 숨겨진 것은 언약의 자손들로 하여금 과거로 회귀하지 못하도록 하기 위한 하나님의 뜻에 근거한 것으로 이해할 수 있다.

하지만 이스라엘 백성은 규례에 따라 삼십일 동안 그의 죽음을 애곡하며 슬퍼했다. 그것은 사람들이 일반적으로 생각하듯 죽은 자를 위하여 애통하며 슬퍼하는 것과는 그 성격이 다르다. 그들이 슬퍼한 이유는 죽음 자체 때문이라기보다 그동안 함께 생활해 온 신실한 지도자와 잠시 이별하는 것에 연관되어 있었다.

그러므로 이스라엘 백성에게 있어서 보다 중요한 사실은 한 영도자의 생애가 끝나는 것 자체가 아니었다. 오히려 가나안 땅에 들어가야 할 언약의 백성들이 새로운 환경에서 감당해야 할 삶과 그 현실적 신앙 자세이다. 즉 과거를 돌아보는 것에 얽매이지 않고 장차 약속의 땅에서 살아갈 미래를 내다보는 것이 더욱 소중했던 것이다.[70]

모세가 죽을 당시의 나이는 백이십 세였다. 하지만 그의 건강상태는 매우 양호했음을 성경이 밝히고 있다. 그의 눈이 흐려지지 않고 기력이 쇠하

---

70) 오래전 이스라엘 백성이 홍해를 건너 시내 광야에 이르러 살아갈 때 불평불만에 가득 찬 자들이 상당수 있었다. 그런 자들은 모세에게 저항하며 애굽에서 살아갈 때가 훨씬 좋았다는 식으로 말하며 과거로 돌아가기를 원했다. 하지만 그것은 불가능한 일이었을 뿐 아니라 지극히 어리석은 판단과 행동에 지나지 않았다. 이처럼 요단 강을 건너 가나안 땅에 들어간 이스라엘 백성이 자발적으로 요단 강을 되돌아 건넌다는 것은 있을 수 없는 일이었다.

지 않았다는 사실을 말하고 있기 때문이다. 이에 대한 언급을 한 중요한 이유 가운데 하나는 그의 신체와 정신적 건강을 염두에 둔다면 얼마든지 요단 강을 건너 가나안 땅에 들어갈 수 있었다는 사실에 연관되어 있다.

그럼에도 불구하고 하나님께서는 그가 가나안 땅으로 들어가는 것을 허락하지 않으셨다. 대신 여호수아가 그의 뒤를 이어 영도자의 직책을 이어받게 되었다. 그가 이스라엘 자손들을 인도하여 하나님께서 약속하신 땅을 점령해야만 했던 것이다. 물론 그 모든 것에는 하나님의 놀라운 섭리와 경륜이 들어있었을 것이 틀림없다.

그런데 우리는 여기서 매우 중요한 문제를 만나게 된다. 그것은 신명기를 모세가 계시받아 기록한 책인데 그의 죽음에 대한 기록이 나타나기 때문이다. 즉 모세가 죽어 장사되었는데 어떻게 신명기 마지막 부분을 기록했을까 하는 문제이다. 우리는 이에 대하여 합리적인 신학적 이해를 하지 않으면 안 된다.

| 모세와 신명기 기록에 관한 문제 |

신명기 마지막 부분에는 모세의 죽음에 관한 기록이 나타난다. 모세가 신명기를 직접 계시받아 기록했다면 그의 죽음에 연관된 사건을 본문에서 언급한 것은 합리적이지 않다고 볼 수 있다. 그렇다면 우리는 이 문제에 대하여 어떻게 이해해야 할지 깊은 주의를 기울여 생각해 보아야 한다.

우리가 여기서 기억해야 할 바는 모세가 한꺼번에 신명기 전체를 계시받아 기록한 것이 아니란 사실이다. 모세가 기록한 신명기가 하나님으로부터 계시된 말씀이라는 사실은 개인의 주장으로 인해 그렇게 받아들여진 것이 아니었다. 그것은 하나님의 선지자로서 모세의 권위와 더불어 성막에서 규례에 따라 하나님을 제사하는 제사장 회의의 권위에 밀접하게 연관되어 있었다.

우리는 하나님으로부터 허락된 성경 계시의 '확증자' 에 연관된 문제를 주의 깊게 이해해야 한다. 모든 성경은 하나님이 지목하신 특별한 개인이 기록했다. 물론 말씀을 계시받는 선지자 옆에서 서기관이 그 말을 받아 적는 경우도 있었다. 하지만 그것에 대한 정경성(正經性)은 개인적인 주장에 의존한 것이 아니라 그에 대한 계시적 확증 기관이 있어야 했다.

모세 당시 가장 중요한 것은 성소에 보관된 하나님의 법궤였다. 사람은 아무리 경건한 신앙인이라 할지라도 여전히 타락한 인간으로서 성정(性情)을 가진 존재에 지나지 않는다. 모세를 비롯한 성경 기록자들은 하나님의 말씀을 공적으로 전달받을 때 성령의 도우심에 따른 그 권위가 절대적인 성격을 지니고 있었다. 하지만 일반 생활에서 그들이 죄 없는 완벽한 삶을 살았던 것은 아니다.

따라서 구약시대에는 성전과 법궤를 중심으로 사역하는 제사장 회의가 '특별한 기록' 에 대한 정경성을 확증하는 객관적 증인이 되어야 했다.71) 즉 개인이 기록한 문헌이 과연 하나님으로부터 계시된 말씀인지 '계시적 기관' 으로부터 확증을 받아야만 했던 것이다. 따라서 모세의 글이라 할지라도 제사장 회의의 확증이 요구되었다.

그러므로 모세가 하나님으로부터 계시받은 신명기도 성전에서 섬기는 제사장들이 그에 대한 실제적 확증을 한 것으로 이해해야 한다. 신명기의 맨 마지막 부분에 언급된 모세의 죽음에 관한 기록도 제사장들의 확증 과정에 연관된 것으로 받아들이는 것이 자연스럽다. 또한 각 성경의 서책에 기록된 모든 내용들은 사건의 발생 순서에 따라 기록된 것이 아니라는 사실을 기억하는 것도 중요하다.

---

71) 신약성경의 확증은 예수님의 부활 승천 이후에도 사도교회 시대에 언약적 의미를 소유하고 있던 예루살렘 성전을 중심으로 한 사도적 기관인 예루살렘 공의회가 정경에 대한 확증을 했다. 즉 구약시대 성전 중심의 제사장 회의가 구약의 정경을 확증했듯이 신약시대에는 예루살렘 공의회가 신약의 정경을 확증하는 사역을 감당했던 것이다.

이 말은 성경에 대한 의도적 편집에 연관된 문제가 아니라 하나님의 계시적 과정에 밀접하게 연관되어 있다. 따라서 이스라엘 민족의 영도자였던 모세의 죽음에 관한 내용을 제사장 회의에서 계시받아 그가 전한 말씀과 더불어 기록했던 것이다. 이는 그의 죽음에 관한 기록이 이스라엘 백성의 광야 사십 년을 마감하는 매우 중요한 의미를 지니고 있었기 때문이다.

3. 여호수아에게 안수(按手)한 모세 (신34:9)

모세는 죽기 전에 눈의 아들 여호수아에게 안수했다. 우리는 성경에 나타나는 안수에 관한 몇 가지 중요한 경우를 생각해 볼 수 있어야 한다. 우선은 안수가 언약의 상속에 관련된 직무와 연관되어 있다. 그리고 언약의 자손들을 축복할 때 안수하는 경우가 있다. 또한 질병을 치유하면서 환자에게 안수하는 경우가 종종 나타나고 있다.

물론 이외에도 구체적인 예를 찾아본다면 더 많은 다양한 경우들이 있을 것이다. 하지만 안수에 관한 이해를 할 때 가장 중요한 것은 그것이 상속이든 축복이든 치유든 모두가 여호와 하나님으로 말미암는다는 사실이다. 즉 인간들의 능력에 의해 그것들이 이루어지는 것이 아니라 하나님께서 자기의 종들을 통해 그 모든 일을 행하시는 것이다.

모세가 여호수아에게 안수한 것은 하나님께서 허락하신 구속 사역의 상속과 밀접하게 연관되어 있다. 그것은 전적으로 하나님으로부터 임하는 것이기 때문에 인간들의 판단으로 그것을 거역하지 못한다. 따라서 모세가 그에게 안수하자 그에게 하나님께서 허락하시는 지혜의 영이 충만하게 되었다. 즉 모세의 안수가 하나님의 성령이 임하는 근거의 역할을 하게 된 것이다. 이스라엘 자손은 그로 말미암아 하나님께서 모세에게 명령하신 대로 여호수아의 말에 순종해야만 했던 것이다.

4. 모세의 특별한 위상 (신34:10-12)

신명기의 맨 마지막 부분에서는 구속사 가운데 드러난 모세의 구속사적 특별한 위상에 관한 기록을 남기고 있다. 모세가 죽은 후에 '그와 같은 선지자' 가 일어나지 못했다는 것이었다. 모세는 여호와 하나님께서 직접 대면한 유일한 인물이었다. 이는 그가 시내 산 정상에서 여호와 하나님을 만난 사실과 연관되어 있다.

성경은 모세를 장차 이땅에 오실 메시아를 직접 예표하는 인물이라는 사실을 증거하고 있다. 모세는 앞으로 하나님께서 자기와 같은 선지자 하나를 세우시게 될 사실에 대한 예언을 했다. 그것은 언약의 백성들을 위한 약속이었으며 하나님의 자녀들은 그의 말씀을 들어 기억해야만 할 내용이었다.

> "네 하나님 여호와께서 너의 중 네 형제 중에서 나와 같은 선지자 하나를 너를 위하여 일으키시리니 너희는 그를 들을찌니라...... 내가 그들의 형제 중에 너와 같은 선지자 하나를 그들을 위하여 일으키고 내 말을 그 입에 두리니 내가 그에게 명하는 것을 그가 무리에게 다 고하리라" (신18:15,18);
> "이스라엘 자손에 대하여 하나님이 너희 형제 가운데서 나와 같은 선지자를 세우리라 하던 자가 곧 이 모세라" (행7:37)

하나님께서 장차 모세와 같은 선지자를 세우리라고 한 말씀은 신약시대에 그대로 확인되어 인용되었다. 메시아의 오심에 대한 그 예언이 성취된 것이 사도행전에 기록되어 있기 때문이다. 이처럼 구약시대 하나님의 백성들은 모세와 같은 선지자가 세워질 것에 대한 말씀을 통해 오실 메시아를 간절히 기다려야만 했던 것이다.

신명기에는 이와 더불어 여호와 하나님께서 모세를 애굽 땅에 보내신 사실을 기록하고 있다. 또한 모세로 하여금 바로와 그의 모든 신하와 애굽 온 땅에서 다양한 이적과 기사와 모든 큰 권능과 위엄을 행하게 하신 사실을 언급했다. 그가 모든 이스라엘이 보는 앞에서 하나님께서 허락하신 모든 것을 행한 자라는 것이었다.

이 말씀은 장차 이땅에 오실 메시아와 그의 사역에 관한 예언적 의미를 지니고 있다. 예수 그리스도께서는 마치 애굽과 같은 이 세상에 오셔서 천상의 능력을 행하시며 하나님의 아들인 자신의 존재를 드러내 보여주신다. 즉 많은 질병을 치유해 주시고 죽은 자를 살리시기도 하며 친히 십자가에 달려 죽지만 큰 권능으로써 죽음을 이기고 부활하시게 된다. 이를 통해 '하나님 나라'(Kingdom of God)가 세워지고 세상에 대한 심판과 더불어 언약의 백성을 구원하시게 되는 것이다.

우리는 신명기 맨 마지막 부분에 기록된 언약에 연관된 메시지를 통해 신명기 전체가 메시아를 향하고 있다는 사실을 알게 된다. 나아가 모세 오경의 끄트머리에 기록된 이 말씀이 창세기, 출애굽기, 레위기, 민수기, 신명기가 메시아 예언서라는 점을 증거해 주고 있다. 하나님께서는 창세 전에 택하신 자기 백성을 구원하실 메시아를 이땅에 보내시고자 모세를 통해 특별한 율법의 말씀을 계시하셨던 것이다.

성구색인

구 약

창12:1 ... 399
창12:5-7 ... 164
창15:18-21 ... 20
창19:37 ... 41
창19:38 ... 43
창22:15-17 ... 156
창36:19 ... 39
창41:45;46:20 ... 413
창49장 ... 405
창49:1 ... 405
창49:3,4 ... 407
창49:5-7 ... 409
창49:8-12 ... 408
창49:13 ... 413
창49:14,15 ... 414
창49:16-18 ... 415
창49:19 ... 414
창49:20 ... 417
창49:21 ... 416
창49:22-26 ... 412
창49:27 ... 411
창49:28 ... 405

출3:1-5 ... 62
출17:1-7 ... 116
출17:7 ... 116
출17:8-16 ... 313
출20:10 ... 99
출20:11 ... 98
출21:12,13 ... 84
출23:27,28 ... 125
출28:30 ... 410
출32:1,2 ... 143
출32:15,16 ... 74
출32:27 ... 410

레8:8 ... 410
레13:44,45 ... 298
레23장 ... 210

민12:1-16 ... 298
민12:6-7 ... 299
민12:10 ... 299
민13:1-24 ... 17
민13:2 ... 29
민13:2,3 ... 29
민13:18-20 ... 29
민13:20,23 ... 30
민13:25 ... 29
민14:1-4 ... 18
민14:34 ... 34
민20:10 ... 402
민20:12,13 ... 403,410
민21:13 ... 41
민21:21-26 ... 51
민21:23 ... 51
민21:29 ... 41
민21:30 ... 47
민21:33 ... 53
민22-24장 ... 282
민27:21 ... 410

신1:11 ... 21
신1:12 ... 23
신1:16 ... 25
신1:17 ... 25

신1:37;2:29;34:4 ... 38
신1:40 ... 35
신1:41 ... 35
신2:11 ... 42
신2:14 ... 40,42
신2:14,15 ... 42
신2:23 ... 44,56
신2:24-37;3:1-11 ... 18
신2:29 ... 38
신2:34 ... 51
신3:1-4 ... 53
신3:3 ... 54
신3:9 ... 55
신4:6 ... 71
신4:7 ... 71
신4:9,10 ... 72
신5:3 ... 92
신7:1,2;20:16,17 ... 25
신8:3 ... 129
신12:19 ... 175
신12:32 ... 177
신13:6-9 ... 410
신14:1 ... 188
신14:3 ... 190
신15:1;31:10 ... 379
신15:9 ... 380
신15:17 ... 205
신16:2 ... 213
신16:3 ... 213
신17:16 ... 229
신17:19 ... 231
신17:20 ... 231
신18:8 ... 235
신18:15 ... 238
신18:15,18 ... 426
신18:16 ... 238
신19:21 ... 249
신20:2 ... 252
신20:14 ... 255
신21:7 ... 261
신22:5 ... 272
신22:24 ... 278
신22:29 ... 277
신24:9 ... 299
신25:4 ... 307
신25:9 ... 309
신25:10 ... 309
신26:12 ... 318
신26:16 ... 320
신27:9,10 ... 327
신27:11-15 ... 346
신27:26 ... 337
신29:2 ... 359
신31:19 ... 382
신31:19,21 ... 396
신32:15 ... 390
신32:27 ... 392
신32:38 ... 394
신32:43 ... 395
신33:5,26 ... 390
신34:6 ... 422
신34:7 ... 419,420

수4:19;5:10;10:5-7,15,43 ... 315
수5:13-15 ... 61
수6:3-5 ... 63
수7:25 ... 268
수8:30-35 ... 163
수13:18 ... 51
수13:29-31 ... 53
수20:7 ... 86
수20:8 ... 85
수24:11,12 ... 125

삿11:17 ... 40
삿11:18 ... 41
룻4:7 ... 309

삼상8:4-7 ... 228
삼상28:6 ... 410

삼상31:12 ... 268

왕상11:5,7 ... 43

왕하6:26-29 ... 354

대상5:2 ... 407

느5:18 ... 192

시79:9 ... 189

사15:4 ... 51
사31:1 ... 229
사44:2 ... 390
사49:6 ... 395

렘47:4 ... 44
렘48:18,22 ... 47
렘48:21,34 ... 51
렘48:7,13,46 ... 41

암9:7 ... 44

신 약

마4:4 ... 130
마6:2 ... 201
마12:8 ... 99
마18:15-17 ... 225
마19:3-8 ... 294

막2:28 ... 99

눅6:5 ... 99
눅12:6 ... 192

요10:22,23 ... 211

행7:37 ... 426

롬1:22,23 ... 76
롬3:10 ... 146

고전5:1 ... 279
고전7:15 ... 294
고전10:1,2 ... 358

고후8:14,15 ... 196
고후11:24 ... 306

갈3:13 ... 269

빌3:7-9 ... 107

살후3:10 ... 197

히12:6-8 ... 131

벧전1:19 ... 223
벧후2:7 ... 41